Götter
Helden
Philosophen

John Camp   Elizabeth Fisher

Götter Helden Philosophen

Geschichte und Kultur der alten Griechen

Aus dem Englischen
von
Thomas Bertram

THEISS

Dieses Buch ist unseren Kindern gewidmet – Austin, Elizabeth, Katherine und Laura –, die mit uns reisten und unsere Liebe zu Griechenland teilen.

Viele Freunde, Studenten und Lehrer, die zu zahlreich sind, um sie alle hier namentlich aufzuführen, haben zu unserem Wissen über die Welt der Griechen beigetragen. Besonders danken möchten wir jedoch unseren Kolleginnen und Kollegen Gregory Daugherty, Dan McCaffrey und Roxane Gilmore für ihr Interesse und ihre Unterstützung. Dank für Hilfe bei den Fotografien schulden wir Marie Mauzy von der ASCS, Athen, Hans R. Götte vom DAI und I. Ninou von der Archäologischen Gesellschaft.

Bibliografische Information Der Deutschen Bibliothek
Die Deutsche Bibliothek verzeichnet diese Publikation in der Deutschen Nationalbibliografie; detaillierte bibliografische Daten sind im Internet über http://dnb.ddb.de abrufbar.

Umschlaggestaltung:
Neil McBeath, Stuttgart, unter Verwendung einer Abbildung aus dem Archivio Scala, Florenz (Akropolis und Tempel A in Selinus)

Originalausgabe *Exploring the World of the Ancient Greeks*
Published by arrangement with Thames & Hudson, London
© 2002 Thames & Hudson Ltd, London
Text © 2002 John Camp und Elizabeth A. Fisher
All Rights Reserved

Übersetzung: Thomas Bertram, Gelsenkirchen

© für die deutschsprachige Ausgabe:
Konrad Theiss Verlag GmbH, Stuttgart 2003
Alle Rechte vorbehalten
Lektorat: Helmut Schareika, Filderstadt
Satz: DOPPELPUNKT Auch & Grätzbach GbR, Leonberg
ISBN 3-8062-1776-9

Printed and bound in Slovenia by Mladinska Knjiga

Inhalt

I
Wer waren die Griechen?

II
Die ersten Griechen

III
Das heroische Zeitalter

IV
Das Zeitalter sich erweiternder Horizonte

I

Wer waren die Griechen?

*Weichliche Länder pflegen weichliche Menschen zu erzeugen.
Denn nie würde ein Land zugleich herrliche Früchte und kriegstüchtige
Männer hervorbringen.*

Herodot, IX, 122

Wenn wir in der Geschichte zum ersten Mal den Menschen begegnen, die man als Griechen kennt, bewohnen sie die felsige, gebirgige Spitze der Balkanhalbinsel, die, zusammen mit den vielen Hunderten rings um ihre Küsten verstreuten kleinen Inseln in das östliche Mittelmeer hineinragt. Von hier aus sollten sie sich später ausbreiten und fast das gesamte Mittelmeer und das Schwarze Meer kolonisieren, indem sie Städte gründeten, die heute noch bestehen – aber ihre Heimat ist das Land von Delphi und Olympia. Es ist ein Land, das aus niedrigen, aber steilen Bergen besteht, die zahlreiche Küstentäler und Hochebenen trennen. Die Geografie ist der Einheit nicht förderlich, und während der Blüte ihrer Geschichte beruhte die politische Struktur der Griechen auf der *polis*, einem kleinen unabhängigen Stadtstaat, der, durch steile Bergkämme und gebirgiges Gelände geschützt und abgesetzt von seinen Nachbarn, eine begrenzte Menge bebaubaren Landes kontrollierte. Gemeinschaftliches, vereintes Handeln zwischen griechischen Städten war eher die Ausnahme denn die Regel. Die Kommunikation auf dem Landweg war nicht einfach, und die Griechen waren im Großen und Ganzen ein seefahrendes Volk. Von ihrer langen und tief zerklüfteten Küstenlinie aufbrechend, erkundeten sie ihre sich erweiternde Welt per Schiff. Es braucht uns nicht zu überraschen, dass wir unter den beliebtesten und dauerhaftesten frühen griechischen Mythen die Geschichten von Jasons Suche mit den Argonauten und der zehn Jahre währenden Heimreise des Odysseus finden.

Das an den Hängen des Parnass-Massivs gelegene Heiligtum von Delphi war der Schauplatz eines der großen religiösen Feste, das Menschen aus der gesamten griechischen Welt zusammenführte. Religion · der gemeinsame Glaube an die olympischen Götter · und Sprache sind zwei der bestimmenden Charakteristika der Griechen.

Die alten Griechen – eine Definition

Die menschliche Gestalt war während der gesamten archaischen und klassischen Zeit, 600–350 v. Chr., ein bevorzugtes Thema. Dieser kuros *(Jüngling) datiert von ca. 500 v. Chr. und stammt von den Kykladen, möglicherweise von der Insel Anaphe.*

Die Götter des Olymps sitzen zu Rate, um über das Schicksal der Helden im Trojanischen Krieg zu entscheiden. Fries vom Schatzhaus der Siphnier, Delphi, um 525 v. Chr.

(Gegenüber) Die ionische Ordnung wurde auf den Inseln der Ägäis und entlang der Westküste Kleinasiens entwickelt. Charakteristisch sind die eleganten Proportionen der Säulen und die Verwendung kunstvoll reliefierter Friese, hier zu sehen am Ostportal des Erechtheions (um 430–400 v. Chr.) auf der Akropolis von Athen.

In dem komplexen Völkergemisch, das Tausende von Jahren die Küsten des Mittelmeers bewohnte, haben die Griechen eine herausragende Rolle gespielt. Doch teilweise aufgrund ihrer langen Geschichte ist es bis weit in die geschichtliche Zeit hinein keine leichte Aufgabe, mit Sicherheit zu sagen, wer sie waren, woher sie kamen oder gar wie man sie als Volk definiert. Erst dann können wir viele Errungenschaften und Neuerungen, wie Demokratie oder Theater, als vom Ursprung her griechisch assoziieren, während andere Aspekte der westlichen Kultur eine erkennbar griechische Identität besitzen: Sport, Philosophie, Architektur, Erziehung oder Bildhauerei zum Beispiel. Doch hier handelt es sich um relativ späte Errungenschaften, und in vielen Fällen werden sie mit anderen Kulturen und Zivilisationen geteilt. Das, was Griechen am Anfang ihrer langen und einflussreichen Rolle in der Geschichte zu Griechen macht, sind zwei Aspekte, die sie von anderen Menschen unterscheiden: Sprache und Religion.

Die Art und Weise, wie ein Gruppe kommuniziert, bringt diese Menschen ebenso zusammen, wie sie andere ausschließt, wodurch die Gruppe als erkennbare, gesonderte Bevölkerung definiert wird. Die alten Griechen definierten sich zweifellos über ihre Sprache; die unvertrauten Laute, die ein Fremder von sich gab („bar-bar"), brachten das griechische Wort für einen Außenstehenden hervor: Barbar. An den Küsten des Mittelmeers wird Griechisch seit mindestens 4000 Jahren gesprochen und scheint zusammen mit neuen Einwanderern irgendwann zwischen 2000 und 1500 v. Chr. auf die Halbinsel gekommen zu sein. Es ist vom Ursprung her indogermanisch und folglich mit vielen anderen modernen europäischen Sprachen verbunden. In mehreren eigenständigen Dialekten (Ionisch, Dorisch, Äolisch) spiegeln sich vermutlich frühe Stammesteilungen, die in geschichtlicher Zeit als politische Trennlinien weiterbestanden (siehe Karte S. 64).

Ein System gemeinsamen Glaubens an eine oder mehrere spezifische Gottheiten und die Praxis überlieferter Rituale zu ihren Ehren dienen ebenfalls dazu, eine Gruppe von Menschen zu definieren und zu trennen. Der Glaube an die olympischen Götter ist ein typisches Merkmal derjenigen, die als Griechen identifiziert werden, und wie die Sprache scheint er in den Jahren um 2000 v. Chr. in Griechenland eingeführt worden zu sein. Die Schöpfungsmythen über den Ursprung der Welt klingen ganz wie die anderer Menschen der Zeit, aber Zeus, Apollon, Athena, Poseidon und andere wurden Teil eines erkennbaren und deutlich griechischen Pantheons.

Der von den Römern verwendete und auch von uns (angepasst) übernommene Name zur Bezeichnung der Halbinsel und ihrer Bewohner *(Graecia, Graeci)* geht übrigens auf den Namen eines griechischen Stammes im Nordwesten Mittelgriechenlands zurück („Graikoí"), nicht anders, als etwa die Deutschen von den Franzosen als „Alemannen" oder die

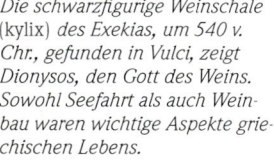

Die schwarzfigurige Weinschale (kylix) des Exekias, um 540 v. Chr., gefunden in Vulci, zeigt Dionysos, den Gott des Weins. Sowohl Seefahrt als auch Weinbau waren wichtige Aspekte griechischen Lebens.

Niederländer von den Broten als „Dutch, Deutsche" bezeichnet werden. Die Menschen, die wir im Altertum als die Griechen kennen, sprachen von sich selbst immer als von den Hellenen, so wie sie sich zu Zeiten des Mittelalters Romaioi („Römer") und nicht Byzantiner nannten. Die Griechen der geschichtlichen Zeit glaubten, Hellas, das ursprüngliche Heimatland der Hellenen, liege in Thessalien, in Mittelgriechenland.

Klima und Ressourcen

Griechenland besitzt ein Klima, das im Allgemeinen warm und der Landwirtschaft förderlich ist. Im Sommer klettern die Temperaturen häufig auf über 38° C, und im Winter fallen sie selten auf unter 4° C. Niederschlag ist ungleichmäßig verteilt, wobei im Westen und Norden weit mehr fällt als im Süden und auf den Inseln. Einige Pflanzen, wie Olivenbäume, der Weinstock, Weizen und Gerste, die Hauptprodukte antiken griechischen Lebens, gediehen gut in diesem trockenen, gemäßigten Klima. Gemüse, Feigen, verschiede-

(Unten) Ansicht einer Landschaft auf der Peloponnes. Boden und Klima Griechenlands begünstigen den Anbau von Getreide und Oliven, während zerklüftete Berge Weideland für Schafe und Ziegen bieten.

(Rechts) Olivenernte: Drei Männer mit Stöcken, einer in dem Baum, schlagen die Früchte zu Boden. Olivenöl war eine geschätzte Ware und wurde zum Essen, Kochen, als Brennstoff für Lampen und zur Körperreinigung verwendet. Schwarzfigurige Amphora des Antimenes-Malers, um 520 v. Chr., gefunden in Vulci.

ne Nüsse und Honig ergänzten die Ernährung, während Ziegen und Schafe Milch und vor allem Käse lieferten. Fleisch war erhältlich, obwohl es vielleicht Festtagen vorbehalten blieb, und da kein Teil des Festlandes mehr als 80 km vom Meer entfernt ist, dürften auch verschiedene Sorten Fisch Grundnahrungsmittel gewesen sein.

Viele Gegenden Griechenlands lieferten außerdem hervorragenden Marmor oder harten Kalkstein als Baumaterial, feinen Ton für Keramik und andere Terrakotta-Waren, sowie eine beträchtliche Menge Gold, Silber, Blei und Eisen. Kupfer musste im Allgemeinen eingetauscht werden, Zinn ebenfalls; beide wurden vermischt, um zahlreiche Bronzegegenstände herzustellen, wie Waffen, Statuen und Gefäße. Gutes Bauholz, das zum Unterhalt der Flotten mehrerer griechischer Städte (besonders Athens) notwendig war, gab es nur in Teilen Griechenlands wie Makedonien und Arkadien.

Kontakt und Konflikt

Das östliche Mittelmeer ist von jeher der Ort für Kontakt und Konflikt zwischen Afrika und Europa ebenso wie zwischen Ost und West gewesen, und die Er-

DIE LAGE VON HELLAS

Was jedoch jene betrifft, die von Hellas als einer Stadt sprechen, verweisen die Pharsaler in einer Entfernung von 60 Stadien [≈ 11 km] von ihrer eigenen Stadt auf eine Ruinenstadt, die sie für Hellas halten ... Wohingegen die Melitaier behaupten, dass Hellas zu der Zeit, als ihre Stadt Pyrrha hieß, etwa 12 Stadien [≈ 2 km] von ihnen entfernt, auf dem anderen Ufer des Enipeus, gelegen habe und dass die Hellenen von dem in einer tieferen Gegend liegenden Hellas aus in ihre eigene Stadt eingewandert seien; und als Beweis führen sie das Grab von Hellen, Sohn des Deukalion und der Pyrrha, auf ihrer Agora an ... So weit also zu den Hellenen.

Strabon, 431–32

Porträt des aus Halikarnassos in Karien gebürtigen Geschichtsschreibers Herodot (um 484–420 v. Chr.). Seine Geschichte der Perserkriege beschrieb unter anderem die kulturellen und ethnischen Unterschiede zwischen den Griechen und ihren Nachbarn – Lydern, Persern, Ägyptern und Skythen.

HERODOT

Herodotos von Halikarnassos gibt hier eine Darlegung seiner Forschungen, damit bei der Nachwelt nicht in Vergessenheit gerate, was unter Menschen einst geschehen ist; auch soll das Andenken an große und wunderbare Taten nicht erlöschen, die die Hellenen und die Barbaren getan haben, besonders aber soll man die Ursachen wissen, weshalb sie gegeneinander Kriege führten. Nun behaupten die Gelehrten der Perser, an der Zwietracht zwischen den Hellenen und Barbaren seien die Phoiniker schuld.

Herodot, I, 1

Wanderung und Siedlung in Kleinasien; persische Einfälle in Griechenland; Alexanders Eroberung Asiens; römische Intervention in der griechischen Welt; der Aufstieg des Christentums; der Aufstieg des Islam und arabische Überfälle im Mittelmeer; die Kreuzzüge ins Heilige Land; schließlich die Einnahme Konstantinopels durch die Osmanen. All diese Ereignisse und andere haben ihre Spuren hinterlassen, und der Streit von Parteiungen und Splittergruppen im Nahen Osten, auf Zypern und auf dem Balkan im 20. Jahrhundert hat tiefe Wurzeln. Die Griechen überdauerten während dieser ganzen turbulenten Geschichte und erlebten häufige Blütezeiten, wobei sie beispiellose Beiträge zur westlichen Kultur und Zivilisation leisteten.

innerungen in diesem Teil der Welt reichen weit zurück. Als Herodot seinen Bericht über die Perserkriege im 5. Jahrhundert v. Chr. beginnt, sagt er, die Ursprünge der Schwierigkeiten könnten um 700 Jahre früher zurückverfolgt werden, und zwar bis auf die Ereignisse, die zum Trojanischen Krieg hinführten.

Im Laufe der Zeit wogte der Kampf quer über die Ägäis hin und her: Griechen gegen Troja; griechische

Vix

Massalia

Karthag

N

0   500 km

Attischer rotfiguriger Krater (Gefäß zum Mischen von Wein und Wasser) mit einer Szene aus dem Trojanischen Krieg – zwei Krieger führen ihre Großmutter Aithra weg von der Stadt, nachdem sie an die Griechen gefallen ist. Gemalt von Myson, um 500 v. Chr.

Die Karte von Mittelmeer und Schwarzem Meer zeigt die wichtigsten der im Text erwähnten Stätten. Die eingeblendete Karte zeigt das griechische Mutterland mit der Südspitze der Balkanhalbinsel, den ägäischen Inseln und der Westküste Kleinasiens.

MAKEDONIEN
Pella
Thessaloniki
Vergina
Byzanz
PROPONTIS
HELLESPONT
KLEINASIEN
Olynthos
Troja
EPEIROS
Dodona
Pergamon
THESSALIEN
Sesklo
Iolkos
Dimini
Ägäisches Meer
LESBOS
Phokaia
LYDIEN
PHOKIS
ITHAKA
EUBOIA
CHIOS
Sardes
Lefkandi
Smyrna
Delphi
BOIOTIEN
IONIEN
Theben
Kolophon
Ephesos
Marathon
SAMOS
Nemea
Korinth
Athen
Priene
Mykene
Milet
CARIEN
Olympia
Argos
DELOS
Didyma
Halikarnassos
Isthmos
Pylos
Tiryns
NAXOS
Sparta
Knidos
PELOPONNES
THERA
RHODOS

N

0   150 km

KRETA
Knossos
Mallia
Hagia Triada
Phaistos
Kato Zakros

Rhein

Olbia

Etrurien
Vulci
Adriatisches Meer
Donau
Pantikapaion
Kaspisches Meer
Chersonesos
Rom
Schwarzes Meer
Poseidonia
Tarent
Kolchis
Selinus
tye
SIZILIEN
Byzanz
kragas
Syrakus
KLEINASIEN
Mittelmeer
Athen
Al Mina
Ulburun
ZYPERN
Kyrene
Sidon
Alexandria
Asdod
Naukratis
Euphrat
Tigris
Tell el-Dab'a
Siwa

Historischer Überblick

Schon in der Altsteinzeit (Paläolithikum, 100 000–10 000 v. Chr.), als Nahrung durch Jagen und Sammeln beschafft wurde, siedeln Menschen auf dem Gebiet Griechenlands. Mit der Jungsteinzeit (Neolithikum, 6000–3000 v. Chr.) kam die Fähigkeit, Nahrungsmittel durch Anbau und Zucht von Haustieren zu produzieren. Handgearbeitete Töpferwaren tauchen zu Beginn dieser Periode zur Aufbewahrung von Nahrungsmitteln auf.

Die Jahre um 3000 v. Chr. erlebten die Einführung von Bronze, einer Kupfer-Zinn-Legierung, welche die Herstellung weit besserer Werkzeuge und Waffen erlaubte. Die nachfolgenden Jahre bis 1100 v. Chr. sind dementsprechend als Bronzezeit bekannt. Dies ist die Periode, in der sich ein Großteil der griechischen Mythologie abspielt.

Die Archäologie hat zwei blühende, bedeutende Zivilisationen in Griechenland zutage gefördert, die gewöhnlich als die frühesten in Europa gelten, eine auf der Insel Kreta (minoische Kultur), die andere auf dem Festland (mykenische Kultur). Große, mit schönen Fresken verzierte und von massiven Befestigungsmauern geschützte Paläste wurden erbaut. Frühe, in Griechisch geschriebene Aufzeichnungen sind auf Tontafeln erhalten, und aus der ganzen bekannten Welt wurden Luxusartikel importiert: Elfenbein, Fayence und Glas aus Ägypten und dem Nahen Osten, Lapislazuli

aus dem heutigen Afghanistan, Straußeneier aus Afrika und Bernstein von der Ostsee. All dies endete mit der Zerstörung und dem Niederbrennen der Paläste im 13. Jahrhundert v. Chr., einer Zeit, der die griechische Überlieferung auch den Fall Trojas zuordnet.

In der darauffolgenden Periode (1100–750 v. Chr.), von der häufig als dem Dunklen Zeitalter gesprochen

Goldschale mit Verzierung in Treibtechnik, gefunden in einem Kuppelgrab in Vapheio, Lakonien, um 1500 v. Chr. Der Stil ist stark minoisch und lässt auf die enge Wechselwirkung zwischen den minoischen Kretern und den Mykenern auf dem Festland zu dieser Zeit schließen.

(Rechts) Südflanke des Poseidon-Tempels am Kap Sounion, um 440 v. Chr., erbaut in der klassischen Periode auf der Höhe der athenischen Vorherrschaft unter der Führung von Perikles.

wird, sank das Niveau der materiellen Kultur, obwohl etwa um diese Zeit Eisen in Griechenland in Erscheinung tritt. Verschwunden sind die Paläste, Befestigungsmauern, die Schrift, praktisch alle Kontakte und jeglicher Handel mit dem Ausland und alles außer den einfachsten künstlerischen Ausdrucksformen. Die Bevölkerungszahlen scheinen dramatisch gefallen zu sein, und sämtliche verfügbaren Zeugnisse deuten darauf hin, dass die Griechen zu einem Leben bloßer Subsistenzwirtschaft zurückkehrten, wenngleich weiterhin Keramik hergestellt wurde und sich Anzeichen kultischer Aktivität finden. Es gibt sowohl archäologische Beweise als auch eine literarische Überlieferung für die Wanderung von Festlandgriechen über die Ägäis nach Kleinasien, während andere Griechen, darunter eine als Dorer bekannte Gruppe, aus dem Norden in Teile des Festlandes zog.

Etwa um 750 v. Chr. einsetzend gibt es klare Anzeichen für eine kräftige Erholung auf Seiten der Festlandgriechen, es ist der Beginn einer Periode des

(Rechts) Athenische weißgrundige Pyxis (Kosmetikdose), um 540 v. Chr. Griechische Keramik war in den meisten Perioden äußerst kunstvoll und in einer Vielzahl von Techniken verziert. Die figürliche Keramik der archaischen und der klassischen Periode ist mit mythologischen Themen und mit Szenen aus dem Alltagsleben verziert.

Porträt Alexanders des Großen von Makedonien, dessen Eroberungen die griechische Kultur bis weit nach Osten verbreiteten. Seine Nachfolger in der hellenistischen Periode gaben viele Aspekte griechischer Zivilisation an die Römer weiter.

Wachstums und der Expansion, die als archaische Periode bekannt ist und bis zu den Perserkriegen in den Jahren 490–480 v. Chr. andauern sollte. Im 8. Jahrhundert v. Chr. erscheint ein erkennbares Gefühl für nationale Identität, das seinen ersten Ausdruck vielleicht in der Begründung der Olympischen Spiele 776 v. Chr. findet. Es setzt sich fort und wird gestärkt durch Wellen griechischer Kolonisten, die aufbrechen, um überall an den Küsten des Mittelmeers und des Schwarzen Meers Griechenstädte zu gründen. Indem sie mit fremden, unvertrauten einheimischen Bevölkerungen in Berührung kamen, wurden die Kolonisten sich zunehmend ihrer gemeinsamen Bande mit jenen, die auf dem griechischen Festland zurückblieben, bewusst, wie groß die lokalen und Stammesunterschiede innerhalb von Griechenland selbst auch gewesen sein mochten. Kontakte mit dem Osten führten zur Einführung des Alphabets über Phönizien, und nach einer Zeitspanne von 500 Jahren waren die Griechen ein weiteres Mal des Lesens und Schreibens kundig. Auf dieselbe frühe Periode sollte auch die älteste griechische Literatur datiert werden – die Gedichte von Hesiod und die beiden Homer zugeschriebenen Epen, die *Ilias* und die *Odyssee.*

Im politischen Leben verloren die Aristokratien die Herrschaft an Tyrannen, Führer, welche die Macht verfassungswidrig an sich rissen und behaupteten, wenngleich häufig als Fürsprecher des einfachen Volkes. Selbstständige Stadtstaaten blühten, oft auf nahezu gleicher Grundlage, wobei jeder in Politik, Kunst und Kultur seinen eigenen Neigungen folgte. Gemeinsames Handeln wurde selten als notwendig oder wünschenswert erkannt, bis zur Bedrohung durch den persischen Einfall zu Beginn des 5. Jahrhunderts.

Nach vier großen Schlachten in Griechenland selbst, bei Marathon (490 v. Chr.), bei den Thermopylen (480 v. Chr.), bei Salamis (480 v. Chr.) und Plataiai (479 v. Chr.), wehrten die Griechen die Perser ab, jedoch nicht bevor die Invasoren die Stadt Athen verwüstet hatten. Nach erfolgreicher Führerschaft im Krieg blieben zwei Städte als beherrschend zurück: Athen und Sparta. Das 5. und 4. Jahrhundert gelten allgemein als der Höhepunkt griechischer Kultur, wie sie in erster Linie in Athen zum Ausdruck kam, und sind als die klassische Periode (480–323 v. Chr.) bekannt.

Dies ist die Periode, in der griechische Architektur, Plastik und Vasenmalerei ihren Gipfel erreichten, denen parallele Leistungen in Theater, Philosophie, Literatur und Rhetorik entsprachen. Auf dieselbe Periode lässt sich in Athen die einzigartige griechische Erfindung der Demokratie datieren. Ein langwieriger Krieg zwischen Athen und Sparta (431–404 v. Chr.) zwang Athen vorübergehend in die Knie.

Das 4. Jahrhundert v. Chr. erlebte den Aufstieg Philipps II. von Makedonien und seines Sohnes, Alexanders des Großen. Die Eroberung Asiens durch Alexander (334–323 v. Chr.) bleibt einer der überragenden Feldzüge aller Zeiten, und sie hatte eine beträchtliche Wirkung auf das Geschick der griechischen Welt. Durch Gründung zahlreicher Städte auf seinem

WER WAREN DIE GRIECHEN?

Zug verbreitete Alexander die griechische Kultur auf dem ganzen Weg durch Südasien bis ins heutige Afghanistan. Veteranen wurden darin bestärkt, sich vor Ort zu verheiraten und in den neuen Städten niederzulassen. Griechische Sprache, Religion und Sitten reichten jetzt von Spanien bis ins heutige Afghanistan und von der Ukraine bis nach Ägypten. Diese Periode der weiten Verbreitung einer einheitlichen griechischen Kultur, die bis zur Vorherrschaft Roms andauerte, ist als die hellenistische Periode bekannt.

Beim Tode Alexanders des Großen konnte kein Einzelner die Herrschaft über Alexanders Eroberungen behaupten, und unter seinen Anhängern brachen Nachfolgekriege aus. Das Territorium wurde in große Königreiche aufgeteilt, wobei die Ptolemäer Ägypten, die Seleukiden Syrien, die Attaliden Pergamon und die Antigoniden Griechenland und Makedonien erhielten. Die alten selbstständigen griechischen Stadtstaaten waren nicht in der Lage, in dieser neuen politischen Ordnung ohne Veränderungen zu überdauern, und sie wurden entweder geschluckt oder gezwungen, ein gewisses Maß an Unabhängigkeit abzutreten und sich mit zahlreichen anderen Städten in neuen Bünden zusammenzuschließen, die der größeren Macht und dem stärkeren Einfluss der riesigen hellenistischen Reiche entsprechen sollten.

Schon im 3. Jahrhundert v. Chr. wurde Rom in die andauernden Kriege zwischen den hellenistischen Dynastien und den verschiedenen griechischen Allianzen hineingezogen. Mehrere Kriege mit dem Königreich Makedonien wurden ausgefochten, das weiterhin, trotz Niederlagen in den Jahren 197 und 168 v. Chr., Schwierigkeiten machte, und nach dem Sieg über den Achaiischen Bund im Jahr 146 v. Chr. annektierte Rom einen Großteil Griechenlands und verwaltete es danach, als ob es eine Provinz wäre.

Die römische Periode erstreckt sich vom 2. Jahrhundert v. Chr. bis zum Beginn des byzantinischen Zeitalters, der oft auf die Herrschaft Konstantins im frühen 4. Jahrhundert n. Chr. datiert wird. Die Griechen erfreuten sich während dieser Jahrhunderte einer Zeit relativer Prosperität mit begrenzten kriegerischen Perioden; einige Gebiete, wie Kleinasien, entwickelten außerordentlichen Wohlstand. Die Römer waren große Bewunderer der griechischen Kultur und suchten vieles aus der griechischen Welt aufzunehmen oder ihm nachzueifern. Diese Bewunderung fand ihren Ausdruck in offener Plünderung, im Anlocken griechischer Künstler und Intellektueller nach Rom, im umfangreichen Kopieren von Werken griechischer Kunst und in der Erziehung an den philosophischen Schulen von Athen, Antiocheia und Alexandria. Die Römer fungierten dadurch als bedeutender Kanal für die griechische Kultur, die sie bewahrten und der europäischen Welt vermittelten.

Bronzestatue der Athena, Göttin der Weisheit und der Künste, des Friedens und Krieges, Schutzgöttin der Stadt Athen, um 350 v. Chr. Sie wurde zusammen mit drei anderen Bronzestatuen in einem aus dem 1. Jh. v. Chr. stammenden Lagerraum in Piräus gefunden, wo sie vermutlich auf ihre Verschiffung nach Rom warteten (siehe auch S. 149).

Das Christentum nahm seinen Ausgang vom östlichen Mittelmeer, wo seit Jahrhunderten Griechen gelebt hatten. In der Folge der Bekehrung Konstantins, der im Jahr 330 n. Chr. an der Stätte der alten griechischen Stadt Byzantion (Byzanz) eine neue Hauptstadt namens Konstantinopel gründete, wurde es zur herausragenden Religion im Römischen Reich. Der Ausdruck byzantinisch ist neuzeitlich und diente der Bezeichnung der christlichen Kontinuität des alten Römischen Reiches, vor allem im östlichen Mittelmeer. Die Kultur der griechischen Welt bestand weiter, auch angesichts der Aufgabe der olympischen Götter, und Griechisch blieb die Sprache des Byzantinischen Reiches.

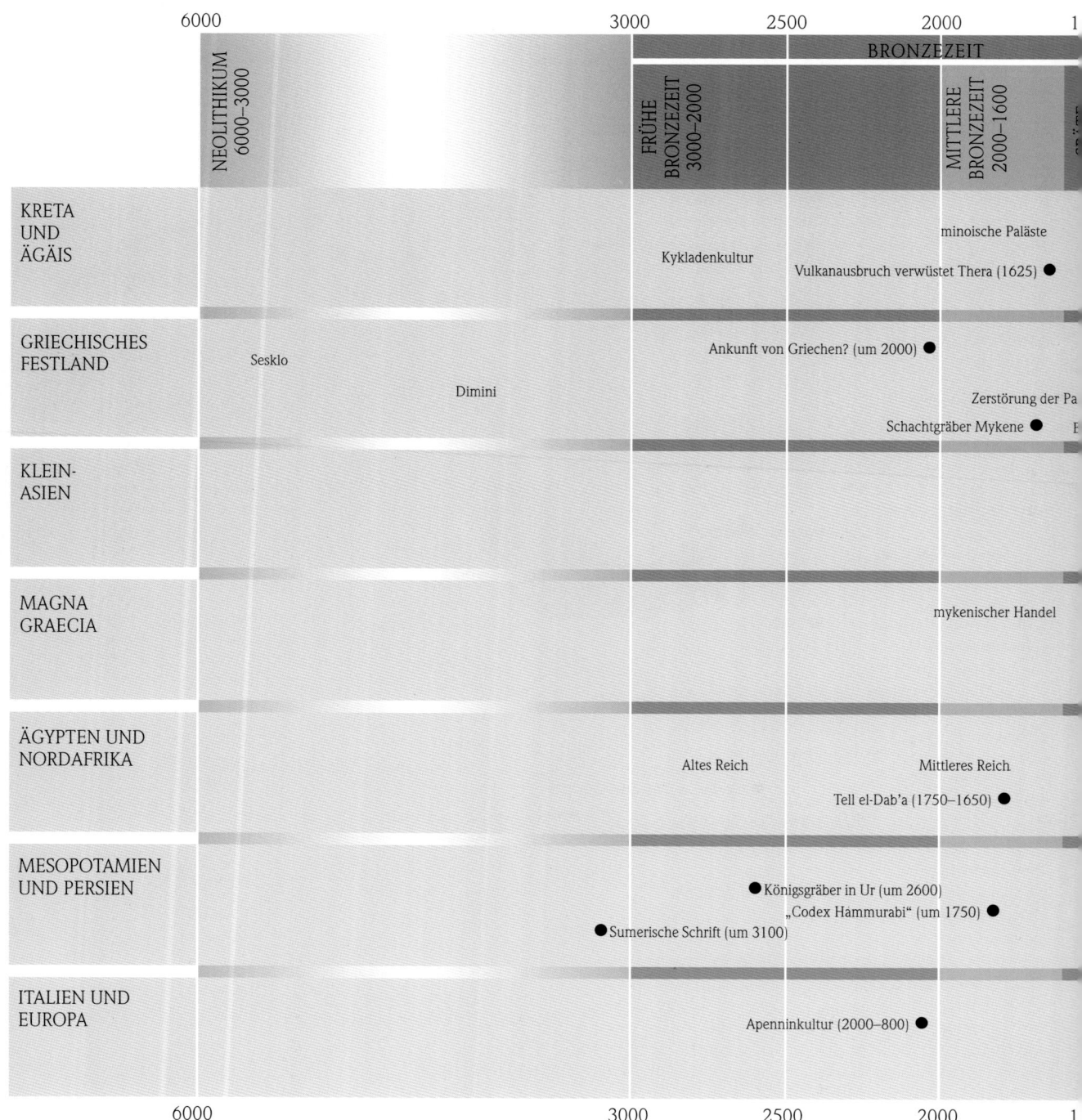

Der Aufstieg des Islam im 7. und 8. Jahrhundert eröffnete der Bewahrung griechischer Gelehrsamkeit und Wissenschaft neue Möglichkeiten. Trotz durch die Ausbreitung des Islam aufgeworfener Herausforderungen und Verrats durch Kreuzfahrer aus Europa und Venedig im Jahr 1204 überlebte Konstantinopel als Hauptstadt des Byzantinischen Reiches, bis es

1453 an die osmanischen Türken fiel. Im Anschluss an fast 400 Jahre türkischer Herrschaft wurde der moderne Staat Griechenland aus dem alten Heimatland am Ende der Balkanhalbinsel gestaltet, wo sowohl orthodoxes griechisches Christentum als auch die griechische Sprache bis auf den heutigen Tag fortleben.

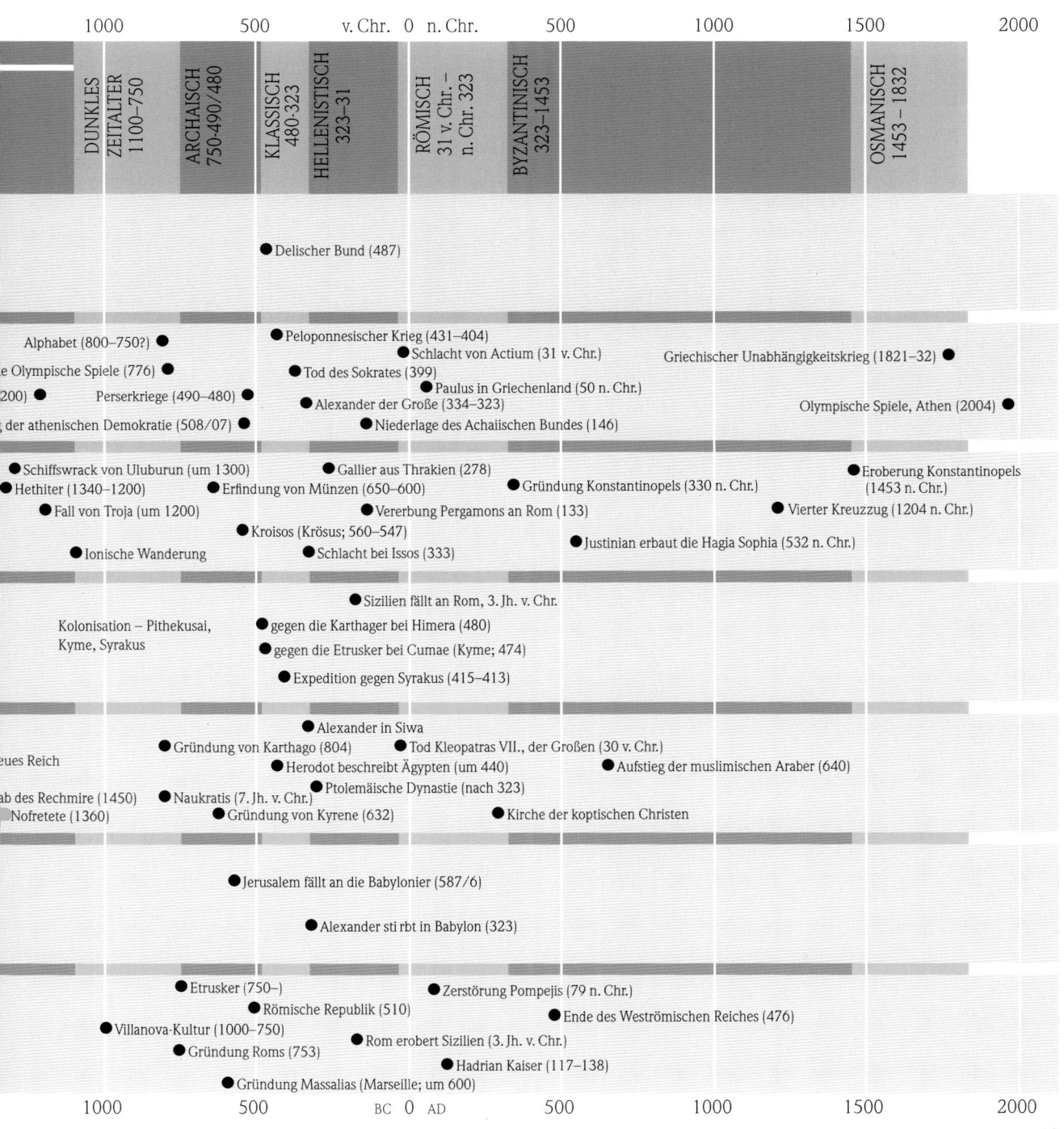

| 1000 | 500 | v. Chr. 0 n. Chr. | 500 | 1000 | 1500 | 2000 |

DUNKLES ZEITALTER 1100–750
ARCHAISCH 750–490/480
KLASSISCH 480–323
HELLENISTISCH 323–31
RÖMISCH 31 v. Chr. – n. Chr. 323
BYZANTINISCH 323–1453
OSMANISCH 1453–1832

- Delischer Bund (487)
- Alphabet (800–750?)
- Peloponnesischer Krieg (431–404)
- Schlacht von Actium (31 v. Chr.)
- Griechischer Unabhängigkeitskrieg (1821–32)
- Olympische Spiele (776)
- Tod des Sokrates (399)
- Paulus in Griechenland (50 n. Chr.)
- 200)
- Perserkriege (490–480)
- Alexander der Große (334–323)
- Olympische Spiele, Athen (2004)
- der athenischen Demokratie (508/07)
- Niederlage des Achaiischen Bundes (146)
- Schiffswrack von Uluburun (um 1300)
- Gallier aus Thrakien (278)
- Gründung Konstantinopels (330 n. Chr.)
- Eroberung Konstantinopels (1453 n. Chr.)
- Hethiter (1340–1200)
- Erfindung von Münzen (650–600)
- Fall von Troja (um 1200)
- Vererbung Pergamons an Rom (133)
- Vierter Kreuzzug (1204 n. Chr.)
- Kroisos (Krösus; 560–547)
- Ionische Wanderung
- Schlacht bei Issos (333)
- Justinian erbaut die Hagia Sophia (532 n. Chr.)
- Sizilien fällt an Rom, 3. Jh. v. Chr.
- Kolonisation – Pithekusai, Kyme, Syrakus
- gegen die Karthager bei Himera (480)
- gegen die Etrusker bei Cumae (Kyme; 474)
- Expedition gegen Syrakus (415–413)
- Alexander in Siwa
- eues Reich
- Gründung von Karthago (804)
- Tod Kleopatras VII., der Großen (30 v. Chr.)
- Herodot beschreibt Ägypten (um 440)
- Aufstieg der muslimischen Araber (640)
- ab des Rechmire (1450)
- Naukratis (7. Jh. v. Chr.)
- Ptolemäische Dynastie (nach 323)
- Nofretete (1360)
- Gründung von Kyrene (632)
- Kirche der koptischen Christen
- Jerusalem fällt an die Babylonier (587/6)
- Alexander stirbt in Babylon (323)
- Etrusker (750–)
- Zerstörung Pompejis (79 n. Chr.)
- Römische Republik (510)
- Ende des Weströmischen Reiches (476)
- Villanova-Kultur (1000–750)
- Gründung Roms (753)
- Rom erobert Sizilien (3. Jh. v. Chr.)
- Hadrian Kaiser (117–138)
- Gründung Massalias (Marseille; um 600)

| 1000 | 500 | BC 0 AD | 500 | 1000 | 1500 | 2000 |

Schriftliche Quellen und archäologische Entdeckungen

In die Mauer eines Gebäudes in dem hellenistischen Zeus-Heiligtum von Euromos in Karien gemeißelte Inschrift.

Unser Wissen über die Griechen stammt aus den unterschiedlichsten Quellen. Griechisch wurde in einem weiten geografischen Gebiet benutzt. In einer ursprünglichen Form von Griechisch auf Ton geschriebene Dokumente gehen zurück auf das 2. Jahrtausend v. Chr., obwohl alphabetische Schrift erst im 8. Jahrhundert v. Chr. auftaucht. Eine gewaltige Menge meist auf Stein geschriebener Inschriften ist erhalten, obwohl auch Ton, Bronze, Papyrus und Blei verwendet wurden. Diese Dokumente bewahren Gesetze, Abkommen, Verträge, Bestandslisten, Verkäufe, öffentliche Ehren, Widmungen, Grabinschriften, Flüche, Abstimmungen und Verzeichnisse aller Art. Buchstäblich Zehntausende von Inschriften wurden geborgen, und sie liefern ein detailliertes und lebendiges Bild des Lebens in der griechischen Welt.

Noch erhaltene Werke griechischer Literatur sind eine weitere reiche Informationsquelle. Im Altertum auf Papyrus geschrieben, wurden diese Werke in hellenistischer und römischer Zeit begierig gesammelt, abgeschrieben und in großen öffentlichen Bibliotheken, offiziellen Stadtarchiven und Privatsammlungen aufbewahrt. Im trockenen Klima Ägyptens sind viele Papyrusfragmente erhalten geblieben, die oftmals in späteren Zeiten zur Umwickelung von Mumien wiederverwendet wurden. Haltbarere Kopien vieler anderer Texte wurden später in Klöstern überall in Europa und im Nahen Osten auf Pergament angefertigt und sind bis heute erhalten geblieben. Die Umstände des Erhalts sind sehr unterschiedlich, manche bedeutenden Texte gingen verloren. Die Individuen hinter diesen Werken sind oft unbekannt; in anderen Fällen wissen wir überraschend viel über sie. Solche Quellen lassen die Welt der Griechen lebendig werden, und wir werden sie dieses ganze Buch hindurch häufig zitieren.

Archäologische Zeugnisse helfen bei der Erhellung oder Ergänzung der aus den geschriebenen Texten verfügbaren Informationen ein gutes Stück weiter. Viele Überbleibsel der griechischen Antike waren immer schon sichtbar und werden erforscht. Selbst die alten Griechen stießen auf frühere Gräber oder prähistorische Tierknochen, die so groß waren, dass sie als die Überreste von Heroen gedeutet wurden. Frühe europäische Reisende und ausländische Bewohner Griechenlands versuchten sich an Ausgrabungen, hauptsächlich um Kunstwerke zu bergen; der Louvre in Paris, das British Museum in London und die Glyptothek in München besitzen allesamt außergewöhnliche Beispiele griechischer Plastik, die in den Jahren um 1800, vor der Bildung des neuzeitlichen griechischen Staates, gesammelt wurden. Andere griechische Altertümer in europäischen und amerikanischen Museen wurden in noch jüngerer Zeit aus Kleinasien oder Italien erworben. In der internationalen Gemeinschaft ist nichtgenehmigtes Graben und Sammeln heute illegal, obwohl weiterhin ein lebhafter Handel mit dubiosen Altertümern existiert.

In Griechenland wurde die archäologische Forschung mit der Gründung des Griechischen Archäologischen Dienstes und der Archäologischen Gesell-

Illustriertes Fragment aus einer Handschrift von Homers Ilias *aus dem 5. Jh. n. Chr., hergestellt wahrscheinlich in Alexandria.*

schaft im Jahr 1832 auf eine brauchbare Basis gestellt. Bald danach folgten, beginnend mit den Franzosen 1846, ausländische archäologische Schulen und Institute. Seitdem haben Archäologen Zeugnisse aller Phasen der griechischen Antike ans Licht gebracht. Die Zentren der beiden bedeutenden bronzezeitlichen Zivilisationen gehörten zu den ersten, die entdeckt wurden. Im Anschluss an die Entdeckung Trojas wandte Heinrich Schliemann seine Aufmerksamkeit Mykene zu, Agamemnons Burg in der *Ilias*, und legte unter anderem ein „Gräberrund" mit sechs prächtigen Schachtgräbern voller herrlich gearbeiteter Bronzewaffen, Gold, Elfenbeinschnitzereien und anderer Luxusartikel frei. Und im Jahr 1900 begann Sir Arthur Evans mit der Arbeit an der Stätte von Knossos auf der Insel Kreta, wo er im Laufe vieler Jahre die ausgedehnten Überreste eines labyrinthartigen Palastes freilegte. Bunte Fresken zeigten eine bis dahin unbekannte Zivilisation, die Evans „minoisch" nannte, nach dem

Griechische Texte und Autoren

Wie bei Inschriften ist auch die Bandbreite literarischer Informationen riesig und umfasst:
Mythen und Legenden: Hesiod, Apollodoros aus Athen, Diodoros
Lyrische Gedichte: Sappho, Alkaios
Epische Gedichte: Homer
Trinklieder: Anakreon, Xenophanes
Geschichte: Herodot, Thukydides, Xenophon, Polybios

Biografien: Plutarch
Geografie: Strabon
Reiseführer: Pausanias
Tragödien: Aischylos, Sophokles, Euripides
Komödien: Aristophanes, Menander
Satiren: Lukian
Philosophische Abhandlungen: Platon, Aristoteles
Medizinische Texte: Hippokrates, Galen

Gerichtsreden: Demosthenes, Aischines, Antiphon

Darüber hinaus gibt es Gebrauchsanweisungen für alles Mögliche, von Katapulten bis zur Reitkunst.

Die lyrischen Dichter Alkaios und Sappho von Lesbos, dargestellt auf einer Vase des Brygos-Malers, um 490–470 v. Chr., gefunden in Akragas (Agrigent) auf Sizilien.

legendären König Minos. Hunderte beschriebener Tontafeln deuteten auf eine komplexe und hoch entwickelte Verwaltung hin.

Ausgrabungen berühmter klassischer Stätten wurden in großem Stil 1875 in Olympia vom Deutschen Archäologischen Institut und 1892 in Delphi von der École Française d'Athènes aufgenommen. In Kleinasien begann das deutsche Institut 1878 mit der Arbeit in Pergamon und 1899 in Milet, während die Österreicher 1895 in Ephesos anfingen. Das Tempo der archäologischen Arbeiten hat seitdem unvermindert angehalten, wenngleich die Erkundung vieler bedeutender städtischer Plätze, wie Theben, Syrakus oder Alexandria, durch die auf ihren Ruinen errichteten modernen Städte oder Stadtzentren immer wieder behindert wird.

Im 20. Jahrhundert erweiterten die Entdeckung von Akrotiri auf Thera (Santorin) durch Spyridon Marinatos im Jahr 1967 und die Ausgrabung eines mykenischen Palastes bei Pylos (1938/39, 1952–) durch Carl Blegen und die Athener American School of Classical Studies unsere Kenntnis der ägäischen Bronzezeit gewaltig, während weitere amerikanische Ausgrabungen der athenischen Agora (1931–) die Erforschung Athens in allen Perioden revolutionierten. In jüngerer Zeit erbrachte die Entdeckung makedonischer Gräber, vor allem eines prächtigen und nicht geplünderten in Vergina (1977) durch griechische Archäologen einmalige Beispiele früher Wandmalereien und ergiebige Verstecke von Luxusgegenständen. Schließlich förderten die Unterwasser-Ausgrabungen bei Uluburun in der Südtürkei (achtziger Jahre d. 20. Jh.) die Fracht eines bronzezeitlichen Schiffes zutage, das mit Reichtümern Ägyptens und des Nahen Ostens beladen nach Griechenland unterwegs war, während in den neunziger Jahren der Hafen von Alexandria seine Geheimnisse lüftete. Mit der zunehmenden Verbesserung der Bergungs- und Analysetechniken erscheinen die aus archäologischen Entdeckungen erhältlichen Informationen als nahezu unbegrenzt.

(Oben) Metope aus dem Parthenon mit einem Kampf zwischen einem Lapithen und einem Kentauren. Eben dieses Architekturfragment ist 1819 auf der Lithografie mit dem Haus des französischen Konsuls, links, zu sehen.

Im frühen 19. Jh. nahm die Wiederentdeckung der Zivilisation des antiken Griechenland vornehmlich die Form des Sammelns von Kunstwerken an, die später oft den Grundstock von Museen in Städten überall in Europa, wie London, Paris, Berlin und München, bildeten. Louis Sébastien Fauvel, französischer Konsul in Athen, baute eine große Sammlung von Gipsabgüssen und Marmorfragmenten auf. Sein Haus, das diese Lithografie zeigt, lag im Zentrum der athenischen Agora.

(Rechts) Im Laufe des 19. Jh. wurde die Archäologie in Griechenland wissenschaftlicher und systematischer. Archäologische Schulen und Institute wurden sowohl von den Griechen selber als auch von anderen Ländern gegründet, und an vielen Schlüsselstätten wurden Ausgrabungen vorgenommen. Diese in den neunziger Jahren des 19. Jh. in Delphi gemachte Aufnahme zeigt die Entdeckung einer frühen Statue.

Die ersten Griechen

Dabei waren die Inselvölker nicht etwa weniger räuberisch, die Karier und Phönizier; diese bewohnten nämlich die meisten der Inseln. Zum Zeugnis: als die Athener in diesem Kriege Delos reinigten und die Gräber, die von Toten auf der Insel waren, entfernten, zeigte sich, dass über die Hälfte karisch waren, wie man aus den mitbegrabenen Rüstungen ersehen konnte und aus der heut noch üblichen Art der Beisetzung.

Thukydides, I, 8

Einheimische bewohnten Griechenland seit der Zeit der Neandertaler. Wanderungen in verschiedenen Perioden führten viele neue Gruppen heran, die an den charakteristischen materiellen Resten ihrer jeweiligen Kultur – Tonwaren, Statuetten, Technik, Bestattungsbräuche, Bauten und dergleichen – zu erkennen sind. Archäologen haben diese Überreste geborgen, erforscht und versucht, die Geschichte und Beziehungen dieser unterschiedlichen Völker, die zu verschiedenen Zeiten das Festland, die Inseln, Kreta und Kleinasien bewohnten, zu klären. Die literarischen Zeugnisse der späteren Griechen erinnern auch an diese frühen Bevölkerungen, bekannt als Leleger, Pelasger, Phöniker, Karer und andere. Irgendwo in diesem komplexen Gemisch prähistorischer Völker traten jene in Erscheinung, die Griechisch sprachen und die olympischen Götter verehrten, und sie etablierten sich im Laufe der Jahrhunderte als die beherrschende Kultur im östlichen Mittelmeer.

Eine Gruppe früher Kykladenstatuetten, um 2500 v. Chr. Die vorgriechischen Inselbewohner zeigen – unbeeinflusst von jeder Kultur außerhalb – einen vom Festland oder von Kreta unterschiedenen Grad künstlerischer Reife. Spuren kykladischen Einflusses, darunter solche Statuetten, wurden sowohl an der Ostküste Griechenlands als auch an der Westküste Kleinasiens gefunden.

Paläolithisches und neolithisches Griechenland

(Rechts) Architektonische Rekonstruktion der mittelneolithi-
schen Siedlung Sesklo (5000–
4000 v. Chr.): ein befestigter Ort
mit kleinen Häusern aus Lehm-
ziegelmauern, die auf Fundamenten aus Feldsteinen stehen und
mit Strohdächern gedeckt sind.
In einem größeren rechteckigen
Gebäude mit drei axial angeord-
neten Räumen oben auf dem
Hügel könnte man den Vorläufer
des bronzezeitlichen Megarons,
der großen Halle, sehen (siehe
S. 38).

Ausgrabungen in verschiedenen Teilen Griechenlands
haben inzwischen beträchtliche Informationen über
das Jung-Paläolithikum (40 000–10 000 v. Chr.) ans
Licht gebracht. Die menschlichen Bewohner der Region lebten größtenteils in Höhlen oder unter flachen
Felsvorsprüngen, die normalerweise an den Hängen einer Schlucht oder in einem engen Flusstal lagen. Um-
herziehende Tiere, besonders Rotwild, bildeten einen
Großteil ihrer Nahrung. Lebensgrundlage waren Jagen
und Sammeln, und die Menschen lebten in relativ kleinen Gruppen und zogen mit ziemlicher Sicherheit im
Einklang mit den Jahreszeiten weiter, um den Herden
zu folgen oder Nahrungsmittel zu sammeln. In Griechenland wurden mehr als ein Dutzend paläolithische
Stätten erforscht; am gründlichsten ausgegraben und
veröffentlicht ist die Franchthi-Höhle in der Argolis auf
der Peloponnes, die unser Wissen über diese Frühzeit
außerordentlich erweitert hat.

Die beiden großen Veränderungen in prähistorischer Zeit, die Domestizierung von Tieren und der Anbau von Getreidesorten, scheinen sich weit im Osten
ereignet zu haben und wurden in den Jahren um 6000
v. Chr. nach Griechenland importiert. Nicht lange da-

Die Franchthi-Höhle

*Blick aus dem Eingang der
Franchthi-Höhle nach Nordwest-
en mit einem der tiefen Gra-
bungsschächte im Vordergrund.*

Eines der besten Bilder vom paläolithischen Griechenland stammt
von den Ausgrabungen der Franchthi-Höhle in der Argolis, die
von den sechziger bis zu den achtziger Jahren des letzten Jahrhunderts von der Indiana University durchgeführt wurden. Die

Höhle ist 150 m tief und bis zu
30 m hoch, und ganz weit hinten
befindet sich ein Teich mit kla-
rem, frischem Wasser. Ein Ein-
sturz der Decke im zentralen und
hinteren Teil – wahrscheinlich in
neolithischer Zeit – lässt heute
Licht herein, machte aber einen

Großteil der Höhle unbewohnbar.
Die Ausgrabungen wurden auf
den vorderen Teil beschränkt, wo
die Ablagerungen infolge menschlicher Anwesenheit tief reichen.
Ein Graben wurde 12 m nach unten getrieben und lieferte ein Bild
von der Benutzung der Höhle
über 20 000 Jahre (23 000–3000
v. Chr.) hinweg, obwohl Felsbrocken und steigendes Wasser die
Ausgrabung bis ganz hinunter
zum ursprünglichen Höhlenboden
verhinderte. Die ausgegrabene Erde wurde durch ein feinmaschiges
Wassersieb gefiltert, und zur Ber-
gung organischer Überreste bediente man sich der Flotation
(Schwimmaufbereitung), wodurch es möglich wurde, ein Bild
der ökologischen Umwelt aufzu-
bauen. Winzige Knochen von Ei-
dechsen, Wühlmäusen und anderen Kleinlebewesen – Tieren, die
auf geringfügige Temperatur-
schwankungen reagieren – lieferten Informationen hinsichtlich
der klimatischen Veränderung
während der jahrhundertelangen
Nutzung der Höhle.

Daten erhielt man durch Ra-
diokarbonanalyse organischer

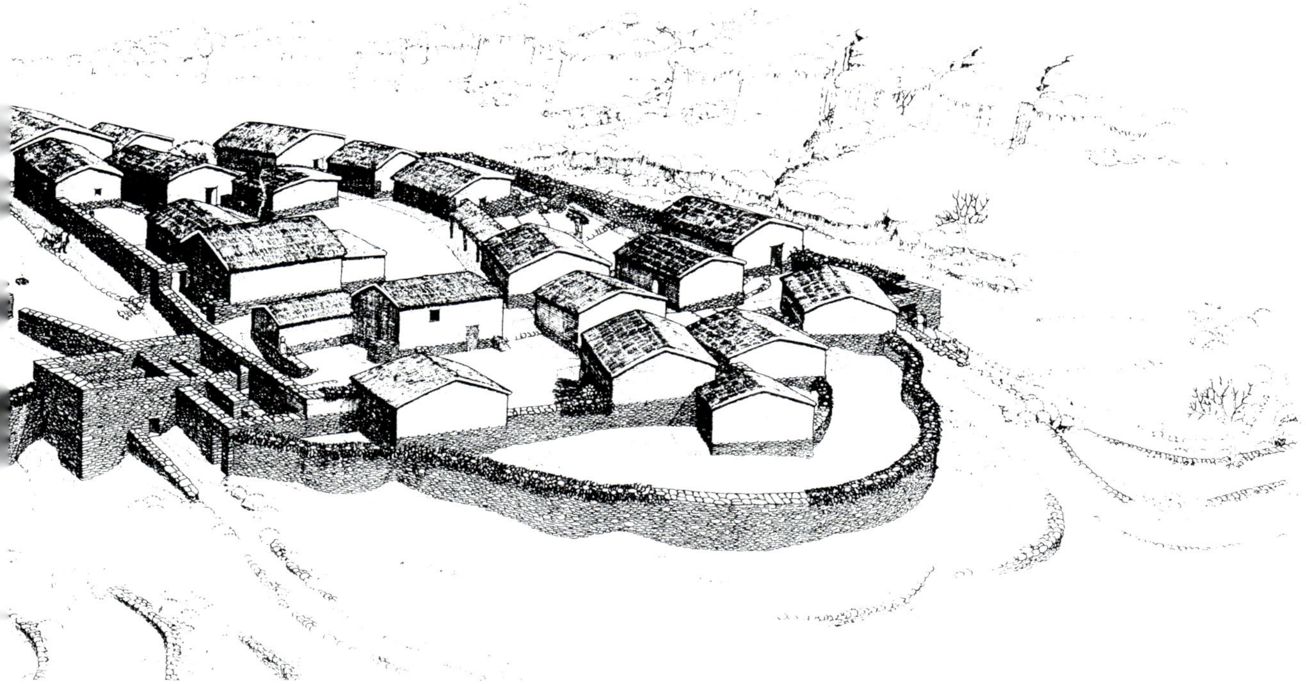

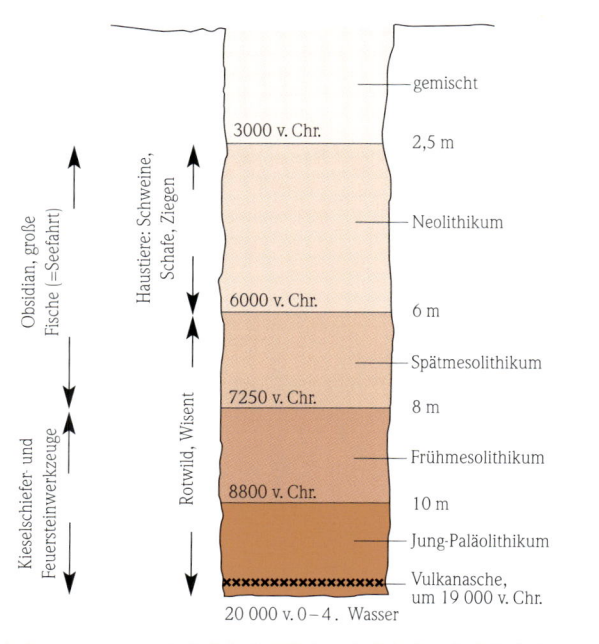

Überreste und eine Schicht Vulkanasche von einem bekannten Ausbruch in Italien. Die umfassende Erforschung der Samen, Pollen, Steinwerkzeuge, Tonwaren, Mollusken und Tierknochen ist noch im Gange, aber die bisherigen Ergebnisse sind beeindruckend.

Die früheste nachgewiesene Nutzung der Höhle, von 23 000 bis 11 000 v. Chr., fällt mit der Periode der letzten Eiszeit in Europa zusammen. Das Klima war kalt, trocken und glazial; bei so viel in großen Eisschichten gebundenem Wasser war die Meeresküste etwa sechs km von der Höhle entfernt, und das Gelände draußen war vermutlich steppenähnlich.

Im Innern der Höhle gefundene Spuren wilder Getreidesorten, Gemüse und Nüsse geben einen Hinweis auf die Ernährung. Die paläolithischen Bewohner waren Jäger und Sammler und benutzten ursprünglich schartige Steinwerkzeuge aus Kieselschiefer und Feuerstein oder Knochengeräte.

Um 11 000 v. Chr. setzte ein wärmender Trend ein, und der Meeresspiegel stieg danach kontinuierlich: Um 9000 v. Chr. war die Küste drei km entfernt, um 3000 v. Chr. mehrere hundert Meter, und heute ist sie bloß noch 45 m weit weg. Die Landschaft änderte sich wahrscheinlich hin zu offenem Waldland, und um 7500–7000 v. Chr. war die Ernährung der Bewohner abwechslungsreich: Gefunden wurden Spuren von Wildhafer, Weizen, Gerste, Birnen, Linsen, Wicken, Mandeln, Pistazien, Erbsen, Kapern, Senf und Koriander, zusammen mit Fisch, Schalentieren, Rotwild und Wildschwein. Ohne Zweifel wurde die Höhle im Frühling, Sommer und Herbst benutzt, weniger klar ist indes, ob sie auch den Winter über bewohnt war.

Um 6500 v. Chr. wurden größere Fischknochen, vielleicht von Thunfisch, die mehrere hundert Pfund wogen, in der Höhle deponiert. Das Auftauchen von Obsidianwerkzeugen deutet darauf hin, dass die Bewohner in dieser Zeit viel zur See fuhren. Obsidian ist ein vulkanisches Gesteinsglas, das eine weit schärfere Schneide besitzt als Feuerstein oder Kieselschiefer und leichter zu bearbeiten ist; die Quelle für diesen Fund in der Höhle ist die Insel Melos, etwa 150 km quer über das Ägäische Meer.

Schematische Rekonstruktion der Abfolge der frühen Belegung der Franchthi-Höhle, die die Tiefe der Ablagerungen zeigt.

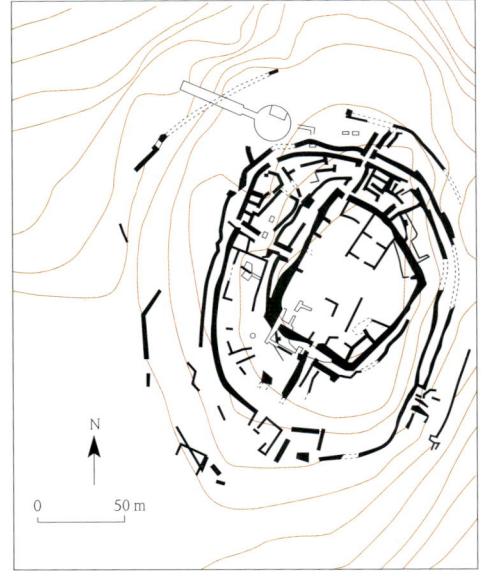

(Rechts) Mittelneolithische
Statuette von Mutter und Kind
aus Sesklo, 4800–4400 v. Chr.

(Mitte) Spätneolithische Vase
(4000–3000 v. Chr.) mit charakteristischer brauner Glasur
und bogenförmig verlaufendem
Muster aus Dimini.

(Unten rechts) Kugelförmige spätneolithische (4000–3000 v. Chr.)
Vase aus Lianokladi.

(Gegenüber) Mittelneolithische
Tasse aus Tsani Magoula, Thessalien (5000–4000 v. Chr.), mit
charakteristischer geometrischer
Verzierung auf hellem Hintergrund.

Ansicht (oben) und Plan (rechts)
der spätneolithischen Siedlung bei
Dimini (4000–3000 v. Chr.), die
ursprünglich von mehreren befestigten Mauerringen eingefriedet
und hoch oben von einem großen
zentralen Gebäude gekrönt wurde.

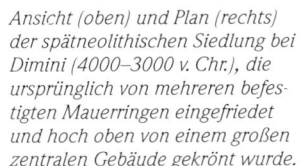

Prometheus und die Ursprünge der Zivilisation

Was ihre frühesten Ursprünge betraf, hatten die Griechen ihre eigenen Legenden: Prometheus, berühmt, weil er der Menschheit das Feuer schenkte, wurde auch das Verdienst zugeschrieben, die Menschen in den meisten Errungenschaften der Zivilisation unterwiesen zu haben, die er selbst von Athena gelernt hatte.

Denn sonst mit offnen Augen sehend sah'n sie nicht, es hörte nichts ihr Hören; ähnlich eines Traums, Gestalten mischten und verwirrten fort und fort. Sie alles blindlings, wussten nichts vom Ziegelbau der Häuser, sonnwärts offen, nichts von Zimm'rers Kunst; Erdeingegraben wohnten sie, den wimmelnden Ameisen gleich, in Höhlenwinkeln sonnenlos. Von keinem Merkmal wussten sie für Winters Nahn, Noch für den blumenduft'gen Frühling, für den Herbst, den früchtereifen; sonder Ordnung, sonder Zweck war, was sie taten; bis ich ihnen deutete der Sterne schwer verständlichen Auf- und Niedergang, die Zahl, des Geistes kühnsten Griff, fand ich für sie,

dazu geschrieb'ner Zeichen Fügung, aller Ding' Gedächtnis, mächtig Werkzeug jeder Musenkunst. Dann spannt' ins Zugjoch ich zum ersten Mal den Ur, Dem Pflug zu fronden, dass damit dem Menschenleib die allzu große Bürde abgenommen sei, Und schirrt' das zügelkauende Ross dem Wagen vor, des überreichen Prunkes Kleinod und Gepräng; und auch das flutdurchschweifende, leingeflügelte Fahrzeug des Meers erfand kein anderer als ich.
Also den Menschen vieles Rats Erfinder, ich, jetzt elend selber, finde keinen Kunstgriff aus, zu lösen mich aus dieser Qual schmachvollem Los.
(...)
Lass dir das Weitere sagen und erstaune mehr, wie große Mittel, welche Künste ich erfand. Das Größte war's, dass, wenn sie Krankheit niederwarf, kein Mittel da war, keine Salbe, kein Gebräu, Kein Brot der Heilung, sondern aller Mittel bar verschmachtend sie verkamen; bis sie dann von mir gelernt die Mischung sänftigender Arznei, die aller Krank-

heit wilde Kraft zu stillen weiß.
(...)
So weit von diesem; dann die tief im Erdenschoß verborgenen Schätze, Helfer vielem Menschenwerk, das Eisen, Erz, Gold, Silber, wer mag sagen, dass er diese vor mir aufgefunden und benutzt? Niemand, ich weiß es, wenn er sich lügend nicht berühmt. Ja, wollt ihr alles kurzgefasst in einem Wort, von mir Prometheus kommt den Menschen alle Kunst.

Aischylos, *Der gefesselte Prometheus*, 447–505

Lakonische Schale aus dem 6. Jh. v. Chr., die Zeus' Bestrafung der Brüder Atlas und Prometheus zeigt. Atlas wurde verurteilt, den Himmel auf den Schultern zu tragen, während Prometheus gefesselt mitansehen musste, wie ein Adler oder Geier sich täglich, bis zu seiner Errettung durch Herakles, von seiner Leber nährte.

nach stoßen wir auf Menschen des Neolithikums, die haltbare Töpfe aus gebranntem Ton herstellen.

Neolithische Siedlungen sind aus ganz Griechenland bekannt, aber die fruchtbare weite Ebene von Thessalien hat die bedeutendste Anzahl von Stätten erbracht. Zwei der größten Siedlungen, in Sesklo und Dimini, wurden zu Beginn des 20. Jahrhunderts von dem griechischen Archäologen Christos Tsountas ausgegraben.

Sesklo, die frühere, stammt von 5000–4000 v. Chr. und besteht aus einer Gruppe ein- und zweiräumiger Häuser, die von einem gewundenen Befestigungswall geschützt werden. Ein größeres „Haus" unmittelbar auf dem Gipfel des Hügels könnte auf die Sozialstruktur der Gemeinschaft hinweisen, je nachdem ob man es als Haus des Oberhaupts, als Gemeinschaftshütte oder als Tempel deutet. Schöne, mit flammend roten Mustern verzierte Keramik wurde ebenso hergestellt wie ein Vielzahl von Tonstatuetten, oft von korpulenten Frauen.

Dimini, das nur ein paar Kilometer weiter östlich liegt, erlebte seine Blüte in der jüngeren neolithischen Periode (4000–3000 v. Chr.). Die niedrige Hügelkuppe ist umgeben von einer Reihe konzentrischer Wälle, wieder mit einem einzelnen großen „Haus" auf der Spitze. Andere Häuser stehen zwischen den Wällen oder weiter unten am Hang. Buchstäblich Dutzende anderer kleiner Orte überall in Griechenland erbrachten weitere Informationen über das Leben in neolithischer Zeit.

Die frühe Bronzezeit

*Frühe kykladische „Bratpfanne"
(3000–2000 v. Chr.): Die eingra-
vierte Verzierung mit ihren Spiralen ist typisch, und solche Muster
schließen, wie es sich für ein seefahrendes Inselvolk gehört, oft
Schiffe ein. Die Funktion dieser
Gefäße bleibt rätselhaft.*

*Frühes kykladisches Gefäß
mit eingraviertem Fischgratmuster
aus Antiparos (3000–2000 v. Chr.).*

In den Jahren um 3000 v. Chr. fanden bedeutsame Veränderungen statt, darunter die Einführung der Bronze. Andere kulturelle Neuerungen in den archäologischen Zeugnissen deuten darauf hin, dass diese neue Technik von der Ankunft neuer Menschen in Griechenland begleitet wurde. Am auffälligsten ist vielleicht ein Wandel der Bestattungsbräuche, von Einzelgräbern hin zu Grabstätten, die Mehrfachbestattungen enthielten, vermutlich die Angehörigen einer einzigen Familie oder einer Sippe. Auch in der Keramik tauchen um diese Zeit neue Formen auf, und viele der neolithischen Formgebungen und Muster verschwinden. Die Häuser sind größer und verfügen oftmals über mehrere Räume und Flure. Die Siedlungen werden von weit stärkeren und ausgeklügelteren Befestigungswällen mit hoch aufragenden Türmen geschützt. Diese Veränderungen sind überall in der Ägäis, in Ausgrabungsstätten wie Lerna, Ägina, Poliochni, Chalandriani, Troja und Klazomenai, ersichtlich.

Die Inseln der Ägäis brachten während der frühen Bronzezeit (3000–2000 v. Chr.) eine besonders elegante, wiedererkennbare „Kykladenkultur" hervor, benannt nach der zentralen Inselgruppe, den Kykladen. Über die charakteristischen baulichen Eigenheiten und Bestattungsbräuche des Griechenlands der frühen Bronzezeit hinaus erkennt man die Kykladenkultur an ihren Ton- und Marmorgefäßen und -statuetten. Die Inseln Naxos und Paros verfügen über große Steinbrüche mit feinem weißen Marmor, der zur Herstellung von Gefäßen und einer großen Anzahl menschlicher Statuetten verwendet wurde. Im Allgemeinen handelt es sich um weibliche, darunter verschiedentlich schwangere Figuren, deren Anatomie und Gesichtszüge nur minimal wiedergegeben sind – eine Abstraktion, die sie seltsam modern erscheinen lässt. Auf vielen Beispielen wurden Spuren farbiger Verzierung entdeckt. Ihre Funktion ist nicht recht klar, obwohl sie gewöhnlich aus Gräbern geborgen wurden und nicht von allein stehen können. Ein paar ausgearbeitetere Beispiele zeigen männliche Musiker, die entweder stehend Flöte spielen oder mit einer Leier dasitzen. Zeugnisse dieser Kultur finden sich auf den meisten ägäischen Inseln und entlang der angrenzenden Küsten des Festlands.

Auf der großen südlichen Insel Kreta standen die Bewohner in dieser Periode anscheinend in Kontakt mit entwickelteren Zivilisationen in der Region, und die Kunst der Herstellung von Gefäßen aus hartem Gestein (Granit und Basalt) wurde aus Ägypten importiert.

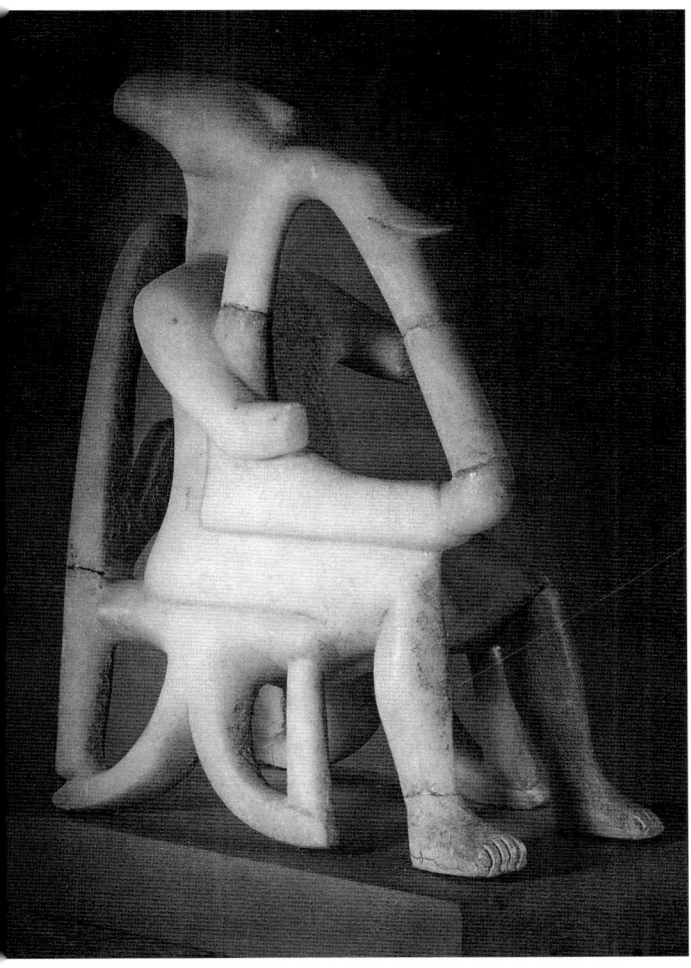

Früher kykladischer Leierspieler von Keros, um 2500 v. Chr. Figuren wie diese und das stehende Beispiel (rechts) werden gewöhnlich in Gräbern gefunden, doch ihre genaue Funktion ist unbekannt.

(Unten) Typische kykladische Marmorstatuette einer nackten Frau mit vor dem Körper verschränkten Armen und betonten Zehen. Später Spedos-Typ, 2600–2400 v. Chr.

Die Inseln Naxos und Paros liefern ausgezeichneten weißen Marmor, und Naxos verfügt außerdem über Schmirgelvorkommen, ein nützliches Schleifmittel. Geschickte Marmorbearbeitung, wie an diesen beiden Gefäßen zu sehen, ist ein Merkmal der frühen Kykladenkultur.

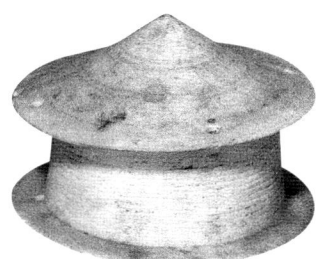

Thera

Die Insel Thera oder Santorin, etwa 112 km nördlich von Kreta, ist noch immer ein aktiver Vulkan. In den vergangenen sechziger Jahren begann man am südlichen Ende der Insel, an einem Ort namens Akrotiri, wo sich, begraben unter einer dicken Schicht weichen Bimssteins und Asche, die bemerkenswert gut erhaltenen Überreste einer prähistorischen Stadt fanden, mit Ausgrabungen. Das Datum des Vulkanausbruchs, der diese Stadt verschüttete, ist nach wie vor umstritten. Archäologen, die sich der traditionellen Methoden der Keramik-Chronologie bedienten, datierten den Ausbruch ursprünglich auf 1450 v. Chr. In jüngerer Zeit scheinen sowohl unterschiedlichste wissenschaftliche Methoden als auch die Ausgrabungen von Bimssteinschichten an stratifizierten Stätten an der Nordküste Kretas darauf hinzuweisen, dass der Ausbruch sich bereits 1625 v. Chr. ereignete. Der Verwüstung gingen anscheinend vorwarnende Beben voraus, da nur wenige Luxusgegenstände und keine Leichen gefunden wurden – die Einwohner hatten Zeit, zu fliehen, im Gegensatz zu den vielen unglücklichen Opfern in Pompeji, die im Jahr 79 n. Chr. in den unerwarteten Ausbruch des Vesuv gerieten.

Die Häuser in Akrotiri waren zwei- und dreigeschossig, die Wände waren mit leuchtenden, bunten Fresken geschmückt, die eine Vielzahl von Szenen zeigen: Antilopen, Jungen beim Boxen, blaue Affen, Fischer mit ihrem Fang, Frauen, die Safran sammeln, Schwalben in einer Landschaft und Miniaturen, die einen von Palmen und Papyrus gesäumten Fluss, eine Seeprozession zahlreicher Schiffe von einer Stadt zur nächsten und eine Szene mit einem Schiffswrack und bewaffneten Kriegern zeigen. Die Interpretation dieser Bilder ohne Text hat die Fantasie mehrerer Forscher beschäftigt: Sind sie historisch, wer ist dargestellt und wo spielen sie? An den militärischen Szenen interessant sind Darstellungen von Soldaten, die Schilde aus

Rindsleder, und von Kriegern, die Helme mit Eberzähnen tragen. Echte Helme dieses Typs sind in der mykenischen Welt ein recht häufiger Fund, auf den Kykladen oder im minoischen Kreta jedoch sehr selten, was vielleicht darauf schließen lässt, dass wir hier auf Szenen blicken, die von einem mykenischen Einfall in der Ägäis berichten.

Die unter Spyridon Marinatos für die Athener Archäologische Gesellschaft begonnenen Ausgrabungs- und Restaurierungsarbeiten werden heute unter der Leitung von Christos Doumas fortgesetzt.

(Oben links) Ein Zimmer in Akrotiri mit Fresken von Antilopen und jugendlichen Boxern.

(Oben) Ansicht der Ruinen bei Akrotini. Türen und Fenster besaßen ursprünglich Holzrahmen, und die großen Vorratskrüge waren allgemein üblich.

(Unten) Fresken aus Akrotiri: Auf der gegenüberliegenden Seite sind Militäraktionen zu Wasser und zu Lande zu sehen; man beachte die großen Schilde aus Rindsleder und federgeschmückten Helme; unten eine Expedition zur See.

Das Auftreten der Griechen

(Rechts) Typisches Kastengrab aus der mittelhelladischen Periode (auf dem Festland 2000–1600 v. Chr.), das für individuelle Beisetzungen, oft innerhalb der Siedlung selber, benutzt wurde.

(Unten) Drei Statuetten aus dem minoischen Kreta. Die Fayence-Figur einer Frau in typischer Tracht mit gefälbeltem Rock und blanken Brüsten (links) wird als Göttin gedeutet, weil sie zwei Schlangen in Händen hält und eine Katze auf ihrem Kopfschmuck sitzt; sie wurde in den Tempelmagazinen in Knossos gefunden. Die Tonstatuette einer Frau mit erhobenen Armen (Mitte) stammt aus einem Heiligtum auf einem Berggipfel bei Petsophas; und die Bronzestatuette eines männlichen Betenden (rechts), dessen Arme eine rituelle Geste beschreiben, stammt aus Tylissos, 1500 v. Chr.

Bedeutende Veränderungen bei den archäologischen Zeugnissen deuten nachdrücklich darauf hin, dass sich in den Jahren um 2000 v. Chr., dem Beginn dessen, was als mittlere Bronzezeit (2000–1600 v. Chr.) bekannt ist, eine neue Gesellschaft in Griechenland etablierte. Viele grundlegenden Aspekte der Kultur der frühen Bronzezeit ändern sich radikal: Architektur, Bestattungsbräuche, Keramik und anscheinend auch die Sprache. Zusätzlich taucht etwa um diese Zeit in Griechenland zum ersten Mal das gezähmte Pferd auf. In der Architektur weicht das rechteckige Haus mit geraden Wänden ovalen Häusern oder Häusern mit abgerundetem bzw. apsidialem Abschluss. Der auf Fußbodenebene sichtbare Wandel lässt auf ein anderes Bedachungssystem schließen, und vielleicht waren die Neuankömmlinge an ein anderes Klima oder andere Baumaterialien gewöhnt. Die großen Mehrfachgräber der frühen Bronzezeit werden ersetzt durch individuelle Beisetzungen in kleinen Kastengräbern, die oft innerhalb der Siedlung ausgehoben wurden, statt sich, wie es zuvor Praxis gewesen war, auf Friedhöfe außerhalb des Dorfes zu beschränken. Die in dieser Zeit erfolgende Einführung der Töpferscheibe zur Herstellung von Tonwaren führte zu einer großen Vielfalt neuer Formgebungen, während mehrere der alten asymmetrischen, von Hand hergestellten Formen außer Gebrauch kommen.

Vier dieser Neuerungen (Häuser, Gräber, Keramik und Pferd) hinterlassen deutliche archäologische Spuren, die an vielen Plätzen sichergestellt wurden. Ein wenig komplexer sind die Zeugnisse für die Einführung der griechischen Spra-

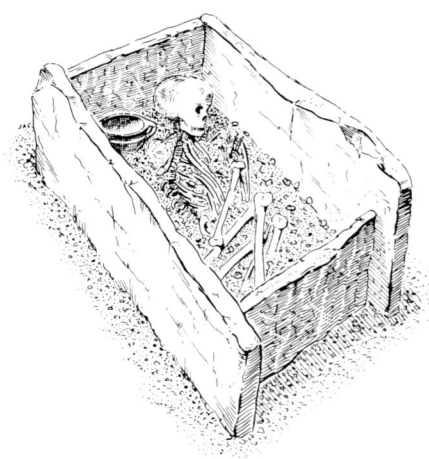

che zur selben Zeit. Hier müssen wir uns von dem frühesten Moment an, zu dem das Griechische unserer Kenntnis nach in Gebrauch war, rückwärts vorarbeiten, bis wir den vorausgegangenen großen kulturellen Bruch erreichen, als neue Menschen eintrafen und vermutlich ihre neue Sprache mitbrachten.

Benutzt wurde Griechisch in Griechenland zweifellos um 1250 v. Chr., dem Datum hunderter in Griechisch geschriebener Tontafeln, die in Knossos, Mykene, Pylos und Theben gefunden wurden (siehe S. 44). Forscht man weiter zurück, so ist der erste große Wandel im kulturellen Bereich derjenige, den wir gerade betrachtet haben und der aus der Zeit um 2000 v. Chr. datiert.

Wir kennen die Sprache nicht, die die Menschen der frühen Bronzezeit, von 3000 bis 2000 v. Chr., sprachen, obwohl manche Wörter erhalten blieben und von den Griechen übernommen wurden. Linguistisch gesprochen, sind Wörter bzw. Namen, die auf *-ssos, -ttos* und *-inthos* enden, nicht griechisch, sondern Lehnwörter, die vermutlich dieser früheren Sprache entnommen wurden. Bezeichnenderweise bleiben sie vornehmlich als Toponyme erhalten, so in Namen von Flüssen (Kephissos), Gebirgen (Parnassos, Hymettos) und Orten (Korinthos, Knossos). Das gleiche Phänomen ist in etwa Nordamerika zu beobachten, wo die europäischen Kolonisten viele Ortsnamen von der eingeborenen Bevölkerung entlehnten (Massachusetts, Susquehanna River, Chesapeake Bay usw.). Es ist verlockend anzumerken, dass sogar das Wort, das die Griechen für das Meer benutzten, *thalassa*, eines dieser vorgriechischen Wörter ist, was vielleicht darauf schließen lässt, dass die Sprecher des Griechischen um 2000 v. Chr. auf dem Land- statt auf dem Seeweg und deshalb vermutlich von Norden her eintrafen.

Mittelbronzezeitliche Siedlungen wurden überall auf dem Festland ausgegraben, und sie belegen, dass

die Kultur homogen und weit verbreitet war. Die graue, scharfwinklige Töpferware, die Schliemann zu Ehren eines legendären Königs Minyas „minysche Keramik" nannte, ist ein besonders deutliches Merkmal dieser Gesellschaft.

Kreta und die Kykladen

Verglichen mit dem Festland, das keine besonderen Anzeichen von Reichtum oder fremden Kontakts aufweist, scheinen Kreta und die Inseln der Ägäis – wie in der Frühen Bronzezeit – fortgeschrittener, wohlhabender und entwickelter gewesen zu sein. Die zwischen diesen drei Gebieten erkennbare regionale Verschiedenheit hat Archäologen veranlasst, die kulturellen Trennlinien entlang geografischer Grenzen zu ziehen, so dass die Bronzezeit auf dem Festland als helladisch, auf Kreta als minoisch (ebenfalls benannt nach einem legendären König, Minos) und auf den Inseln als kykladisch bekannt ist.

Auf Kreta erlebte die mittlere Bronzezeit auf dem Gelände von Knossos den Bau eines großen Palastes (siehe S. 50f.). Die als Kamaresware bekannte Keramik ist mit hellen Mustern, häufig Meeres- oder Blumenmotive, auf dunklem Hintergrund verziert. Anzeichen offizieller kultischer Aktivität sind ebenfalls zu dieser Zeit erkennbar. Die auf Kreta lebenden Menschen huldigten ihren Göttern vor allem hoch oben auf Berggipfeln und in Höhlen. Man hat sowohl männliche wie weibliche Statuetten aus Ton, Bronze und Elfenbein gefunden. Es gibt keinen besonderen Grund für die Annahme, dass diese hoch entwickelte Kultur mit den Sprechern des Griechischen auf dem Festland verbunden war, und die frühesten Tontafeln aus Kreta sind in einer nicht entzifferten Schrift (Linear A) geschrieben, die eine unbekannte Sprache, sicher nicht Griechisch, zu dokumentieren scheint.

Ausgrabungen auf den Inseln Keos, Melos und Thera haben gezeigt, dass es enge Kontakte zwischen den Minoern Kretas und der Kykladenkultur der Inseln gab, was nicht überrascht, da beide Gruppen seefahrende Insulaner waren. Unterschiede in Keramik und anderen Funden erlauben es jedoch, die beiden Kulturen auseinanderzuhalten. Eine der spektakulärsten Ausgrabungen auf den Inseln fand in Akrotiri auf auch der als Santorin bekannten Insel Thera statt (S. 32f.).

Tontafel aus Hagia Triada, Kreta, beschriftet in Linear A. Die Sprache dieser Inschriften ist unbekannt, war aber sicher nicht Griechisch.

KÖNIG MINOS VON KRETA

Minos war nämlich der erste, von dem wir Kunde haben, dass er eine Flotte baute, das heute hellenische Meer weithin beherrschte und die Kykladen eroberte und meistenteils zuerst besiedelte, wobei er die Karer verdrängte und seine eignen Söhne als Fürsten einsetzte. Auch die Seeräuber suchte er natürlich nach Kräften zurückzudrängen, um seine Einkünfte zu verbessern.

Thukydides, I, 4

Die regionalen Abweichungen in der ägäischen Keramik der mittleren Bronzezeit (2000–1600 v. Chr.) sind bei diesen drei Beispielen klar ersichtlich: (oben links) helladisch (=Festland); (unten links) minoische (=Kreta) Kamaresware aus Knossos; und (unten rechts) ein kykladischer (=Insel) Wasserkrug in der Form eines Vogels.

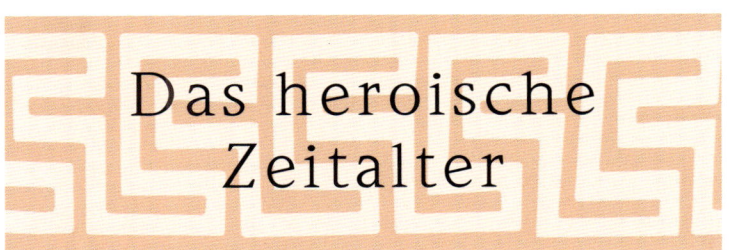

Das heroische Zeitalter

Jetzo, wie oft Geißhirten die schweifenden Ziegenherden
ohne Müh aussondern, nachdem sie sich weidend gemischet,
so dort stellten die Führer und ordneten hierhin und dorthin,
einzugehn in die Schlacht; mit ihnen der Held Agamemnon,
gleich an Augen und Haupt dem donnerfrohen Kronion,
gleich dem Ares an Gurt und an hoher Brust dem Poseidon.
So wie der Stier in der Herd ein Herrlicher wandelt vor allen,
männlich stolz, denn er ragt aus den Rindern hervor auf der Weide:
Also verherrlichte Zeus an jenem Tag Agamemnon,
dass er hoch aus vielen hervorschien unter den Helden.

Homer, *Ilias* 2, 474–83

Bis 1600 v. Chr. hatte die griechische Kultur auf dem Festland beträchtliche Fortschritte gemacht, und die Unterschiede haben Archäologen – die stets ein Faible für Dreiteilungen haben – veranlasst, von den nachfolgenden Jahrhunderten als von der späten Bronzezeit zu sprechen. Die spätbronzezeitliche Kultur auf dem Festland ist auch
oft als die mykenische Periode bekannt: Die Stätte von Mykene war eine
der ersten dieser Epoche, die (in den 70er Jahren des 19. Jhs. von Heinrich Schliemann) ausgegraben wurde, Mykene erwies sich zudem als
eines der prächtigsten Zentren dieser Zeit, und in der Ilias war Mykene
die Heimat Agamemnons, des mächtigsten der Könige und Anführer der
Griechen, die gegen Troja in den Krieg zogen.

Die mykenische Epoche nimmt den Scheitelpunkt von Mythos und Geschichte ein. Indem sie generationsweise zurückrechneten, schrieben die
klassischen Griechen den Großteil ihrer Mythologie dieser Periode zu,
dem 14. und 13. Jahrhundert v. Chr.: den Trojanischen Krieg, die Fahrt der
Argonauten, den Ödipus-Zyklus und die Arbeiten des Herakles, um nur
ein paar zu nennen. Die Archäologie hat diese Überlieferungen in gewisser Weise bestätigt – es war zweifellos eine Zeit großer Paläste und gewaltigen Reichtums, beherrscht von einer Kriegergesellschaft mit weit-
reichenden Kontakten im ganzen Mittelmeerraum. In dieser Periode sind
wir der wirklichen Geschichte nahe, und zum ersten Mal besitzen wir in
Griechisch geschriebene Dokumente.

Das Löwentor in Mykene: Es wurden mehrere mykenische Stätten ausgegraben, die
ein Bild prächtiger, von massiven Befestigungsmauern geschützter Paläste vermitteln.

Der mykenische Palast

Der Nestorpalast bei Pylos mit Blick nach Süden. In der Mitte befindet sich der Thronsaal mit der niedrigen, runden Herdstätte. Im Vordergrund sichtbar sind in eine Bank eingelassene Ölkrüge; er datiert aus der Zeit um 1300–1200 v. Chr.

Mehrere Paläste des mykenischen Zeitalters wurden ausgegraben – in Mykene, Tiryns, Pylos, Gla, in Theben Teile eines solchen. In Anlage und Bau haben sie bestimmte typische Merkmale gemeinsam. In ihrem Kern befand sich ein Innenhof unter freiem Himmel. Von hier aus gelangte man nach Passieren einer mit Säulen versehenen Vorhalle in ein weites Vestibül, das wiederum Zugang zum Thronsaal gewährte. Bei letzterem handelte es sich um einen großen, quadratischen Raum mit einem flachen, runden Opferherd, der den größten Teil der Raummitte einnahm. Der Thron dürfte, wenn man eintrat, an der rechten Wand gestanden haben. Vier Säulen um den Herd stützten eine um die Seiten des Raumes verlaufende obere Galerie. Die Gesamtanordnung ist als Megaron oder Große Halle bekannt. Die Wände zierten leuchtend bunte Fresken, die mythische Tiere wie Greifen, Musikanten sowie Jagd- und Kampfszenen zeigten. Der gepflasterte Fußboden war außerdem mit abstrakten Mustern und – im Falle von Pylos – mit einem Tintenfisch bemalt. Um diesen zentralen Kern gruppierten sich zahlreiche Lagerräume, die gewaltige Mengen Keramik und in riesigen Terrakotta-Krügen große Olivenölvorräte enthielten.

Ebenfalls in der Nähe oder auf einer oberen Ebene lagen Wohnräume, die mit Badevorrichtungen versehen waren. Bei der Ausgrabung der verschiedenen Örtlichkeiten des Palastes kamen mit Elfenbein einge-

legte Möbel, Gold- und Silbergefäße, Schmucksteine aus Lapislazuli, Tongeschirr mit kräftig bunten Mustern und goldene oder aus Halbedelsteinen geschnittene Siegelringe zum Vorschein, die ein Bild von Luxus und Reichtum vermittelten.

Vor Angriffen wurden diese Paläste durch massive Befestigungen aus gewaltigen, unbearbeiteten Felsquadern geschützt. Die klassischen Griechen konnten, wenn sie auf ihre Überreste blickten, nur zu dem Schluss kommen, dass die Mauern nicht von Sterblichen, sondern von den als Zyklopen bekannten Riesen erbaut worden waren; dieser Mauerbaustil ist dementsprechend auch als „zyklopisch" bekannt. Die „Zyklopenmauern" waren 4,5–6 m dick und etwa 6,5–9 m hoch – in Anbetracht der verfügbaren Technik eine bemerkenswerte Großtat.

Trotzdem stehen noch Reste der Stadtmauer und vor allem das Tor. Über ihm stehen Löwen, und auch die Mauern sollen ein Werk der Kyklopen sein, die dem Proitos die Mauer in Tiryns bauten. In den Trümmern von Mykenai befindet sich die Perseia genannte Quelle und die unterirdischen Gebäude des Atreus und seiner Söhne, in denen sich ihre Geldschätze befanden.

Pausanias, II, 16, 5–6

Künstlerische Rekonstruktion des Thronsaals in Pylos: Der zentrale Herd, die Säulen und die bunte Wand- und Fußbodendekoration sind alle gesichert.
Grundriss des Palastes mit dem zentralen Thronsaal, umgeben von Korridoren und Lagerräumen. Ein kleiner Lagerraum enthielt 2853 Trinkschalen.

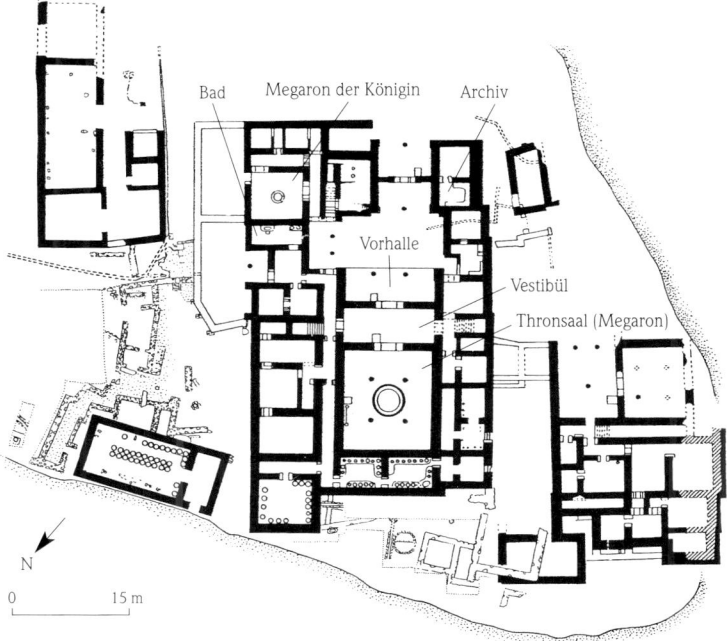

Bad   Megaron der Königin   Archiv

Vorhalle

Vestibül

Thronsaal (Megaron)

N

0   15 m

Grabstätten und Bestattungen

Ein Teil des Gräberrunds A (oben) in Mykene (1600–1500 v. Chr.), wo Heinrich Schliemann Gräber freilegte, die möglicherweise königliche Beisetzungen mit vielen prächtigen Objekten enthielten, darunter jene, die hier zu sehen sind: eine goldene Totenmaske, ein Gefäß aus Silber und Gold in Form eines Stierkopfes und ein Bronzedolch mit eingelegter Jagdszene.

Die mykenische Periode steht im Zeichen einer Rückkehr zu Mehrfachbestattungen, wobei mehrere Typen von Grabstätten in Gebrauch waren. Das einfache Volk wurde mit Tongeschirr, Schmuck, Waffen und anderen Grabbeigaben in einfachen, aus dem Fels gehauenen Kammergräbern beigesetzt. Königs- oder Adelsgräber waren kunstvoller. Schon früh (1600–1500 v. Chr.) wurden die Beisetzungen in tiefen Schächten vorgenommen, die in den Boden eingelassen und mit Steinen ausgekleidet wurden. Die Einzelgräber waren oft mit einer skulptierten Stele markiert, die gewöhnlich eine Jagd- oder Kampfszene im Relief zeigt (S. 45). Zum Schluss wurden diese Gräber durch einen niedrigen Steinkreis gekennzeichnet oder hervorgehoben; zwei solcher „Schachtgräberrunde" wurden in Mykene gefunden, eines (A) in den siebziger Jahren des 19. Jahrhunderts von Heinrich Schliemannn und das andere (B) in den fünfziger Jahren des letzten Jahrhunderts von John Papademetriou. Da sie nicht geplündert wurden, enthielten sie einige der prächtigsten Funde, die jemals aus der mykenischen Welt

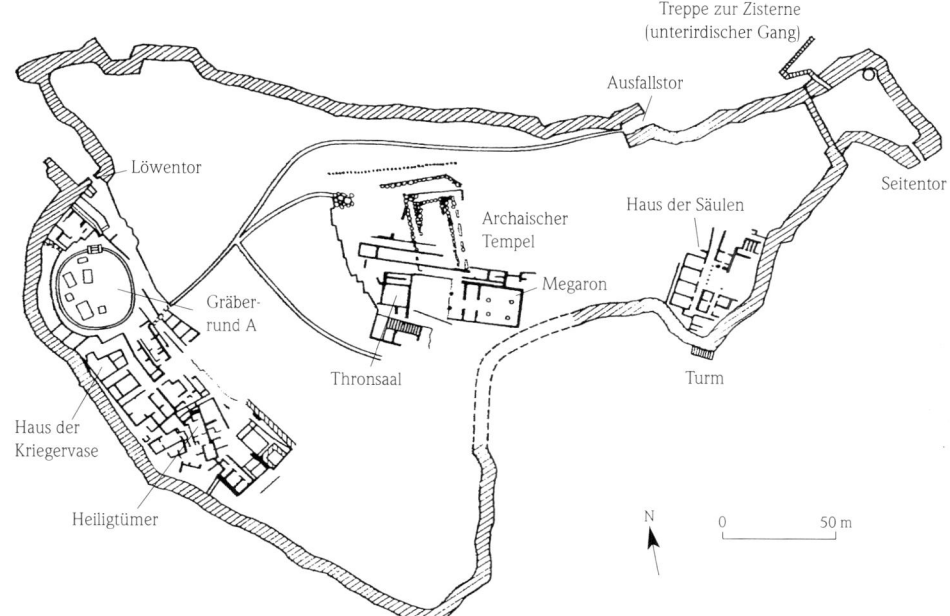

Treppe zur Zisterne
(unterirdischer Gang)

Ausfallstor

Löwentor

Seitentor

Haus der Säulen

Archaischer
Tempel

Megaron

Gräber-
rund A

Thronsaal

Turm

Haus der
Kriegervase

Heiligtümer

N

0   50 m

(Links) Plan der Burg von Mykene mit dem Löwentor und Gräberrund A zur Linken und dem Palastkomplex im Zentrum. Eine spätere Erweiterung der Befestigungsmauer und die Treppe zu einem geheimen Wasservorrat (S. 56) sind ganz rechts zu sehen.

(Unten links) Dieser mykenische birnenförmige Krug mit drei Griffen wurde als Gefäß für den Export hergestellt. Auf Rhodos und Italien wurden mehr Krüge dieser Art gefunden als auf dem Festland. Der naturalistische Tintenfisch ist minoischen Vorbildern entlehnt; die Zeichnungen (unten) zeigen die im Laufe der Zeit zunehmende Abstraktion dieses Meerestiers durch mykenische Vasenmaler.

geborgen wurden: Gold, Silber, Elfenbein, Halbedelsteine und Bronze, alles kunstvoll zu Totenmasken, eingelegten Dolchen, Schwertern, Möbeln und Gefäßen mit Reliefschmuck verarbeitet.

Diese Schachtgräber wurden im 15. Jahrhundert v. Chr. durch eindrucksvollere Konstruktionen ersetzt, die als Kuppelgräber (Tholosgräber) bekannt sind, große runde Kammern, die gewöhnlich in einen Hang getrieben wurden und die Form von Bienenkörben haben (S. 42f.). Sie waren mit Steinen ausgekleidet, wobei jede Reihe die darunterliegende leicht überlappte, bis sie sich oben trafen, eine als Auskrage- oder Vorkragtechnik bekannte Bauweise. Die größten Beispiele, in Mykene und Orchomenos, sind ganze 14,5 m breit und 13,2 m hoch; benutzt wurden gewaltige Steine, von der Größe her vergleichbar jenen, die man in den Befestigungsmauern fand. Die Gräber erforderten beträchtliches technisches Geschick und erheblichen Arbeitsaufwand, wenngleich sie, weil normalerweise von einem gewaltigen, auffälligen Grabhügel aus Erde bedeckt, im Altertum fast ausnahmslos geplündert wurden. Über 150 solcher Grabstätten wurden überall im südlichen Griechenland und sogar im weit nördlich gelegenen Aitolien und Thessalien gefunden. Aus dem kleinasiatischen Kolophon ist ebenfalls eine bekannt.

Kunsthandwerk

Mykenische Keramik ist ohne weiteres zu erkennen: sorgfältig gebrannt in den verschiedensten geschlossenen und offenen Formen und verziert mit einer rotbraunen Glasur auf hellem Hintergrund. Anfangs (um 1500 v. Chr.) wurden die Schmuckschemata dem minoischen Kreta entlehnt; besonders beliebt war der „Meeresstil", der Bilder von Tintenfischen, Nautilussen, Seegras und andere Seestücke favorisierte, die in naturalistischem Stil gemalt waren. Dennoch zogen mykenische Künstler die Abstraktion dem Realismus vor, und im Laufe der Zeit werden die Themen immer weniger realistisch, wobei der Brauch zwar ihre Verwendung bestimmt, die Darstellung jedoch zunehmend dekorativ ist und Details wenig Aufmerksamkeit schenkt. Ein Repertoire an charakteristischen Formen, die mit diesen stilisierten Mustern verziert sind, findet

Dromos (Korridor) zu einem Kuppelgrab in Mykene, das als Grab der Klytaimestra (der untreuen Ehefrau und Mörderin Agamemnons, die selber von ihrem Sohn Orestes getötet wurde) bekannt ist. Aus Mykene sind neun solcher Kuppelgräber bekannt.

sich überall auf dem Festland, und die mykenische Keramik ist deshalb leicht zu identifizieren, wenn man ihr in Italien, Kleinasien, Ägypten und im Nahen Osten begegnet.

Religion und Gesellschaft

Man versteht die mykenische Religion nur unvollkommen, betrachtet man sie durch die Darstellungen von Gottheiten, ein paar ausgegrabene Heiligtümer

und Verweise in den Linear-B-Tafeln. Die Tafeln sprechen von mehreren der allgemein bekannten „olympischen" Götter geschichtlicher Zeit – Poseidon, Zeus, Hera und Hermes –, aber ihre Kultzentren sind nicht die großen freistehenden Tempel späterer Zeiten. Tatsächlich wird ihnen nicht zwangsläufig ein herausragender Platz innerhalb des Palastkerns zugewiesen. In Mykene wurde eine Reihe von Räumen weiter hügelabwärts mit Opferaltären und einer Bank, auf der zahl-

(Rechts) Schnittansicht eines mykenischen Kuppelgrabes mit Dromos (Korridor), Hauptkammer mit Dach in Auskrage- oder Vorkragtechnik und kleiner Seitenkammer, alles bedeckt von einem großen Grabhügel aus Erde.

sowohl auf den Thera-Fresken als auch im minoischen Kreta eine herausragende Rolle. Ebenso auffallend sind sie auf gravierten Goldringen und geschnittenen Edelsteinen sowie als Statuetten, wobei sie gewöhnlich barbusig und in kunstvoll gefälbelten Röcken gezeigt werden (S. 34 und 48).

Die Linear-B-Tafeln vermitteln eine gewisse Vorstellung von der Struktur der mykenischen Gesellschaft. Zahlreiche Beamte werden genannt, deren höchster der *wanax* oder König ist. Archäologische Zeugnisse lassen gleichfalls auf eine mehrschichtige Gesellschaft mit Palästen, großen, luxuriösen Villen

Fresko einer mykenischen Dame oder Göttin, 13. Jh. v. Chr., aus Mykene. Kunstvolle Kleidung, Frisur und Schmuck der Dame deuten darauf hin, dass Frauen in der mykenischen Gesellschaft und/oder Religion eine hohe Stellung innehatten.

reiche Terrakotta-Statuen postiert worden waren, versehen. Ähnliche Gruppen großer Statuetten (ca. 0,6–1 m hoch) wurden auch in Tiryns und auf der Insel Keos gefunden. Winzige Terrakotta-Statuetten, oft mit erhobenen Armen, sind allgegenwärtig in der mykenischen Welt, aber ihre Fundstellen in Gräbern und anderswo bedeuten, dass ihnen keine allgemeine Kultfunktion beigemessen werden kann. Weibliche Gottheiten und Priesterinnen spielen in kultischen Szenen

Die Entzifferung von Linear B

Als Sir Arthur Evans den großen Palast in Knossos auf Kreta ausgrub, entdeckte er zwei verwandte, aber unterschiedliche Typen früher Schrift, die heute als Linear A und Linear B bekannt sind. Sie waren größtenteils auf Tontafeln erhalten, die von Symbolen bedeckt waren, die mit einem scharfen, spitzen Gegenstand eingeritzt waren. Die Tafeln, die beschrieben wurden, wenn der Ton erst teilweise an der Luft getrocknet war, blieben hauptsächlich erhalten, weil sie bei dem Feuer, das den Palast zerstörte, hart gebrannt wurden. Ähnliche mit Linear B beschriftete Tafeln wurden auch auf dem Gelände anderer Paläste auf dem Festland, in Theben, Mykene und später in Pylos, gefunden.

Die Analyse der Texte erlaubte bestimmte Rückschlüsse, noch bevor Linear B tatsächlich entziffert wurde. Dass sie größtenteils archivalisch waren, war unmittelbar aus der Anlage und der wiederholten Verwendung eines klaren Nummerierungssystems ersichtlich. Auch Piktogramme halfen bei der Identifizierung dessen, was verzeichnet wurde: Frauen, Tiere (Schweine, Schafe usw.), Streitwagen und Gefäße unterschiedlicher Form. Die Anzahl der Symbole (87) war größer als für ein Alphabet erforderlich, für Hieroglyphen waren es zu wenige, aber für eine Silbentabelle war die Menge genau richtig.

Das Erfassen der Häufigkeit von Symbolen ergab Hinweise darauf, welche für reine Vokale und welche für Konsonanten standen. Ein Anfangs-A beispielsweise wäre ein einzelnes, häufig auftauchendes Symbol, wohingegen ein Konsonant (wie T) fünf Symbole erforderte, eines für jeden angeschlossenen Vokal (TA, TI, TO, TE und TU). Kluge Schätzungen über Flexionen, Fälle, Plural- und Genusformen gestatteten, bestimmte Symbole mit demselben Vokal oder Konsonanten zu verbinden

wie andere Symbole, und noch bevor ein Wort gelesen werden konnte, wurde eine ganze Tabelle verwandter Symbole (die einen Vokal oder einen Konsonanten gemeinsam hatten) aufgestellt.

Ein Großteil dieser Arbeit wurde zusammen mit mehreren anderen Forschern, wie Alice Kober, Emmett Bennett und John Chadwick, von einem begeisterten und entschlossenen jungen Architekten, Michael Ventris, vollbracht. Ventris war seit seinem vierzehnten Lebensjahr, als er einen Vortrag von Evans über minoische Schriftarten hörte, entschlossen gewesen, den Code zu knacken. Weil er wusste, dass sieben der Symbole denen in einer frühen, auf Zypern gefundenen Schrift ähnelten, vermutete Ventris, dass die phonetischen Werte (Klänge) der Symbole dieselben seien, und probierte einige Wörter aus, von denen man glaubte, es könnte sich um Ortsnamen handeln. Die Namen begannen zu klingen wie die griechischen für bekannte kretische Orte (am-i-ni-so=Amnisos), und ihm wurde klar, dass Linear B eine frühe, umständliche Form, griechisch zu schreiben, war.

Der Beweis sollte nicht lange auf sich warten lassen. Bald nach seiner Bekanntmachung im Jahr 1952 wurden in dem Palast bei Pylos weitere Tafeln gefunden. Eine enthielt das Piktogramm eines dreibeinigen Gefäßes oder Dreifußes; als Ventris' Werte in das nebenstehende Wort eingefügt wurden, lautete es: ti-ri-po(de).

Einmal entziffert, wurde klar, dass die Schrift zur Buchführung des Palastes, die sehr komplex ist, benutzt worden war. Es gibt keine historischen Texte, keine Literatur, keine Briefe, nur Archive. Erhalten sind Abrechnungen über Sklavinnen, Schaf-, Schweine- und Ziegenherden, Listen von Bronzegefäßen und Verzeichnisse parfümierter Öle. Auch mehrere allgemein bekannte Gottheiten werden erwähnt, ein Hinweis darauf, dass die meisten, wenn nicht alle olympischen Götter zu diesem frühen Zeitpunkt in Griechenland verehrt wurden.

Tragischerweise kam Ventris im Alter von 30 Jahren bei einem Autounfall ums Leben. Als Ergebnis seiner Arbeit erkennen wir heute in Linear B das Mittel, in der mykenischen Welt die griechische Sprache zu schreiben. Sie wurde nach vielen der Symbole bearbeitet, die in der im minoischen Kreta gebräuchlichen Schrift, Linear A, verwendet wurden, die bislang noch nicht entziffert werden kann.

🧍	Mann
🐎	Pferd
	Dreifuß
	Amphore
	Speer
	Streitwagen
	Frau
	Schwein
	Schale
	Schwert
→	Pfeil
⊕	Rad

Drei Beispiele von Tontafeln, die mit Texten in Linear B beschrieben und durch Linien aufgeteilt sind. Die regelmäßig angebrachten horizontalen und vertikalen Linien zeigen, dass etwas gezählt und registriert wird.

(Oben) Einige der Piktogramme, die oft die in den Texten notierten und ausgeschriebenen Einträge begleiten.

Beispiele von Texten, die auf Linear-B-Tafeln festgehalten sind:

Zwei Streitwagen, eingelegt mit Elfenbein, zusammengesetzt, purpurrot bemalt, ausgerüstet mit Zügeln, ledernen Wangenstreifen (?), (und) Hornstücken (?).
Knossos: KN sd 0401

Ein Schemel, eingelegt mit einem Mann und einem Pferd und einem Tintenfisch und einem Greif (oder einer Palme) in Elfenbein.
Pylos: PY Ta 722

Kerowos der Hirte in Asiatia wacht über das Vieh von Thalamatas.
Pylos: PY Ae 134

und kleinen, überfüllten Häusern schließen, die alle zusammen eine Ansiedlung ausmachten. Die sich in den Aufzeichnungen spiegelnde Wirtschaft war, vor allem was die Paläste von Pylos und Knossos betrifft, Gegenstand intensiver Forschungen.

Zwischen dem Palast und den abgelegenen Gebieten auf dem Lande funktionierte ein ausgeklügeltes Verteilungs- und Kommunikationssystem. Es sieht wohl so aus, als habe der Palast eine straffe Kontrolle über Rohmaterialien und die Herstellung von Fertigprodukten ausgeübt. Über große Mengen Sklaven, meist Weberinnen und Spinnerinnen, über Stoff und Kleidung und über Tiere (in manchen Fällen Tausende von Schafen) wurde ebenso penibel Buch geführt wie über die Verteilung von Bronze, die Verwaltung von Land, die Regulierung der Produktion von parfümierten Ölen und Gaben an die Götter.

Eine Kriegergesellschaft

Alle Zeugnisse deuten darauf hin, dass die Mykener eine Gesellschaft von Kriegern waren. Ihre Grabstätten sind ebenso voll mit Bronzedolchen, -schwertern und -speerspitzen wie mit Panzerungen; die Fresken zeigen kriegerische und jagdliche Szenen, während auf Töpferwaren und kleinen Objekten gut bewaffnete Männer dargestellt sind. Aus einer Grabstätte in der Argolis wurde eine komplette Rüstung geborgen; sie war aus großen, einander überlappenden Bronzeplatten hergestellt, die sie ebenso unbequem wie schwerfällig machten (S. 114). Andere Stücke sind aus Theben bekannt, und auf den Linear-B-Tafeln ist ein Brustharnisch zu sehen. Frühe mykenische Helme wurden gefertigt, indem man Reihen von Eberzähnen auf eine lederne Kappe nähte; mehrere Beispiele wurden in Grabstätten gefunden und sie werden auf Töpferwaren und Miniatur-Elfenbeinschnitzereien gezeigt.

Schilde in Form einer Acht wurden aus Kuhhäuten gemacht, die man auf einen hölzernen Rahmen spannte. In Grabstelen gemeißelte Szenen deuten darauf hin, dass Jagd und vielleicht auch Krieg von Streitwagen aus durchgeführt wurden, wobei oft ein Mann fuhr und ein anderer kämpfte.

Verschiedene Überlieferungen deuten darauf hin, dass es noch mehrere andere große Palastzentren gab, aber andere Bedingungen haben die vollständige Freilegung von Theben, Orchomenos, Iolkos, Athen, Sparta oder Ithaka bisher nicht gestattet.

(Oben) Elfenbeintafel aus Delos mit einem mykenischen Krieger, der einen Helm mit Eberzähnen und einen Schild in Form einer Acht trägt.

(Links) Stele aus Gräberrund A in Mykene (um 1600–1500 v. Chr.) mit einem Streitwagen in Aktion, der von einem einzelnen Krieger gelenkt wird, während ein Mann, der ein Schwert hält, daneben steht.

Detail der Kriegervase aus Mykene (um 1200–1150 v. Chr.); man vergleiche die mit einem Federbusch versehenen Helme und kleinen Schilde mit der auf der früheren Elfenbeintafel aus Delos (oben) gezeigten Panzerung.

Die mykenische Welt

Aus einem Straußenei hergestelltes Gefäß, was auf irgendeine Form umfassenden Handels mit Ostafrika etwa in den Jahren 1650 bis 1300 v. Chr. hinweist. Dieses Gefäß stammt von Thera; andere wurden in den Schachtgräbern in Mykene und im Schiffswrack von Uluburun gefunden.

(Oben) Mykenische Tonscherbe von einem Krug aus Scoglio del Tonno, um 1325 v. Chr. (Vorn rechts) Spätmykenischer Krater (Mischkrug) aus Ephesos in Kleinasien, um 1300 v. Chr. (Mitte) Ägyptisches Wandgemälde aus der Grabstätte des Rechmire, des Wesirs von Pharao Thutmosis III., um 1475–1425 v. Chr. Die beiden jungen Männer kommen aus dem Lande Keftiu; sie bringen einen Kupferbarren in Form einer Rinderhaut, ein konisches Rhyton, eine aus Gold getriebene Schüssel und einen Dolch in einer Scheide. Es handelt sich um Gegenstände der ägäischen Bronzezeit, und die Überbringer tragen für Kreta typische bestickte Schurze und Stiefel (siehe S. 14).

Wie die späteren Griechen waren auch die Mykener ein abenteuerlustiges, seefahrendes Volk, das sich nicht damit begnügte, das Mittelmeer unerforscht zu lassen. Fremde Waren fanden ihren Weg aus Europa, Asien und Afrika in die mykenischen Paläste. Die nächste Bezugsquelle für Lapislazuli beispielsweise liegt im heutigen Afghanistan, Bernstein wurde von der Ostsee gebracht und Straußeneier kamen aus Ostafrika. Natürlich ist es nicht immer leicht, zu sagen, wer die Güter herbrachte noch ob der sich darin spiegelnde Handel direkt war oder die Waren von Hand zu Hand weitergereicht wurden. Bronze und vor allem auch Zinn wird man ebenfalls importiert haben müssen. Was im Gegenzug gegeben wurde, ist nicht erhalten geblieben, wenngleich Griechenland immer große Mengen Olivenöl produziert hat und die Tafeln von Pylos und Knossos Schafe in großer Zahl verzeichnen und darauf hindeuten, dass zahlreiche Frauen als Weberinnen beschäftigt wurden. In späteren Zeiten verdienten viele Griechen sich ihren Lebensunterhalt als Söldner, und auch das mag in der mykenischen Wirtschaft eine Rolle gespielt haben. Einige unserer aufschlussreichsten Zeugnisse für den Handel in dieser Periode stammen von einem Schiffswrack, das in Uluburun vor der Südküste der Türkei gefunden wurde: Ein Schiff, das wahrscheinlich westwärts Richtung Griechenland unterwegs war und große Mengen kostbarer Fracht an Bord hatte, sank irgendwann um 1300 v. Chr.

Die mykenische Präsenz im Osten spiegelt sich in Töpferwaren unterschiedlicher Form wider, die an mehreren Stätten in Kleinasien gefunden wurden: in Troja, Ephesos, Milet, Kolophon und Panaztepe nördlich von Smyrna. In Ephesos, Kolophon und Panaztepe stieß man in Grabstätten auf die Keramik. Die in Milet und Ephesos gefundene Keramik ist, auch für das erfahrene Auge, von der Keramik des Festlands nicht zu unterscheiden, und man ist auf eine Analyse des Tons angewiesen, um zu entscheiden, ob es sich um importierte Keramik oder eine lokale Nachahmung handelt. Weiter östlich, in der Levante, wurde mykenische Keramik an mehreren Stellen gefunden. Besonders weit verbreitet sind flache Behälter mit schmalen Öffnungen, die sicher verschlossen werden konnten (sogenannte Alabastra), ein Hinweis darauf, dass es sich bei dem Frachtgut um parfümiertes Olivenöl handelte, was einer der Produktionszweige ist, die von den Linear-B-Tafeln in Pylos bescheinigt

werden. Und die Geschichte über die Reise der Argonauten nach Kolchis an der Ostküste des Schwarzen Meeres verweist auf eine mykenische Präsenz dort, was die Archäologie bisher nicht bestätigt hat.

Ägypten hatte jahrhundertelang Verbindung mit den „Keftiu" des minoischen Kreta, und die Kontakte wurden in der mykenischen Welt aufrechterhalten. Wandgemälde im ägyptischen Theben zeigen Tributüberbringer, die erkennbar mykenische Gefäße und Barren in Form einer Rinderhaut tragen, und an vielen mykenischen Stätten finden sich ägyptische Wa-

ren. Kleine Skarabäen wurden in Kuppelgräbern bis im fernen Aitolien, in Nordwestgriechenland und im Uluburun-Schiffswrack gefunden.

Die Mykener blickten auch nach Westen, und mykenische Keramik wurde, wenn auch nur bruchstückhaft, in beachtlichen Mengen an fast 100 Stellen an den Küsten Italiens, Siziliens, Sardiniens und Spaniens gefunden. Scoglio del Tonno in der Nähe von Tarent und Thapsos in der Nähe von Syrakus haben, neben Kammergräbern und Baustil, Hunderte mykenischer Scherben erbracht, die darauf hindeuten, dass dort Mykener wohnten. In Deutschland gefundene Metallarbeiten weisen eindeutige ägäische Charakteristika auf.

Ein Schatzschiff aus der Bronzezeit

Unterwasserarchäologie ist logistisch anspruchsvoll und kostspielig, aber der Lohn ist außerordentlich. Ein Schiff, das mit seiner Ladung untergeht, stellt eine Kassette mit Zeitdokumenten dar, gewöhnlich unberührt von späteren Aktivitäten, die eine Stätte an Land durcheinanderbringen oder sogar zerstören. Außerdem überdauern, obwohl Salzwasser und Meerestiere ihre eigenen Konservierungsprobleme aufwerfen, viele organische Materialien – so wie Holz – unter Wasser weit besser.

Einer der spektakulärsten Unterwasserfunde im Mittelmeer wurde in den vergangenen achtziger Jahren gemacht und von George Bass, Cemal Pulak und ihrem Team vom Institute of Nautical Archaeology ausgegraben. Es ist das Wrack eines Schiffes, das vor der felsigen Küste der Südtürkei unterging und nun an einem Steilhang in der gefährlichen Tiefe von 43–52 m liegt. Aus den Funden scheint klar zu sein, dass das Schiff mit einer reichen und bunt gemischten Fracht kostbarer Waren von Zypern und dem Nahen Osten aus westwärts segelte. Es gibt viele Rohstoffe: 10 Tonnen Kupferbarren von Zypern, eine Tonne Zinn, Nashorn-Elfenbein, Barren aus Blauglas und kanaanitische Krüge voller Terebinthenharz. Die Fertigwaren sind gleichermaßen eindrucksvoll: ein goldener Skarabäus der Königin Nofretete von Ägypten, zylindrische Rollsiegel aus Quarz und Hämatit aus Assyrien und Babylonien, kanaanitische Bronzedolche mit eingelegten Elfenbeingriffen, ein goldener Kelch, ein Fayence-Trinkbecher in Form eines Widderkopfes, ein Satz Bronze- und Bleigewichte (eine winzige Kuhherde mit Kühen, einer Ente, einem Frosch und einer Fliege), eine Elfenbein-Trompete und ein Elfenbein-Kosmetikkästchens in Gestalt einer Ente mit beweglichen Flügeln für den Deckel. Am außergewöhnlichsten von allem war vielleicht eine hölzerne Schreibtafel, bestehend aus zwei Flügeln, die mit Elfenbeinscharnieren verbunden waren, wobei jede „Seite" so eingelassen war, dass sie Wachs aufnehmen konnte, das beschrieben werden konnte.

(Oben) Ein Taucher bei der Arbeit an einem Haufen Kupferbarren im Schiffswrack von Uluburun; mit dem Schiff gingen um 1300 v. Chr. etwa 360 Barren mit einem Gesamtgewicht von 10 Tonnen unter.

Goldener Skarabäus mit dem Königsring (Kartusche) der Nofretete, um 1345 v. Chr., der Gemahlin des Pharaos der 18. Dynastie Echnaton (Amenhotep IV.), gefunden im Schiffswrack von Uluburun.

Die an Bord gefundene mykenische und zypriotische Keramik deutet darauf hin, dass das Schiff irgendwann um 1300 v.Chr. unterging. Die mykenische Keramik ist vielleicht ein Hinweis darauf, dass das Schiff aus Griechenland und, beladen mit Schätzen aus dem Osten, auf der Heimfahrt war, aber dies ist nicht sicher.

Da mindestens sieben Kulturen vertreten sind, ist noch viel mehr Forschung nötig, bevor dieser außerordentliche Fund vollständig gedeutet ist. Klar ist jedoch, dass das Schiffswrack von Uluburun ein einzigartiges Bild vom hoch entwickelten Handel mit Luxusgütern in der Ägäis der Bronzezeit bietet.

Kreta

Das Kreta der späten Bronzezeit bietet ein vom Festland sehr verschiedenes Bild. Weitgehend ausgegraben wurden kretische Paläste in Knossos, Phaistos, Mallia, Kato Zakros und teilweise in Chania und vielleicht in Archanes und Kommos. Die Paläste sind viel größer als ihre Gegenstücke auf dem Festland, und sie sind in Ausnutzung ihrer Insellage unbefestigt, mit viel mehr Räumen und weit mehr der Vorratshaltung gewidmetem Platz. Verwaltungsaufzeichnungen wurden auf Tontafeln in der als Linear A bekannten nicht entzifferten Schrift (S. 35) vorgenommen.

Einen Ehrenplatz unter den minoischen Palästen nimmt Knossos ein, sowohl weil es der erste Palast war, der (von Sir Arthur Evans zu Beginn des 20. Jahrhunderts) ausgegraben wurde, als auch weil es der bei weitem größte ist. Er ist mehr oder weniger quadratisch bei einer Seitenlänge von über 100 m – größer als zwei nebeneinander gelegte Fußballfelder. Im Erdgeschoss gibt es weit mehr als 100 Räume, und ein Großteil des Bauwerks besteht aus mehreren Stockwerken. Identifiziert wurden, neben Dutzenden von Magazinen, Lichtschächten, Korridoren, Treppen und Badezimmern, ein zentraler Innenhof und ein späterer Thronsaal. Die Wände vieler Räume waren mit Wandgemälden bedeckt, die Prozessionen und Szenen aus der Natur, vor allem Vögel und Pflanzen, zei-

(Unten rechts) Der goldene Siegelring zeigt drei Frauen vor einer Göttin. Man beachte die typisch minoischen gefälbelten Röcke und die blanken Brüste sowie die Liliengewächse und andere Landschaftselemente.

(Unten) Steinvase aus Kato Zakros, Ostkreta, die anscheinend ein Gipfelheiligtum mit Steinböcken auf dem Dach zeigt. Die Spiralen und „Kulthörner“ (unter dem Vogel) sind gebräuchliche minoische Schmuckelemente.

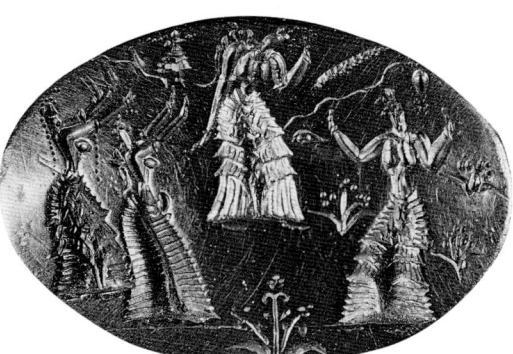

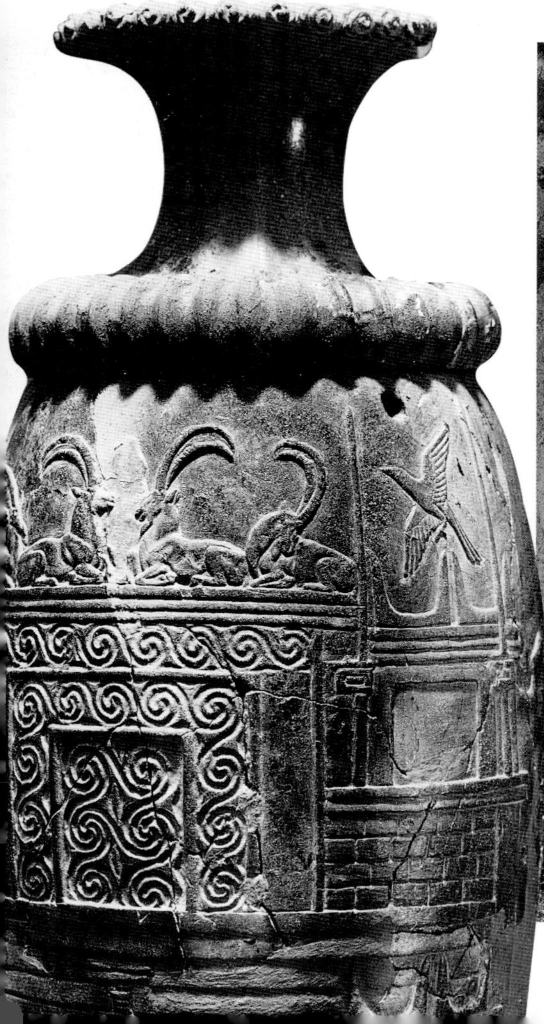

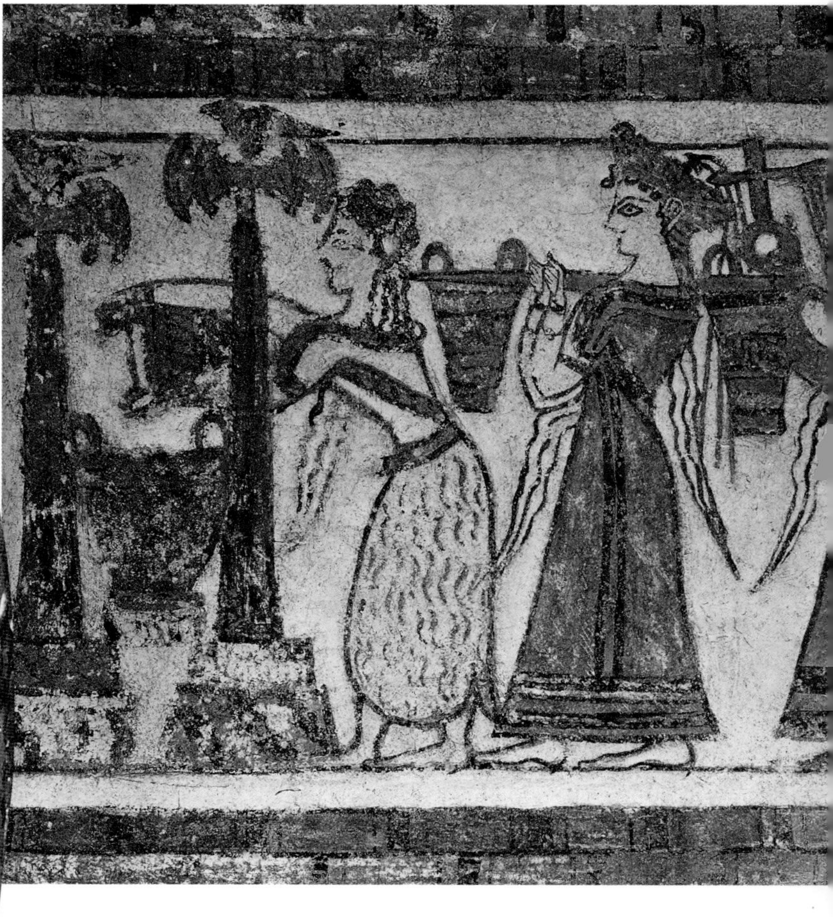

gen. Naturszenen schmückten auch einen Großteil der minoischen Keramik, während andere Gefäße aus Stein hergestellt wurden, ein Handwerk, das anscheinend von den Ägyptern erlernt wurde, mit denen die Minoer – von zahlreichen Funden her zu urteilen – enge Kontakte gehabt zu haben scheinen.

Vielleicht brachte die gewaltige Größe und Komplexität der minoischen Paläste den Mythos des Labyrinths hervor, eine Vorstellung, die durch die zahlreichen, überall in die Wände der Paläste gemeißelten Doppeläxte bestätigt zu werden scheint: Das vorgriechische Wort für eine solche Doppelaxt ist *labrys*. Stiere tauchen in einem minoischen Ritual auf, das ebenfalls zum Mythos vom Minotauros beigetragen haben mag, auf den Theseus in dem Labyrinth traf (S. 55). Zahlreiche minoische Fresken und Gemmen zeigen männliche und weibliche Akrobaten, die behände über den Rücken eines anstürmenden Stiers setzen.

In jüngerer Zeit wurde ein Fresko im minoischen Stil, auf dem das Stierspringen zu sehen ist, auf dem Gelände von Tell el-Dab'a in Ägypten gefunden, eine weitere Bestätigung der engen Verbindungen zwischen diesen beiden frühen Zivilisationen. Ein Über-

Goldene Doppeläxte aus der Höhle von Arkalochóri auf Kreta, 1550–1450 v. Chr. Das Symbol der Doppelaxt findet sich häufig in der minoischen Kunst, beispielsweise ganz links auf dem Sarkophag von Hagia Triada (unten).

(Unten) Der Sarkophag von Hagia Triada, um 1450 v. Chr., mit Szenen kultischer Handlungen: Männer und Frauen bringen unter Musikbegleitung Kälber, ein Boot, Flüssigkeit aus Kübeln dar. Die Kostüme sind ungewöhnlich und ähneln wollenen Röcken und Umhängen, wie man sie bei mesopotamischen Siegeln und Statuetten sieht.

Teil des Palastes des Minos in Knossos, der im frühen 20. Jh. von Sir Arthur Evans ausgegraben und teilweise restauriert wurde. Das Fresko hinter der Portikus zeigt einen heranstürmenden Stier. Die Säulen mit ihrer typisch minoischen umgekehrten Verjüngung waren ursprünglich aus Holz.

(Gegenüber) Hypothetische Rekonstruktion des Palastes von Knossos, von Südwesten aus gesehen.

KNOSSOS UND MINOS

Kreta ist ein Land inmitten des weinroten Meeres, schön und ertragreich und wellenumflutet; es leben dort Menschen, viele, ja grenzenlos viele in neunzig Städten, doch jede spricht eine andere Sprache. Es ist ein Gemisch; denn Achaier finden sich dort und hochbeherzte Eteokreter, Dorer mit fliegenden Haaren, Kydonen und hehre Pelasger. Unter den Städten ist Knossos, die große, und Minos als König.

Homer, *Odyssee* 19, 202–12

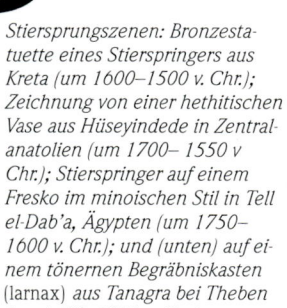

Stiersprungszenen: Bronzestatuette eines Stierspringers aus Kreta (um 1600–1500 v. Chr.); Zeichnung von einer hethitischen Vase aus Hüseyindede in Zentralanatolien (um 1700– 1550 v Chr.); Stierspringer auf einem Fresko im minoischen Stil in Tell el-Dab'a, Ägypten (um 1750– 1600 v. Chr.); und (unten) auf einem tönernen Begräbniskasten (larnax) aus Tanagra bei Theben (um 1400–1350 v. Chr.).

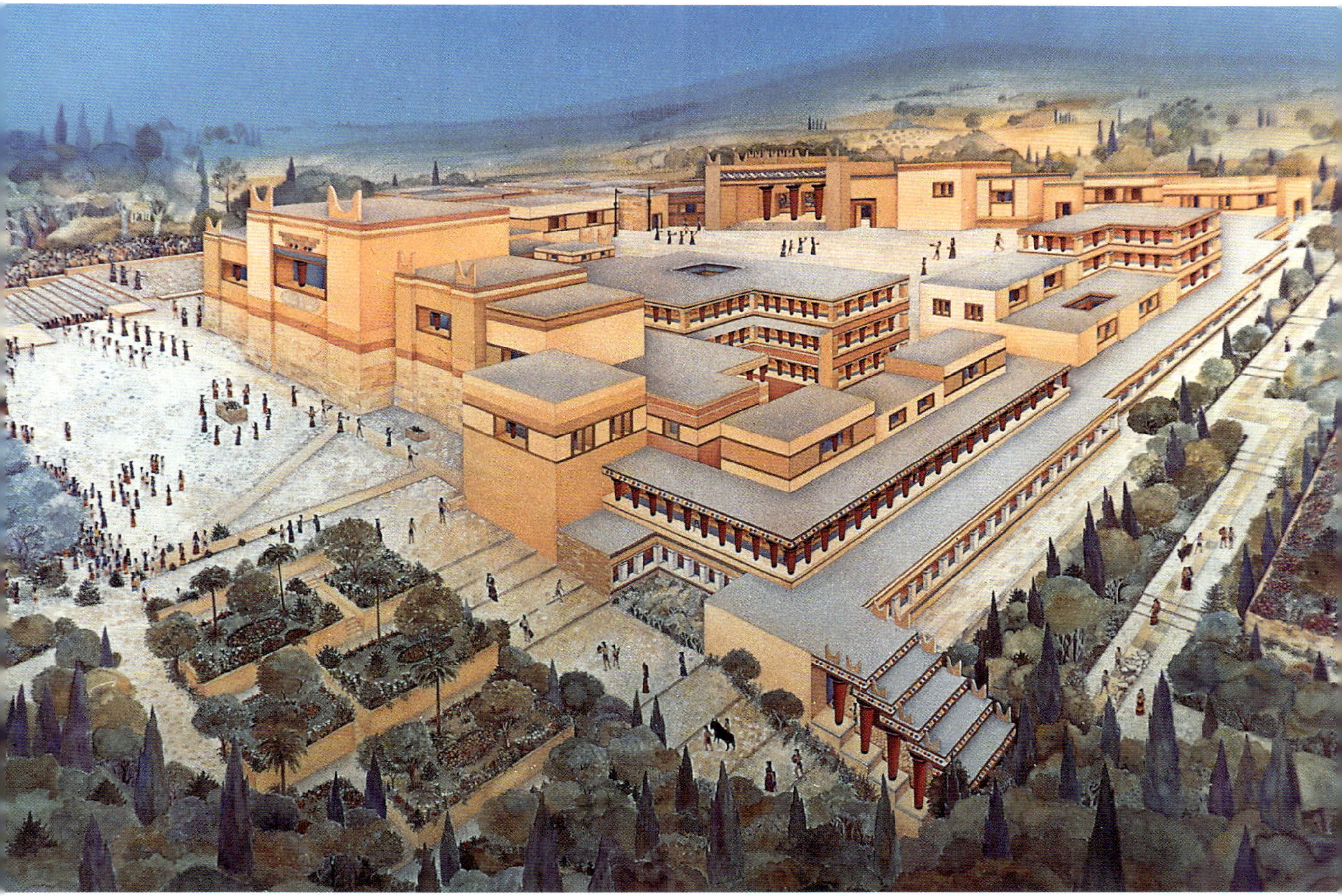

bleibsel des Rituals lebt heute vielleicht in der portugiesischen Stierkampf- oder Stierhatz-Variante fort, bei der unbewaffnete Männer einen anstürmenden Stier niederringen.

Obwohl man bis in klassische Zeit glaubte, dass Zeus auf Kreta geboren worden sei, sieht es hinsichtlich Sprache und Religion wohl so aus, dass die Minoer trotz ihres beträchtlichen Einflusses auf die mykenischen Griechen des Festlands keine Griechen waren. Erkennbar ist dieser Einfluss besonders in der Keramik und Kunst der Paläste, wo minoische Meeresthemen zuerst kopiert und dann mykenischen Vorlieben angepasst wurden (S. 41).

Irgendwann um 1450 v. Chr. wurden alle minoischen Paläste zerstört, niedergebrannt und verlassen. Die Ursache der Zerstörung ist nicht immer klar, und von einem fremden Einfall bis hin zu irgendeiner Naturkatastrophe wie einem Erdbeben, Vulkanasche oder einer gewaltigen Flutwelle wurde alles vorgeschlagen. Knossos ist der einzige Palast, der wiederaufgebaut wurde, und in dieser letzten Phase weist er einen starken mykenischen Einschlag auf.

Geschichte oder Mythos

Die späte Bronzezeit gab den chronologischen Rahmen für die meisten der in der griechischen Mythologie bewahrten Geschichten ab. Die klassischen Griechen glaubten diese Legenden und hielten sie für einen Teil ihrer Historie. Obwohl einige neuzeitliche Forscher zumindest ein „Körnchen" historischer Wahrheit in der griechischen Mythologie akzeptieren, geht der gegenwärtige Trend dahin, die Größe dieses Körnchens und seine Ergiebigkeit als Hilfe bei der Interpretation der Vergangenheit herunterzuspielen. Dies ungeachtet der Tatsache, dass die Archäologie zahlreiche Beispiele geliefert hat, wo Mythos und historische Realität übereinzustimmen scheinen.

Kriegführung und Belagerung: Troja und Theben

Die klassischen Griechen datierten den Trojanischen Krieg und die Ereignisse, die mit der *Ilias* in Verbindung gebracht werden, auf die Periode des Untergangs der mykenischen Burgen um 1200 v. Chr. Diese Geschichte, die während der zehnjährigen Belagerung Trojas spielt, gehört zu den Meisterwerken der westlichen Literatur und ihre Erzählung wird einem Mann namens Homer zugeschrieben.

Im frühen 19. Jahrhundert glaubten nur wenige Menschen, dass die Geschichte überhaupt irgendeine wahre Grundlage habe. Die Entdeckung einer bronzezeitlichen Burg durch Frank Calvert und ihre Ausgrabung durch Heinrich Schliemann führten jedoch zu einem beträchtlichen Einstellungswandel. Hisarlik, in geschichtlicher Zeit als Ilion bekannt, wurde von den alten Griechen und Römern für die Standort Tro-

jas gehalten, und der strategisch an der Einfahrt in die Dardanellen gelegene Hügel hat sicherlich eine entsprechend beeindruckende Folge bronzezeitlicher Siedlungsschichten, reicher Funde und monumentaler Architektur hervorgebracht.

Schliemann behauptete, die Stadt des Priamos gefunden zu haben und setzte seine verschiedenen Funde mit der von Homer erzählten Geschichte gleich. Nachfolgende Ausgrabungen und Forschungen haben viele der Behauptungen Schliemanns modifiziert, und welche der mehreren übereinander gelagerten Städte an der Stelle jene sein könnte, die der Überlieferung zufolge von Agamemnon und seinen Gefolgsmännern zerstört wurde, ist alles andere als klar. Doch die Tatsache, dass es an der Stelle eine bronzezeitliche Stadt gab, dass sie (mehrmals) gewaltsam zerstört wurde und dass sich zwischen den Ruinen griechische Kera-

mik fand, dient insgesamt dazu, den Mythos ein wenig näher an die Geschichte zu rücken.

Inzwischen ist bewiesen, dass *Ilias* und *Odyssee* in der uns vorliegenden Form das Ende einer langen Tradition mündlichen Vortrags darstellen, die so lange die Aufnahme von Änderungen erlaubte, bis die Gesänge eine feste Form annahmen, wann auch immer sie schriftlich fixiert wurden. Da die Schrift anscheinend nicht vor etwa 750 v. Chr. erneut in Griechenland eingeführt wurde, fanden die in den Epen geschilderten Ereignisse ungefähr 500 Jahre, bevor die Gesänge aufgeschrieben wurden, statt.

Einige Leute glauben nicht, dass die Epen ihre endgültige schriftliche Form bis ca. 550 v. Chr. erreichten, wodurch die zeitliche Lücke zwischen Ereignissen und Erzählung noch größer würde, etwa 700 Jahre. Die Frage lautet dann, wie sehr die Epen tatsächliche bronzezeitliche Ereignisse und die Gesellschaft der Jahre 1250–1200 v. Chr. widerspiegeln und wie stark sie spätere Hinzufügungen und Berichtigungen repräsentieren, die sich während des Dunklen Zeitalters in den mündlichen Vortrag einschlichen.

Wenn wir die Epen mit dem archäologischen Zeugnis vergleichen, stoßen wir auf Anachronismen. Achilleus lässt seinen gefallenen Freund Patroklos verbrennen, wohingegen die Verbrennung erst nach dem Untergang der Paläste (siehe S. 54) eingeführt worden zu sein scheint. Ebenso scheint die Erwähnung des Schmiedens von Eisen besser zu einer etwas späteren Zeit zu passen. Auch Anachronismen aus früheren Perioden wurden erkannt, was für manche darauf hindeutet, dass die Ereignisse in Troja vielleicht vor 1250 liegen oder dass die mündliche Überlieferung bereits weit gediehen war, als sie für die *Ilias* verwendet wur-

de. Es gibt die schöne Beschreibung eines Helms mit Eberzähnen, aber das etwa ein Dutzend tatsächlicher Beispiele, die bislang bei Ausgrabungen sichergestellt wurden, stammt aus dem 14. Jahrhundert v. Chr., ungefähr 150 bis 200 Jahre früher als 1250–1200 v. Chr. Der beschriebene Helm hätte jedoch durchaus mehrere Generationen alt sein können, als Odysseus ihn erlangte, so dass der mutmaßliche Anachronismus nicht so schlimm ist, wie es zunächst scheint.

Gegenwärtig gibt es eine Tendenz zu der Annahme, dass ein Großteil des in den Epen dargestellten Lebens sich auf das vorbronzezeitliche Griechenland be-

Ein Pithos (großer Vorratskrug) von der Insel Mykonos, 7. Jh. v. Chr. Die Reliefverzierung zeigt das Trojanische Pferd, eine der frühesten künstlerischen Darstellungen der Geschichte vom Untergang Trojas. Die Episode gehört zur epischen Überlieferung, ist aber tatsächlich in der Ilias nicht enthalten.

EURYKLEIA: ODYSSEUS' AMME

*Eurykleia, die Tochter des Ops,
des Sohns des Peisenor, hielt
ihm, wie immer, besorgt und
begleitend die brennenden
Fackeln.
Einstmals erwarb sie Laërtes
aus eigenen Mitteln; da bot
er Zwanzig Rinder dafür;
sie stand noch in frühesten
Jahren.
Ganz wie die sorgende Ehfrau
ehrte er sie im Palaste.
Nie doch bestieg er ihr Lager,
aus Furcht vor dem Groll seines Weibes.*

Homer, *Odyssee* 1, 429–33

*(unten rechts) Detail einer gro-
ßen Amphora aus Eleusis in der
Nähe von Athen mit einer
Darstellung der Blendung Poly-
phems; um 675 v. Chr.*

zieht. Im Lichte der Tatsache, dass die Epen große Paläste, solide gebaute Mauern und beträchtlichen
Reichtum schildern, erscheint das als abwegig. Sie
schildern eine Zeit, als Männer in Rüstungen von
Streitwagen aus fochten und als Mykene die wichtigste Burg Griechenlands war. Sie porträtieren die Griechen als kühne Seefahrer, die die Westküste Kleinasiens kannten. Sie sprechen von Schrift, die in den Linear-B-Tafeln und den Schreibbrettern aus dem Uluburun-Schiffswrack erhalten ist. Wenn nicht in jeder
Einzelheit, so doch in groben Zügen schildern die
Epen die griechische Lebensführung des 13. Jahrhunderts v. Chr. statt der provinziellen, ärmlichen, anal-
phabetischen Subsistenz-Gesellschaft, die nach dem
Untergang der mykenischen Paläste fast 500 Jahre
lang kennzeichnend für Griechenland war. In der *Ilias* und der *Odyssee* sind wir der Geschichte so nahe
wie dem Mythos.

Das andere berühmte bronzezeitliche Kriegsepos,
das erhalten geblieben ist, wenn auch nur in den späteren literarischen Überlieferungen, ist die Geschichte von den Sieben gegen Theben, eine Fortsetzung der
Geschichte des Ödipus. Diese erzählt von sieben Kriegern aus Argos, die aufbrachen, um für einen der Söhne des Ödipus einzutreten, nachdem dieser durch sei-

nen Bruder aus Theben vertrieben worden war. Jeder
Krieger griff eines der sieben Tore von Theben an, und
jeder wurde von seinem thebanischen Gegenüber
geschlagen. Die miteinander verbundenen Mythen
von Amphiáraos und Antigone leiten sich ebenfalls aus
diesem Konflikt ab, der sich wiederholte, als Theben
erfolgreich belagert wurde und der nächsten Generation argivischer Krieger in die Hände fiel.

Suchaktionen: Odysseus und Jason

Odysseus' Versuch, nach dem Trojanischen Krieg nach
Hause zurückzukehren, kostete ihn zehn weitere Jahre seines Lebens. Wie in der Odyssee beschrieben, irr-
te er über das Mittelmeer und begegnete dabei auf einem verwirrenden Aufgebot ungewöhnlicher Menschen und Orte. Zahlreiche Versuche wurden unternommen, die spezifische Geografie seiner Reisen zu
bestimmen, in denen sich die bronzezeitliche Erkundung des Mittelmeers zu spiegeln scheint. Vor allem
die gefährliche Durchfahrt zwischen Skylla und Cha-
rybdis wird oft als Straße von Messina identifiziert, der
Meerenge, die Sizilien vom Zeh Italiens trennt.

Die andere große Reise mythischer Zeiten war Jasons Suche nach dem Goldenen Vlies in der *Argo*, zusammen mit einer Gruppe hervorragender Helden.

Odysseus und die Blendung des Kyklopen Polyphem

Odysseus schildert, wie er und seine Gefährten den Kyklopen Poly-
phem blenden und anschließend
aus dessen Höhle entkommen,
wo sie gefangen gehalten wurden.
Die Kyklopen waren einäugige
Riesen und Söhne Poseidons.

*Also sprach er, und ich bot weiter
funkelnden Wein an. Dreimal
brachte und gab ich, vor Stumpf-
sinn trank er auch dreimal. (...)
Sprach's und lehnte sich um und
fiel auf den Rücken. Da lag er,
Bog den fleischigen Nacken zur
Seite; der Allesbezwinger
Kam über ihn, der Schlaf. Nun
strömte der Wein aus der Gurgel,
Brocken darin von Menschen-
fleisch, so spie er im Weinrausch.
Jetzt kam ich und stieß den
Pfahl in den Aschenhaufen,
bis er recht heiß war: Mut aber
sprach ich zu den Gefährten
Allen: es sollte mir keiner vor
Ängsten sich drücken. Und als
nun schnell der Pfahl vom Öl-*

*baum wirklich brannte im Feuer,
Trotz seiner Frische durchglüht
sich zeigte in schrecklicher Stärke, trug ich ihn näher heran aus
der Glut und ließ die Gefährten
Neben mich treten; ein Gott aber
hauchte uns mächtigen Mut ein.
Sie aber packten den vorne
gespitzten Pfahl vom Ölbaum,
Stemmten ihn grad in das Auge;
doch ich stemmte mich aufwärts,
Drehte, wie einer den Bohrer in
Planken des Schiffes hineindreht:
Unten packen sie an von links
und rechts, mit dem Riemen
Halten sie ihn in Bewegung; da
läuft er immer und hält nicht –
gradso bohrten wir ihm das feuri-
ge Holz mit den Händen tief in
sein Aug, dass den heißen Pfahl
das Blut überströmte. Lid und
Braue versengte rundum ihm völlig der Glutdampf. Flammen fing
die Pupille, es zischten die Wurzeln im Feuer. Taucht der
Schmied eine Axt oder taucht er*

*ein mächtiges Handbeil tief in
das kälteste Wasser, dann gibt es
gewaltiges Zischen: Helfen will er
dem Eisen, dass wieder zu Kräften es komme: Gradso sott ihm
das Auge am Pfahl, der aus Holz
war vom Ölbaum. Laut und fürch-
terlich stöhnte er auf, es brüllten*

*die Felsen rundherum; vor Ent-
setzen flohen wir eiligst. Indes-
sen riss er den Pfahl aus dem
scheußlich besudelten, blutenden
Auge, schleuderte weit ihn von
sich mit den Händen, als wär er
von Sinnen.*

Homer, *Odyssee* 9, 360ff.

Hier ist das Schwarze Meer das große Gewässer, das erkundet wird – Kolchis (das heutige Georgien) liegt an seiner Ostküste –, in Wirklichkeit so reich wie im Mythos. Versuche wurden unternommen, die Fahrt der Argonauten nachzustellen – so nimmt man gewöhnlich an, dass die sogenannten „zusammenschlagenden Felsen" (Symplegaden) sich auf die schnellen Strömungen beziehen, auf die man dort trifft, wo das Schwarze Meer in den Bosporus mündet. Obwohl der Mythos alt ist und möglicherweise eine sehr frühe griechische Erkundung des Schwarzmeerraumes widerspiegelt, ist er nur in späteren literarischen Berichten und künstlerischen Darstellungen erhalten.

Schwere Arbeiten: Herakles und Theseus

Der sowohl in Literatur wie in Kunst bei weitem populärste Mythenzyklus waren die Heldentaten des Herakles, Sohn des Zeus und einer Sterblichen. Seine Geburt war ein Affront gegen Zeus' Gemahlin Hera, und sie war es, die es schaffte, Herakles' Leben besonders schwierig zu machen. Herakles war ein phänomenaler Muskelmann, der seine Stärke und gelegentlich seinen Verstand an einer stattlichen Auswahl Ungeheuer und Bestien maß, wobei seine Lieblingswaffe eine gewaltige Keule war. Es gab so viele Heldentaten und eine derart verwirrende Chronologie, dass die Griechen in der Römerzeit glaubten, es habe zwei verschiedene Herakles-Gestalten gegeben. Viele seiner Großtaten wurden in den Zwölf Arbeiten kanonisiert, die er für den König Eurystheus als Sühne für eine Mordtat durchführen sollte (S. 152). Sie werden sowohl in der klassischen griechischen Bildhauerkunst und Vasenmalerei als auch auf kleinen Objekten immer wieder gezeigt.

Viele der Heldentaten des Herakles spielen auf der Peloponnes, und oft wird von ihm als dem großen dorischen Helden gesprochen. Doch ebenso populär war er im ionischen Athen, wo zahlreiche Gebäude auf der Akropolis mit Reliefszenen seiner Arbeiten geschmückt wurden und wo die Bevölkerung von Marathon behauptete, sie seien die ersten gewesen, die ihn als Gott verehrt hätten.

In Athen ebenfalls beliebt war ein lokaler Held, Theseus, der der Sohn des Königs Aigeus war, aber auf der Peloponnes geboren und dort von seiner Mutter aufgezogen wurde. Als er erwachsen war, schickte man ihn nach Athen, um sein Erbe zu beanspruchen, wobei er unterwegs auf zahlreiche Gegner traf und sie überwand. Nach seiner Ankunft in Athen erwarteten ihn andere Aufgaben, vor allem eine Reise nach Kreta, wo er in dem Labyrinth dem Minotauros, dem stierköpfigen Ungeheuer, begegnete. Der Tribut aus jungen Athenerinnen, der jedes Jahr geschickt wurde, um von dem Ungeheuer verschlungen zu werden, spiegelt vielleicht die Kontrolle oder den Einfluss Kretas auf dem Festland zu Beginn der mykenischen Periode wider,

Ein erschöpfter Herakles ruht sich von seinen Arbeiten aus; römische Kopie eines berühmten Meisterwerks des Bildhauers Lysippos aus dem 4. Jh. v. Chr., identifiziert durch die folgende antike Beschreibung:

„Sein Kopf neigt sich zur Erde ... und sein Nacken beugt sich zusammen mit seinem Kopf nach unten. Von seinen Armen ist der rechte angespannt und hinter seinem Rücken angewinkelt, während der linke entspannt ist und sich zur Erde streckt. Unter seiner Achselhöhle wird er von seiner Keule gestützt, die auf der Erde ruht. So stützt die Keule ihn, während er ausruht, so wie sie ihn rettete, als er focht. Das Löwenfell hängt über der Keule. Von Herakles' beiden Beinen hebt eines zu einer Bewegung an, während das linke unten steht und fest am Boden sitzt"
(Libanios, Ekphraseis 15; siehe auch S. 177).

und die Komplexität des Palastes in Knossos qualifiziert ihn sicherlich als Labyrinth, während Szenen vom Stierspringen in der minoischen Kunst einen Sport veranschaulichen, der durchaus die Minotauros-Legende hervorgebracht haben könnte (S. 50f.).

Athenische rotfigurige Schale des Kodros-Malers, um 450–425 v. Chr., gefunden in Vulci, mit Darstellung der Arbeiten des Theseus. Die Geschichte des Minotauros im Labyrinth wird in der Mitte in den Vordergrund gerückt.

Das Ende der Paläste

IONIER UND DORER

Unter dem König Denkalion bewohnten die Dorer das Land Phthiotis, und unter Doros, dem Sohn des Hellen, das Land um den Ossa und Olympos; es heißt Histiaiotis.
Herodot, 1.56

Und die Dorer eroberten im achtzigsten Jahr mit den Herakliden die Peloponnes.
Thukydides, I,12

Irgendwann im Laufe des 13. Jahrhunderts v. Chr. wurden alle mykenischen Paläste, für die wir gute Zeugnisse besitzen, auf gewaltsame Weise zerstört, und die meisten weisen Spuren starken Feuers auf. Im Allgemeinen bewegte sich das Muster der Zerstörung von Norden nach Süden, wobei Theben ein wenig vor den Stätten auf der Peloponnes zerstört wurde. Mehrere der Paläste scheinen Spuren einer Warnung und weit gediehener Vorkehrungen aufzuweisen. In Mykene, Tiryns und Athen wurden spezielle Maßnahmen ergriffen, um innerhalb der befestigten Grenzen des Palastes ein sicheres Wasserversorgungssystem zustande zu bringen, als habe man irgendeine Art Belagerung erwartet (S. 41).

Beweise und Theorien

Den antiken Quellen zufolge wurden diese Zerstörungen durch eine Wanderung dorischer Griechen, der „Nachkommen des Herakles", verursacht, die aus dem Norden zurückkehrten, um ihr rechtmäßiges Erbe zu beanspruchen. Trotz der antiken Überlieferungen scheinen sich in jüngerer Zeit nur wenige Forscher

Ägyptisches Relief aus dem Totentempel Ramses' III. in Medinet Habu, Theben, das gefangene Angehörige der Seevölker zeigt, die ihren charakteristischen gefiederten Kopfschmuck tragen.

56

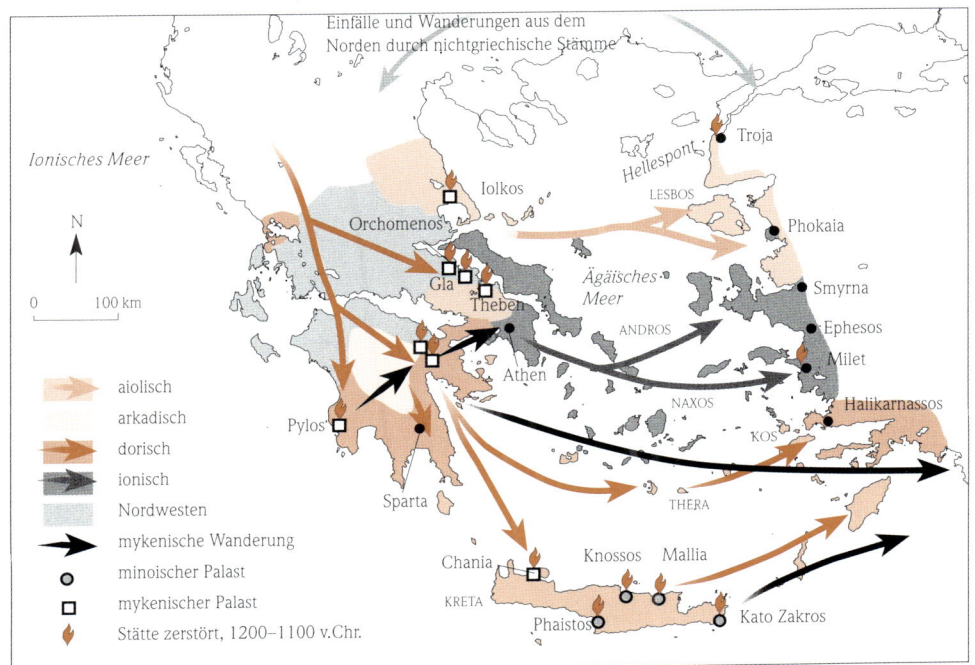

Die Karte zeigt die Zerstörung der mykenischen Paläste und die anschließende Wanderung von Griechen über die Ägäis an die Westküste Kleinasiens.

damit zufrieden zu geben, den Dorern die Schuld zu geben. Schon früh, als die Überlieferung akzeptiert wurde, nahm man mehrere archäologische Besonderheiten als eindeutige Beweise dafür, dass die Dorer erschienen waren und eine erkennbare neue Kultur mitgebracht hatten. Die größte Neuerung war das Auftauchen von Eisen, noch eine Verbesserung in der Werkzeug- und Waffentechnologie. Andere neue Elemente schien die Einführung der Verbrennung und individuelle Beisetzungen, eine neue Keramik und neue Fibeln. Die weitere Forschung hat jedoch darauf hingewiesen, dass diese neuartigen Merkmale entweder an Ort und Stelle erfunden oder vielleicht aus dem Osten statt aus dem Norden importiert wurden.

Diese archäologische Unsichtbarkeit der Dorer hat Forscher seitdem veranlasst, nach anderen Ursachen zur Erklärung des Endes der mykenischen Welt zu suchen, etwa Erdbeben, ein Klimawechsel, der zu Hungersnot führte, soziale Spannungen, Seeräuber, eine neue militärische Technik oder irgendeine Kombination aus alledem. Die Tatsache, dass nicht eine einzige neue Theorie allgemein Anklang gefunden hat, lässt vielleicht darauf schließen, dass sie alle gleich unglaubhaft und nicht wahrscheinlicher sind als die eigenen Überlieferungen der Griechen von einem dorischen Einfall.

Man sollte festhalten, dass es ungefähr zeitgleich mit den Zerstörungen in Griechenland überall im Nahen Osten zu großen Zerrüttungen kam. Das Hethiterreich in Kleinasien brach zusammen, und ägyptische Aufzeichnungen berichten von Schlachten mit den „Seevölkern" in den Jahren 1208 und 1179

v. Chr. Wie und ob all das zusammenhängt, ist unklar; sind die Seevölker beispielsweise der Grund für den Untergang der mykenischen Welt oder sind sie die Flüchtlinge und Überreste der Mykener, die aus Griechenland fliehen? An der Küste der Levante im heutigen südlichen Israel gefundene philistinische Tonwaren weisen bemerkenswerte Ähnlichkeiten mit spätmykenischer Keramik auf; landeten einige der Überlebenden am Ende hier? Und welches ist das Bindeglied zwischen dem Untergang der mykenischen Welt und den griechischen Wanderungen nach Kleinasien, wenn es denn eines gibt? Dies sind Fragen, die gegenwärtig nicht beantwortet werden können und Gegenstand lebhafter Debatten unter Archäologen, Linguisten, Historikern und anderen an der Frühgeschichte des Mittelmeerraums Interessierten sind.

Sammlung philistinischer Keramik aus Aschdod, datiert auf 1200–1150 v. Chr; sowohl Formen als auch Verzierung zeigen starken mykenischen Einfluss.

IV

Das Zeitalter sich erweiternder Horizonte

(...) denn darüber können wir uns damit trösten, dass die Griechen alles, was sie von fremden Völkern empfingen, zu größerer Schönheit und Vollendung erhoben haben.

Platon, *Epinomis*, 987D

Die Periode von 1100 bis 750 v. Chr. war, gemessen am materiellen Reichtum der voraufgegangenen mykenischen Epoche, eine Zeit des Niedergangs, und man spricht von ihr oft als vom Dunklen Zeitalter. Die literarischen Quellen versagen größtenteils, und die archäologischen Zeugnisse beschränken sich überwiegend auf Keramik und Spuren von Architektur. Trotzdem wurden in diesen unzureichend verstandenen Jahrhunderten die Grundlagen des archaischen und klassischen Griechenland gelegt. Dies ist die Zeit, in der die Griechen ihre Welt nicht nur erkundeten, sondern auch erweiterten, zuerst in einer frühen Wanderungswelle an die Westküste Kleinasiens und später mit einer Reihe von Kolonien, die im Westen gegründet wurden, besonders auf Sizilien und in Süditalien und, noch später, in der Schwarzmeerregion.

In diese Jahrhunderte müssen wir außerdem sowohl die Verwandlung vom Palast zur *polis* – durch ungewisse politische Stadien hindurch – als auch das Entstehen einer hellenistischen nationalen Identität datieren. Ganz am Ende dieser Periode erblicken wir die Ursprünge erkennbar griechischer Kultur: eine des Lesens und Schreibens kundige Gesellschaft, die umfassend Handel treibt und anfängt, in großem Maßstab bemalte Keramik um Bronze- und Steinskulpturen und um monumentale Steinbauten in Form von Tempeln für ihre Götter zu ergänzen.

Detail einer Beisetzung auf einem geometrischen Sockelkrater aus Athen, um 750–735 v. Chr., bei dem der Tote auf einem Leichenwagen aufgebahrt ist, umgeben von Trauernden und einer Prozession aus Streitwagen darunter. Die menschlichen Gestalten, Pferde und Vögel tauchen nach einer Lücke von mehr als 400 Jahren erneut auf griechischen bemalten Tonwaren auf.

Nach den Palästen: Das Dunkle Zeitalter

Ungeachtet einiger leichter Zeichen der Erholung war die Welt der mykenischen Paläste bis ungefähr 1100 v. Chr. ans Ende gelangt. Der Kontrast in den archäologischen Zeugnissen ist beeindruckend. Verschwunden sind die riesigen Paläste mit ihren großen Rundmauern in megalithischer Bauweise. Verschwunden sind auch die meisten Indikatoren für Reichtum: die Gold- und Silbergefäße, die eingelegten Dolche, die Elfenbeinschnitzereien und die geschnittenen Steinsiegel. In Linear B beschriebene Tafeln verschwinden, und die Fähigkeit zu schreiben geht für beinahe 500 Jahre verloren, bis zur Einführung des Alphabets aus dem Osten (S. 64f.). Die auf Wänden, Keramik und kleinen Luxusartikeln in der mykenischen Welt vorherrschende Malerei verschwindet ebenfalls für beinahe 500 Jahre. Im Gegensatz zu einem weitverzweigten Handelsnetz, das Waren aus drei Kontinenten brachte, gibt es nun sehr viel weniger ausländische Importe.

An die Stelle der Paläste treten unbefestigte Kleinstsiedlungen mit einer Handvoll kleiner Häuser, gebaut mit rohen Bruchsteinmauern und Lehm, ein armseli-

Die Dipylon-Amphora, Beispiel für den voll entwickelten geometrischen Keramikstil, wie er im 9. und 8. Jh. v. Chr. in Gebrauch war. Der Name dieses Stils rührt von den geometrischen Mustern – Dreiecken, Mäandern, Zickzackkurven, Rauten usw. – als Ornamentbändern her. Die gelegentlichen Menschen- und Tierfiguren werden darüber hinaus wegen ihrer dekorativen Wirkung wiederholt verwendet. Diese Vase datiert von ca. 750 v. Chr. und wurde in Athen gefunden, wo sie auf einer Grabstätte aufgestellt war: Der Streifen in der Mitte zeigt das Begräbnis selbst.

Lefkandi

Eine Pyxis (kleiner Behälter) des 11. Jhs. v. Chr. aus Lefkandi. Sie zeigt zwei Greifen beim Füttern ihrer Jungen im Nest.

Eine der spektakulärsten, in Griechenland ausgegrabenen Stätten des Dunklen Zeitalters findet sich an der Westküste der Insel Euboia. Als niedriger, ebener Hügel, bekannt als Xeropolis („trockene Stadt"), liegt Lefkandi mit einer Länge von ca. 500 m und einer Breite von 120 m unmittelbar am Meer und verfügt landeinwärts über einen Zugang zu der fruchtbaren Lelantischen Ebene. Ein

Terrakotta-Statuette eines Kentauren mit geometrischer Verzierung, gefunden in zwei Gräbern, 9. Jh. v. Chr.

ges, einfallsloses Repertoire an Keramik, keine Luxusartikel und eine Subsistenzwirtschaft. Die Eisenschmiedetechnik scheint in dieser Zeit aufzukommen, die Praxis der Einäscherung findet sich neben dem weiter geübten Brauch der Erdbestattung, obwohl Beisetzungen eher individuell als in Gruppen erfolgen. Schließlich taucht eine große Auswahl neuer Keramikformen auf, meist schwarz bemalt und mit zu-

rückhaltenden Ornamentbändern- oder streifen. Im Laufe der Zeit werden die verzierten Flächen vorherrschend. Das Ornament besteht aus geometrischen Mustern, darunter Kreise, Halbkreise, Zickzackkurven, Zahnornamente, Mäander und Hakenkreuze; das Wort „geometrisch" wird dementsprechend zur Kennzeichnung des Keramikstils und oftmals der gesamten Periode seiner Verwendung benutzt.

großer, 8,5 m tiefer, von Mitgliedern der British School of Archaeology auf dem Hügel ausgehobener Graben erbrachte eine eindrucksvolle Besiedlungsfolge, die bis in die Bronzezeit zurückgeht. Damit zusammenhängende prächtige Friedhöfe in der Nähe, die von britischen und griechischen Archäologen ausgegraben wurden, haben viele veranlasst, ihre Sichtweise des „Dunklen Zeitalters" zu modifizieren.

Die Euboier gehörten zu den ersten, die sich im Westen ansiedelten. Erkennbar euböische Keramik wurde außerdem entlang der Küste der Levante gefunden, und in Lefkandi stieß man auf zypriotische und nahöstliche Metallgegenstände. Der Platz könnte durchaus eine bedeutende Rolle bei den frühen Kontakten mit dem Osten gespielt haben, in deren Zeichen der Übergang vom Dunklen Zeitalter zur archaischen Periode stand; diese Kontakte könnten die Einführung des nordkanaanitischen Alphabets nach Griechenland beinhaltet haben, das vielleicht von Phönikern mitgebracht wurde; einige der frühesten Beispiele griechischen Schreibens, eingeritzt in Töpfe, sind in dem auf Euboia gebräuchlichen Alphabet gehalten.

Von den vier Friedhöfen stammt eine Ansammlung interessanter, ungewöhnlicher Altertümer: eine seltene Vase in dunklem Ton mit zwei in Weiß gemalten Greifen aus dem 11. Jahrhundert und die große Terrakotta-Figur eines Kentauren, des mythischen Fabelwesens, halb Mensch, halb Pferd, das in der späteren griechischen Kunst so beliebt war; datiert auf ca. 900–850 v. Chr., wurde sein Körper in einem Grab und der Kopf in einem anderen gefunden. Den spektakulärsten Fund jedoch machte man in den vergangenen achtziger Jahren. Ein lan-

ges, schmales, an einem Ende gerundetes Gebäude wurde ausgegraben und auf das 10. Jahrhundert datiert (1000–950 v. Chr.). Mit 47 m Länge und 10 m Breite ist es das größte Bauwerk, das unserer Kenntnis nach über einen Zeitraum von 500 Jahren hinweg, zwischen 1200 und 700 v. Chr., in Griechenland errichtet wurde. Unterhalb des Fußbodens befand sich eine erstaunliche aus zwei angrenzenden Schächten bestehende Bestattung. In dem einen ruhten die eingeäscherten Überreste eines Mannes, die in einem großen Bronzekessel gelegt worden waren, der im Relief mit Tieren und Jägern mit Pfeil und Bo-

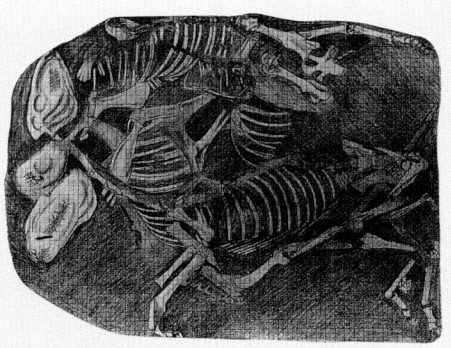

Zeichnung der Pferdeskelette, wie sie in dem zweiten Grabschacht innerhalb des Heroons in Lefkandi gefunden wurden, 1000–950 v. Chr.

gen verziert war. Neben ihm befand sich die ausgedehnte Bestattung einer Frau, bedeckt mit dünnen Goldplatten und anderem Schmuck: Perlen, Spiralen, Anhängern und Ringen, neben einem Eisenmesser mit Elfenbeinknauf. In der angrenzenden Grube lagen die Skelette von vier Pferden. Wie diese prächtige Bestattung und ihre Beziehung zu dem Ge-

bäude, in dem sie gefunden wurde, genau zu interpretieren sei, ist Gegenstand intensiver Mutmaßungen, eine Aufgabe, die durch den Umstand erschwert wird, dass ein Großteil des Gebäudes bewusst illegal eingeebnet wurde, bevor Archäologen es systematisch ausgraben konnten. Die aufwendige, reiche Bestattung mit ihren geopferten Pferden erinnert ein wenig an Heldenbestattungen, wie sie in der *Ilias* geschildert werden. In welcher Beziehung stehen, wenn es überhaupt eine gibt, das Epos und diese Bestattungsbräuche zueinander? Der große Zuschnitt des Gebäudes und die verschwenderischen Bestattungen deuten vielleicht darauf hin, dass der Bewohner als Heros geehrt wurde.

Schnitt-Rekonstruktion des Heroons in Lefkandi, 1000–950 v. Chr. Die zwei gestrichelten Vierecke zeigen die Lage der Beisetzungen innerhalb des Gebäudes an, und am gerundeten Ende sind Vorratsgruben zu sehen.

DIE IONIER

Die Ionier übrigens (...) haben ihre Städte in einem Lande gegründet, (...) das herrlichste Klima hat. Weder die nördlicher gelegenen noch die südlicher gelegenen Länder können sich mit Ionien vergleichen. (...) Die südlichste Stadt ist Milet, dann folgen Myûs und Priëne. Diese Städte gehören zu Karien und haben eine und dieselbe Mundart. Die folgenden liegen in Lydien: Ephesos, Kolophon, Lebedos, Teos, Klazomenai, Phokaia. Auch diese Städte haben eine gemeinsame Mundart (...). Dann folgen noch drei weitere ionische Städte, zwei davon liegen auf Inseln, nämlich Samos und Chios, eine auf dem Festlande: Erythrai. Die Chier und Erythraier haben die gleiche Mundart, Samos hat eine besondere für sich, so dass es im ganzen vier verschiedene Mundarten sind.

Herodot, I, 142

Auswahl geometrischer Keramik aus der Brandbestattung einer reichen athenischen Dame, die um 850 v. Chr. beigesetzt wurde. Man vergleiche die abgegrenzten geometrischen Ornamentfelder und das Fehlen figürlicher Darstellungen (Tiere, Vögel, Menschen) auf der großen Amphora mit der auf S. 60 gezeigten, die etwa ein Jh. jünger ist.

Smyrna (Bayrakli)

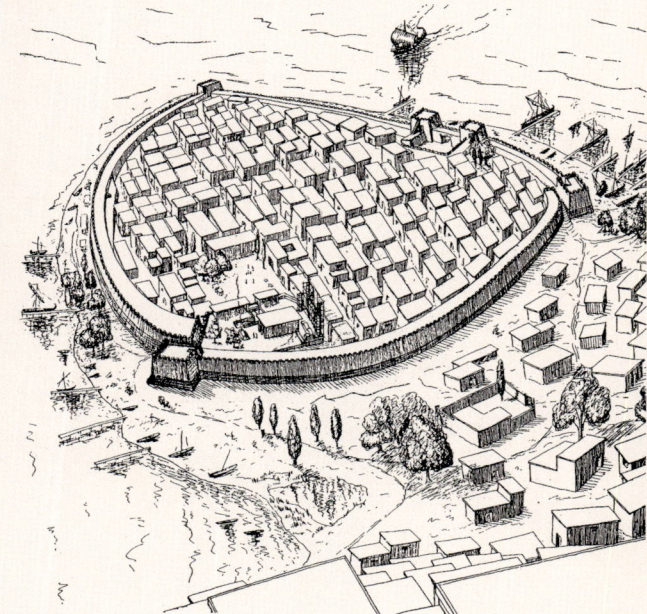

Zeichnerische Rekonstruktion des frühen Smyrna, 10.–7. Jh. v. Chr. Gegründet von Tantalos, wurde es von Aiolern besiedelt, dann von den Kolophoniern erobert und schließlich eine ionische Stadt.

Eine der besser ausgegrabenen frühen griechischen Siedlungen in Kleinasien ist das antike Smyrna, das seit den fünfziger Jahren des letzten Jahrhunderts von britischen und türkischen Archäologen erforscht wird. Bei der Stätte handelt es sich um einen niedrigen Hügel auf einer Halbinsel, die ursprünglich an der Landspitze eines tief eingeschnittenen Meerbusens in die See hinausragte und mindestens seit der frühen Bronzezeit bewohnt war. Es sieht wohl so aus, als bestätige die Archäologie Herodots Information, wonach aiolische Griechen den Platz als erste besiedelten und dann durch Ionier abgelöst wurden. Zu der Keramik aus dem 11. und 10. Jahrhundert v. Chr. gehört eine ziemliche Menge charakteristischer aiolischer Grauware, die im 9. Jahrhundert allmählich durch die typische ostgriechische Keramik ersetzt wurde, wie sie an ionischen Stätten gefunden wurde. Die Ausgrabungen legten außerdem einige der frühesten Bauten frei, die von einer griechischen Siedlung erhalten geblieben sind: ein ovales Haus aus Lehmziegeln kann auf das 10. Jahrhundert v. Chr. datiert werden, während der Platz im 9. Jahrhundert mit einer der frühesten griechischen Befestigungsmauern umgeben wurde. Bis zum 7. Jahrhundert war dort der Athena ein monumentaler Tempel errichtet worden; er bestand zum Teil aus einer Reihe von Säulen, die mit schönen steinernen Kapitellen und/oder Basen dekoriert waren, die ihrerseits elegante Blattmuster zierten. Diese reiche, blühende frühe Stadt, eine von mehreren, die Homer als Geburts-

Kreta scheint es ein wenig besser ergangen zu sein; die Erholung setzte hier anscheinend früher ein als auf dem Festland. Größere Siedlungsplätze, Befestigungen und einfache Heiligtümer verweisen auf eine geschlossenere, stärker organisierte Gesellschaft. Die Ausgrabung der Stätte von Lefkandi auf der Insel Euboia (S. 60f.) hat außerdem einige beeindruckende Bauten sowie Spuren von Reichtum und Auslandskontakten in Form der prachtvollen Bestattung eines Mannes, einer Frau und von vier Pferden innerhalb eines großen Gebäudes erbracht. Dieser schwache Schimmer vergangenen Ruhms – oder Vorboten künftiger Dinge – sollten jedoch nicht die Tatsache verschleiern, dass das Leben in Griechenland während mehrerer Jahrhunderte nach der Zerstörung der mykenischen Paläste generell auf sehr einfachem Niveau fortgesetzt worden sein dürfte und der Ausdruck „Dunkles Zeitalter" sowohl im Vergleich zu dem, was vorausging, als auch zu dem, was danach kam, nicht unangemessen ist.

Wanderungen

Während der frühen Periode von Unruhen im 11. und 10. Jahrhundert v. Chr. begannen verschiedene Menschen sowohl nach Griechenland ein- wie aus Griechenland auszuwandern. Nach 100–150 Jahren ohne Spuren ist an zahlreichen Plätzen entlang der Westküste Kleinasiens erneut griechische Anwesenheit sichtbar. Dies entspricht Überlieferungen, wonach eine große Abwanderung vorwiegend ionischer Griechen vom Festland stattfand. Größtenteils unter Führung von Athenern sollen Menschen aus ganz Griechenland zwölf Städte entlang der Küste gegründet haben, ein Gebiet, das danach als Ionien bekannt wurde und das in geschichtlicher Zeit sehr wohlhabend und kulturell rege werden sollte. Etwa um dieselbe Zeit ließen aiolische Griechen aus Thessalien und Boiotien sich im unmittelbar nördlich an Ionien angrenzenden Gebiet in der Nordwestecke Kleinasiens nieder.

Mit ihrem Zuzug nach Griechenland von Norden her waren die Dorer entweder die Verursacher des Zusammenbruchs der mykenischen Welt oder füllten einfach das von den Zerrüttungen geschaffene Vakuum aus (S. 56f.). Sie ließen sich fast überall auf der Peloponnes nieder und besetzten dann sowohl die Inseln der südlichen Ägäis als auch die Südwestecke Kleinasiens unmittelbar im Süden Ioniens, ein Gebiet, das in geschichtlicher Zeit als Karien bekannt wurde.

Es gibt keine zeitgenössischen schriftlichen Zeugnisse aus dieser Zeit; spätere Überlieferungen geben vor, Wanderungsbewegungen und ein paar andere Ereignisse zu verzeichnen, aber es es gibt wenig oder kei-

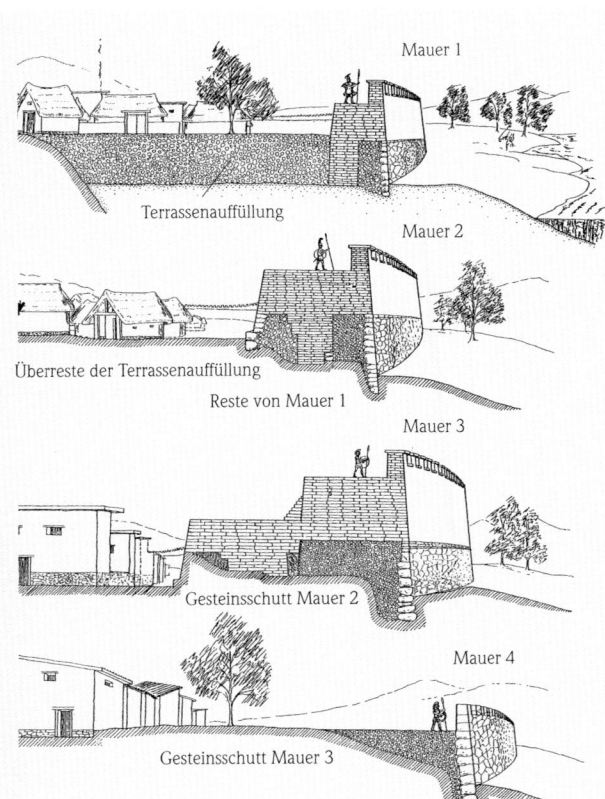

Terrassenauffüllung · Mauer 1

Überreste der Terrassenauffüllung · Mauer 2 · **Reste von Mauer 1**

Gesteinsschutt Mauer 2 · Mauer 3

Gesteinsschutt Mauer 3 · Mauer 4

stadt beanspruchen, wurde in den Jahren um 600 v. Chr. von dem lydischen König Alyattes angegriffen und zerstört.

Ausgrabungen haben den riesigen Belagerungshügel freigelegt, der von Lydern auf der dem Land zugewandten Seite bis zur Höhe der Mauern aufgeschüttet worden war. Die Stadt erholte sich so weit, dass sie Tempel der Athena wiederaufbauen konnte, fiel aber später im 6. Jahrhundert erneut den Lydern und dann den Persern in die Hände. Im 4. Jh. gründete Alexander d. Gr. die Stadt weiter südlich neu.

(Gegenüber rechts) Reliefiertes Kalkstein-Architekturelement, das als Basis oder an der Spitze einer der mit dem frühen Tempel der Athena in Verbindung gebrachten Säulen verwendet wurde, spätes 7. Jh. v. Chr.

(Links) Aufeinanderfolgende Befestigungsmauern der Stadt Smyrna, bestehend aus an der Sonne getrockneten Lehmziegeln, die über einem Fundament aus Mauerwerk errichtet wurden (9.–6. Jh. v. Chr.).

DIE ZWÖLF STÄDTE IONIENS

Und deshalb haben die Ionier gerade zwölf Städte gegründet; denn zu behaupten, dass diese kleinasiatischen Ionier reineren Blutes und besserer Rasse seien als die übrigen Ionier, ist eine große Torheit. Eine nicht geringe Zahl Abanten aus Euboia befindet sich unter ihnen, die nicht einmal dem Namen nach Ionier sind, und außerdem haben sie sich mit Minyern aus Orchomenos gemischt, mit Kadmeiern, Dryopern, mit versprengten Phokern, mit Molossern, pelasgischen Arkadern und dorischen Epidauriern und vielen anderen Stämmen.

Herodot, I, 146

Man glaubt aber fälschlich, dass sie die, die daraus trinken, geschlechtskrank macht. Ich werde es mich aber nicht verdrießen lassen auseinanderzusetzen, warum diese Meinung sich durch ein falsches Gerücht über die Welt verbreitet hat. Denn das, was da erzählt wird, kann nicht sein, dass man durch dieses Wasser weichlich und unzüchtig wird, denn dieses Quellwasser ist ganz klar und schmeckt vorzüglich. Als aber Melas und Areuanias von Argos und Troizen eine gemeinsame Kolonie dorthin führten, vertrieben sie die barbarischen Karer und Leleger. Nachdem diese aber zu den Bergen hingejagt waren, rotteten sie sich zusammen, unternahmen Streifzüge und, dort Räuberei treibend, brandschatzten sie grausam. Später richtete einer der Siedler bei dieser Quelle wegen der Güte ihres Wassers, um Geschäfte zu machen, eine Trinkhalle mit allen Waren ein, und mit diesem Geschäft lockte er die Barbaren an. So kamen diese einzeln (aus den Bergen) herab, fanden sich in Zusammenkünften zusammen und, umgewandelt von ihrer harten und wilden Art, wurden sie ohne Zwang zu dem gesitteten Benehmen der Griechen hingeführt. Also hat dieses Wasser nicht, weil es eine Geschlechtskrankheit verursachte, sondern dadurch, dass es die Barbaren durch den Zauber menschlicher Gesittung zähmte, diesen Ruf erlangt.

Vitruv, II 8, 50

(Gegenüber oben) Teil des Gesetzeskodex der Stadt Gortyn auf Kreta, ca. 450 v. Chr. Er integriert viele frühere Familie, Erbschaft, und Sklavenhaltung betreffende Gesetze. Die Zeilen und einzelnen Buchstaben sind „boustrophedón" (s. S. 65) geschrieben, manche besondere Buchstabenformen sind besonders auf Kreta üblich.

Die Karte zeigt die Verteilung griechischer Dialekte um 400 v. Chr. Regionale Unterschiede bei Dialekten (Schreibweise, Aussprache, Wortschatz, Buchstabenformen) überdauerten bis weit in die klassische Periode hinein. Diese sprachlichen Ähnlichkeiten und Unterschiede werden benutzt, um Stammesverwandtschaft abzuleiten und zu helfen, Überlieferungen von frühen Bevölkerungsbewegungen in Griechenland und der Ägäis zu bestätigen.

(Unten rechts) Die Tabelle zeigt die Ähnlichkeiten vieler in mehreren frühen Alphabeten verwendeten Buchstaben. Das griechische Alphabet ähnelt eindeutig dem phönikischen, doch wie, wann und warum wurde es an die Griechen weitergegeben?

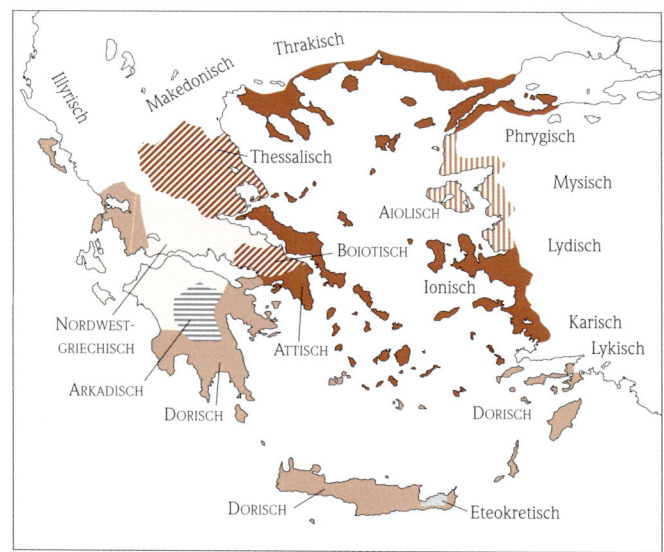

ne zuverlässigen dokumentarischen Anhaltspunkte für die Sozialstruktur Griechenlands zu dieser Zeit.

Von einem Tiefpunkt im 11. Jahrhundert ausgehend begannen die Griechen sich lange und langsam zu erholen, mit zunehmenden ausländischen Kontakten und einem allmählichen Anstieg der Bevölkerung, der in den archäologischen Zeugnissen sichtbar ist, und begleitet vermutlich von einer gewissen politischen Stabilität. Diese Bedingungen scheinen sich bis zum 8. Jahrhundert v. Chr. schrittweise verbessert zu haben, wo wir mehrere wichtige Ereignisse und Tendenzen ausmachen können, die zum vollen Erblühen der klassischen griechischen Kultur führen.

In den frühen Jahren des 8. Jahrhunderts v. Chr. finden wir die Griechen auf dem Festland, den Inseln der Ägäis und an der Westküste Kleinasiens etabliert. In zahlreichen Heiligtümern (Olympia, Samos, Delos, Ephesos) ausgegrabene Elfenbein- und Bronzeobjekte zeigen an, dass der Handel mit dem Nahen Osten wieder aufgenommen worden war, und an mehreren Küstenplätzen in der Levante stößt man auf griechische Keramik.

Das Alphabet

Der Kontakt mit dem Osten führte zu einer der wichtigsten von mehreren außerordentlichen Entwicklungen im 8. Jahrhundert. Irgendwann wurde durch die Phöniker das Alphabet eingeführt, und allmählich wurde das Griechische wieder aufgeschrieben. Wo und wie genau die Weitergabe geschah, ob in Griechenland, der Levante oder als Ergebnis von Begegnungen zwischen Griechen und Phönikern in Italien oder Sizilien, ist ungewiss. Wann genau ist ebenfalls umstritten, obwohl die frühesten vorhandenen Inschriften auf Töpfen angebracht wurden, die in das 8. Jahrhundert datieren. In dieser selben Zeit stoßen

wir auch auf das erste sicher nachgewiesene Datum in der griechischen Geschichte: 776 v. Chr., das Jahr der ersten Olympischen Spiele; bei vielen griechischen Autoren wird dieses Datum als Anfangspunkt für die Zeitrechnung benutzt. Mit dem geschriebenen Wort und einer gesicherten chronologischen Grundlage stehen wir an der Schwelle der griechischen Geschichte.

Name des gr. Buchst.	Proto-Kanaanitisch	Phönikisch	Griechisch	Etruskisch	Lat. Buchst.
Alpha					A
Beta					B
Gamma					C
Delta					D
Epsilon					E
Digamma					F
Zeta					Z
Eta					H
Theta					
Iota					I
Kappa					K
Lambda					L
Mu					M
Nu					N
Omikron					O
Pi					P
San					
Koppa					Q
Rho					R
Sigma					S
Tau					T

Das griechische Alphabet

Antike Überlieferungen zeigen, dass die Griechen selber glaubten, das Alphabet sei eine phönikische Erfindung, die zu einem frühen Zeitpunkt nach Griechenland importiert worden sei. Herodot schreibt es Kadmos zu, dem legendären Gründer Thebens. Neuzeitliche Kommentatoren haben die östlichen „phönikischen" Ursprünge des griechischen Alphabets anerkannt: Die Ähnlichkeiten bei Namen, Formen und Reihenfolge der Buchstaben in den beiden Alphabeten sind eindeutig. Nach wie vor heftig umstritten sind Fragen, die Zeitpunkt und Ort seines Erscheinens sowie die Art und Weise und die Gründe seiner Übermittlung betreffen.

Das phönikische Alphabet verfügt über ungefähr 22 Zeichen, die als Konsonanten dienen (Vokale werden nicht eigens angegeben bzw. fehlen gänzlich), und scheint schon 1000 v. Chr. in Nord-Kanaan (dem heutigen Nordsyrien) in Gebrauch gewesen zu sein. Alle 22 Symbole wurden von den verschiedenen lokalen griechischen Alphabete mehr oder weniger entlehnt und benutzt, allerdings wurden die phonetischen Werte einiger phönikischer Buchstaben verändert, um zur Wiedergabe der Vokale A, E, I und O zu dienen.

Unsere frühesten Texte in Griechisch, in Töpfe geritzte Inschriften, stammen aus den Jahren um 750–725 v. Chr. Sie tauchen auf der Insel Euboia, in Athen und in den ersten griechischen Siedlungen in der Bucht von Neapel, in Pithekusai (Ischia) und Kyme (Cumae) auf. Eingedenk der Wahrscheinlichkeit, dass wir die allerfrühesten Beispiele nicht besitzen, sieht es so aus, als sei ein Datum um 800–750 v. Chr. eine wahrscheinliche Zeit für eine Weitergabe.

Sowohl die Griechen als auch die Phöniker waren große Seefahrer und Händler, und es gibt hinreichende Beweise für phönikische Waren an verschiedenen Orten in Griechenland einschließlich Kreta und Rhodos; ebenso wurden beträchtliche Mengen griechi-

scher Keramik in der nördlichen Levante gefunden, vor allem euböische Tonware in Al Mina in Nordsyrien.

Euboia, die Inseln der Ägäis und Nord-Kanaan kommen deshalb allesamt als Orte in Frage, wo die Weitergabe erfolgt sein könnte. Phöniker und Griechen trafen auch weiter westlich aufeinander, und die Möglichkeit, dass das Alphabet in Italien übermittelt und dann zurück zum griechischen Festland gebracht wurde, kann nach den gegenwärtigen Anhaltspunkten nicht ausgeschlossen werden. Nicht lange, nachdem es in der Bucht von Neapel aufgetaucht war, übernahmen auch die Etrusker dasselbe Alphabet.

Viele spätere Alphabete wurden von Einzelpersonen erfunden (wie z. B. das gotische im 4. Jh. n. Chr. von Bischof Wulfila), und es scheint möglich, dass das griechische Alphabet, wie es von den Phönikern übernommen wurde, ebenfalls das Werk eines Mannes ist. Mehrere Merkmale, die allen frühen griechischen Alphabeten gemeinsam sind, lassen darauf schließen, dass die ursprüngliche Weitergabe ein einzelnes Ereignis und kein Prozess war, der sich

über eine Zeit hinweg an mehreren Orten vollzog. Das erste, bereits erwähnte Anzeichen ist die Umfunktionierung mehrerer phönikischer Symbole zur Bezeichnung von Vokalen, wie sie in allen griechischen Versionen des Alphabets zu finden sind. Zweitens hat der Buchstabe Phi keine semitische Entsprechung; wie die Vokale wurde er erfunden und von allen griechischen Alphabeten allgemein verwendet. Drittens sind viele griechische Texte in der *boustrophedón*-Schreibweise („wie der Ochse [beim Pflügen] wendet") abgefasst, d. h. abwechselnd von rechts nach links und umgekehrt; semitische Texte sind alle von rechts nach links geschrieben. Wie bei so vielem anderen, entlehnten die Griechen das Alphabet anscheinend von ihren Nachbarn und passten es dann den eigenen Zwecken und dem Geschmack an und verfeinerten es entsprechend.

Jene mit Kadmos in Hellas eingewanderten Phoiniker, unter denen auch die Gephyraier waren, haben durch ihre Ansiedlung in Boiotien viele Wissenschaften und Künste nach Hellas gebracht, so z. B. die Schriftzeichen, die die Hellenen, wie ich glaube, bis dahin nicht gekannt hatten. Anfangs benutzten die Kadmeier dieselben Buchstaben wie alle anderen Phoiniker. Später aber veränderte sich allmählich mit ihrer Sprache auch die Form ihrer Buchstaben. (...) Buchstaben aus der Zeit des Kadmos habe ich selber gesehen, im Heiligtum des Apollon Ismenios im boiotischen Theben. Sie sind in Dreifüße eingeritzt und gleichen den ionischen Buchstaben sehr.
Herodot, V, 58–59

(Unten) Der Dipylon-Krug aus Athen, um 730 v. Chr.: eines der frühesten Beispiele des griechischen Alphabets, die auf dem griechischen Festland gefunden wurden.

Kolonisation

DIE ERSTEN KOLONISTEN

Von den Hellenen aber gründeten zuerst die Chalkidier, die von Euboia herüberfuhren, Naxos – Thukles hieß der Gründer – und bauten den Altar des Apollon Archegetes ... Syrakus gründete das Jahr darauf Archias, ein Heraklide aus Korinth – er verjagte zuerst die Sikeler von der Insel, die jetzt, nicht mehr rings umspült, die innere Stadt trägt, später wurde mit der Zeit auch die äußere befestigt und einbezogen und wurde volkreich. Thukles und die Chalkidier legten von Naxos aus, vier Jahre nach der Gründung von Syrakus, die Stadt Leontinoi an, nachdem sie im Krieg die Sikeler verjagt, und danach Katana; (...)
Thukydides VI.3

(Unten) Goldener Fisch aus einem Skythengrab in Vettersfelde (Polen), um 500 v. Chr. Griechen und Skythen kamen nach der Kolonisation des Schwarzen Meeres in direkten Kontakt miteinander. Herodot beschreibt viele skythische Gebräuche, die durch archäologische Entdeckungen in jüngerer Zeit bestätigt wurden.

(Gegenüber oben) Der dorische Tempel in Segesta, Nordwestsizilien. Wie zuvor Kleinasien war Sizilien ein fruchtbares Feld für griechische Siedler, und viele große Städte gediehen dort, die es an Reichtum oft mit den Mutterstädten aufnahmen oder diese übertrafen.

Auf das 8. Jahrhundert v. Chr. kann auch die erste große Welle der Kolonisation datiert werden, eine Bewegung, die sich während der gesamten archaischen Periode (ca. 750–490 v. Chr.) fortsetzte. Einsetzend um die Jahrhundertmitte, begannen die Städte des griechischen Festlands Gruppen von Siedlern auszusenden, um neue Städte zu gründen. Die Gründe für dieses Phänomen sind nicht ganz ausgemacht, und zu seiner Erklärung wurden mehrere Theorien vorgeschlagen: Handel (vor allem im Austausch gegen Metalle), Überbevölkerung, Abenteuerlust, politische Spannungen oder Dürre und nachfolgende Hungersnot, all diese Faktoren wurden zu dem einen oder anderen Zeitpunkt verfochten. Wie beim Ende der mykenischen Welt gibt es bislang kein Anzeichen für einen erreichten oder in Aussicht stehenden Konsens, wenngleich die beschränkten Zeugnisse für Dürre und Hungersnot als Hauptursache zu sprechen scheinen. Die Aufgabe zahlreicher Brunnen in Athen im ausgehenden 8. Jahrhundert deutet auf Probleme mit der Wasserversorgung in Mittelgriechenland hin, dem Gebiet, aus dem die meisten Kolonien beschickt wurden. Eine erhöhte Betriebsamkeit an den Heiligtümern mehrerer mit Regen oder Wasser Verbindung stehender Gottheiten muss ebenfalls auf diese Zeit datiert werden, und eine Vielzahl später schriftlicher Quellen spricht von Hungersnot als einem Faktor bei der Entscheidung zur Gründung einer Kolonie. Abwanderung in großem Stil ist sicherlich zu allen Zeiten, selbst bis auf den heutigen Tag, eine gängige Reaktion auf Dürre und/oder Hungersnot.

Die frühen kolonisierenden Staaten finden sich in einem Streifen quer durch Mittelgriechenland: Achaia, Korinth und Megara im Westen und die Inseln Euboia, Andros, Naxos und Paros im Osten. Zuerst kolonisierten die Griechen Süditalien und die reiche Insel Sizilien. Dann wandten sie sich Nordafrika und der Südküste Frankreichs zu und erreichten schließlich Spanien. Andere Kolonien wurden im Norden, in Thrakien gegründet. Gegen Ende der archaischen Periode gab es überall entlang der Küsten des Mittelmeers griechische Städte, außer dort, wo ältere Zivilisationen herrschten, in Ägypten, der Levante und Mittelitalien. Auch das Schwarze Meer wurde nicht übersehen; es wurde schließlich, besonders durch die große ionische Stadt Milet, stark kolonisiert. Wie ein Spiegel der Ankunft der Kolonisten auf dem Seewege wurden fast alle griechischen Kolonien an oder ganz in der Nähe der Küste gegründet, ein Muster, das so regelmäßig war, dass man die griechischen Städte im Altertum mit Fröschen verglich, die rings um das Ufer eines Teichs hocken. Die Hauptanforderungen an den neuen Platz waren von vornherein klar: Wasserversorgung und normalerweise etwas Ackerland, das manchmal, wenn auch nicht immer, bereits von Einheimischen beansprucht wurde.

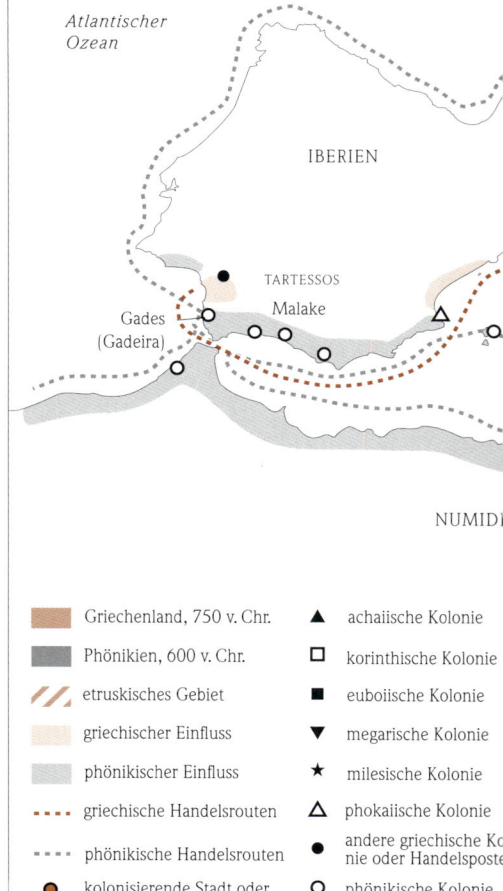

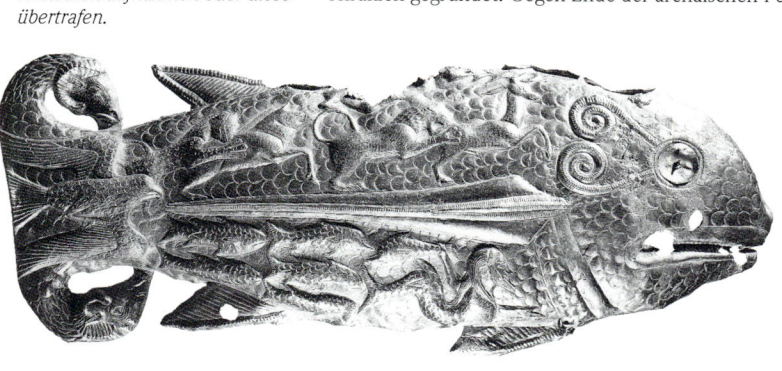

Griechenland, 750 v. Chr.	▲ achaiische Kolonie		
Phönikien, 600 v. Chr.	☐ korinthische Kolonie		
etruskisches Gebiet	■ euboiische Kolonie		
griechischer Einfluss	▼ megarische Kolonie		
phönikischer Einfluss	★ milesische Kolonie		
- - - griechische Handelsrouten	△ phokaiische Kolonie		
- - - phönikische Handelsrouten	● andere griechische Kolonie oder Handelsposten		
◉ kolonisierende Stadt oder Gemeinde	○ phönikische Kolonie		

URSACHEN DER KOLONISATION

Nicht lange hernach wurde Korinth mit Pest und Dürrung heimgesucht. Die Bürger wendeten sich wegen Befreiung von diesen Übeln an das Orakel [in Delphi], und der Gott antwortete ihnen, sie rührten von Neptuns Zorne her, der nicht eher nachlassen würde, bis man Aktäons Tod gerächt hätte. Archias war es selbst, der an das Orakel geschickt worden, und da er diese Antwort vernahm, entschloss er sich freiwillig, nicht nach Korinth zurückzukehren, sondern schiffte nach Sizilien hinüber und erbaute die Stadt Syrakus.

Plutarch, *Moralische Abhandlungen*, VI, 311f.

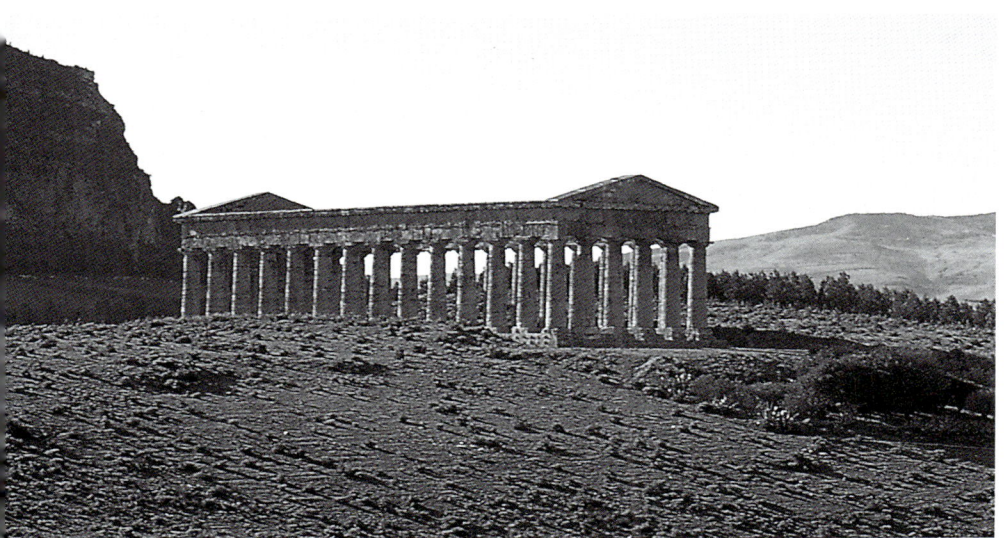

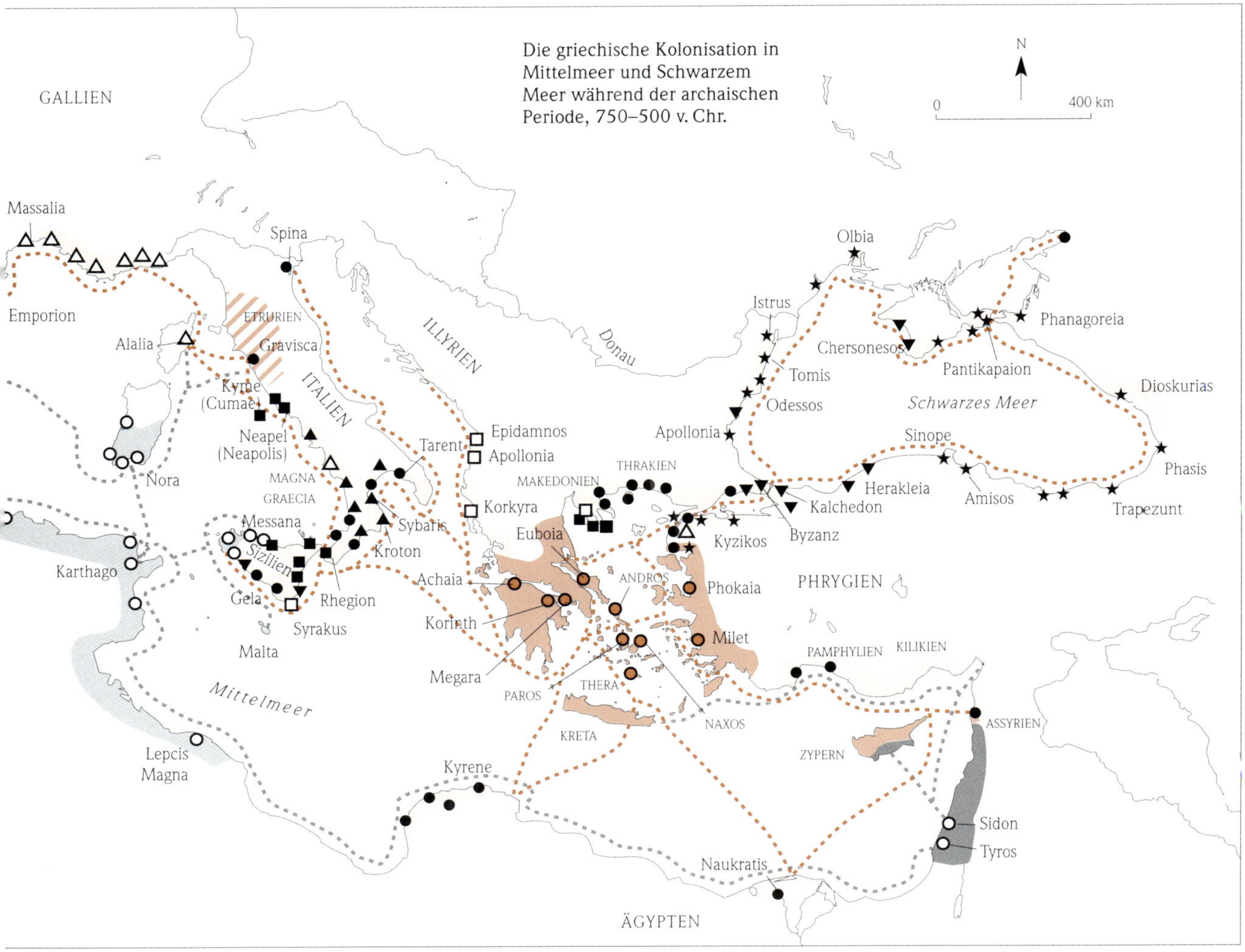
N
0
400 km
GALLIEN
Massalia
Emporion
Alalia
Spina
ETRURIEN
Gravisca
Kyme
(Cumae)
Neapel
(Neapolis)
ITALIEN
ILLYRIEN
Donau
MAGNA
GRAECIA
Tarent
Sybaris
Kroton
Messana
Sizilien
Rhegion
Gela
Syrakus
Malta
Nora
Karthago
Mittelmeer
Lepcis
Magna
Epidamnos
Apollonia
Korkyra
MAKEDONIEN
THRAKIEN
Euboia
Achaia
Korinth
Megara
ANDROS
PAROS
THERA
NAXOS
KRETA
Kyrene
Naukratis
ÄGYPTEN
Olbia
Istrus
Tomis
Odessos
Apollonia
Chersonesos
Pantikapaion
Phanagoreia
Dioskurias
Schwarzes Meer
Sinope
Herakleia
Amisos
Phasis
Trapezunt
Kalchedon
Byzanz
Kyzikos
Phokaia
Milet
PHRYGIEN
PAMPHYLIEN
KILIKIEN
ASSYRIEN
ZYPERN
Sidon
Tyros

Die griechische Kolonisation in Mittelmeer und Schwarzem Meer während der archaischen Periode, 750–500 v. Chr.

Panhellenismus

Ein wichtiger Aspekt der Kolonisation war das Entstehen der Vorstellung einer griechischen nationalen Identität oder des Panhellenismus. Während des gesamten Dunklen Zeitalters waren die einzelnen Siedlungen Griechenlands isoliert voneinander gewesen, ganz gewiss durch die Geografie und vielleicht durch Armut. Lokale Unterschiede, sei es beim Dialekt oder im Keramikstil, waren weit verbreitet, Grenzzusammenstöße sind belegt, und benachbarte Staaten standen selten auf freundschaftlichem Fuß miteinander. Doch als die Griechen erst einmal aufbrachen, um neue Kolonien zu gründen, und gezwungen waren, sich mit echten Ausländern auseinanderzusetzen, die eine vollkommen andere Sprache sprachen, andere Sitten und Gebräuche pflegten und unbekannte Götter verehrten, schienen die kleinlichen Streitereien und geringfügigen Unterschiede mit den Nachbarn drüben in Griechenland zu schwinden, während die gesamtkulturellen Ähnlichkeiten hervorgehoben und schließlich gefeiert wurden. Dies kommt besonders an zwei Stätten zum Ausdruck, an denen alle Griechen sich gewohnheitsmäßig versammelten, in Olympia und in Delphi.; wahrscheinlich ist es kein Zufall, dass beide Heiligtümer während der Periode intensiver Kolonisation Bedeutung erlangten.

Olympia

Die Stätte von Olympia liegt innerhalb des Gebietes von Elis in der nordwestlichen Peloponnes an den Ufern des Alpheios, des längsten Flusses Südgriechenlands. Es war das wichtigste Heiligtum des Göttervaters und mächtigsten der olympischen Götter, Zeus. Wegen seiner Heiligkeit galt das gesamte Gebiet von Elis als unantastbar, und alle Griechen versammelten sich hier zu Kultzwecken. Einen Teil des Festes bildeten mehrtägige sportliche Wettkämpfe, die im ganzen Altertum in höchstem Ansehen standen und natürlich in der Neuzeit wiederbelebt wurden. Unter Wahrung eines heiligen Waffenstillstandes konnten die Griechen aus dem gesamten Mittelmeerraum zusammenkommen, um sich im Wettkampf zu messen, um zu opfern, sich herauszustellen und zweifellos um sich diplomatischen und persönlichen Geschäften zu widmen.

Innerhalb des heiligen Bezirks gab es eine Reihe kleiner, tempelähnlicher Schatzhäuser, die von einzelnen Städten zur Unterbringung der von der betreffenden Stadt oder ihren Bürgern Zeus dargebrachten Weihgeschenke erbaut worden waren. Die Gebäude sind klein, oftmals kunstreich verzierte architektonische Meisterwerke, und sie wurden zweifellos erbaut, um den Reichtum und das Ansehen der als Stifterin auftretenden Stadt zur Schau zu stellen, ganz so wie die Länderpavillons bei einer Weltausstellung heute. Die Bedeutung Olympias für die Kolonisatoren lässt sich daran ermessen, dass über die Hälfte dieser kostspieligen kleinen Bauten nicht von benachbarten oder nahe gelegenen Staaten finanziert wurde, sondern von griechischen Städten, die im weit entfernten Sizilien, Italien und im westlichen Mittelmeer gegründet worden waren.

(Mitte) Die Überreste des antiken Olympia, ausgegraben vom Deutschen Archäologischen Institut. Im Vordergrund befindet sich die Terrasse mit den Überresten von einem Dutzend kleiner Schatzhäuser, die von verschiedenen Städten gestiftet wurden. Im Hintergrund rechts zu sehen der Tempel der Hera und links der Tempel des Zeus.

Frühe bronzene Weihegaben, vor allem Dreifüße (links ein Bein von einem Dreifuß) und Statuetten (rechts), bestätigen einen blühenden Zeuskult in Olympia zur Zeit des überlieferten Datums für die Begründung der Olympischen Spiele im Jahr 776 v. Chr.

Delphi

Delphi liegt an den steilen Südhängen des Parnass-Gebirges in Mittelgriechenland. Es war ein Heiligtum Apollons, des Gottes des Lichts und der Musik, und bezog seinen Ruhm von dem unfehlbaren Orakel, das dort im Mittelpunkt stand. Überlieferungen zufolge inhalierten spezielle Priesterinnen Dämpfe, die von einer Spalte im Berg aufstiegen, und fielen in eine prophetische Verzückung, durch die, so glaubte man, der Gott Apollon sprach. Es gab eine enge Verbindung zwischen dem Heiligtum, der Kolonisationsbewegung und dem aus ihr folgenden Panhellenismus, wurden Kolonisten doch auf Rat und manchmal auf Befehl des Orakels zur Koloniegründung ausgeschickt. Wie in Olympia findet man auch an dieser Stätte überall kleine Schatzhäuser zu Ehren des Gottes, und wieder reflektieren sie die Anziehungskraft des Mutterlandes auf entfernte Kolonisten von so weit entfernten Orten wie Kyrene in Nordafrika (Libyen) und Massalia (Marseille) in Südfrankreich. In gewissem Sinne hat Delphi einen noch stärkeren panhellenischen Charakter als Olympia, wurde es doch nicht von irgendeinem einzelnen Staat verwaltet, sondern von einem Bund aus Städten und Stämmen, einer sogenannten Amphiktyonie, die dazu gewählte Vertreter bestellten.

PANHELLENISMUS

Das Folgende nun ist die Idee, die zur Gründung von Städten und zur Hochschätzung gemeinsamer Heiligtümer führt; Menschen kamen in Form von Städten und Stämmen zusammen, weil sie von Natur aus dazu neigen, Dinge gemeinsam zu haben, und auch weil sie einander brauchen; und sie trafen sich an den heiligen Orten, die sie aus denselben Gründen gemeinsam hatten, wo sie Festspiele und allgemeine Versammlungen abhielten. Denn alles Derartige tendiert zu Freundschaft, angefangen beim Mahl am selben Tisch, beim gemeinsamen Trunk und beim Wohnen unter demselben Dach; und je größer die Zahl der Besucher und je größer die Zahl der Orte, aus denen sie kommen, desto größer ist der Vorteil ihres Zusammenkommens.

Strabon, 419

Knidos   Massalia   Siphnos

(Ganz oben) Eine Silbermünze aus Delphi zeigt Apollon mit seiner Leier auf dem Omphalos (Nabel) sitzend, der ein Symbol Delphis als Mittelpunkt der Welt war.

(Oben) Rekonstruktionszeichnung dreier der vielen archaischen Schatzhäuser in Delphi: Knidos im Südwesten Kleinasiens, Massalia (Marseille in Südfrankreich) und Siphnos (eine kleine Insel in der Ägäis).

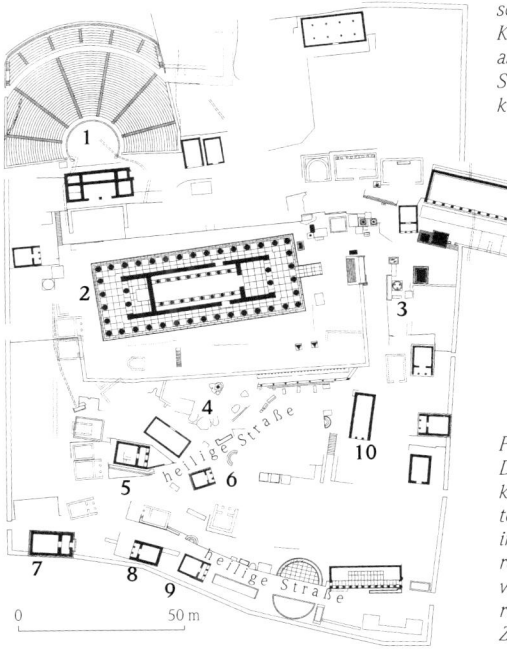

1 Theater
2 Apollon-Tempel
3 Schlangensäule von Plataiai
4 Sibyllinischer Felsen
5 Schatzhaus der Athener
6 Schatzhaus von Knidos
7 Schatzhaus der Thebaner
8 Schatzhaus der Siphnier
9 Schatzhaus der Sikyonier
10 Schatzhaus der Korinther

Plan des Apollon-Heiligtums in Delphi. Eine von Weihgeschenken und Schatzhäusern gesäumter heilige Straße schlängelte sich im Zickzack vom Eingang (unten rechts) bis zum Tempel hinauf, wo die Pythia (eine Orakelpriesterin) untergebracht war und die Zukunft voraussagte.

0   50 m

Östlicher Einfluss

(Unten) Ägyptische Statue Metuemhets, 25. Dynastie, 730–656 v. Chr., aus Karnak (links), und ein kuros *(Jüngling) aus Anavyssos in der Nähe von Athen, ca. 550–525 v. Chr. (rechts). Obwohl vergleichbar, wurde das ägyptische Vorbild an griechischen Geschmack angepasst.*

Der erneute Kontakt mit dem Osten hatte eine tiefgreifende Wirkung auf die griechische Kunst, die mehrere Jahrhunderte lang geschlummert hatte. Eine aktive Rolle spielte die andere bedeutende seefahrende Gruppe im Mittelmeer zu dieser Zeit, die Phöniker, so wie sie es schon in der Bronzezeit getan hatten, worauf das Schiffswrack von Uluburun (S. 47), die homerischen Epen, phönikische Gottheiten in Erythrai, eine Überlieferung von früher phönikischer Ansiedlung in Theben und auf der Insel Thera sowie phönikische Ortsnamen für die Minenbezirke auf der Insel Thasos hinweisen.

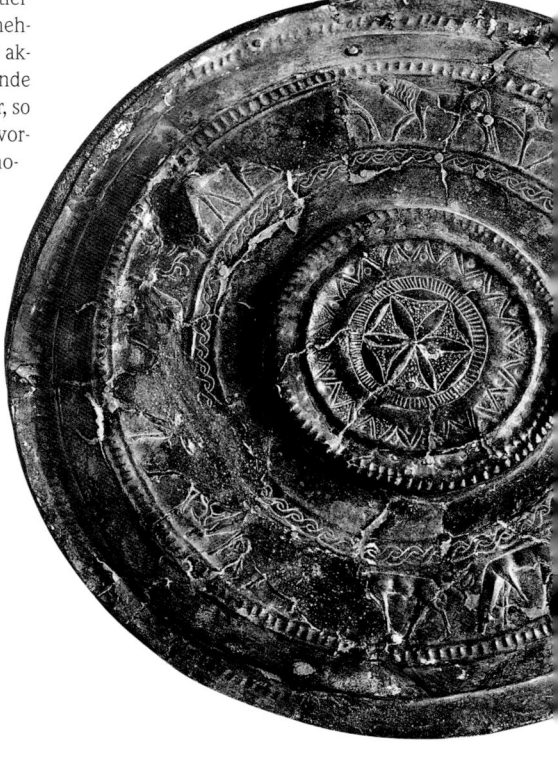

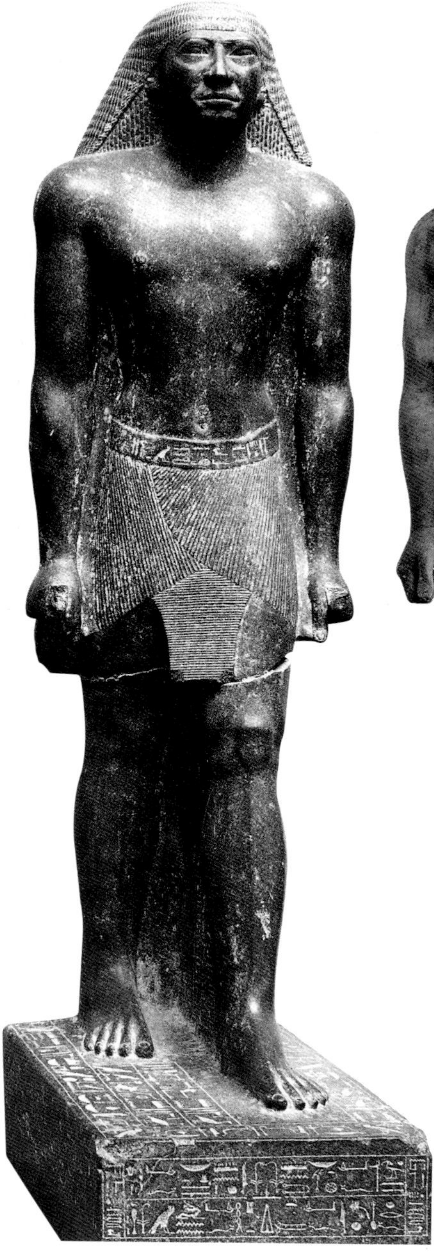

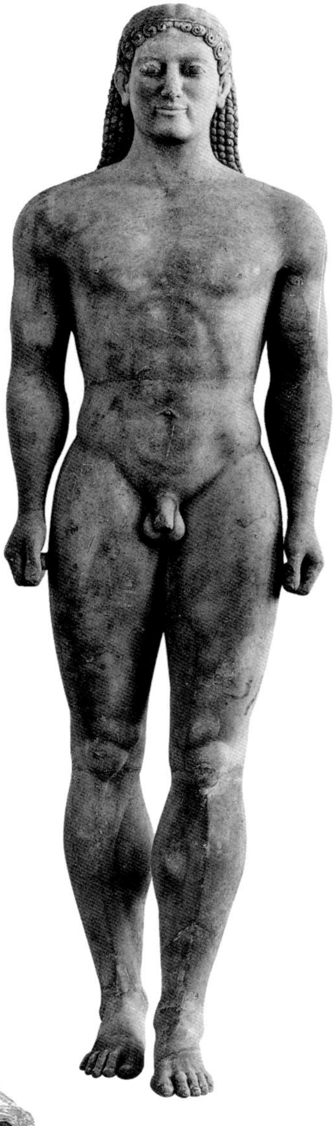

Der früheste Einfluss im Dunklen Zeitalter ist in kleinen tragbaren Objekten sichtbar, die zurückgebracht und in allen frühen Heiligtümern, in Delos, Samos, Sunion, Sparta, Thasos, Delphi und Olympia, geweiht wurden. Der Überlieferung zufolge gründeten die Phöniker 804 v. Chr. an der Nordküste Afrikas Karthago. Phönikische Artefakte und vielleicht die Handwerker, die sie herstellten, wurden auf Kreta vom 9. bis 7. Jahrhundert ausgemacht. Der Import und die Anpassung dekorativer Objekte und Motive durch griechische Künstler sind in der frühen archaischen Periode bei den unterschiedlichsten Materialien, vor allem Bronze und Elfenbein, zu beobachten. Besonders die Korinther hatten eine Schwäche für die mythischen Fabelwesen des Ostens, wie Greife und Chimären (ein dreiköpfiges Geschöpf, vorne Löwe, in der Mitte Ziege und hinten Schlange), und verwendeten sie im 8. und 7. Jahrhundert großzügig zur Verzierung ihrer bemalten Keramik. Wie das direkt oder indirekt aus Phönikien eingeführte Alphabet, spiegeln auch diese Einflüsse eine wichtige Schuld wider, in der man gegenüber den blühenden Zivilisationen des östlichen Mittelmeers stand.

Ausgrabungen belegen bereits für das 7. Jahrhundert v. Chr., als Herodot zufolge zwischen Ägypten und den Griechen offiziell Handelsbeziehungen aufgenommen wurden, eine griechische Präsenz in Naukratis in Ägypten. Griechische Söldner in Ägypten sind für die Herrschaft sowohl Psammetichs I. als auch des II. belegt. Wie bei Herodot erwähnt, hinterließen andere auch Graffiti an den Statuen von Abu Simbel in Oberägypten, was ihre Anwesenheit dort in den Jahren um 600 v. Chr. bestätigt.

(Links) Bronzeschild aus Kreta, 7. Jh. v. Chr.; sowohl die Technik als auch der Tierfries weisen starken nordsyrischen Einfluss auf.

(Rechts) Bronzener Greifenkopf aus Olympia, 7. Jh. v. Chr., vom Rand eines großen Bronzekessels.

(Unten) Bein einer der Kolossalstatuen Ramses' II. in Abu Simbel, Ägypten. Unter den Graffiti sind auch jene, die von griechischen Söldnern im ausgehenden 7. Jh. v. Chr. hinterlassen wurden.

GRIECHEN IN ÄGYPTEN

Amasis war ein Freund der Hellenen. Er hat manchem Hellenen Gutes erwiesen und überließ den hellenischen Einwanderern die Stadt Naukratis zur Besiedelung. Wer nicht dauernd in Ägypten wohnen bleiben, sondern bloß Handel treiben wollte, denen gab er Plätze, wo sie Altäre und Göttertempel errichten konnten. Das größte, berühmteste und besuchteste von diesen Heiligtümern heißt Hellenion und ist von folgenden Städten gemeinsam begründet worden [...]. Diesen Städten gemeinsam gehört das Heiligtum, und sie setzen auch Aufsichtsbeamte für den Handel an jenem Freiplatz ein. Die anderen Städte, die das Heiligtum besuchen, sind dort nur Gäste. [...] Ursprünglich war Naukratis der einzige Handelsplatz in Ägypten. Herodot, II, 178–179

Es schien ihm [Psammetichos] ganz unglaublich, dass eherne Männer als seine Retter erscheinen sollten. Aber nur kurze Zeit war vergangen, da geschah es, dass Ionier und Karer, die auf Seeraub ausgezogen waren, nach Ägypten verschlagen wurden. Sie stiegen ans Land in ihren ehernen Rüstungen, und ein Ägypter lief zu Psammetichos und meldete ihm, eherne Männer seien vom Meere her gekommen und raubten in den Feldern. Er hatte ja noch nie erzgepanzerte Leute gesehen. Psammetichos erkannte, dass das Orakel in Erfüllung gegangen sei, schloss Freundschaft mit den Ioniern und Karern und bewog sie durch große Versprechungen, mit ihm zu ziehen. Mit Hilfe seiner Anhänger in Ägypten und dieser Hilfstruppen stürzte er dann die anderen Könige. Herodot, II, 152

Als König Psammetich nach Elephantine kam, schrieben jene, die mit ihm fuhren, dies, und sie kamen oberhalb von Kerkis so weit, wie der Fluss es zuließ, und Potasimto hatte den Befehl über jene fremder Zunge und Amasis über die Ägypter; Archon, der Sohn des Amoibichos, schrieb uns, und Pelekos, der Sohn des Eudamos.

GHI #7 (griech. Inschrift auf dem Bein der Statue von Ramses II.)

Die Entwicklung von Münzgeld

Im heroischen Zeitalter wurde Reichtum in Tieren gezählt, vor allem in Vieh, wie es bei vielen primitiven Gesellschaften der Fall ist. In der Ilias gibt es die lange Schilderung eines Viehraubs durch den schwatzhaften alten Nestor, und die von Achilleus bei den Leichenspielen des Patroklos ausgesetzten Preise werden in Rindern bezeichnet.

Peleus' Sohn [Achilleus] nun setzte noch andere Preise des Kampfes, zeigend dem Danaervolk, des mühsamstrebenden Ringens: Erst dem Sieger ein groß dreifüßig Geschirr auf dem Feuer, welches an Wert zwölf Rinder bei sich die Danaer schätzten; doch dem Besiegten stellt' er ein blühendes Weib in den Kampfkreis, klug in mancherlei Kunst, und geschätzt vier Rinder an Werte.
Homer, *Ilias* 23, 700–05

Es waren deshalb vielleicht nicht bloß praktische Gründe, die zur Form einer anderen Art frühen Reichtums führten – Kupferbarren. Die vier Vorsprünge an den Ecken geben nützliche Griffe ab, aber das Ganze erinnert vom Aussehen her auch an die Form einer Rinderhaut.

In späteren Zeiten wurde Eisen zu einem Träger von Wohlstand und zum Mittel des Austauschs. Es war tragbar, besonders in Form langer Spieße, die zum Braten von Tieren verwendet wurden. Diese *obeliskoi* sollen von Pheidon, dem Tyrannen von Argos, im dortigen Heraion geweiht worden sein, und bei Ausgrabungen im Heiligtum wurden

echte Beispiele geborgen. Auch Herodot beschreibt eine solche Gruppe von Gaben in Delphi seitens der berühmten Hetäre Rhodopis, die im 6. Jahrhundert v. Chr. begehrt war.

So war Rhodopis nun frei. Sie blieb in Ägypten, und weil sie sehr schön war, erwarb sie sich ein Vermögen, das für ihren Beruf recht groß war, aber nimmermehr ausreichte, um eine solche Pyramide zu erbauen. Den zehnten Teil ihres Vermögens kann ja bis zum heutigen Tag jeder, der will, sehen; man kann danach berechnen, dass es nicht übergroß war. Denn Rhodopis wollte, um sich selber ein Denkmal zu schaffen, ein Weihgeschenk nach Delphi stiften, auf das noch nie jemand verfallen und das noch in keinem Tempel geweiht worden wäre. Sie ließ daher eine Menge eiserner Bratspieße machen, so groß, um einen Ochsen daran zu braten, und zwar so viele, wie sich von dem zehnten Teil ihres Vermögens herstellen ließen. Die sandte sie nach Delphi. Sie liegen dort noch jetzt beieinander, hinter dem Altar, den die Chier gestiftet haben, dem Tempel gerade gegenüber. Herodot, II, 135

Der frühe Gebrauch von Eisenspießen als Währung überlebte in der Terminologie späteren Münzgeldes. Die weithin benutzte Standardmünze war die Drachme ("ei-

ne Handvoll"), und jede Drachme war unterteilt in sechs Obolen (*oboloí*, Spieße).

Diese [Münze] war von Eisen, und nicht nur, weil sie glühend in Essig getaucht worden, wegen des Mangels an Härte zum Schmieden und Verarbeiten untauglich, sondern auch schwer vom Gewichte, mühsam fortzubringen und bei der großen Menge und Masse von geringem Werte. Auch scheint die Münze in den ältesten Zeiten überall von gleicher Art gewesen zu sein, da man sich kleiner Spieße von Eisen auch wohl von Kupfer bediente, wovon es noch bis jetzt gebräuchlich ist, eine Menge von Scheidemünzen Obolen, sechs Obolen aber eine Drachme oder eine Handvoll zu nennen, denn so viele konnte eben eine Hand fassen. Plutarch, *Lysander*, 17

Es sieht wohl so aus, als bestätigten archäologische Nachforschungen die griechische Überlieferung, wonach das Münzgeld eine Erfindung der Lyder sei. Durch die Hauptstadt Sardes floss der Paktolos, der vom Berg Tmolos große Mengen Elektron, eine natürlich vorkommende Gold-Silber-Legierung, zu Tal beförderte. Amerikanische Ausgrabungen haben entlang des Flusses kleine Gruben freigelegt, die offenbar benutzt wurden, um das Erz zu gewinnen und zu reinigen. Für die Lyder war es eine Quelle enormen Reichtums, was die alte Redewendung hervorbrachte: "reich wie Kroisos", die sich auf einen der Könige Lydiens bezieht. Irgendwann im 7. Jahrhundert v. Chr. fiel den Lydern ein, das Elektron zu Stücken mit einem Einheitsgewicht zu verarbeiten und sie zur Kennzeichnung und Garantie mit

Sammlung eiserner Spieße aus dem Hera-Heiligtum in der Nähe von Argos. Später ergaben sechs Obolen oder Spieße eine Drachme ("eine Handvoll").

(Links) Bronzener Rinderhaut-Barren aus Hagia Triada, Kreta.

(Rechts) Eine rotfigurige Bauchamphora des Myson, ca. 500 v. Chr., aus Vulci zeigt König Kroisos von Lydien auf einem Scheiterhaufen (wie bei Herodot, I, 86, geschildert).

einem Symbol zu stempeln. Dieses erste frühe Münzgeld erleichterte die Handelstätigkeit außerordentlich, die bis dahin den Tausch oder das umständliche Abwiegen von Metallen erfordert haben dürfte, und die Griechen beeilten sich, das Münzgeld zu übernehmen.

Eine Gruppe früher Gold- und Elektronmünzen wurde in einem Depot im Fundament tief unter den Böden des Artemis-Tempels in Ephesus vergraben, und ein zweiter früher Schatz aus Münzen mit sehr fein ausgearbeiteten Stempeln wurde in jüngerer Zeit in Klazomenai gefunden. Vom späten 7. Jahrhundert v. Chr. an wurde der Handel innerhalb der griechischen Welt und mit ihren Nachbarn rings um das Mittelmeer viel leichter.

Die Lyder haben ganz ähnliche Sitten wie die Hellenen, nur dass die Mädchen Unzucht treiben. Sie sind die ersten Menschen, von denen wir wissen, dass sie Gold- und Silbermünzen geprägt und verwendet haben.
Herodot, I, 94

Die Griechen prägten meist Silber, obwohl auch Gold-Emissionen nicht ohne Beispiel waren. Beide Metalle wurden an verschiedenen Orten in der ganzen griechischen Welt abgebaut: in Athen, Thasos, Siphnos, Thrakien und anderswo. Im Allgemeinen tragen die Münzen auf der Vorderseite den Kopf einer wichtigen Gottheit und irgendein passendes Symbol für die Stadt auf der Rückseite, beispielsweise eine Eule für Athen und Pegasos für Korinth. Der Gebrauch nomineller Bronze-Emissionen, bei denen der Wert des verwendeten Metalls geringer war als der Nennwert der Münze, setzte erst im ausgehenden 5. Jahrhundert v. Chr. ein.

Die überall in Ägypten zu besichtigenden monumentalen Bauten müssen eine tiefe Wirkung gehabt haben, als die Griechen im 7. Jahrhundert v. Chr. anfingen, ihre eigenen bescheideneren Tempel mit Säulen und geschliffenen Steinblöcken zu errichten. Ebenso leitet sich die steife, schreitende Pose des *kuros*, die zu den frühesten Themen in der monumentalen griechischen Bildhauerkunst zählt, sicherlich von Ägypten her, wenn auch angepasst an griechische Moden. Aus dem dreieckigen Kopfschmuck des Pharao wurde langes, lockiges Haar, das auf die Schultern fällt, und der Schurz wurde weggelassen, um der griechischen Vorliebe für die nackte Darstellung des männlichen Körpers entgegenzukommen.

Einer der wichtigsten und einflussreichsten östlichen Nachbarn der Griechen in Kleinasien war das angrenzende Königreich Lydien, das mit seiner Hauptstadt Sardes von Ionien aus unmittelbar landeinwärts lag. Im 7. und frühen 6. Jahrhundert v. Chr. beeinflussten Lyder und Ionier sich gegenseitig; während die Lyder den Ioniern einen verschwenderischen Lebensstil beibrachten, huldigten sie umgekehrt griechischen Göttern, vor allem Apollon in Delphi und Artemis in Ephesos. Kulturelle Interaktion schloss jedoch militärische Eroberung nicht aus, und bis 500 v. Chr. waren alle griechischen Küstenstädte Ioniens unter lydische Vorherrschaft gefallen. Als Lydien selbst 547/46 v. Chr. den Persern in die Hände fiel, wurden auch die Ionier Teil dieses riesigen Reiches.

DIE STADT SARDES

Sardes ist eine große Stadt, zwar jünger, als die troischen Begebenheiten, aber doch alt, und hat eine stark befestigte Burg. Sie war der Königssitz der Lydier (...). Oberhalb Sardes liegt der Tmolos, ein ergiebiges Gebirge, auf dessen Gipfel eine Warte mit einer Sitzhalle aus weißem Marmor steht, ein Bauwerk der Perser, von welchem man die Ebenen ringsum überschaut, namentlich die Kaystrische. (...) Vom Tmolos herab fließt der Paktolos, der früherhin viel Goldsand mit sich führte, wodurch, wie man sagt, der Reichtum des Krösus und seiner Vorfahren so berühmt wurde.

Strabon, 625, 5

Ansicht des hellenistischen Artemis-Tempels in Sardes, der Hauptstadt des antiken Lydien. Der goldführende Fluss Paktolos fließt unmittelbar jenseits des Tempels von links nach rechts, und der Bereich zum Reinigen des Goldes wurde ein Stück weiter flussabwärts gefunden.

Die Anfänge der griechischen Literatur

HESIOD ÜBER DAS REISEN

Hast du dem Handel jedoch die törichte Seele verschrieben, dass du Mangel vermeidest und unerfreulichen Hunger, will ich dir weisen die Bahnen des lautaufrauschenden Meeres, hab ich auch wenig Erfahrung in Seefahrt oder mit Schiffen, denn noch niemals befuhr ich im Seeschiff die Weiten des Meeres. Einmal nur von Euboia nach Aulis ... Soweit bin ich erfahren mit gutgenagelten Schiffen, (...)

Hesiod, *Werke und Tage* 646–62

Wie mein Vater und auch der deine, törichter Perseus, segelte in dem Schiff, nach edlen Gütern zu spähen. Einstmals kam er hierher auf weit sich dehnender Meerfahrt; das aiolische Kyme verließ er in schwärzlichem Seeschiff. Nicht aus reicher Habe noch Wohlstand und Segen entwich er, nein, aus bitterer Armut, wie Zeus uns den Menschen gegeben. Nahe dem Helikon ließ es sich nieder im ärmlichen Askra, übel im Winter, beschwerlich im Sommer und niemals erfreulich.

Hesiod, *Werke und Tage* 633–40

MILITÄRISCHE TUGEND

Mag sich ein Saier freun an dem Schild, den beim Busch ich zurückließ, – meine vortreffliche Wehr, ungern nur gab ich sie preis! – Retten konnt' ich mein Leben: was schiert jener Schild mich noch länger! Kaufen will ich mir bald einen, der ebenso gut.

Archilochos, Frg. 6
(man vergleiche diese Haltung mit Tyrtaios aus Sparta, S. 85, und Kallinos aus Ephesos, S. 100)

Welches Datum man auch immer den homerischen Epen, die nach Jahrhunderten mündlicher Ausgestaltung und Darbietung niedergeschrieben wurden, zuweist, die griechische Literatur beginnt um 700 v. Chr. Die vielleicht frühesten erhaltenen Werke sind die Gedichte Hesiods, der in Askra lebte, einer kleinen Stadt in Mittelgriechenland, unweit von Theben.

Hesiod, der im ausgehenden 8. Jahrhundert schrieb, verfasste sowohl eine *Theogonie* (Ursprung der Götter) als auch ein Handbuch zur Landwirtschaft mit dem Titel *Werke und Tage*. Hesiod macht den Eindruck eines ein wenig mürrischen, grantigen Individuums, unzufrieden mit seiner Heimatstadt und mit seinem Bruder Perseus, an den er sich in den *Werken und Tagen* wendet. Das trostlose, beschwerliche Landleben, das er schildert, steht in krassem Gegensatz zu dem abenteuerlichen Seefahrerleben der zeitgenössischen Griechen, das wir betrachtet haben, und wahrscheinlich sind beide Bilder zutreffend. Hesiod selber war kein Seefahrer – die einzige Reise, die er unternahm, war von Boiotien auf die Insel Euboia, ein Ausflug von etwa einem halben Kilometer, und er gefiel ihm nicht besonders.

In den Schriften Hesiods finden wir einen Schlüssel zum Charakter der Griechen, der eine entscheidende Rolle bei ihrem Erfolg gespielt hat; sie waren ein ausgesprochen kampfbereites Volk, und sie interessierten sich für individuelle Leistung. Ehre und der Wunsch, am besten zu sein, erfüllt das gesamte griechische Leben. Hesiod preist diese agonistische Einstellung (*agon* ist das griechische Wort für Wettkampf) und breitet sie in den allerfrühesten Zeilen der westlichen Literatur aus.

Nicht nur eine Sippe der Eris gibt es; auf Erden Walten ja zwei. Die eine mag gern der Kundige loben, aber die andere tadeln. Sie sind ja verschiedenen Sinnes. Eine von ihnen erweckt nur Hader und hässliche Feindschaft. Grausam; es liebt sie darum kein Sterblicher, aber gezwungen Muss man nach göttlichem Ratschluss die lästige Eris verehren. Aber die finstere Nacht gebar schon früher die andre, und es setzte der hohe, im Äther behauste Kronion Sie im Schoße der Erde den Menschen zu größerem Heile; Denn sie ermuntert sogar die lässigen Männer zur Arbeit. Schaut sie auf solcher und andre, die reicher, so möchte er stärker Schaffen, er sputet sich dann, den Acker zu pflügen, zu säen, Gut zu richten das Haus: so eifert Nachbar mit Nachbar um den bessern Ertrag. Die Eris ist Sterblichen nützlich; Eifert doch Töpfer mit Töpfer, der Zimmermann mit dem Zimmrer, Und es neidet der Bettler dem Bettler, der Sänger dem Sänger.

Hesiod, *Werke und Tage* 11–26

Andere, weniger ernste Aspekte des Lebens werden von anderen Dichtern behandelt, die kurz nach Hesiod schreiben: Hymnen zu Ehren der Götter und Lie-

Diese rotfigurige Vase zeigt ein Trinkgelage, Vortragsort und Thema vieler frühgriechischer Dichtungen, des Epeleios-Malers, ca. 510 v. Chr. In der Mitte steht ein Krater, das große Gefäß zum Mischen des Weins.

Mosaikfußboden aus Trier, 4. Jh. n. Chr., ausgewiesen als Porträt Hesiods und signiert von dem Mosaizisten Monnus.

HESIOD UND DIE MUSEN

Jene nun lehrten auch den Hesiodos edle Gesänge, wie er Lämmer betreut an des heiligen Helikon Hängen. So begannen zu mir zuerst die olympischen, hehren Musen zu reden, die Töchter des aigisschwingenden Gottes: „Hirten vom Lande, ihr Lumpengesindel und lediglich Bäuche, seht, wir reden viel Trug, auch wenn es wie Wirklichkeit klänge, seht aber, wenn wir gewillt, verkünden wir lautere Wahrheit." Also sprachen beredsam die Töchter des großen Kronion, ließen mich dann zum Stabe den Zweig eines blühenden Lorbeers schneiden, ein Wunder zu schaun, auch hauchten göttliche Stimme sie mir ein, zu künden von Künftigem und von Gewesnem, (...)
Hesiod, *Theogonie* 22–32

der zur Begleitung eines Trinkgelages (Symposion). Sie zeichnen ein glücklicheres Bild des Lebens im frühen Griechenland, von Zeiten, wenn die Ernte eingebracht und Speise und Trank sowie gute Gesellschaft dem Genussfreudigen sämtlich zur Verfügung stehen.

Rein ist der Boden und rein sind die Hände und Becher von allen; einer legt jedem ums Haupt einen geflochtenen Kranz, duftendes Salböl sodann trägt ein andrer umher in der Schale, und ein Krater steht bereit, voll von dem Freudengenuss. Da ist ein anderer Wein auch zur Hand, der verheißet, dass er nie versiege, lieblich in Krügen von Ton, Blütenduft sendet er aus. Doch in der Mitte lässt Weihrauch den frommen Geruch dann verströmen, reinliches Wasser fließt kalt, herzhaft erfrischt er die Luft. Goldbraune Brote sind da, ein erhabener Tisch ist gerüstet, ächzend fast unter der Last: Käse und Honig zu Hauf, ferner ein Altar inmitten, mit Blumen geschmückt an den Rändern, Tanz und Gesang überall füllen die Säle ringsum.
Xenophanes (Frg. 1, zit. aus: Athenaios, *Das Gelehrtenmahl*, 462c)

(Unten) Bronzefigur eines eines Gelagegastes (Symposiasten) vom Rand eines Metallgefäßes, ca. 520 v. Chr., vielleicht aus Dodona. Hunderte von Darstellungen, meist auf Vasen oder Wandgemälden, belegen, dass die Griechen gewöhnlich auf Liegen ruhten, wenn sie aßen oder an Trinkgelagen (Symposien) teilnahmen. Solche Gelage scheinen gängige Veranstaltungen gewesen zu sein, zumindest unter Adligen (siehe auch S. 89 und 183).

V

Polis: Die frühe griechische Stadt

Endlich ist die aus mehreren Dörfern bestehende vollkommene Gemeinschaft der Staat. Er hat gewissermaßen die Grenze der vollendeten Autarkie erreicht, zunächst um des bloßen Lebens willen entstanden, dann aber um des vollkommenen Lebens willen bestehend. Darum existiert auch jeder Staat von Natur, da es ja schon die ersten Gemeinschaften tun. Er ist das Ziel von jenen, und das Ziel ist eben der Naturzustand. Denn den Zustand, welchen jedes Einzelne erreicht, wenn seine Entwicklung zum Abschluss gelangt, nennen wir die Natur jedes Einzelnen, wie etwa des Menschen, des Pferdes, des Hauses. (...) Daraus ergibt sich, dass der Staat zu den naturgemäßen Gebilden gehört und dass der Mensch von Natur ein staatenbildendes Lebewesen ist; derjenige, der auf Grund seiner Natur und nicht bloß aus Zufall außerhalb des Staates lebt, ist entweder schlecht oder höher als der Mensch ... da er unverbunden dasteht, wie man im Brettspiel sagt.

Aristoteles, Politik 1252b–1253a

Bis zum 8. Jahrhundert v. Chr. hatte sich die polis herausgebildet. Die Jahrhunderte des Dunklen Zeitalters, von denen wir nur mangelhafte Kenntnis haben, hatten den Übergang von den mykenischen Palästen zu den kleinen, unabhängigen Stadtstaaten erlebt, die in der archaischen und der klassischen Periode die grundlegende politische Einheit der griechischen Zivilisation waren. Die wissenschaftliche Diskussion in den letzten Jahren kreiste in erheblichem Umfang um die Definition einer *polis*, wann sie zum ersten Mal auftauchte und wie es dazu kam. In der Substanz war die *polis* ein befestigtes städtisches Zentrum, das ein bestimmtes Umland samt seiner entlegenen Dörfer kontrollierte. Gewöhnlich waren es unabhängige, souveräne Staaten, die eifersüchtig über ihre Grenzen wachten und ihre eigenen Münzen prägten. Für die Überlebensfähigkeit der Gemeinschaft war eine minimale Bevölkerungsgröße erforderlich, aber was die Größe einzelner *poleis* anging, herrschte enorme Ungleichheit. Über diese gemeinsamen Elemente hinaus folgte jede *polis* ihrem eigenen Schicksal und traf eigene Entscheidungen, was zu großer lokaler Vielfalt in Politik, Kunst, Architektur, Literatur, Religion und Gebräuchen führte.

Ruinen des antiken Kyrene in Nordafrika (Libyen). Gegründet im 7. Jh. v. Chr., wurde Kyrene zur größten und erfolgreichsten griechischen polis *an der Südküste des Mittelmeers.*

Die griechische Stadt

WAS MACHT EINE STADT AUS?

Von Chaironeia sind es zwanzig Stadien nach Panopeus, einer phokischen Stadt, wenn man auch einen solchen Ort eine Stadt nennen darf, der weder Amtsgebäude, noch ein Gymnasion, noch ein Theater, noch einen Markt besitzt, nicht einmal Wasser, das in einen Brunnen fließt, sondern wo man in Behausungen etwa wie den Hütten in den Bergen an einer Schlucht wohnt. Und doch haben auch sie ihre Landesgrenzen gegen die Nachbarn und schicken ebenfalls Vertreter in die phokische Versammlung.

Pausanias X, 4,1

Bei der Planung von Siedlungen gab es viele Unterschiede. Die alten griechischen Städte auf dem Festland entwickelten sich allmählich im Laufe der Zeit, und ihre Anlage, mit gewundenen Straßen und uneinheitlichen Häuserformen, spiegelt ihr hohes Alter und einen deutlichen Mangel an Planung wider. Kolonien stellen in gewissem Sinne Fertigstädte dar und wurden in weit regelmäßigerer, planvoller Weise angelegt, mit einem Straßen-Gitternetz und einheitlichen Häusern, die in genau festgelegten Blocks erbaut wurden. Ebenso brachten frisch gegründete Siedlungen, die in der klassischen Zeit durch Zusammenfassung der Einwohnerschaften mehrerer Dörfer geschaffen wurden – ein als Synoikismos bekannter Prozess – geordnete, geplante Städte hervor.

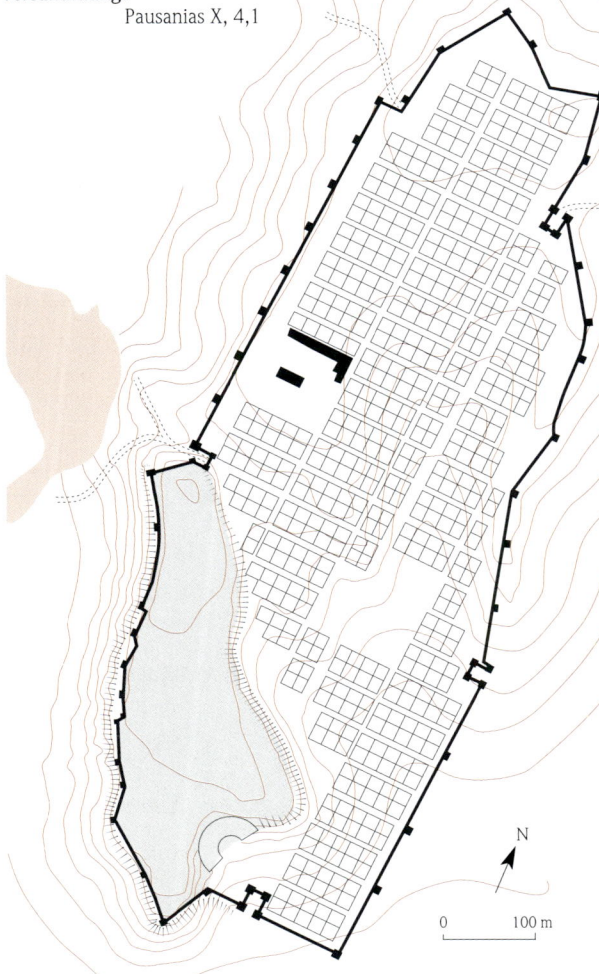

Stadtgestaltung

Aristoteles gibt Rat, wie eine Stadt zu planen und anzulegen sei, und ein Mann aus Milet namens Hippodamos war im ausgehenden 5. Jahrhundert als Stadtplaner tätig; ihm wird die Anlage von Thurioi, Peiraieus (Piräus) und Rhodos zugeschrieben. Welches auch immer seine Neuerungen waren, der ihm zugeschriebene orthogonale Plan existierte weit vor ihm und findet sich in Griechenland genauso wie bei den Etruskern.

Ob antike Siedlung, koloniale Gründung oder ein Synoikismos, alle griechischen Städte wiesen mehrere gemeinsame Grundzüge auf. Zusätzlich zu einer befestigten Unterstadt gab es im Zentrum oder in der Nähe gewöhnlich eine Akropolis. Es handelte sich um einen freistehenden Hügel, der getrennt befestigt und leicht zu verteidigen war, um im Falle der Eroberung der Unterstadt einen Zufluchtsstätte zu bieten. Als höchster Punkt der Stadt wurde die Akropolis auch häufig als Platz für das Heiligtum der bedeutendsten Gottheit ausgewählt.

Die Stadt wurde im Prinzip in drei Räume aufgeteilt: einen öffentlichen, einen privaten und einen religiösen. Öffentlicher Raum stand stets in Form einer Agora, des großen, zentralen Platzes der Stadt, zur Verfügung. Der Platz selber konnte Raum für die unterschiedlichsten Aktivitäten bieten: Versammlungen, Wahlen, Märkte, Feste, Sportwettkämpfe, Prozessionen, Thea-

tervorstellungen, militärische Übungen und dergleichen. Die Seiten des Platzes wurden von jenen öffentlichen Gebäuden gesäumt, die zur Leitung der Stadt erforderlich waren. Im demokratischen Athen beispielsweise war der Platz vom Ratsgebäude, dem Archiv, den Amtssitzen der höchsten Verwaltungsbeamten, der Münzstätte, Gerichtsgebäuden, Werkstätten und Läden umgeben. Das Theater einer Stadt war ebenfalls ein weitgehend öffentliches Gebäude und oft dem Gott Dionysos geweiht. Logischerweise versammelten sich alle Bürger an diesem Ort, wenn sie zusammenkommen und sich beraten mussten.

Die Privathäuser umfassen ein breites Spektrum an Größen und Ausstattungsmerkmalen, und man hat, vor allem in Olynthos und Priëne, Hunderte von Häusern ausgegraben, die ein Bild häuslichen griechischen Lebens vermitteln. Religiöse Räume waren überall in der Stadt ebenso wie auf der Akropolis zu finden. Normalerweise wurde ein Heiligtum ummauert und sein heiliger Bezirk mit Grenzsteinen sorgfältig abgesteckt. Heiligtümer konnten in der Größe variieren, von Altären, die nicht mehr als ein bescheidenes Quadrat erforderten, bis hin zu gewaltigen Tempeln mit riesigen säulenbestandenen Einfriedungen, die mehrere Häuserblocks in Anspruch nahmen.

Stadtmauern folgten der Landschaft über mehrere Kilometer und waren ein wesentliches und kostspieliges Merkmal jeder Stadt. Für die meisten Orte stellen sie das sichtbarste und dauerhafteste Zeugnis organisierten gemeinschaftlichen Handelns durch die *polis* dar. Die Straßen griechischer Städte andererseits waren meist ziemlich bescheiden, gewöhnlich ungepflastert und mit einem Belag aus gepacktem Schotter versehen. Für die Wasserversorgung sorgten sowohl private als auch öffentliche Einrichtungen getroffen; um Wasser von Quellen weit draußen vor der Stadt in öffentliche Brunnenhäuser zu leiten, wurden Aquädukte gebaut, während einzelne Häuser über Brunnen und/oder Zisternen verfügten. Die Toten wurden nor-

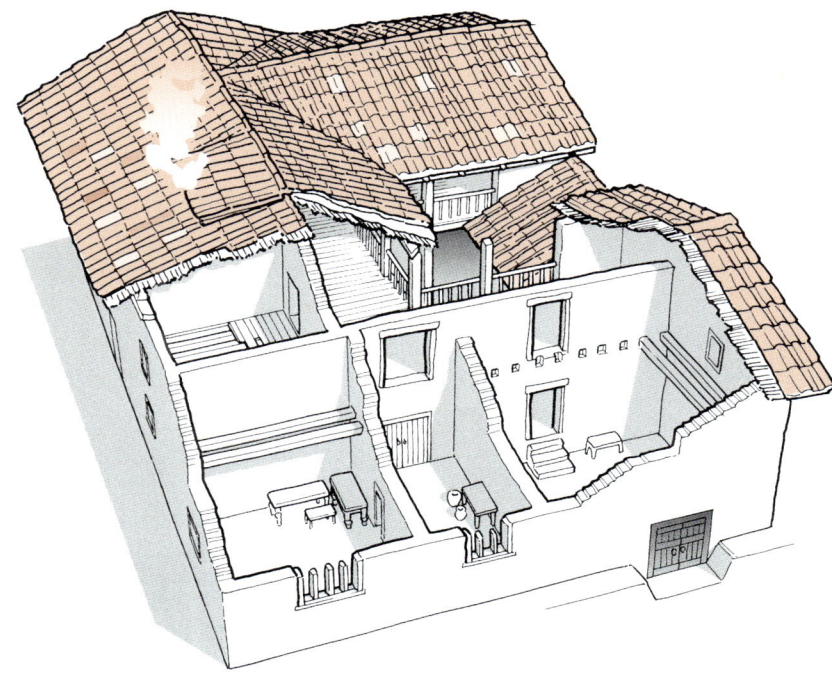

malerweise außerhalb der Stadtmauern beerdigt. Gelegentlich gibt es fest umrissene Friedhöfe, öfter jedoch liegen die Grabstätten an den Straßen, die aus der *polis* herausführen.

Politische Struktur

Verschiedene Formen der Regierung wurden in Griechenland erprobt, und die meisten Städte erlebten im Laufe der Zeit mehr als eine. Die konstitutionelle Monarchie war in Griechenland selbst selten, an der Peripherie der griechischen Welt jedoch nicht ohne Beispiel. Aristokratien schienen die nächste Entwicklung gewesen zu sein, und in der archaischen Periode waren sie in vielen griechischen Städten noch mächtig.

(Oben) Rekonstruktionszeichnung eines Hauses nach dem „Haus des guten Schicksals" (agathé týche) in Olynthos, ca. 400 v. Chr. Wie dieses hatten die meisten griechischen Häuser einen Innenhof unter freiem Himmel, der allen darum gruppierten Räumen Licht und Luft spendete. Dieses spezielle Haus lag außerhalb der Stadt und ist größer und eleganter als die Baukastenhäuser im geplanten Teil der Stadt.

(Unten) Teil des Wassersystems der Peisistratiden in Athen, ca. 530–520 v. Chr. Sich entwickelnde Städte wurden oft mit Gefälle-Wasserleitungen und öffentlichen Brunnenhäusern ausgestattet.

(Gegenüber links) Schematischer Plan von Olynthos. Die nördliche Erweiterung wurde einst in streng schematischer Anordnung von Straßen und Häusern geplant. Von Philipp II. von Makedonien im Jahr 348 v. Chr. zerstört, war die Stadt danach größtenteils verlassen, bis sie um 1935 ausgegraben wurde.

(Gegenüber rechts) Befestigungsmauern im kleinasiatischen Herakleia. Eine wirksame Verteidigung war ein entscheidendes Merkmal jeder polis *in der griechischen Welt. Einzig das kriegerische Sparta blieb bis zum 3. Jh. v. Chr., als sein militärischer Ruf verblasste, unbefestigt.*

DAS FRÜHE ATHEN

Die Stadt selbst ist völlig trocken und nicht gut bewässert und schlecht angelegt aufgrund ihres hohen Alters. Viele der Häuser sind schäbig, nur ein paar brauchbar. In den Augen eines Fremden , wäre es zunächst zweifelhaft, dass dies die berühmte Stadt der Athener sei.

Herakleides, Pseudo-Dikaiarchos, FGH II, Frg. 59

Priëne

(Oben) Plan von Priëne: Die regelmäßige Anlage ist das Ergebnis einer Neugründung der Stadt im 4. Jh. v. Chr.

Priëne war eine der zwölf Städte, die von den Ioniern in Kleinasien gegründet wurden, und lag ursprünglich nicht weit weg von der Mündung des Maiandros, des Mäanders. Die genaue Lage der frühen Stadt konnte nicht zweifelsfrei identifiziert werden. Die neue, im 4. Jahrhundert v. Chr. gegründete Siedlung wurde von deutschen Archäologen beinahe komplett ausgegraben (1895–99), und die Stätte bietet uns das vollständigste archäologische Bild einer griechischen Stadt, das wir besitzen.

Alle dinglichen Komponenten einer *polis* wurden freigelegt: Befestigungsmauern, ein großes Heiligtum mit Tempel, eine Agora (Marktplatz), ein Brunnenhaus, ein Prytaneion (Ratsherrengebäude), ein Ratssaal, ein Theater, ein Gymnasion, ein Stadion und Dutzende von Privathäusern. Die Häuser waren gleichförmig angelegt, in identischen Blocks mit regelmäßigen Straßen. Der von Alexander dem Großen eingeweihte und von dem Architekten Pytheos entworfene Tempel der Athena zählt zu den schönsten Beispielen eines klassischen ionischen Tempels.

Als Rivalin der nahe gelegenen ionischen Insel Samos weist Priëne wenig eigenständige Geschichte auf, die seine eindrucksvollen Ruinen ergänzen könnte, wenngleich Hunderte von Inschriften helfen, das Verwaltungsleben der Stadt zu rekonstruieren.

(Unten) Überreste des ionischen Tempels der Athena Polias, der Hauptgöttin von Priëne. Begonnen ca. 350–325 v. Chr., mit Anbauten im 2. und 1. Jh. v. Chr.

Auf sie folgte oft eine Tyrannis; es handelt sich dabei um ein lydisches Wort und es hatte ursprünglich nicht die negativen Konnotationen, die es bereits in der klassischen Periode annahm. Es bezog sich auf einen Einzelnen, der verfassungswidrig die Macht ergriff und innehatte, und nicht darauf, wie diese Macht ausgeübt wurde. Oft lehnte der Tyrann sich als Fürsprecher des gemeinen Volkes gegen eine etablierte Aristokratie auf.

Diese neue zentralisierte Macht gab häufig Anstoß zu großen Bauprogrammen, vor allem Tempeln und Wasserversorgungssystemen; zu den Beispielen gehören die Peisistratiden in Athen, Theogenes aus Megara und Polykrates auf Samos (S. 94–97). Häufig versuchten Tyrannen, aus ihrer Regierung eine dynastische Herrschaft zu machen, gewöhnlich mit vorhersehbaren Folgen; keine Tyrannis in Griechenland währte länger als drei Generationen. Wenn der Tyrann beseitigt wurde, ging die Stadt normalerweise zu einer von zwei Regierungsformen über: einer Oligarchie (Herrschaft der Wenigen: *olígoi*) oder einer Demokratie (Herrschaft des Volkes: *dêmos*). Manche Städte, wie Sparta, besaßen eine gemischte Verfassung, die sowohl demokratische als auch oligarchische Aspekte beinhaltete.

Jede griechische Stadt hatte ihre eigene Verfassung, und Aristoteles und seine Anhänger trugen Berichte über zahlreiche Beispiele zusammen. Doch mit Ausnahme seiner *Verfassung der Athener* ist keine der anderen, außer in winzigen Fragmenten, erhalten geblieben. Aus anderen literarischen Quellen erfahren wir eine ganze Menge über die spartanische Verfassung, die boiotische und die von Massalia (Marseille);

für die Übrigen sind wir auf die lückenhaften Informationen angewiesen, die die Inschriften liefern. Diese führen die Titel von Dutzenden und gelegentlich Hunderten von Richtern, Verwaltungsbeamten, Beamten, Sklaven in Staatseigentum, Ratsmitgliedern und Geschworenen an, die nötig waren, um eine große und blühende *polis* zu leiten. Die Regierung lag in den Händen von Bürgern, die einen winzigen Prozentsatz der Gesamteinwohnerschaft einer Stadt ausmachten. Ausgeschlossen waren alle Frauen, alle Metoiken (ansässige Ausländer – einschließlich Griechen aus anderen Städten) und alle Sklaven. Zahlreiche Rechte und

Ratsgebäude (bouleuterion) *von Priene, erbaut um 200 v. Chr. zur Unterbringung von etwa 640 Menschen. Aristophanes schildert eine athenische Versammlung wie folgt: „Ha, die Prytanen [Ratsherren] endlich! – Mittag ist's, – / Und seht ihr, hab' ich's nicht vorausgesagt? / Wie sie sich um die ersten Plätze balgen?" (Die Acharner 23–26).*

Handschrift der Aristoteles zugeschriebenen und auf ca. 325 v. Chr. datierten Verfassung der Athener. Im Anschluss an einen Bericht über elf Veränderungen vom 7. bis zum 4. Jh. v. Chr. beschreibt das Werk unter Auflistung von Beamten und ihrer Pflichten die im 4. Jahrhundert v. Chr. in Kraft befindliche Verfassung von Athen. Es folgt eine Beschreibung der Tätigkeiten der Athener Gerichte; der Schluss ist nicht erhalten.

*Skonys, im Haus geboren,
Kellermeister
Alexitimos, im Haus geboren,
Eseltreiber
Potainos, ein Kar[ier],
Goldschmied
Polyxenes, ein Makedonier*
Attische Stelen, II, 71–80

PIRATEN UND SKLAVEREI

*Besonders aber reizte [die kili-
kischen Piraten] zu solchem
Frevel die höchst gewinnreiche
Ausfuhr von Sklaven an; denn
sie waren leicht einzufangen,
und ein großer und geldreicher
Markt war gar nicht fern, nämlich Delos, welches viele Tausende von Sklaven an einem
Tage aufnehmen und absetzen
konnte, sodass daher auch das
Sprichwort entstand: „Kauf-
mann, schiffe heran und lade
aus; alles ist verkauft." Die Ursache war, dass die nach Kar-
thagos und Korinths Zerstörung [146 v. Chr.] reich gewor-
denen Römer vieler Sklaven be-
durften. Da nun die Seeräuber
diesen leichten Absatz sahen,
brachen sie haufenweise hervor, sowohl Seeraub treibend,
als Sklaven verkaufend.*
Strabon, 668–69

Privilegien ebenso wie Pflichten wurden auf die Bürger übertragen, und ihr Status wurde sorgfältig geschützt. Ausländern konnte das Bürgerrecht gewährt
werden, aber nicht ohne weiteres.

Unsere speziellen Zeugnisse für Rechte und Pflichten stammen, wie so oft, aus Athen, das seinen Bürgern während der Zeit seiner politischen Vorherrschaft
zahlreiche Vorteile bieten konnte. Zusätzlich zu dem
Recht zu wählen und bei einer Wahl zu kandidieren,
gehörte dazu die Berechtigung, in der Volksversammlung *(ekklesía)*, im Rat *(boulé)* oder als Geschworener
zu Gericht zu sitzen – alles bezahlte Positionen. Auch
der Besuch im Theater wurde bezahlt. Der Staat fi-
nanzierte Opfer bei vielen Festen, und die Bürger erhielten bei solchen Anlässen oft kostenlose Flei-
schmahlzeiten. Subventioniertes Getreide war ebenfalls von Zeit zu Zeit erhältlich.

Was die Pflichten betraf, so hatten die Bürger Mili-
tärdienst zu leisten; nach einem Jahr Ausbildung dienten sie, wenn sie das 18. Lebensjahr erreichten, zwei
Jahre in den Grenzfestungen und konnten danach bis
zum Alter von 59 Jahren in einem Wahlverfahren zum
Dienst einberufen werden. Außerdem unterlagen sie,
abhängig von Beruf und Einkommen, verschiedenen
Steuern. Und insofern es sich um eine Demokratie
handelte, wurde von ihnen erwartet, für öffentliche
Ämter zur Verfügung zu stehen und der Stadt zu dienen: „zu herrschen und abwechselnd beherrscht zu
werden".

Angesichts der Variablen die Schätzung der Ein-
wohnerzahl einer griechischen *polis* ein äußerst
schwieriges Unterfangen. Manchmal können uns die
militärischen Kontingente, die sie ausschickten, die
Steuern, die sie sich leisten konnten, oder das Land,
das sie bestellten, eine Vorstellung von der relativen

Größe der Gemeinwesen vermitteln, aber wie viele
Menschen (Frauen, Kinder, Ausländer und Sklaven)
auf jeden Bürger – also jeden erwachsenen Mann mit
Bürgerrecht – zu rechnen wären, ist nicht auszuma-
chen. Manche *poleis* mögen ihre Einwohnerschaft in
Hunderten gezählt haben, während Athen zur klassischen Zeit mehrere hunderttausend Bewohner hatte.

Das politische Leben in einer griechischen Stadt
war eine recht raue, teils chaotische Angelegenheit.
Auf der einen oder anderen Ebene wurde von allen
Bürgern die Teilnahme an den Angelegenheiten der
Stadt erwartet, und die Kosten konnten hoch sein. Par-
teienstreit war jahrzehntelang ein Charakteristikum
vieler Städte, und die Chancen, sein Leben ganz oder
zum Teil in der Verbannung verbringen zu müssen,
standen gut. Von den Athenern wurde die politische
Verbannung in dem als Ostrakismos bekannten Verfahren formalisiert (S. 122f.), und man sollte anmer-
ken, dass unsere sämtlichen frühen Geschichtsschreiber – Herodot, Thukydides, Xenophon und Polybios –
Zeiten im Exil zubrachten, wo sie aus ihrer jeweiligen
polis verbannt waren.

Das Wirtschaftsleben

Die Hauptvorteile des Lebens in einer *polis* waren Sicherheit und die ökonomischen Möglichkeiten. Die
Stadt hatte stets eine gewisse Kontrolle über die natürlichen Ressourcen, ob Metalle, Marmor oder Bauholz,
innerhalb ihres Territoriums. Im- und Exporte wurden
besteuert und in schwierigen Zeiten beschränkt. Weitere Steuern waren fallweise zu entrichten, und der
Handel auf dem Marktplatz wurde reguliert, um ein gewisses Maß an Verbrauchervertrauen zu gewährleis-
ten. *Agoranómoi* (Marktpolizisten) überwachten die
Agora, *sitônai* (Getreidebeauftragte) achteten auf den

*Wiegen von Waren auf einer
schwarzfigurigen Bauch-
amphora des Taleides-Malers,
ca. 530 v. Chr., gefunden in
Akragas (Agrigent) auf Sizilien.*

(Links) Staatliche Maße für Getreide, Nüsse und Wein, bezeichnet mit einem auf die Gefäße gemalten DE oder DEMOSION (staatlich). Sie wurden auf der athenischen Agora (Marktplatz) gefunden und datieren aus der Zeit um 500 v. Chr.

(Unten links) Die rotfigurige athenische Vase zeigt einen Mann, dem sein Sklavenjunge folgt.

Regionale Vielfalt

Eines der bemerkenswerten Dinge am griechischen Stadtstaat war seine geringe Größe. Das Gebiet Athens umfasste 2500 km², was etwa der Größe Luxembourgs entspricht; Korinth und Theben waren noch kleiner. Doch jede unabhängige Stadt gedieh, und trotz gemeinsamer Grenzen brachte jede kulturelle Erzeugnisse, Politik und einen Lebensstil hervor, der leicht von dem der Nachbarn zu unterscheiden war. Diese regionale Vielfalt ist einer der interessantesten Aspekte früher griechischer Kunst. Selbst für ein ungeübtes Auge ist beispielsweise die Keramik von Athen, Theben und Korinth unterschiedlich, obwohl alle drei Städte nicht mehr als 80 km voneinander entfernt lagen. Gleichermaßen variierten auch die in ihren Inschriften benutzten Alphabete von Stadt zu Stadt und ebenso die Skulpturen, die ihre Heiligtümer schmückten. Dies gilt auch für ihre Kalender, die Namen ihrer Monate und die Gewichtssysteme, ihre Münzen sowie für die Wahl der Kleidung und des persönlichen Schmucks. Die als Maß benutzte Fußlänge variierte ebenfalls, so dass ein 600-Fuß-Stadionlauf in Delphi etwa 15 m kürzer war als der Lauf in Olympia. Wie schon bemerkt, war die Geografie Griechenlands der Einheitlichkeit nicht förderlich; tatsächlich wahrte jede *polis* als politische und soziale Einheit eine starke, individuelle kulturelle Identität.

Athen nahm bei der Schaffung und Weitergabe griechischer Kultur eine derart herausragende Position ein, dass andere Stadtstaaten oft grundsätzlich übersehen werden. Man kann Athen nicht ignorieren, und es wird einen ganzen Abschnitt dieses Bandes beanspruchen. In späteren Zeiten sollte das klassische Athen politisch, ökonomisch und militärisch so beherrschend werden, dass auch die lokale Kunst und Kultur allmählich vom starken athenischen Einfluss überwältigt wurden und die individuellen Züge der archaischen Städte verloren gingen. Die archaische Periode jedoch war eine Zeit, in der es etwas gab, das einer Gleichheit unter den griechischen Städten näher kam, und es ist nun an der Zeit, die Beiträge und die Geschichte einiger der anderen bedeutenden Städte der griechischen Welt in Augenschein zu nehmen.

Getreidepreis, und spezielle Prüfer garantierten die Reinheit des auf dem Markt umlaufenden Münzgeldes. In mehreren griechischen Städten wurden staatliche Normen für Gewichte, Flüssigkeiten, Trockenmaße und sogar für Terrakotta-Ziegel gefunden.

Ein Großteil der Wirtschaft beruhte auf dem Besitz von Sklaven – Griechen ebenso wie Ausländern, in deren Besitz man oft als Folge von Feldzügen gelangte. Gewöhnlich konnten Gefangene freigekauft werden, und manchmal konnte sich am Ende sogar ein Sklave/eine Sklavin seine/ihre Freiheit erkaufen, aber im Allgemeinen war das Leben eines Sklaven hart. In Athen wurden Tausende zur Arbeit in den Silberminen, einer gewaltigen Einnahmequelle für die Stadt, eingesetzt. Einige andere Gegenden Griechenlands hielten ganze einheimische Bevölkerungen im Zustand der Hörigkeit – vermutlich jene, die Jahrhunderte früher, während des Dunklen Zeitalters, bezwungen worden waren: die Heloten Spartas und die Penesten Thessaliens.

Städte des Festlandes

Sparta

Eine Stadt war Athen während des größten Teils seiner Geschichte ebenbürtig: Sparta, das einen Großteil der südlichen Peloponnes beherrschte, vor allem das Lakonien oder Lakedaimon genannte Gebiet. Dies ist ein großes Tal, das von dem Fluss Eurotas gut bewässert und im Westen von den majestätischen Felsspitzen des Taygetos-Gebirges und im Osten durch das Parnon-Gebirge eingeschlossen wird. Nach Süden hin gibt es einen Zugang zum Meer, aber Sparta selber liegt 35 km landeinwärts, und die Spartaner waren keine großen Seefahrer.

Sparta war alles andere als eine normale *polis*. Bei Homer die Heimat von Menelaos und Helena, wurde Lakonien von Dorern bewohnt, die im Dunklen Zeitalter von Norden her vorrückten. Als die Dorer eintrafen, besiegten, unterdrückten und versklavten sie die lokale Bevölkerung, die als Heloten bekannt war, ein Name, der sich angeblich von der Küstenstadt Helos herleitete. Andere Bewohner Lakoniens, die weder

versklavt noch spartanische Bürger waren, kannte man als Perioiken („Umwohner"); sie waren frei, hatten aber nur eingeschränkte Rechte. Im ausgehenden 8. Jahrhundert eroberte Sparta das noch reichere Land Messenien im Westen, obwohl die Barriere des Taygetos-Gebirges die Beherrschung des Territoriums erschwerte und die Messenier sich auflehnten, wann immer es ging. Konfrontiert mit einer großen und feindlich gesonnenen Sklavenbevölkerung daheim und widerspenstigen Messeniern im Westen, legten die Spartaner sich irgendwann im 7. Jahrhundert einen strengen, militärischen Lebensstil zu, der in der Antike viele Bewunderer, aber niemals Nacheiferer fand.

Die neue Lebensweise wurde im Altertum einem (sagenhaften) Gesetzgeber namens Lykurgos zugeschrieben, der als Vormund für einen der frühen Könige fungierte. Es hieß, die als „Große Rhetra" bekannte Verfassung sei von kretischen Gesetzen hergeleitet und durch das Orakel Apollons in Delphi gebilligt worden. Spartanische Jungen wurden ihren Familien im Kna-

(Oben links) Bronzestatuette eines – wahrscheinlich
spartanischen – Kriegers,
frühes 5. Jahrhundert v. Chr.

(Rechts) auf der Akropolis von
Sparta gefundene Marmorsta-
tue aus dem frühen 5. Jahrhundert, oft als Leonidas identifiziert, der das spartanische Kontin-
gent anführte, das im Kampf gegen
die Perser bei den Thermopylen
490 v. Chr. vernichtet wurde.

benalter weggenommen und vom Staat als Krieger großgezogen. Jeder spartanische Vollbürger erhielt ein Landlos, das von seiner Frau und den Heloten bestellt wurde, während von ihm selbst erwartet wurde, in Speise- und Schlafgenossenschaften (Syssitien) zu leben und den größten Teil seiner Zeit auf militärisches Training zu verwenden. Die spartanische Bürgerschaft wurde dadurch zu einer Vollzeit-Berufsarmee, einer wahren Militärmaschine, weit besser ausgebildet und ausgerüstet als die Bürger-Soldaten der anderen Städte, die erst kämpften, wenn die Ernte eingebracht war, und mit weit weniger praktischer Übung. Die Spartaner galten als die führenden Krieger Griechenlands, gefürchtet, wann immer sie aus Lakonien ausrückten – oder auch nur damit drohten.

Sparta besaß eine Mischverfassung, die sowohl oligarchische als auch demokratische Merkmale aufwies. Es gab zwei Könige, jeder erblich, worin sich vermutlich irgendein früher Kompromiss zwischen zwei mächtigen Familien widerspiegelte. Diese Einrichtung hatte den Vorteil, dass es dem einem König gestattet war, das Heer auf einem Feldzug zu führen, während der andere zurückblieb, um sich um die Dinge daheim zu kümmern. Fünf von der Bürgerversammlung gewählte Ephoren beaufsichtigten die Könige und besaßen ihnen gegenüber ein Vetorecht. Es gab einen Rat, der aus den beiden Königen und 28 Alten bestand und

der die meisten Entscheidungen traf. Die Versammlung aller Bürger wählte die Ratsmitglieder und hatte das Recht, Einspruch gegen Gesetze zu erheben, durfte aber keine einbringen. Das Ergebnis war ein fein abgestimmtes Sicherungssystem, das viele Generationen lang funktionierte.

Durch das System männlicher Absonderung standen die spartanischen Frauen weit weniger unter Aufsicht als sonst wo in Griechenland. Außerdem wurden sie, da ihre hauptsächliche Rolle darin bestand, mehr und stärkere Bürger zu gebären, dazu ermuntert, sich in ungewöhnlichem Maße in Sport und Leichtathletik zu beteiligen und zu messen. Insgesamt wirken spartanische Frauen weit weniger eingeschränkt als ihre Gegenstücke in anderen Stadtstaaten.

Das kulturelle Leben Spartas entwickelte sich unvermeidlich verschieden von dem anderer Städte, wo-

SPARTANISCHER MUT

Ihr aber, Jüngere, haltet im Kampf euch nebeneinander, keiner denke an Flucht oder erliege der Angst, nein, es werde der Mut euch groß und standfest im Herzen, schont nicht Leben und Leib, steht ihr dem Feind im Gefecht, und die Betagteren, denen nicht mehr so flink sich das Knie regt, alterswürdige, sie lasset nicht feige im Stich; Schande ist es und Schimpf, wenn vor der Reihe der Jungen fallend im vorderen Feld liegt ein betagterer Mann, (...), Tapferen Kriegermut haucht er im Staube nun aus, (...)
Tyrtaios, Frg. 10.15–24
(Übers. Richard Harder)

SPARTANISCHE FRAUEN

(...) für Freigeborne aber glaubte er [Ephoros] sei das Kindergebären das Wichtigste, und verordnete daher erstens, dass das weibliche Geschlecht nicht weniger, als das männliche, den Körper übe; sodann führte er Wettkämpfe ein im Schnelllaufe und in der Übung der Körperkraft, wie bei den Männern, so auch bei den Weibern untereinander, in der Überzeugung, wenn beide Eltern gesund seien, werden auch die von ihnen erzeugten Kinder stärker sein.

Xenophon, Staatsverfassung
der Lakedaimonier, 1, 4

bei die Veränderungen sich allmählich im Laufe der archaischen Periode vollzogen. Schon früh meißelten Spartas Bildhauer aus lokalem Marmor schöne Stücke, vor allem Ständer für Weihwasserbecken *(perirrhanteria)* in der Form weiblicher Figuren. Fähige spartanische Töpfer stellten charakteristische bemalte Vasen und betont farbige Bedachungssysteme aus Terrakotta her. Ein produktives Elfenbeingewerbe brachte Hunderte kunstvoll geschnitzter Tiere und anderer kleiner Weihgeschenke für Spartas Heiligtümer hervor. Frühe Dichter schrieben Hymnen, die darauf hindeuten, dass spartanische Feste so waren wie jene, an denen man sich anderswo in Griechenland erfreute, allerdings wurden diese später durch die martialischen Mahnungen des Tyrtaios, eines Poeten mit kriegerischen Idealen, ersetzt. Doch umfangreiche, verschwenderische öffentliche Bauten waren nachrangig, und persönlicher Reichtum wurde missbilligt. Münzgeld hatte in der spartanischen Gesellschaft keinen Platz: Die gültige Währung bestand aus mehrere Fuß langen, unhandlichen Eisenspießen.

Auswahl lakonischer Elfenbeinarbeiten, 7. Jh. v. Chr. Die Tafel, die eine Einschiffung zeigt, vielleicht mit Helena und Menelaos (rechts), und die geflügelte Figur mit einer Schlange (unten rechts) wurden im Heiligtum der Artemis Orthia gefunden; die beiden Krieger und die verhüllte Dame (unten links) stammen aus Dimitsana in Arkadien.

(Oben) Bronzestatuette, vielleicht einer spartanischen Läuferin, ca. 500 v. Chr., gekleidet, wie Pausanias (V, 16.3) Teilnehmerinnen an den Frauenspielen für Hera in Olympia beschreibt: „Das Haar fällt lose herab, das Gewand reicht etwas übers Knie, und die rechte Schulter zeigen sie bis zur Brust.“

Bronzene Hydria (Wasserkrug) aus spartanischer Herstellung, ca. 600 v. Chr., gefunden im schweizerischen Grächwil.

(Unten rechts) Überreste der Akropolis von Sparta, ausgegraben von der British School of Archaeology.

SPARTANISCHE LEBENSFÜHRUNG

In Sparta aber untersagte Lykurg den freien Männern, sich mit Etwas, das auf Gewinn abziele, zu befassen, Was aber den Staaten Freiheit verschaffe, Das gebot er, sollen sie allein als ihre Beschäftigung betrachten. Und wozu sollte man sich hier um Reichtum bemühen, wo er durch Festsetzung gleicher Beiträge zu den Lebensbedürftigkeiten und einer gleichen Lebensweise bewirkte, dass man nicht des Wohllebens wegen nach Schätzen strebt? Aber auch nicht der Kleidung wegen braucht man sich Vermögen zu erwerben, denn nicht in kostbaren Gewändern, sondern in einem wohlgestalteten und gesunden Körper besteht ihr Schmuck.

Xenophon, *Staatsverfassung der Lakedaimonier*, 7, 2–3

Geschützt von seinen Bergen und dem Ruf seiner Krieger, besaß Sparta, einzigartig unter allen anderen Stadtstaaten, bis zu den unruhigen Zeiten im 3. Jahrhundert v. Chr. keine Befestigungsmauern. Die spartanische Härte sprach die Römer an, die auf ihre eigene, einfachere republikanische Zeit zurückblickten, und die Stadt erlebte während des Römischen Reiches eine neuerliche Blüte, vielbewundert von römischen Besuchern des 1. bis 3. Jahrhunderts n. Chr. Ausgrabungen der British School zu Athen haben das römische Theater, ein paar Überreste auf der Akropolis und das Heiligtum der Artemis Orthia an den Ufern des Eurotas freigelegt. Hier wurden junge Männer vor dem Altar gezüchtigt, und man erwartete von ihnen, dass sie die Tortur aushielten, ohne zu schreien.

Rettungsgrabungen unter der modernen Stadt haben vereinzelte Funde und ein paar schöne römische Mosaiken zutage gefördert. Doch im Großen und Ganzen hat die Archäologie Thukydides' Prognose bestätigt:

Denn wenn Sparta verödete und nur die Tempel und Grundmauern der Bauten blieben, würden gewiss die Spätern nach Verlauf langer Zeit voller Unglauben seine Macht im Vergleich zu seinem Ruhm bezweifeln ... Wenn es aber Athen ebenso ginge, so würde seine Macht nach der sichtbaren Erscheinung der Stadt doppelt so hoch geschätzt werden., als sie ist.
(Thukydides, I, 10)

THEBANISCHE TUGENDEN

Aus diesen Gründen preist er (Ephoros) das Land und sagt, es besitze natürliche Vorteile, um die Führung zu bekommen, dass aber selbst jene, die von Zeit zu Zeit an der Spitze der Politik stünden, den bestimmenden Einfluss, den sie erlangt hätten, mangels Erziehung und Bildung nicht lange behaupteten, wie sich am Beispiel des Epameinondas zeige; bei seinem Tode verloren die Thebaner sofort die Vormachtstellung, die sie soeben erlangt hatten. Dies sei, so Ephoros, ihrer Vernachlässigung von Bildung und Umgang mit den Menschen und ihrer ausschließlichen Pflege militärischer Tugenden zuzuschreiben. Auch muss man hinzufügen, dass Bildung und Wissen besonders nützlich sind, wenn man es mit Griechen zu tun hat, dass aber im Falle von Barbaren Gewalt der Vernunft vorzuziehen ist.

Strabon, 400

Theben

Die Stadt Theben liegt in Boiotien, in Mittelgriechenland. Der Ort nahm einen niedrigen, sehr steilen Hügel mit der *Kadmeia* genannten Burg ein, benannt nach dem mythischen phönikischen Gründer Kadmos. Kadmos (semitisch für „aus dem Osten") kam angeblich aus Kanaan auf der vergeblichen Suche nach seiner Schwester Europe, die von dem als Stier verkleideten Zeus aus Phoinikien geraubt und nach Kreta worden war. Das Orakel in Delphi wies Kadmos an, seine Suche aufzugeben und einer Kuh bis zu der Stelle zu folgen, wo sie sich hinlegte, um auszuruhen, und dort eine Stadt zu gründen. Obwohl Kadmos selber Ausländer war, stammten die meisten seiner Gefolgsmänner aus heimischer Erde, den ausgesäten Zähnen eines Drachen entsprungen, den er getötet hatte. Der nicht ohne weiteres datierbare Mythos reflektiert vermutlich die Realität jahrhundertelanger früher Kontakte zwischen dem griechischen Festland und dem östlichen Mittelmeer. Ein Gutteil der griechischen Mythologie – die Sage von den Sieben gegen Theben und von Ödipus – spielt in Theben.

In der Bronzezeit war Theben eine der prächtigsten von allen mykenischen Burgen, und verstreute Aus-

(Oben) Spätrömisches Porträt Pindars, des berühmtesten thebanischen Dichters. Pindar, der in der ersten Hälfte des 5. Jh. v. Chr. wirkte, war vor allem für seine Oden bekannt, die er zu Ehren siegreicher Athleten schrieb. Aus Aphrodisias, 5. Jh. n. Chr.

(Links) Attische rotfigurige Schale des Ödipus-Malers, die Ödipus zeigt, wie er vom Sphinx befragt wird; aus Vulci, ca. 470 v. Chr. Theben und Boiotien sind besonders reich an Mythologie, was zu den sehr reichen bronzezeitlichen Funden passt, auf die man gelegentlich bei Rettungsgrabungen unter der Stadt stößt.

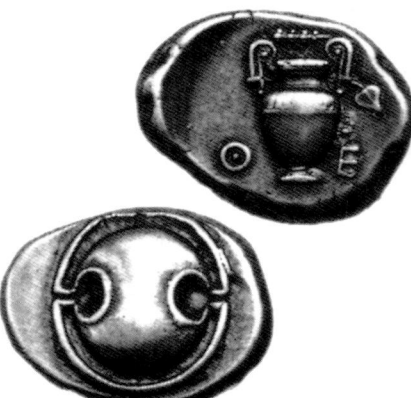

grabungen unter der modernen Stadt haben Fresken, kunstvoll geschnitzte Elfenbeinarbeiten, Lapislazuli-Siegel aus dem Nahen Osten, Bronzepanzer sowie Linear-B-Tafeln und -Siegel zutage gefördert. Das historische Theben war in der archaischen Periode eine mächtige Stadt, entschlossen, die anderen, kleineren Städte Boiotiens zu beherrschen. Ein großer Schild ist das auf thebanischen Münzen gefundene Wahrzeichen, und am Ende wurde es von vielen anderen boiotischen Städten benutzt.

Sowohl die Thebaner als auch die Boiotier wurden von ihren Nachbarn normalerweise verachtet, und das Wort „Schweine" wird von mehr als einem Autor auf sie angewendet. Allzu oft demonstrierten die Thebaner unpopuläre politische Haltungen, so wenn sie jahrzehntelang versuchten, die anderen freien Städte Boiotiens zu beherrschen und sich während des Einfalls von 480/79 v. Chr. auf die Seite der Perser schlugen. Ihr Nationaldichter war Pindar, der im frühen 5. Jahrhundert v. Chr. wirkte und hauptsächlich Oden auf die siegreichen Athleten bei den Panhellenischen Spielen schuf. Die Boiotier mochten Musik, wenngleich sie in erster Linie als Begleitung zu militärischem Drill davon Gebrauch machten. Thebanische Flötisten galten allgemein als die besten in Griechenland; Inschriften auf Siegesdenkmälern von überall

her bescheinigen ihre Überlegenheit. Die Ausgrabung von vier großen boiotischen Friedhöfen (Tanagra, Mykalessos, Akraiphnia und Theben selber) belegt, dass die Boiotier sehr viel Tonware sowohl aus Athen als auch aus Korinth einführten, aber sie stellten auch ihre eigene charakteristische Keramik her. In der archaischen Zeit sind mit Vögeln verzierte hohe Kelche typisch. Es hieß, der Gott Dionysos sei boiotischer Herkunft, und bei seinem Trinkbecher mit den hochgeschwungenen Henkeln handelt es sich um eine typisch boiotische Form. Noch eine große Gruppe spezialisierter lokaler Keramik wurde im Kabeirion, einem mehrere Kilometer westlich der Stadt gelegenen thebanischen Heiligtum, gefunden.

Zu Zeiten kontrollierte Theben das Heiligtum des Apollon Ptoios in der benachbarten Stadt Akraiphnia, und das Heiligtum füllte sich mit *kuroi*, den aus Marmor gemeißelten schreitenden nackten Jünglingen. Fragmente von über einhundert Figuren wurden dort gefunden, die bei weitem größte derartige Konzentration in der gesamten griechischen Welt.

Besonders erfolgreich war Theben im 4. Jahrhundert, als es für eine kurze Zeitspanne (371–362 v. Chr.) der mächtigste Staat in Griechenland war. Herzstück seiner Armee war eine „Heilige Schar" aus 300 Männern in Paaren von Homosexuellen, die an der Seite

DER THEBANISCHE CHARAKTER

[Theben] liegt in der Mitte Boiotiens ... Trotz seines hohen Alters sind die Straßen neu, weil, wie die Geschichten uns erzählen, die Stadt aufgrund des mürrischen und anmaßenden Charakters der Einwohner dreimal dem Erdboden gleichgemacht wurde ...

Die Einwohner sind ausgelassen und wunderbar heiter, aber vorschnell, unverschämt und anmaßend, bereit, sich mit jedermann zu prügeln, sei er Bürger oder Fremder. Was die Gerechtigkeit betrifft, so widersetzen sich ihr. Geschäftliche Streitigkeiten werden nicht durch Vernunft beigelegt, sondern durch Handgreiflichkeiten, und die Methoden des Preisringens werden in die Gerichtssäle übertragen ... So sind die Männer insgesamt, obwohl unter ihnen einige anständige, würdige, hochgesinnte Leute zu finden sind.

Die Frauen sind die größten, hübschesten und anmutigsten ganz Griechenlands. Ihre Gesichter sind so verhüllt, dass nur die Augen zu sehen sind. Alle kleiden sich weiß und tragen flache violette Schuhe, die so geschnürt sind, dass sie die nackten Füße zeigen.

Herakleides, Frg. 59

(Rechts und unten) Beispiele thebanischer schwarzfiguriger Keramik, hergestellt vor allem für den Gebrauch bei dem Mysterienkult der Kabeiroi (Kabiren), deren Heiligtum mehrere Kilometer westlich von Theben lag. Der Kult weist dionysische Elemente auf, die Bedeutung der grotesken Karikaturen ist jedoch unbekannt.

(Gegenüber unten) Silberne Tetradrachme aus Theben mit einem boiotischen Schild auf der Vorderseite.

(Unten) Boiotische Kantharoi (Weinschalen) mit den charakteristischen hochgeschwungenen Henkeln; gefunden auf der Agora von Athen, 5. Jh. v. Chr.

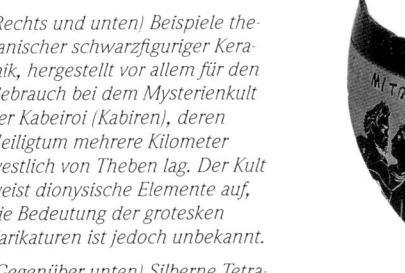

Der Löwe von Chaironeia, errichtet über den Thebanern, die 338 v. Chr. in der Schlacht von Chaironeia getötet wurden.

DIE HEILIGE SCHAR

Übrigens behauptet man, dass diese heilige Schar bis auf die Schlacht von Chaironeia immer unbesiegt geblieben sei. Als Philippos nach dem Treffen das Schlachtfeld betrachtete und an dem Orte stehen blieb, wo die dreihundert Mann sich in dem engen Passe in die Lanzen der Makedonier gestürzt hatten, und alle übereinander her lagen, geriet er in große Verwunderung, und auf die Nachricht, dass dies die Schar der Liebhaber und Lieblinge wäre, soll er weinend gesagt haben: 'Verderben über die, welche diese Leute in Verdacht haben, dass sie etwas Schändliches getan oder gelitten hätten!'

Plutarch, *Pelopidas,* 18

ihres jeweiligen Geliebten in die Schlacht zogen und deshalb besonders wild fochten, sowohl um ihren Gefährten zu schützen als auch ihn solcherart nicht durch Demonstration von Feigheit zu entehren. Das Geschick der Stadt wendete sich, als sie, zusammen mit Athen, im Jahr 338 v. Chr. bei Chaironeia von Philipp II. von Makedonien und dem jungen Alexander dem Großen besiegt wurde. Ein riesiger marmorner Löwe markiert die Gräber von 254 Männern aus der „Heiligen Schar", die an diesem Tag fielen. Drei Jahre später, 335 v. Chr., wurde die Stadt nach einem erfolglosen Aufstand von Alexander zerstört; obwohl etwa eine Generation später wiederaufgebaut, erlangte sie ihre alte Pracht niemals wieder.

Über der Burg Kadmeia erhebt sich heute die moderne Stadt Theben, eine systematische Ausgrabung der antiken Stadt wurde kaum durchgeführt; ein kleines Museum beherbergt reizvolle Schätze, die im Laufe von Rettungsgrabungen geborgen wurden. Die bronzezeitlichen Schichten tief unten sind relativ gut erhalten, aber das klassische Theben wurde von der Zerstörung durch Alexander in Mitleidenschaft gezogen, während seine Ruinen von den bedeutenden Überresten des mittelalterlichen Theben, eines großen und prächtigen Zentrums der Seidenproduktion, überlagert werden.

Korinth

Hinge Bedeutung allein von der Geografie ab, dann wäre Korinth der führende Staat in Griechenland gewesen, ein Titel, den die Stadt niemals tatsächlich beanspruchen konnte. Sie liegt an der Spitze der schmalen Landenge, die die Peloponnes mit dem Rest Griechenlands verbindet, und kontrollierte außerdem zwei Häfen: Lechaion, am Korinthischen Golf im Norden gelegen, ist das Tor nach Sizilien und Richtung Westen, während Kenchreai im Osten durch den Saronischen Golf Zugang zur Ägäis und zum Osten gewährt. Kurz, Korinth beherrschte sowohl den bedeutenden Landweg nach Südgriechenland als auch die sichersten Wasserstraßen vom östlichen ins westliche Mittelmeer. Die Akropolis, Akrokorinth, ist ein weitläufiger, sehr hoher und steiler Felsen mit einer Frischwasserquelle auf dem Gipfel. Auch die Unterstadt verfügt mit Quellen, die innerhalb der Stadt an die Oberfläche kommen, über ausreichend Wasser. Statt zur politischen Hauptkraft wurde Korinth, was ihm beschieden war: eine der reichsten Handelsstädte der griechischen Welt. Direkt am Isthmus lag ein Heiligtum Poseidons, des Gottes des Meeres und der Erdbeben; beherrscht von Korinth, war es eines der vier bedeutenden panhellenischen Heiligtümer und der Schauplatz renommierter Festspiele. Auf dem Territorium Korinths gibt es verstreute mykenische Stätten,

(Links) Die Befestigungen von Akrokorinth: die byzantinischen Mauern – mit späteren Erweiterungen – sind auf den Mauern aus dem 4. Jh. v. Chr. errichtet.

(Unten) Silberstatér von Korinth mit dem geflügelten Pferd Pegasus auf der Rückseite; 4. Jahrhundert v. Chr.

allerdings wurde niemals ein großes Palastzentrum ausgemacht, ebenso wenig wie die Stadt in den homerischen Epen eine herausragende Rolle spielt. Mit der Gegend verbundene Mythen betreffen Medea, Sisyphos und das geflügelte Pferd Pegasos, das zum auf den Münzen Korinths und vieler seiner Kolonien benutzten Wahrzeichen wurde. Sisyphos war angeblich der Gründer Korinths und der Isthmischen Spiele (Isthmien). Außerordentlich gerissen, hielt man ihn außerdem für den wirklichen Vater des listenreichen Odysseus und glaubte, dass er den Tod zweimal übers Ohr gehauen habe.

Zuerst legte er Hades, den Tod, herein, indem er ihn mit dessen eigenen Banden fesselte und in dessen

Apollon-Tempel in Korinth, ca. 540 v. Chr., mit der Akropolis von Korinth (Akrokorinth) im Hintergrund; der Blick geht nach Südwesten.

(Rechts) Typisches Beispiel korinthischer bemalter Keramik, 6. Jh. v. Chr. Der helle Ton, Tierfriese und Hintergrund-Ornamente sind allesamt typisch für den Stil.

(Gegenüber oben) Hellenistische Phase der Peirene-Quelle, die vom 7. Jh. v. Chr. bis zum Ende des Altertums benutzt wurde. Lange unterirdische Tunnel wurden weit in den Hang getrieben und leiteten Wasser zu den Verteilungsbecken. Diesem und anderen Brunnen verdankte Korinth sein antikes Attribut „gut bewässert".

(Unten) Das Gebiet des antiken Korinth mit seinen zwei Häfen (Lechaion und Kenchreai) und einer die Landenge, die auf die Peloponnes führt, beherrschenden Lage.

(Unten Mitte) Überreste des diolkos, des aus dem 7./6. Jh. v. Chr. stammenden gepflasterten Geleiseweges für Schiffe über den Isthmos von Korinth. Links zu sehen der moderne Kanal von Korinth; Blick nach Südosten.

Haus einschloss, so dass niemand sterben konnte. Beim zweiten Mal wies er seine Frau an, seinen Leichnam nicht zu begraben. Dann jammerte er in der Unterwelt gegenüber Hades, er müsse zurück, um die Sache zu regeln, und weigerte sich dann, zurückzukehren, als er freigelassen wurde. Sobald er für immer in der Unterwelt war, wurde er dazu verurteilt, einen gewaltigen Felsbrocken unaufhörlich einen Hügel hinaufzurollen, die Strafe dafür, dass er Zeus nach einer der amourösen Abenteuer des Gottes an einen zornigen Vater verraten hatte.

Bereits in der archaischen Periode war die Stadt reich, und die Rede vom „vermögenden Korinth" war geläufig. Die Stadt übernahm im 8. Jahrhundert v. Chr. eine führende Rolle bei der Kolonisation des Westens und gründete Kerkyra (das heutige Korfu) am Seeweg nach Italien, im Jahr 733 v. Chr. gefolgt von der erfolgreichsten aller Kolonien auf Sizilien, Syrakus. Daheim wurde der Wert der Häfen Korinths durch die Anlage des *diolkos* gesteigert, eines mit Steinquadern gepflasterten Weges oder Geleises, das quer über den Isthmos gebaut wurde. Es war weit einfacher, Schiffe und/oder Fracht über diese 6 km zu transportieren, als die lange und gefährliche Schiffsreise um die Peloponnes zu riskieren.

In der Nähe der Stadt liegen schöne Schichten gelben Tons, und korinthische Keramik war im 7. und 6. Jahrhundert v. Chr. die am weitesten gehandelte im Mittelmeerraum. Sie ist gewöhnlich mit Friesen verziert, auf denen Tiere und mythische Fabelwesen rund um die Vase laufen. Man kennt eine Vielzahl von Formen, aber die gängigsten sind winzige runde oder spitze Krüge für Öl (Aryballoi und Alabastra). Es gibt keinen guten einheimischen Marmor, und ein Großteil der feineren Plastik ist ebenfalls in gebranntem Ton ausgeführt. Der beste Baustein ist ein weicher, gelber Kalkstein, und die ersten steinernen Tempel dorischer Ordnung in ganz Griechenland scheinen im 7. Jahrhundert v. Chr. in der Korinthia erbaut worden zu sein. Bedachungssysteme aus Terrakotta waren ebenfalls eine korinthische Erfindung. Hergestellt aus gebranntem Ton, bestanden sie aus großen, flachen Dachpfannen mit Deckziegeln, die die Anschlüsse überlappten, was eine sichere und haltbare, wasser-

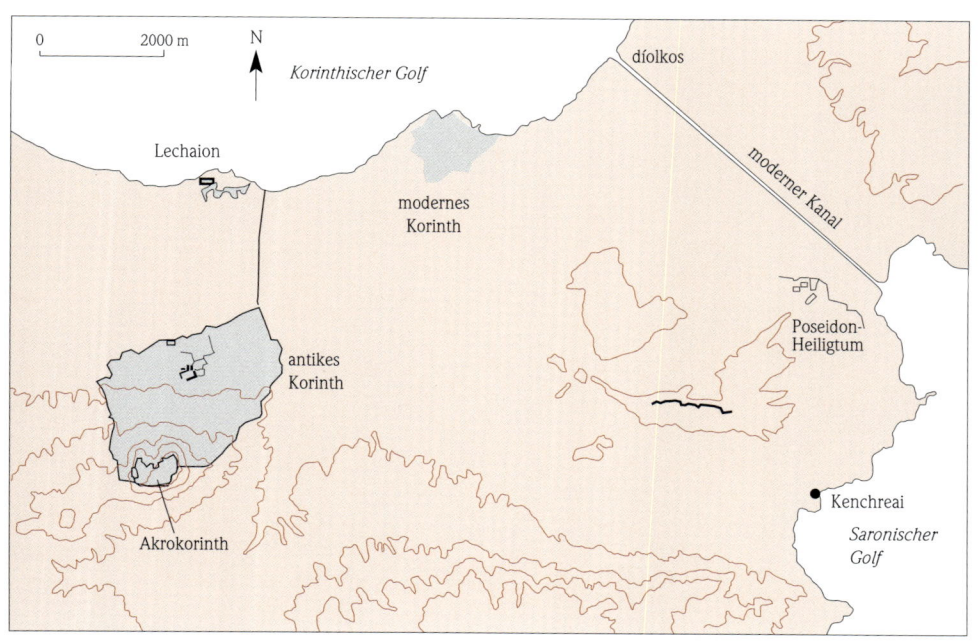

dichte Bedeckung für einen Tempel schuf. In archaischer Zeit wurde Korinth zuerst von einem Adelsgeschlecht, den Bakchiaden, regiert, die durch eine tyrannische Dynastie, die Kypseliden, ersetzt wurden. Mit dem Sturz der Tyrannis wurde eine Oligarchie errichtet. In politischen Angelegenheiten folgte Korinth normalerweise der Führung Spartas. In späteren Zeiten wurde Korinth die Hauptstadt des Achaiischen Bundes, eine Stellung, die im Jahr 146 v. Chr. zur völligen Zerstörung der Stadt durch die Römer unter Mummius führte. Fast ein Jahrhundert lang wurde die Stadt auf-

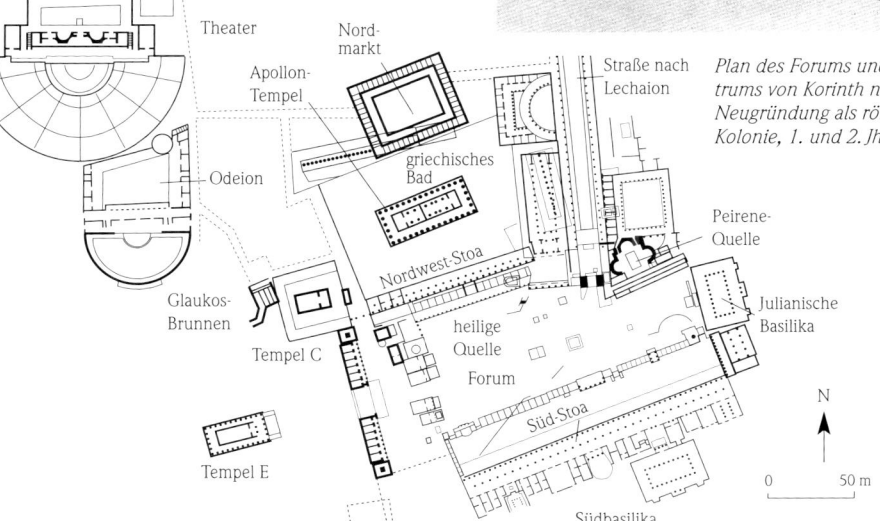

Plan des Forums und Zentrums von Korinth nach seiner Neugründung als römische Kolonie, 1. und 2. Jh. n. Chr.

KORINTH

Am díolkos [Geleiseweg], wo die Schiffe über Land von einem Meer zum anderen geschleppt werden, beträgt die Breite des Isthmos 40 Stadien [≈ 8 km]. Strabon, 335

Die Lage der Stadt, wie von Hieronymos, Eudoxos und anderen beschrieben und aufgrund meines eigenen Augenscheins nach der kürzlichen Restaurierung der Stadt durch die Römer, ist wie folgt. Ein 3 Stadien [≈ 575 m] hoch aufragender Berg mit einem Anstieg von 30 Stadien [≈ 5,5 km] endet in einem spitzen Gipfel. Er heißt Akrokorinth, und seine Nordflanke ist die steilste; unterhalb davon liegt in einem ebenen, trapezförmigen Gebiet nahe dem Fuß des Berges die Stadt. Der Ring der Stadt betrug früher ganze 40 Stadien [≈ 7,5 km], und alles, was nicht durch einen Berg geschützt war, war von einer Mauer eingefasst. Sogar Akrokorinth wurde eingeschlossen, wo immer Mauerbau möglich war, und als ich hochstieg, waren die Ruinen der Ringmauer deutlich zu sehen; der Gesamtumfang belief sich also auf etwa 85 Stadien [≈ 16 km]. An den anderen Hängen ist der Berg weniger steil, obwohl er auch hier zu beträchtlicher Höhe aufsteigt. ... Auf dem Gipfel steht ein kleiner Aphrodite-Tempel, und unterhalb davon ist die Peirene-Quelle, die, obwohl sie keinen Überlauf hat, immer voll klaren, trinkbaren Wassers ist. Strabon, 379

gegeben, bis sie im Jahr 44 v. Chr. durch Julius Cäsar als römische Kolonie neugegründet wurde. Mit römischer Unterstützung und bei seiner vorteilhaften geografischen Lage wurde Korinth bald wieder zu einem blühenden Zentrum. Besucher der Stadt konnten davon ausgehen, entweder bei den heiligen Tempelsklavinnen, die im Heiligtum der Aphrodite oben auf der Akropolis arbeiteten, oder in den Weinschenken der Unterstadt Zerstreuung zu finden. Die Stadt war derart beliebt, dass die römische Art, zu sagen, dass man im Leben nicht alles haben könne, lautete: „Nicht jeder hat die Möglichkeit, nach Korinth zu gehen."

Sowohl Korinth als auch das Poseidon-Heiligtum auf dem Isthmos wurden von amerikanischen Archäologen ausgegraben. Das Forum der römischen Stadt wurde freigelegt, und man ist sich nicht ganz einig, ob die frühere griechische Agora unmittelbar darunter lag. Von der früheren Stadt besitzen wir den Apollon-Tempel, der nach wie vor auf einem kleinen Hügel nördlich des Forums steht, zwei Brunnenhäuser, eine große Stoa und eine Rennbahn. Die Stadtmauern und ein Töpferviertel wurden ebenfalls in Erfahrung gebracht.

Ostgriechische Städte

Die Westküste Kleinasiens wurde zusammen mit den Küsteninseln zu Beginn des Dunklen Zeitalters von Griechen wieder besiedelt. Die herausragendsten waren die zwölf Städte Ioniens, die, angesichts aiolischer Siedlungen im Norden und dorischer Städte im Süden, den mittleren Küstenabschnitt einnahmen. Dieser Teil der Küste besitzt fruchtbares Ackerland und ist durch die Flüsse Hermos, Kaystros und Maiandros gut bewässert, und über die Flusstäler waren relativ leichte Kontakte mit den früheren Zivilisationen Lydiens und Phrygiens möglich. Die griechischen Städte Kleinasiens blühten, wobei sie mit den Städten des Festlandes konkurrierten und diese oft sowohl an Reichtum als auch an kulturellen Annehmlichkeiten überflügelten. Ostgriechische Keramik ist außergewöhnlich, ionische Plastik und ionische Architektur sind weit verbreitet, und ionische Dichter und Philosophen waren überragend.

Die Ionier waren in einem lockeren Bund („Zwölfstädtebund"), vereinigt und hatten am Fuße des Gebirges Mykale einen gemeinsamen Kultplatz. Hier verehrten sie Poseidon Helikonios an seinem Altar und bauten einen kleinen Ratssaal für ihre Versammlungen. Nach zahlreichen Feldzügen waren alle ionischen Städte bis 560 v. Chr. von den Lydern bezwungen worden und entrichteten anschließend eine Art Tribut. Um 546 v. Chr. fiel das Lydische Reich zusammen mit Ionien an die Perser. Ein versuchter Aufstand im Jahr 498 v. Chr. führte zu einer vernichtenden Niederlage in einer Seeschlacht bei Lade (in der Nähe von Milet), und Ionien blieb bis zu griechischen Siegen im Jahr 479 v. Chr. in persischer Hand; danach gehörten die Städte zum (ersten) Attischen Seebund.

Samos

Die unmittelbar vor der Küste der heutigen Türkei gelegene Insel Samos hatte eine der größten und erfolgreichsten *poleis* Ioniens. Im frühen 5. Jahrhundert war die Stadt in der Lage, 60 Kriegsgaleeren zu bemannen, was über 10 000 Ruderer erfordert haben dürfte. Samos gedieh besonders in der archaischen Periode, davon eine Zeitlang unter dem Tyrannen Polykrates. Ein

(Unten) Samos von Westen aus gesehen mit der Befestigungsmauer im Vordergrund und dem Platz der Stadt und der Hafenmole zur Rechten.

(Rechts) Plan des Dipterostempels der Hera auf Samos mit einer doppelten Reihe ionischer Säulen um alle vier Seiten.

(Unten Mitte) Der Hera-Tempel auf Samos, einer der größten in der antiken Welt, 6. Jahrhundert v. Chr.

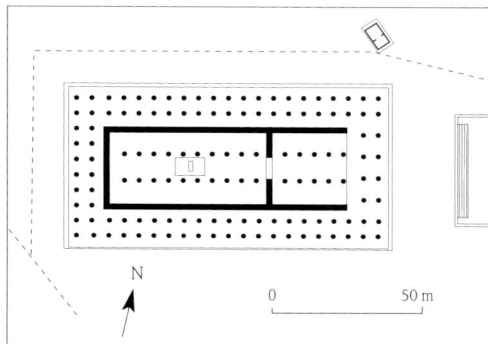

N

0   50 m

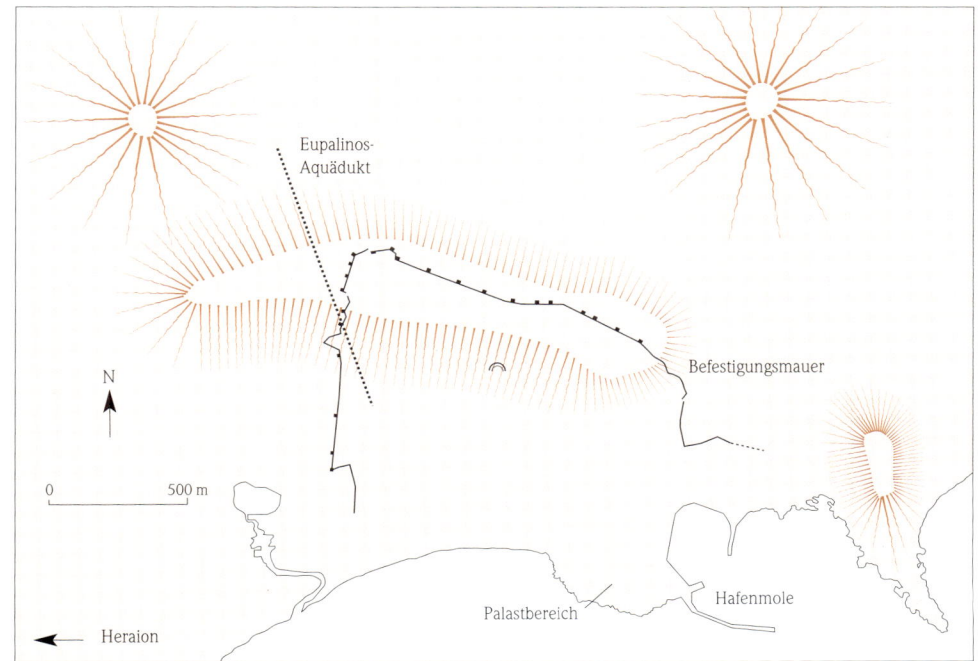

(Oben) Silbermünze von Samos.

(Links) Der Plan von Samos zeigt den Palastbereich und die Hafen-mole, den Befestigungsring und den Wasserleitungs-Tunnel des Eupalinos.

(Unten) Der 5 m hohe kolossale kuros aus dem Heraion stammt aus dem 6. Jh. v. Chr. Die Inschrift über dem linken Knie lautet: „Isches der Sohn des Rhesis weihte (dies)".

berühmtes Hera-Heiligtum außerhalb der Stadt war der Platz eines riesigen frühen, im ionischen Stil er-bauten Tempels; er war einer der größten in der grie-chischen Welt, obwohl heute nur wenig davon übrig ist. Man näherte sich dem Heiligtum auf einer heiligen Straße, die von Weihgeschenken gesäumt war. Hier fand man einen der größten bislang entdeckten *kuroi*, der etwa 5 m misst und aus dem lokalen blau-weiß ge-streiften Marmor der Insel gemeißelt ist.

Kleine, Hera gewidmete Weihegaben belegen ein das gesamte östliche Mittelmeer umspannendes Han-delsnetz; man hat Elfenbeinschnitzereien und schön gearbeitete Bronzeobjekte aus dem gesamten Nahen Osten und Ägypten geborgen. Samos war außerdem

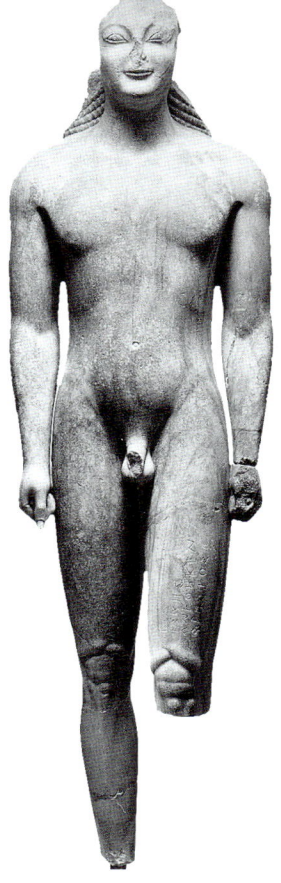

Schauplatz einer der großen Meisterleistungen früher griechischer Technik: eines 1036 m langen Wasserleitungs-Tunnels, der durch einen Berg getrieben wurde, um die Stadt zu erreichen. Entworfen wurde er von Eupalinos, einem örtlichen Ingenieur, der von beiden Seiten gleichzeitig zu graben anfing und dem es trotzdem gelang, beide Tunnel auf der richtigen Höhe tief im Innern des Berges aufeinandertreffen zu lassen.

(Rechts und gegenüber) Beispiele von Elfenbeinschnitzereien, die bei den deutschen Ausgrabungen des Heraion von Samos gefunden wurden, 7./6. Jh. v. Chr. Der kniende Knabe ist Teil einer elfenbeinernen Leier.

(unten rechts) Die Wasserleitung des Eupalinos, ca. 550–525 v. Chr. Das Wasser wurde in Tonröhren auf dem Grund des kleineren, tieferen Kanals befördert.

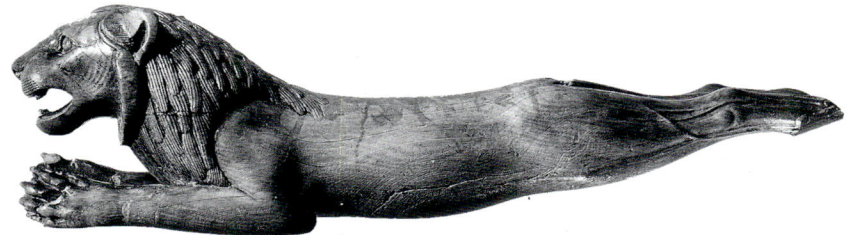

Die Wasserleitung des Eupalinos

Herodots folgende Beschreibung wurde von deutschen Archäologen bestätigt:

Ich habe so ausführlich über Samos berichtet, weil die Samier die gewaltigsten Bauwerke geschaffen haben, die sich in ganz Hellas finden. Erstens haben sie durch einen einhundertfünfzig Klafter hohen Berg einen Tunnel gebohrt, der am Fuße des Berges beginnt und nach beiden Seiten Mündungen hat. Dieser Tunnel ist sieben Stadien lang und acht Fuß hoch und breit. Unter diesem Tunnel ist seiner ganzen Länge nach ein zweiter, zwanzig Ellen breiter und drei Fuß breiter Tunnel gegraben. Durch diesen letzteren wird aus einer großen Quelle das Wasser in Röhren in die Stadt geleitet. Diese Wasserleitungsanlage wurde gebaut von Eupalinos, Naustrophos' Sohn aus Megara.
Das ist das eine Werk. Das zweite ist ein Damm im Meere, der um den Hafen herumgeführt ist. Er ist zwanzig Klafter tief und hat eine Länge von über zwei Stadien. Das dritte Werk ist der gewaltigste Tempelbau, von dem wir wissen. Der erste Baumeister dieses Tempels war ein Samier, Rhoikos, Phileus' Sohn.

Herodot, III, 60

Viele Tyrannen versorgten ihre Städte mit Wasserleitungen, aber keine ist so beeindruckend wie diese, die Polykratos für Samos in Auftrag gegeben hat. Die Stadtmauern sind außerdem umfangreich und gut erhalten, obwohl ein Großteil der antiken Stadt selber unter dem heutigen Tigani liegt. Heraion, Tunnel und Befestigungen wurden allesamt von deutschen Archäologen ausgegraben und untersucht.

Milet und Didyma

Milet wurde auf einem Vorgebirge in der Nähe des Südufers der Mündung des Maiandros erbaut. Stätte eines bedeutenden mykenischen Palastes, wurde das Gebiet im Dunklen Zeitalter als griechische Stadt von Athen besiedelt, mit dem es enge Bande aufrechterhielt. Milet war mit 30 Städten, die meisten rings um das Schwarze Meer lagen, eine bedeutende Gründerin von Kolonien.

Die archaische Stadt war ein Zentrum früher Philosophie und Heimat des Thales (der eine Sonnenfinsternis im Jahr 585 v. Chr. vorhersagte), Anaximander und Anaximenes. Als Anführerin des Ionischen Aufstands gegen die persische Herrschaft wurde Milet 494 v. Chr. von den Persern geplündert.

EIN BILD IM HERA-TEMPEL

Dareios war sehr zufrieden mit der Brücke und überhäufte den Baumeister Mandrokles aus Samos mit Geschenken. Mandrokles ließ für einen Teil dieser Reichtümer ein Gemälde malen, auf dem die ganze Überbrückung des Bosporos dargestellt ist. Am Ufer sitzt König Dareios auf einem Thron, und sein Heer schreitet über die Brücke. Dieses Gemälde stiftete er in den Heratempel zu Samos ... Herodot, IV, 88

(Unten) Das hellenistische/römische Theater von Milet mit Sitzplätzen für etwa 15 000 Personen.

(Oben links) Blick an der Südseite des Apollon-Tempels in Didyma entlang. Den Bauabrechnungen zufolge kostete jede Säule 40 000 Drachmen, mehr als der Jahresverdienst von 100 arbeitenden Männern.

(Oben rechts) Der Apollon-Tempel in Didyma. Der Bau eines der größten Tempel in der griechischen Welt (zusammen mit Samos und Ephesos) begann um 300 v. Chr. und war im 2. Jahrhundert n. Chr. immer noch im Gange.

Die Stadt wurde im 5. Jahrhundert wiederaufgebaut und war die Heimat des in der Antike als Stadtplaner berühmten Hippodamos. Das meiste der heute sichtbaren Überreste stammt aus der hellenistischen und römischen Periode, Zeiten, als Milet sich erneut großen Wohlstands erfreute. Ans Licht gebracht wurden sie von deutschen Archäologen, die ihre Arbeit an der Stätte heute noch fortsetzen.

Das berühmteste Apollon-Orakel in Kleinasien lag auf milesischem Gebiet, in Didyma, etwa 30 km südlich der Stadt. Eine von Heiligtümern und Weihemonumenten gesäumte Prozessionsstraße verband Stadt und heiligen Bezirk. Um 494 v. Chr. zerstörten die Perser einen großen archaischen Tempel ionischer Ord-

nung; zusammen mit Beutestücken aus dem Tempel, darunter die Kultstatue Apollons und ein als Weihgeschenk dienendes Knöchelbein, das fast 90 kg wog, verschleppten sie die priesterliche Familie, die Branchidai. Mit Hilfe Alexanders und seines Nachfolgers Seleukos wurde im ausgehenden 4. Jahrhundert mit einem neuen Tempel begonnen; die Arbeiten an dem zu den größten griechischen Tempeln gehörenden Bau gingen während der gesamten hellenistischen und römischen Periode, Hunderte von Jahren, weiter.

Ephesos

Ephesos war im Altertum berühmt für das Artemision, das als eines der Sieben Weltwunder galt. Von briti-

THALES' GESCHICK

Als man ihn [Thales] nämlich wegen seiner Armut verhöhnte und behauptete, die Philosophie sei unnütz, da habe er, da er mit Hilfe der Astronomie eine ergiebige Olivenernte voraussah, noch im Winter mit dem wenigen Geld, das er besaß, sämtliche Ölpressen in Milet und Chios für einen geringen Betrag gepachtet, da ihn niemand überbot; als dann die rechte Zeit gekommen war und plötzlich und gleichzeitig viele Ölpressen verlangt wurden, da verpachtete er sie so teuer, wie ihm beliebte, und gewann viel Geld und zeigte so, dass es für den Philosophen leicht ist, reich zu werden, wenn er nur wolle, dass er aber darauf keinen Wert lege.

Aristoteles, *Politik* 1259a

HIPPODAMOS VON MILET

Hippodamos, der Sohn des Euryphon aus Milet (der die Aufteilung der Städte erfand und den Peiraieus einteilte und aus Ehrgeiz auch sonst in seinem Leben sehr auffällig war, so dass einige fanden, er lebe zu extravagant mit der Masse der Haare und kostbarem Schmuck, außerdem mit einem einfachen, aber warmen Kleide, das er nicht nur im Winter, sondern auch in der heißen Jahreszeit trug – und der außerdem auch als kundig in der Naturphilosophie gelten wollte), war der erste, der, ohne Politiker zu sein, etwas über den besten Staat zu sagen versuchte.

Aristoteles, *Politik* 1267b

Rekonstruierter Aufriss des Apollon-Tempels; es war ein Hypäthral- (zum Himmel hin offener) Tempel, hatte also kein Dach. Die bronzene Kultstatue von Kanachos war in einem separaten kleinen Gebäude im Innern untergebracht.

EINES DER SIEBEN WELTWUNDER

Als ein wahrhaft bewunderungswürdiges griechisches Prachtwerk aber besteht noch heute der Tempel der Diana zu Ephesos, an dem ganz Vorderasien 120 Jahre gebaut hat. Man baute ihn auf sumpfigem Boden, damit er weder von Erdbeben zu leiden noch Spaltungen zu fürchten hätte. Damit aber andrerseits der Grund eines so wuchtigen Gebäudes nicht auf schlüpfrigem und unsicherem Boden gelegt würde, legte man zerstampfte Kohlen und wollige Felle darunter. Die Länge des ganzen Tempels beträgt 425 Fuß, die Breite 225; die 127 Säulen, welche einzeln von einzelnen Fürsten gemacht sind, haben eine Höhe von 60 Fuß; 36 derselben sind mit halberhabener Arbeit geschmückt, eine von Skopas' Hand. Die ganze Arbeit leitete der Baumeister Chersiphron.

Plinius, Naturgeschichte, XXXVI, 21

KÜNSTLERISCHE RIVALITÄT

Hipponax' [Dichter um 540 v. Chr.] Gesicht war äußerst hässlich, und deshalb stellten [zwei Dichterkollegen] aus mutwilligem Scherz sein Bild in Kreisen lachsüchtiger Leute zur Schau. Hipponax aber zog sie aus Unwillen darüber in bitteren Gedichten dermaßen durch, dass Manche glauben, er habe sie dadurch so weit gebracht, dass sie zum Stricke griffen, was jedoch unwahr ist ...   Plinius, XXXVI, 4

KALLINOS VON EPHESOS

Denn es ist eine herrliche Ehre für einen Mann, im Namen seines Landes, seiner Kinder und seiner angetrauten Ehefrau gegen den Feind zu kämpfen. Der Tod wird sich nur ereignen, wenn und wie die Schicksalsgöttinnen es ausgesponnen haben. Auf geht's, ein Mann soll auf der Stelle vorwärtsstürmen, seinen Speer schwingend und ein unerschrockenes Herz hinter seinem Schild aufbietend, sobald der Krieg begonnen hat.

Kallinos von Ephesos, Frg. 1

(Ganz oben) Ansicht der Ruinen von Ephesos, 2.–4. Jh. n. Chr. Die römische Stadt besaß mit Marmor gepflasterte Straßen und ein Theater, das Platz für 24 000 Zuschauer bot.

(Oben) Archaische Münze aus Ephesos.

schen und österreichischen Archäologen an der sumpfigen, niedrig liegenden Stelle des Heiligtums durchgeführte Tiefengrabungen erbrachten neben einigen der frühesten bekannten griechischen Münzen und Überresten viel früherer, kleinerer Tempel Hunderte prächtiger Gold-, Glas- und Elfenbeinobjekte. Mitte des 6. Jahrhunderts v. Chr. war ein gewaltiger archai-

scher ionischer Tempel im Bau; König Kroisos von Lydien stiftete mehrere der mit Reliefs verzierten Säulentrommeln. Dieser Tempel wurde 356 v. Chr. niedergebrannt und durch einen anderen gigantischen Tempel ersetzt, der Plinius zufolge 120 Jahre Bauzeit erforderte. Der Tempel beherbergte eine sonderbare, östlich aussehende Kultstatue der Artemis, deren Oberkörper von zahlreichen brustähnlichen Auswölbungen bedeckt war.

Ephesos liegt nahe der Mündung des Flusses Kaystros, der den Hafen einer ursprünglich am Meer, heute jedoch mehrere Kilometer landeinwärts gelegenen Stadt am Ende verschlammen ließ und zerstörte. Von der archaischen Stadt wurden nur Spuren tief unter der hellenistischen und römischen Stadt gefunden, die – wie Milet – weitläufig und wohlhabend war: Agora-Anlagen, Bäder, eine Bibliothek, ein Stadion, lange Stadtmauern und ein riesiges Theater wurden sämtlich freigelegt, zusammen mit Material aus der Periode, als Ephesos ein bedeutender christlicher Ort war. Der Apostel Johannes brachte nach der Legende die Jungfrau Maria hierher, und er ist in einer gewaltigen Basilika auf einem Hügel in der Nähe begraben, während die Stadt selber sich mehrerer zerstörter Kirchen rühmt und bis zu ihrem Niedergang im 7. Jahrhundert n. Chr. ein bedeutendes Wallfahrtszentrum war.

König Antiochos wollte unbedingt Ephesos in seine Hand bringen wegen der Lage der Stadt, denn sie schien ihm zu Wasser wie zu Lande Ionien und die Städte am Hellespont wie eine Burg zu beherrschen, gegen jeden Angriff von Europa her aber für die Könige Asiens noch immer eine ausgezeichnete Festung gewesen zu sein.   Polybios XVIII, 41a

(Links) Die Stätte des Artemisions von Ephesos mit einer einzelnen wiederaufgerichteten Säule aus dem 4. Jh.. Die Säulen oben rechts gehören zur Basilika des heiligen Johannes, 6. Jh. n. Chr.

(Unten links) Rekonstruierte Ansicht des Artemisions mit gemeißelten Säulentrommeln (S. 177). Der Tempel war ein Ort der Zuflucht und die größte Bank in Asien.

(Unten) Kopie der Kultstatue der Artemis von Ephesos. Der Kult war angeblich vorgriechisch und von den Amazonen eingeführt worden.

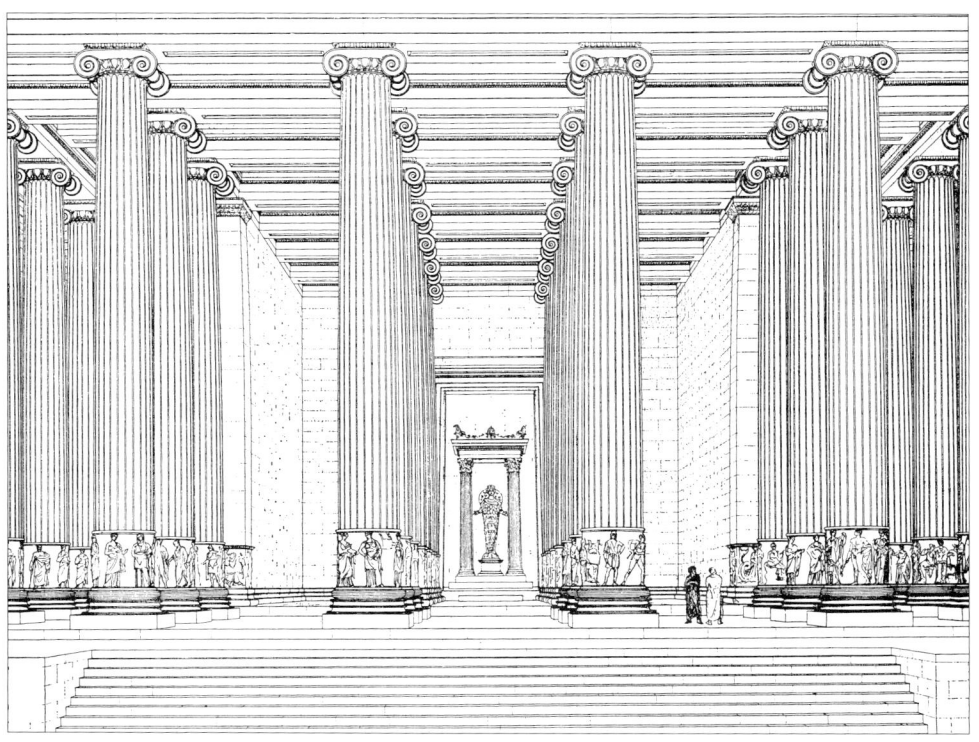

Westgriechische Städte

Der sog. Concordia-Tempel in Akragas (Agrigent), 5. Jh. v. Chr., der besterhaltene dorische Tempel der Antike. Weiter hinten auf der Kammlinie zu sehen ist der Hera-Tempel.

Normalerweise sind die griechischen Städte Italiens, Siziliens und des westlichen Mittelmeerraums jünger als ihre Gegenstücke in Ionien, und sie besitzen einen etwas anderen Charakter. Vom Ursprung her handelte es sich eher um Kolonien, die von einzelnen Städten beschickt worden waren, denn um das Ergebnis großer Wanderungen. Gewöhnlich wurden sie auf den Rat des Orakels von Delphi hin auf den Weg gebracht, und sie hielten enge Beziehungen mit dem Festland aufrecht. Der Antrieb für diese Gründungen ist nach wie vor umstritten, aber die Tatsache, dass Demeter auf ganz Sizilien in außerordentlichem Maße verehrt wird, erinnert uns an den willkommenen landwirtschaftlichen Reichtum der Insel.

Von ihren Tempeln und anderen Annehmlichkeiten her zu urteilen, wurden die westlichen Städte, wie ihre Pendants im Osten, bald weit wohlhabender als ihre Mutterstädte in Griechenland. Viele dieser frühen Tempel sind heute weit besser erhalten als irgendwo sonst im Mittelmeerraum. Die Tempelarchitektur spiegelt größtenteils die dorischen Ursprünge der Kolonien wider, die Tempel selbst sind in dorischer Ordnung erbaut. Rom nahm Sizilien zu einem relativ frühen Zeitpunkt ein, im 3. Jahrhundert v. Chr., und Ciceros Angriffe gegen die Ausplünderung durch den habgierigen Statthalter Verres vermitteln einen lebhaften Eindruck von dem enormen Reichtum und den Kunstwerken, die noch bis ins 1. Jahrhundert v. Chr. in den griechischen Städten zu finden waren.

Akragas (Agrigent)

An der Südküste Siziliens gelegen, war Akragas um 580 v. Chr. von Gela aus gegründet worden. In der frühen klassischen Periode erstreckte sich eine Gruppe dorischer Tempel dramatisch über den Kamm einer hohen Hügelkette. Innerhalb der Stadt selbst wurde ein Tempel für den olympischen Zeus angelegt, einer der größten im Westen. Statt Säulen hatte er feste Mauern, die mit gigantischen aufrecht stehenden Stützfiguren *(telamônes)* geschmückt waren, die das Gebälk stützten. Durch ein ausgedehntes frühes Wasserleitungssystem, dessen Tunnel man bis weit in die Hügel hinein zurückverfolgt hat, wurde die Stadt auch ausreichend mit Wasser versorgt.

Selinûs (Selinunt)

Weiter westlich an der Südküste lag im 7. Jahrhundert Selinûs, eine Art Grenzstadt. Jenseits von Selinus war das westliche Ende Siziliens in Motye von phönikischen Siedlern bewohnt. Ein Großteil der Frühgeschichte der gesamten Insel dreht sich um den Konflikt zwischen Griechen und Phönikern. Selinus wurde 409 v. Chr. von den Phönikern zerstört und wiederaufgebaut. Wie Akragas besaß die Stadt eine eindrucksvolle Reihe früher dorischer Tempel, die die Plünderung überstanden und heute noch gut erhalten sind. Unter ihnen befindet sich Tempel G, ein großer Peripteros-Tempel, der größte jemals gebaute dorische Tempel. Die Profile der Kapitelle am westlichen Ende sind runder und primitiver als ihre Gegenstücke im Osten und deuten darauf hin, dass an dem Bauwerk jahrzehntelang gearbeitet wurde. Die Steinbrüche für diesen gewaltigen Tempel wurden etwa 13 km nordwestlich der Stadt gefunden, und sie sind noch voll von gewaltigen Säulentrommeln, die nur teilweise aus dem Felsgrund herausgelöst sind.

(Oben) Tempel E in Selinus, 5. Jh. v. Chr.

(Links) Metope vom Fries des Tempels C in Selinus: Perseus köpft die Gorgo Medusa, 6. Jahrhundert v. Chr.

(Rechts) Der Wagenlenker von Motye, gefunden auf der phönikischen Insel am Westende Siziliens; Marmor, erste Hälfte des 5. Jh. v. Chr. Die Statue gilt als Beutestück aus einer griechischen Stadt, vielleicht Selinus im Jahr 409 v. Chr. Hoher Gürtel und langes Gewand legen die Identifizierung als Wagenlenker nahe; man vergleiche einen anderen Wagenlenker, ebenfalls sizilisch und aus derselben Zeit, der in Delphi gefunden wurde (S. 158).

Syrakus

Syrakus ist die größte und schönste aller Griechenstädte. Die Stadt ist so ausgedehnt, dass man sagt, sie setze sich aus vier großen Städten zusammen. Eine von ihnen ist die erwähnte Insel, die sich, von zwei Häfen umgeben, bis zur Mündung und Zufahrt beider Häfen hinzieht. Dort steht der Palast, der dem König Hieron gehörte, worin die Prätoren zu wohnen pflegen. Es gibt dort mehrere Heiligtümer, von denen zwei die übrigen bei weitem übertreffen: das der Diana [Artemis] und außerdem das der Minerva [Athena], das vor der Ankunft des Verres den reichsten Schmuck enthielt. Am Ende der Insel befindet sich eine Süßwasserquelle, die Arethusa heißt, unglaublich groß und voll von Fischen; sie würde gänzlich von der Flut bedeckt, wenn sie nicht durch einen schützenden Steinwall vom Meere abgetrennt wäre. Die zweite Stadt von Syrakus ist diejenige, die den Namen Achradina führt. Dort befinden sich ein sehr großer Marktplatz, wunderschöne Säulenhallen, ein reichverziertes Prytaneion, ein sehr geräumiges Rathaus und ein herrlicher Tempel des olympischen Jupiter; die übrigen Quartiere dieser Stadt, durch eine fortlaufende Hauptachse und zahlreiche Querstraßen voneinander getrennt, bestehen aus Privathäusern. Die dritte Stadt heißt Tyche, weil dort ein alter Tempel der Glücksgöttin stand. Hier liegen ein sehr großes Gymnasium sowie mehrere Heiligtümer, und dieser Teil ist am stärksten bevölkert und bewohnt. Die vierte Stadt aber heißt, weil sie zuletzt erbaut wurde, Neapolis. In deren höchstgelegenem Teile befinden sich ein riesiges Theater, ferner zwei herrliche Tempel (der eine ist der Ceres [Demeter], der andere der Libera [Persephone] geweiht) sowie ein Standbild des Apoll, das Temenites genannt wird, ein sehr schönes und stattliches Werk.

Cicero, *Zweite Rede gegen Verres*, 4, 117ff.

Syrakus

Die bei weitem erfolgreichste Kolonie auf Sizilien war das 733 v. Chr. von Korinth aus gegründete Syrakus (griech. Syrakusai). Die Stadt liegt im Südosten der Insel auf einer Landspitze, die einen tiefen, gut geschützten Hafen überblickt. Am Fuße der Akropolis entspringt die Arethusa-Quelle, deren Bildnis syrakusanische Silbermünzen schmückt.

Auf der Akropolis standen mehrere frühe dorische Tempel, die heute in verschiedene Bauten der modernen Stadt integriert sind, darunter die Kathedrale, die einst ein Athena-Tempel war. Ein Teil der Stadt, ein ungewöhnlich langer Altar, das Theater und ein außerhalb liegendes Fort, das Fort Euryalos, wurden sämtlich ausgegraben und erforscht.

Die Tyrannen von Syrakus waren über weiter Strecken des Altertums, nicht bloß in der archaischen Periode, die mächtigsten auf der Insel und beherrschten unmittelbar mehrere unbedeutendere Städte Siziliens. Während des Peloponnesischen Krieges trotzten die Syrakusaner im Jahr 414/13 v. Chr. einer athenischen Belagerung und bezwangen am Ende eine Flotte von ungefähr hundert Schiffen, die größte einzelne athenische Niederlage in dem Krieg.

Während der ganzen klassischen und hellenistischen Periode blieb die Stadt weiterhin die größte und mächtigste auf Sizilien, bis sie im ausgehenden 3. Jahrhundert v. Chr. den Römern in die Hände fiel. Der berühmte Techniker und Wissenschaftler Archimedes machte Syrakus zu seiner Heimat und erfand zusätzlich zu seinem berühmten Bad und den unsterblichen „Heureka"-Rufen verschiedene Kriegsmaschinen, die die römische Flotte während der letzten Belagerung der Stadt behinderten.

Das Theater in Syrakus, 3. Jh. v. Chr., mit dem großen Hafen im Hintergrund.

Bemalte Terrakotta-Tafel der Gorgo Medusa mit Pegasus, Syrakus, 7./6. Jh. v. Chr.

(Oben) Tetradrachme von Syrakus mit dem Kopf der Arethusa, der Nymphe, die der Hauptfrischwasserquelle der Stadt ihren Namen gab.

(Gegenüber) Der Tempel der Athena in Syrakus, 5. Jh. v. Chr. ist in den Baukörper der christlichen Kathedrale eingegliedert.

(Oben) Eine frühe Münze von Poseidonia / Paestum zeigt ein Bildnis Poseidons mit seinem Dreizack.

(Rechts) Szene eines Festmahls, gemalt auf die Innenfläche eines Sarkophags, Grab des Tauchers in Poseidonia/Paestum, um 480 v. Chr.

Dorische Tempel in Poseidonia / Paestum. Im Vordergrund zu sehen der Hera-Tempel II, 5. Jh. v. Chr., dahinter der Hera-Tempel I (Basilika, 6. Jh. v. Chr.).

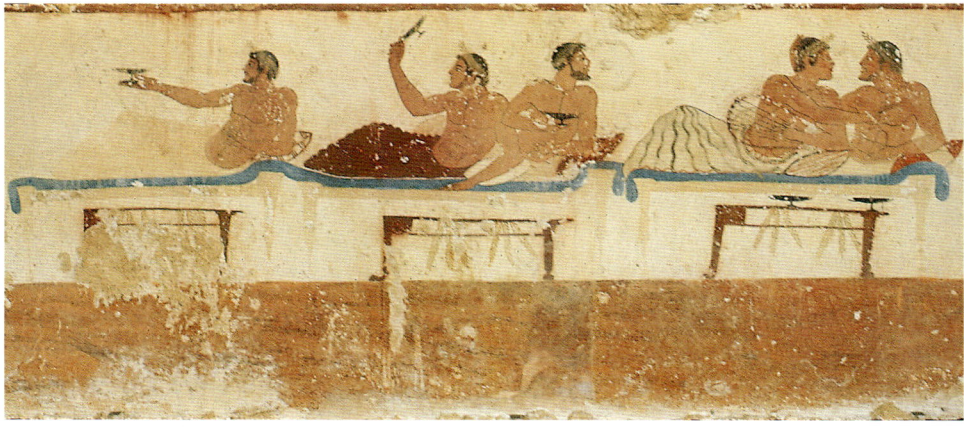

Poseidonia (Paestum)

Die Stadt Poseidonia (lat. Paestum) wird als Beispiel für die entlang der Küste Italiens selber erbauten griechischen Städte dienen. Es gab mehrere solcher Kolonien: Taras (Tarent), Thurioi (Thurii), Kroton, Sybaris und Metapont, um nur ein paar zu nennen. Selber eine Kolonie von Sybaris und gegründet um 600 v. Chr., lag Paestum auf niedrigem Untergrund. Verschlammt und umgeben von Sümpfen, geriet es im Mittelalter in Vergessenheit; drei dorische Tempel innerhalb der Stadt sind bemerkenswert gut erhalten. Die Stadt selber mit ihrem Mauerring wurde ebenso ausgegraben wie ein heiliger Bezirk außerhalb der Mauern in der Nähe der Grenzen der *polis*. Die frühen Tempel sind auch hier dorisch und waren mit reliefverzierten Metopen (Platten im Gebälk-Fries) geschmückt, die Szenen aus der griechischen Mythologie zeigen. Viele der frühen italischen und sizilischen Tempel besaßen bildhauerischen Schmuck, und die Erfindung dieses in Griechenland in der klassischen Periode beliebten Konzepts dürfte wahrscheinlich den Westgriechen zuzuschreiben sein. Von den Friedhöfen stammen sonst seltene Beispiele klassischer griechischer Grabmalerei, z. B. ein Sarkophag, der innen mit Szenen eines Festmahls und mit einem im Sprung befindlichen tauchenden Knaben ausgemalt ist.

(Links) Münze aus Massalia mit dem Löwenemblem der Stadt

Hafen des modernen Marseille, das antike Massalia. Spuren des alten Hafens sind noch erhalten.

Massalia (Marseille)

Weiter entfernt gelangen wir an die Südküste des heutigen Frankreichs, wo die Phokaier um 600 v. Chr. die Kolonie Massalia errichteten. Der Überlieferung zufolge stammten die Phokaier selber ursprünglich aus Phokis, dem Gebiet um Delphi, bevor sie an der Ionischen Wanderung teilnahmen und an der Westküste Kleinasiens Phokaia gründeten. Sie entwickelten sich zu den kühnsten griechischen Seefahrern, und Herodot berichtet, dass ihre 50-Ruderer die schnellsten Schiffe mit der größten Reichweite im Mittelmeer waren.

Mit der Gründung Massalias wählten die Phokaier eine Umgebung, die ihrer Heimat in Kleinasien ähnelte, mit einem wunderbar tiefen, gut geschützten Hafen. Man hat Überreste der antiken Stadt einschließlich der Mauer und Teilen des Hafens gefunden. Von dort wurden andere Kolonien die Küste ent-

lang gegründet: Nikaia („Siegreich"; das heutige Nizza), Antipolis (Cap d'Antibes) und Herakleia Monoikos (Monaco) im Osten und im Westen bis ins weit entfernte Hemeroskopeion in Spanien (an der Stelle des heutigen Dénia). Wenn nicht die Kolonisten selbst, so fanden doch zumindest ihre Waren den Weg die Flusstäler hinauf nach Zentralfrankreich, und man stößt in rein keltischen Gegenden auf griechische Gegenstände. Und es war mehr als bloß Keramik – eines der schönsten monumentalen archaischen griechischen Bronzegefäße (S. 187) wurde in einem Grab in Vix an der Seine gefunden. Als riesiger Krater (Wein-Mischgefäß), 1,64 m hoch und 208,6 kg schwer, stellt es einen wichtigen Importartikel dar und wurde zusammen mit schwarzfiguriger Keramik und Goldschmuck entdeckt.

Im Heiligtum der Athena Pronaia in Delphi weihten die Massalioten außerdem ein erlesenes marmornes Schatzhaus. Sie behaupteten, die frühesten Griechen gewesen zu sein, die mit den Römern in Berührung kamen, und die beiden Städte erfreuten sich gewiss die gesamte Antike hindurch eines engen Verhältnisses. Westwärts gerichtete Erkundungen brachte sie in Kontakt mit den Bewohnern des heutigen Spaniens und Portugals, mit denen sie ebenfalls freundschaftliche Beziehungen pflegten.

GRIECHISCHE ERKUNDUNG

Die Bewohner dieser Stadt Phokaia sind die ersten Hellenen gewesen, die weite Seefahrten unternahmen. Sie entdeckten das Adriatische Meer, Tyrsenien, Iberien und Tartessos. Sie fuhren nicht in runden Handelsschiffen, sondern in Fünfzigruderern.

Herodot, I, 163

Silphion

Die Soße erwähnt Antiphanes in den 'Unglücklichen Liebhabern', indem er Kyrene beschreibt: 'Ich segle nicht dorthin, von wo wir weggezogen sind, und sage Lebewohl zu allem: Pferden, Silphion, Gespannen und zu Silphionblättern, Fieber und [Gewürzbouillon].'

Athenaios,
Das Gelehrtenmahl III, 100f.

Zunächst jetzt von dem durch seine Wertschätzung so ausgezeichneten Laserpicium, das die Griechen Silphion nennen. Es ward in der Provinz Cyrenaica entdeckt. Den Saft davon nennt man Laser, und dieser findet auch in der Heilkunst die ausgezeichnetste Anwendung, so dass er mit Silber-Denaren aufgewogen wird. Seit vielen Jahren aber findet man es in jener Landschaft nicht mehr, weil die Staatspächter, welche die Triften pachten, größeren Vorteil darin finden es als Viehfutter abweiden zu lassen. In unsrer Zeit hat man nur noch einen Stängel davon aufgefunden, welcher dem Kaiser Nero zugesendet wurde. Trifft ein Stück kleines Vieh auf eine aufkeimende Pflanze, so erkennt man dieses daran, dass ein Schaf, welches davon gefressen hat, sogleich einschläft, eine Ziege wiederholt niest.

Plinius, *Naturgeschichte*, XIX, 15

Die archaische Silbermünze von Kyrene zeigt die wegen ihrer (u. a.) medizinischen Eigenschaften hochgepriesene Silphion-Pflanze.

Die [Silphion-]Blätter braucht man zur Reinigung der weiblichen Geschlechtsteile und zur Abtreibung toter Leibesfrüchte; man kocht sie in weißem und wohlriechendem Wein und lässt davon ein Acetabulum nach einem Bade trinken. Die Wurzel ist gut bei Heiserkeit und wird bei Blutansammlungen als Pflaster gebraucht. Aber als Speise verdaut sie sich schwer, macht Blähungen und Aufstoßen und wirkt auch auf den Harn nachtheilig. Mit Wein und Öl ist sie sehr gut auf Stellen, die mit Blut unterlaufen sind, und mit Wachs gegen Kröpfe. Durch häufiges Räuchern damit fallen die Warzen am Gesäße ab.

Plinius, *Naturgeschichte*, XXII, 48

Kyrene (Nordafrika)

Herodot erzählt die Geschichte von der im ausgehenden 7. Jahrhundert v. Chr. erfolgenden Gründung Kyrenes. Eine Dürre auf der vulkanischen Insel Thera veranlasste die Bewohner, das Orakel in Delphi zu Rate zu ziehen. Ihnen wurde gesagt, sie sollten einen aus jedem Brüderpaar nehmen und sie in Libyen eine neue Kolonie gründen lassen. Nach mehreren erfolglosen Versuchen wurden die Siedler nach Kyrene geführt, dem es bestimmt war, zur wichtigsten Stadt in Nordafrika zu werden. Die Stadt war, vielleicht unverhältnismäßig, bekannt für Pferde und für Silphion, eine heiß begehrte, heute ausgestorbene Heilpflanze. Das Gebiet war außerdem reich an Getreide. In den Jahren um 330 v. Chr., als die *poleis* des griechischen Festlandes unter den Dürrefolgen litten, konnte Ky-

rene 805 000 Medimnoi Getreide (1 Medimnos = 30–33 kg) zur Linderung der daraus resultierenden Hungersnot liefern. Ausgrabungen durch italienische, britische und amerikanische Archäologen haben vieles von der ausgedehnten griechischen und römischen Stadt freigelegt, das aus der Zeit vom 7. Jahrhundert v. Chr. bis zum Ende der Antike stammt: die griechische Agora, das römische Forum, ein Apollon- und ein Demeter-Heiligtum, eine heilige Quelle, einen dorischen Zeus-Tempel und das Theater.

All diese Städte und Dutzende mehr wurden bis 500 v. Chr. rings um die Küsten des Mittelmeers errichtet. Bald darauf erwuchs dieser bedeutenden Expansion der Griechen eine doppelte Bedrohung: die Perser im Osten sowie die Phöniker und Etrusker im Westen.

(Links) Blick auf die ausgedehnte nördliche Nekropole in Kyrene. Mehrere tausend Gräber aller Art sind in Kyrene dokumentiert worden, die größtenteils aus der Zeit von der archaischen bis zur hellenistischen Periode stammen, wobei die Nutzung in der Römerzeit weiterging. Der Nordfriedhof besitzt mehrere der schönsten aus dem Fels gehauenen Gräber, viele mit kunstvollen architektonischen Fassadenreliefs verziert.

(Unten) Die lakonische Schale zeigt König Arkesilas von Kyrene bei der Beaufsichtigung des Auswiegens einer Ware, möglicherweise Wolle oder Süphion, um 560 v. Chr., gefunden in Vulci.

(Unten links) Athenische Kopfvase, um 500 v. Chr. Darstellungen von Schwarzafrikanern und importierte Exotika belegen, dass es, vermutlich über Ägypten und Kyrene, wechselseitige Kontakte zwischen Afrikanern und Griechen gab.

Der Kampf ums Überleben

Krieg mit Persien

Die Schwierigkeiten mit Persien spitzten sich zu, als die ionischen Griechen in Kleinasien im Jahr 499 v. Chr. von der persischen Herrschaft abfielen und ihre Brüder auf dem Festland zu Hilfe riefen. Nur zwei Städte reagierten – Eretria auf der Insel Euboia und Athen, die beide Kriegsschiffe entsandten. Anfangs liefen die Dinge gut: Die Griechen stießen ins Landesinnere vor, eroberten die Provinzhauptstadt Sardes und brannten sie nieder. Im Jahr 494 v. Chr. jedoch wurde eine griechische Flotte bei der Insel Lade besiegt. Milet wurde geplündert, und der Aufstand brach zusammen. Die Perser wandten ihre Aufmerksamkeit der Bestrafung Eretrias und Athens zu.

Marathon (490 v. Chr.)

Im Jahr 490 v. Chr. fuhr eine große, von König Dareios I. entsandte Flotte über das Ägäische Meer; nach der Landung nahmen die Perser binnen weniger Tage Eretria. Dann fuhren sie hinüber nach Attika und erreichten die weite Ebene von Marathon, etwa 40 km östlich von Athen. Die Athener, unterstützt von nur 600 Bundesgenossen aus der kleinen boiotischen Stadt Plataiai, marschierten los und besiegten die viel größere persische Streitmacht, wobei sie 192 Mann eigene Verluste erlitten, während sie 6700 Perser töteten. Die Schlacht wird oft – wahrscheinlich zu Recht – als Wendepunkt in der Geschichte des Westens betrachtet. Es ist immer schwer, sich eine Zukunft vorzustellen, die niemals eingetreten ist, aber es sieht wahrscheinlich so aus, dass, hätten die Athener verloren, ihre Geschichte und viele ihrer Beiträge zur griechischen Kultur sich nicht so entwickelt hätten, wie sie es tatsächlich taten.

Als Folge ihres Triumphs bei Marathon konnte Athen einen Status unter den anderen Städten beanspruchen, den bis dato nur Sparta beansprucht hatte. Zahlreiche Denkmäler – Gebäude, Gemälde und Skulpturen – wurden in Athen, Marathon und Delphi errichtet, um sowohl die Athener als auch den Rest der Griechen an den athenischen Sieg und die athenische Überlegenheit zu erinnern. Und der Name der Schlacht von Marathon lebt fort in dem modernen Rennen, das in seiner Länge den Lauf des Boten wiederholt, der zur Verkündung des Sieges nach Athen zurückgeschickt wurde.

Die Thermopylen (480 v. Chr.)

Die Perser zogen sich zurück, doch bloß, um einen größeren Feldzug zu planen. Als sie zurückkehrten, geschah dies sowohl mit einer großen Landstreitmacht als auch mit einer Flotte, angeführt nun von dem Großkönig Xerxes. Beide bewegten sich zusammen ungehindert die Küste Nordgriechenlands entlang, bis sie die Gebirgsbarriere zwischen Thessalien und Phokis erreichten. Hier, bei den Thermopylen, wurde der schmale Pass zwischen Gebirge und Meer von mehreren hundert Griechen unter Führung der Spartaner blockiert. Mehrere Tage lang hielt die griechische Linie gegen einen zahlenmäßig weit überlegenen Gegner, der aber nichts ausrichten konnte, bis ein Verräter den Persern einen Weg durch die Berge zeigte. Typisch für sie, schickten die Spartaner ihre griechischen Verbündeten fort und blieben selber, um auf Leben und Tod zu kämpfen.

Salamis (480 v. Chr.)

Die riesige persische Streitmacht strömte nach Griechenland hinein, zerstörte die Städte von Phokis, akzeptierte die Kapitulation der meisten boiotischen Städte und nahm Athen ein, das verlassen worden war. Die Athener hatten Frauen, Kinder und Nichtkämpfer auf die Insel Salamis und in die peloponnesische Stadt Troizen geschafft und flüchteten auf ihre Flotte von 200 Schiffen. In der Meerenge zwischen Athen und Salamis wurde eine entscheidende Seeschlacht ausgefochten, und die persische Flotte wurde vernichtet. Die Schaffung einer athenischen Flotte und die Kniffe, die notwendig waren, um sicherzustellen, dass die Schlacht bei Salamis geschlagen wurde, rechnet Herodot dem Themistokles an, dem auch die Vision zugeschrieben wird, Athen müsse seine Zukunft als Seemacht suchen. Er habe den Hafen Piräus befestigt und die Athener überredet, einen riesigen Silberfund aus den Minen von Laureion im Jahr 484/83 v. Chr. in eine Flotte von 200 Trieren zu investieren – was sich bei Salamis als entscheidend erweisen sollte.

Je stärker und größer die Flotte wurde, desto demokratischer wurde die athenische Gesellschaft, weil die vielen Ruderer ein größeres Mitspracherecht bei den Angelegenheiten des Staates forderten. Die konservativeren Politiker Athens sahen in Themistokles folglich so etwas wie eine Bedrohung. Seine angeborene Gerissenheit half ihm, den Ostrakismos gegen sei-

Seekriegs-führung

Die athenische schwarzfigurige Schale zeigt ein Handelsschiff (links) und eine Triëre (Dreiruderer; rechts); spätes 6. Jh. v. Chr.

Die Seefahrt im Ägäischen Meer scheint in den Jahren um 8000 v. Chr. einzusetzen. Bilder von Schiffen werden um 2500 v. Chr. in die frühbronzezeitliche Keramik der Kykladen eingeritzt, Flotten von Ruderschiffen mit Segeln sind um 1600 v. Chr. auf den Fresken von Thera zu sehen, und man hat Handelsschiffe aus der späten Bronzezeit (14./13. Jahrhundert v. Chr.) ausgegraben. In einem so eng mit dem Meer verbundenen Gebiet war Seemacht ein Riesenvorteil. Die Überlieferung berichtet, dass die früheste Seeschlacht im 7. Jahrhundert v. Chr. zwischen Korinth und Kerkyra stattfand. Im 7. und 6. Jahrhundert waren die Phokaier berühmt als Seeleute, als sie ihre 50-Ruderer zur Erkundung des westlichen Mittelmeers und noch weiter ausschickten. Die Seeschlacht bei Salamis im Jahr 480 v. Chr., als die Griechen die persische Flotte besiegten, war ein wichtiger Faktor bei der Befreiung Griechenlands. In der klassischen Zeit unterhielten die Athener eine Flotte von mehreren hundert Schiffen und einen Seebund, der sich zuerst gegen die Perser und dann gegen die Spartaner und

ihre Bundesgenossen richtete. Der Hafen von Piräus war im 4. Jahrhundert für die Versorgung von 372 Kriegsschiffen ausgelegt.

Verschiedene Völker oder Städte hatten angeblich zu unterschiedlichen Zeiten die Kontrolle über die Meere, und Listen von Thalassokratien sind in späten und unvollständigen Texten des Eusebios und anderer erhalten. Trotz Unsicherheiten hätte man sich eine Version der antiken Überlieferung darüber, wer die

Meere beherrschte, etwa wie in der untenstehenden Übersicht zu denken. Der untere, spätere Teil der Liste scheint historisch korrekt zu sein und stimmt recht gut mit von Herodot gelieferten Informationen überein. Nach 480 v. Chr. war Athen die dominierende Seemacht im östlichen Mittelmeer und blieb es im 5. und für einen Großteil des 4. Jahrhunderts. In der hellenistischen Periode hatte die Insel Rhodos die effektivste Kriegsflotte.

Lyder	118 Jahre	1174–1056 v. Chr.
Pelasger	51 Jahre	1056–1005 v. Chr.
Thraker (Europa)	33 Jahre	1005–972 v. Chr.
ungewiss (Thraker)	53 Jahre (?)	972–915 v. Chr.
Rhodos	24 Jahre	915–891 v. Chr.
Phrygien	27 Jahre	891–864 v. Chr.
Zypern	28 Jahre	864–836 v. Chr.
Phönikien	54 Jahre	836–782 v. Chr.
Ägypten	34 Jahre	782–748 v. Chr.
Milet	28 Jahre	748–720 v. Chr.
Karien	51 Jahre	720–669 v. Chr.
Lesbos	93 Jahre (?)	669–576 v. Chr.
Phokaia	44 Jahre	576–532 v. Chr.
Samos	15 Jahre	532–517 v. Chr.
Sparta	2 Jahre	517–515 v. Chr.
Naxos	10 Jahre	515–505 v. Chr.
Eretria	15 Jahre	505–490 v. Chr.
Aigina	10 Jahre	490–480 v. Chr.

Das grundlegende Kampfschiff war die Triëre, so genannt, weil sie über drei Reihen Ruderbänke verfügte, die von 170–200 Ruderern bedient wurden. Beim Kreuzen trug sie Segel. Der Bug war mit einem bronzenen Rammsporn versehen, der sich in feindliche Schiffe bohren und sie versenken sollte. Für den Nahkampf wurde stets ein Trupp von 20 Hopliten an Bord mitgeführt. Triëren lagen flach im Wasser und konnten über kurze Entfernungen große Geschwindigkeit entfalten; wie bei der Hopliten-Phalanx hing ihre Wirksamkeit größtenteils von der guten Ausbildung der Besatzung ab.

Das Aussehen dieser Schiffe ist von der Vasenmalerei und von Reliefdarstellungen gut bekannt. Es wurden mehrere Schiffshäuser ausgegraben, so dass sich die Abmessungen einer Triëre mit ca. 30–35 m Länge und 6–6,5 m Breite errechnen lassen. Außerordentlich erweitert wurde unser Verständnis des antiken Kriegsschiffs in den achtziger Jahren des 20. Jh. durch den Nachbau und die Bemannung einer Triëre in Originalgröße, der Olympias.

Die Olympias, moderne Rekonstruktion einer Triëre.

DIE SCHLACHT VON SALAMIS

*Und auch von uns her brauste
laut ein persisches Geschrei
entgegen; nicht zu säumen galt
es jetzt. Da schlug mit Krachen
Schiff in Schiff den bohrenden
Erzschnabel; anfing ein helle-
nisch Schiff den Sturm, Riss
einem Tyrier allen Schmuck
vom Steuerbord; Auf andre trie-
ben andre wieder ihren Kiel.
Erst hielt des Perserheeres
Strom noch gegen an; Doch als
die Unzahl unsrer Segel in des
Meers Engfahrt sich drängt',
war keiner keinem mehr zu
Schutz, Und wechselseitig mit
der eisernen Schnäbel Stoß
Rammten sie sich, zerbrachen
sie ihr Ruderzeug. Der Griechen Schiffe drängten wohlbe-
rechnet nun Ringsher umzin-
gelnd gegen uns, jäh stürzten
um Der Schiffe Bäuche, nicht
zu sehn mehr war die See, Mit
Wrack und Scheiter und mit
Leichen überdeckt, Bedeckt
mit Leichen Klippen und Ge-
stad' umher.*

Aischylos, *Die Perser* 406ff.

*(Oben rechts) Das Dreifuß-Denk-
mal für den Sieg bei Plataiai, in
das die Namen der teilnehmen-
den griechischen Städte eingemeißelt sind. In den Jahren
479/80 v. Chr. in Delphi aufgestellt, stehen die Überreste heute
im Hippodrom von Konstantinopel–Istanbul.*

*(Unten) Pläne der vier bedeuten-
den Schlachten der Perserkriege.*

nen Hauptrivalen, Aristeides, zu arrangieren, die Perser in der Schlacht von Salamis zu täuschen und die
Spartaner hinzuhalten, derweil Athen nach den Perserkriegen neu befestigt wurde. Am Ende wurden die
Athener seiner müde und verbannten ihn um 472
v. Chr. Verfolgt von Athenern und Spartanern, begab
er sich schließlich nach Kleinasien und verschaffte
sich durch seine Wortgewandtheit die Gunst des Per-
serkönigs, dem er Rat versprach, wie mit den Griechen fertigzuwerden sei. Er hatte sich in Magnesia be-
haglich eingerichtet und lebte dort mehrere Jahre lang.
Doch als der Perserkönig schließlich nach seinem Rat
verlangte, beging er Selbstmord, statt seine Heimat zu
verraten.

Nach der Niederlage ihrer Flotte in der Schlacht bei
Salamis zog die persische Streitmacht sich nach Mittelgriechenland zurück, aber nicht ohne vorher praktisch jedes Gebäude in Athen anzuzünden und zu zerstören. Die totale Verwüstung der Stadt im Jahr
480/79 v. Chr. stellt einen Bruch mit der Vergangenheit dar, der gewöhnlich dazu dient, um den Übergang
von der archaischen zur klassischen Periode zu be-
zeichnen.

Plataiai (479 v. Chr.)
Die letzte große Schlacht der Perserkriege in Griechenland wurde in der Nähe der Stadt Plataiai in Boiotien ausgefochten. Unter der Führung von Sparta und
Athen schlugen Dutzende von Städten die Perser noch
einmal vernichtend und vertrieben sie ein für allemal
aus Griechenland. Der Krieg ging noch viele Jahre weiter, aber der Schauplatz verlagerte sich ins östliche
Mittelmeer. In Griechenland wurden überall Denkmäler zur Erinnerung an diese großen Siege über einen
mächtigen und gefürchteten Feind aufgestellt. In Delphi diente eine riesige Bronzesäule, die aus den Körpern dreier sich windender Schlangen bestand, als Stütze für einen goldenen Dreifuß, der Apollon gewidmet
war. Der untere Teil der Schlangensäule ist heute im

Hippodrom in Konstantinopel/Istanbul erhalten, und
der Kopf einer Schlange befindet sich dort im Museum.
Sparta galt nunmehr als die führende Landmacht, während Athen als auf hoher See beherrschend anerkannt
wurde. Die Rivalität zwischen diesen beiden Städten
sollte zu einem wichtigen Thema in der Geschichte des
klassischen Griechenland werden.

Krieg im Westen:
Phöniker und Etrusker

Während die Festlandsgriechen und die Ionier mit den
Persern zurande kamen, schlugen die Griechen in Italien und auf Sizilien ihre eigenen Schlachten gegen etablierte Feinde. Die erfolgreichste phönikische Kolonie
war Karthago an der nordafrikanischen Küste (im heu-

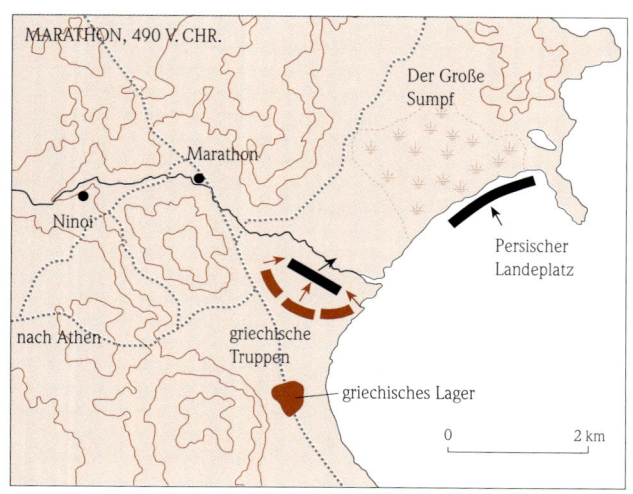

MARATHON, 490 V. CHR.

Der Große
Sumpf

Marathon

Ninoi

nach Athen

griechische
Truppen

Persischer
Landeplatz

griechisches Lager

0   2 km

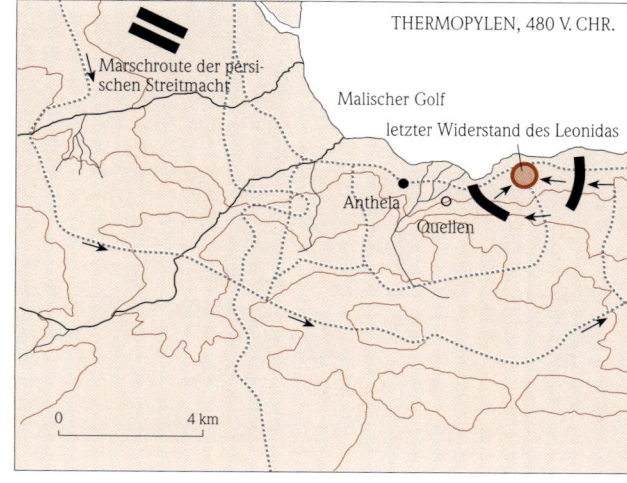

THERMOPYLEN, 480 V. CHR.

Marschroute der persi-
schen Streitmacht

Malischer Golf

letzter Widerstand des Leonidas

Anthela

Quellen

0   4 km

(Unten) In Olympia geweihter etruskischer Bronzehelm; die Inschrift lautet: „Hieron, Sohn des Deinomenes, und die Syrakusaner weihten dies dem Zeus nach ihrem Sieg über die Tyrrhener bei Kyme" (474 v. Chr.). Es war eine von mehreren Seeschlachten zwischen den Syrakusanern und den Etruskern.

tigen Tunesien). Von hier schickten die Phöniker Händler und Siedler ins gesamte westliche Mittelmeer aus. Ein besonderer Konfliktherd war Sizilien, wo die Phöniker beharrlich das Westende der Insel behaupteten – ein ständiger Stachel für die griechischen Städte weiter östlich. Im Jahr des persischen Einfalls, 480 v. Chr., wurde an der Nordküste der Insel, bei Himera, eine bedeutende Schlacht ausgetragen, in der die Griechen unter Führung Gelons, des Tyrannen von Syrakus, siegreich waren. Die mit einer Inschrift versehene Basis für den goldenen Dreifuß, den Gelon nach Delphi schickte, um seinen Sieg zu preisen, steht nach wie vor an prominenter Stelle unmittelbar östlich des Apollon-Tempels. Dieser Konflikt, in dessen Verlauf die Karthager 409 v. Chr. Selinus zerstörten (S. 103) und die Syrakusaner 397 v. Chr. mit der Zerstörung der phönikischen Siedlung Motye im westlichen Sizilien antworteten, setzte sich bis ins 4. Jahrhundert v. Chr. fort.

Die Etrusker, die das mittelitalische Gebiet nördlich von Rom bewohnten, waren in der archaischen Periode sehr empfänglich für die griechische Kultur. Viele der schönsten, heute in europäischen Museen befindlichen Beispiele griechischer bemalter Keramik wurden in etruskischen Grabstätten gefunden; die Etrusker schrieben ihre eigene Sprache in einem Alphabet, das dem von den Griechen benutzten nahekam; und es gibt zahlreiche Hinweise auf beträchtlichen Handel zwischen den beiden Gebieten. Herodot behauptet, die Etrusker stammten eigentlich ursprünglich aus der nordöstlichen Ägäis (so wie Vergil behauptet, die frühesten Römer stammten aus Troja), obwohl man heute davon ausgeht, dass sie ein eingeborenes Volk waren, das sich aus der früheren Villanova-Kultur Mittelitaliens entwickelte.

Trotz dieser kommerziellen und vielleicht politischen Bande gestalteten sich die Beziehungen zwischen Etruskern und Griechen dort angespannt, wo sie sich überschnitten. Es kam zu mehreren bedeutenden Seeschlachten, vor allem rings um die Liparischen Inseln nördlich von Sizilien, in der Nähe von Korsika, wo die Phokaier von dem Versuch abgehalten wurden, eine Kolonie zu gründen, sowie im Umkreis der frühen Siedlung Kyme (Cumae) in der Nähe des Golfs von Neapel. Beide Seiten feierten Siege, wobei der griechischen in Olympia und Delphi mit Denkmälern und Weihgeschenken in Form eroberter Rüstungen gedacht wurde. Im Jahr 474 v. Chr. gewannen auch die Syrakusaner in der Nähe von Kyme eine Seeschlacht gegen die Etrusker und weihten in Olympia weitere Rüstungen. Zwar gelang es den Etruskern im Großen und Ganzen, griechische Siedlungen von der Westküste Mittelitaliens und den vorgelagerten Inseln fernzuhalten, doch wurden sie anderswo selber zurückgewiesen.

SIEG BEI HIMERA

Danach ließ Gelon aus den Beutestücken bemerkenswerte Tempel für Demeter und Kore erbauen, ließ auch einen Dreifuß im Werte von sechzehn Talenten anfertigen und stellte diesen im heiligen Bezirk von Delphi als Dankgeschenk an Apollon auf.

Diodoros, *Griechische Weltgeschichte*, XI, 26, 7

Gelon, der Sohn des Deinomenes, der Syrakusaner, widmete den Dreifuß und die Nike (Sieg) dem Apollon. Bion, der Sohn des Diodoros, der Milesier, machte sie.

GHI # 17, Inschrift auf der Basis in Delphi

SIEG BEI KYME (CUMAE)

Zeus, ich flehe, nick' mir's zu: Es halte sich still der Phönikier, und der Thyrsener Kriegslärm verstumme! Sie sahn die ächzende Flotte vor Kyme den Frevel büßen und sahn sich bezwungen durch den Herrn von Syrakus, der ihre wehrhafte Jugend von den eilend segelnden Schiffen gefegt, Hellas schützend vor der schweren Knechtschaft Joch.

aus: Pindar, *Erste pythische Ode*, 71–75

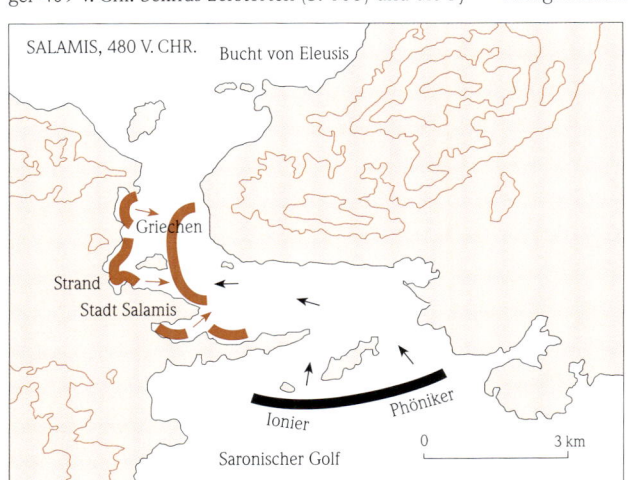

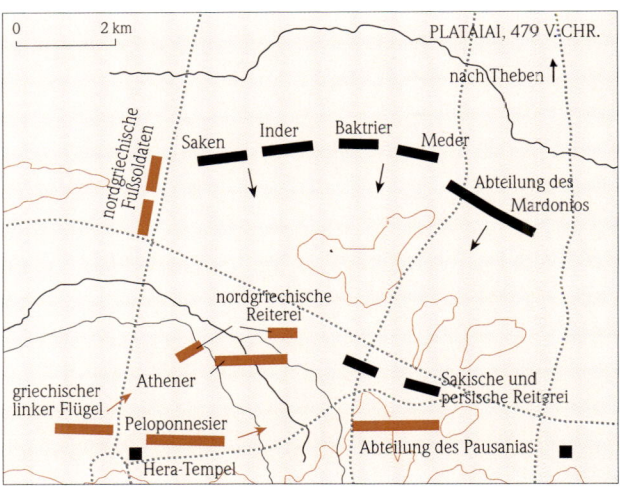

Griechische Kriegführung im Laufe der Jahrhunderte

Kriegstechnik und -ausrüstung änderten sich unter den Griechen im Laufe der Zeit, und beides kann aus literarischen Quellen, archäologischen Zeugnissen und Darstellungen in der Kunst, die allesamt reichlich vorhanden sind, beurteilt werden. Es gibt beträchtliche Abweichungen, die vermutlich unterschiedliche Perioden, unterschiedliche Quellen und unterschiedliche Typen von Soldaten widerspiegeln. Wie immer scheinen Ausbildung und Erfahrung bei vielen Kampfhandlungen die entscheidenden Faktoren gewesen zu sein.

Bronzezeit

Aus Mykene stammen Grabstelen, die Krieger und Jäger auf Streitwagen zeigen (S. 45) – genau so, wie die Könige und Helden in der *Ilias* beschrieben werden. In dem Epos werden die Streitwagen größtenteils als Fahrzeug zum Kriegsschauplatz benutzt, wo die Adligen sich dann zu Fuß im Zweikampf gegenübertreten. Aus einem Grab in Dendra in der Argolis wurde eine schwere Rüstung geborgen, die aus überlappenden Bronzeplatten bestand, und ähnliche Stücke hat man auf der Kadmeia von Theben gefunden. Sie datieren aus dem frühen 14. Jahrhundert v. Chr. und ähneln stark Panzern, wie sie in den Piktogrammen der Linear-B-Tafeln zu sehen sind. Und sie rufen homerische Beschreibungen gefallener Krieger, „umklirrt von dem Erz der prangenden Rüstung", in Erinnerung. Die Dendra-Rüstung ist schwer, wenngleich moderne Rekonstruktionen gezeigt haben, dass sie nicht so unbequem ist, wie sie aussieht. Wir kennen zwei Typen bronzezeitlicher Helme. Der frühere, der in der *Ilias* als Erbstück bezeichnet wird und in Gräbern des 15. und 14. Jahrhunderts gefunden wurde, besteht aus Dutzenden von Eberzähnen, die auf eine lederne Kappe genäht sind. Später waren Helme mit hohem Helmbusch in Gebrauch, die aus verschiedenen Materialien bestanden; man hat bronzene Wangenstücke gefunden, und auf einer Vase aus Mykene, die Soldaten auf dem Marsch zeigt, sind volle Helme zu sehen (S. 45).

Von Schilden sind ebenfalls verschiedene Typen bekannt: Große rechteckige Schilde aus Kuhhaut sind auf den Thera-Fresken abgebildet (S. 32), wohingegen die Fresken in Mykene Kuhhaut-Schilde in Form einer Acht zeigen. Die Kriegervase aus Mykene

In einem Grab in Dendra gefundene mykenische Bronzerüstung; frühes 14. Jh. v. Chr.

zeigt den Typ des kleineren Rundschildes, vielleicht aus Bronze, der später gebräuchlich wurde. Wurfspeere mit Bronzespitzen, Bronzeschwerter und Bronzedolche wurden allesamt als Waffen benutzt, und man hat sie in großen Mengen aus vielen mykenischen Grabstätten geborgen.

Archaische und klassische Periode

Irgendwann vermutlich im 8. Jahrhundert v. Chr. änderte sich die Kriegspraxis ein wenig. Lange Formationen gleich bewaffneter Soldaten, gewöhnlich acht Reihen tief gestaffelt (eine sog. *Phalanx*), ersetzten die in den früheren Epen geschilderten individuellen Zweikämpfe. Die Krieger wurden nun als Hopliten, Schwerbewaffnete, bezeichnet, nach der schweren Rüstung und Ausrüstung *(hopla)*, die sie verwendeten: einen mit einem Helmbusch versehenen Helm, einen metallenen Brustharnisch (oft mit einem Metall- oder Lederhemd darunter), metallene Beinschienen an den Unterschenkeln, einen großen Rundschild

und eine lange Lanze, die eher zum Stoßen als zum Werfen benutzt wurde. Die einzelnen Reihen waren durch die sich überlappenden Schilde dicht geschlossen, und die in solcher Formation geführte Schlacht dürfte wie ein waffenstarrendes Rugby-Getümmel ausgesehen haben, in dem die Menge dicht gedrängt drückte und schob, bis eine Seite zurückwich. Auch Reiterei wurde eingesetzt, aber in geringerer Zahl und normalerweise zum Auskundschaften, für kleinere Scharmützel, um Truppenbewegungen zu verbergen und zur Verfolgung, sobald eine Linie durchbrochen worden war.

Bronzefigur eines Kriegers zu Pferde, der einen Helm im korinthischen Stil und einen kurzen Chiton (Hemd) trägt. Aus Grumentum/Süditalien, 1. H. des 6. Jh. v. Chr.

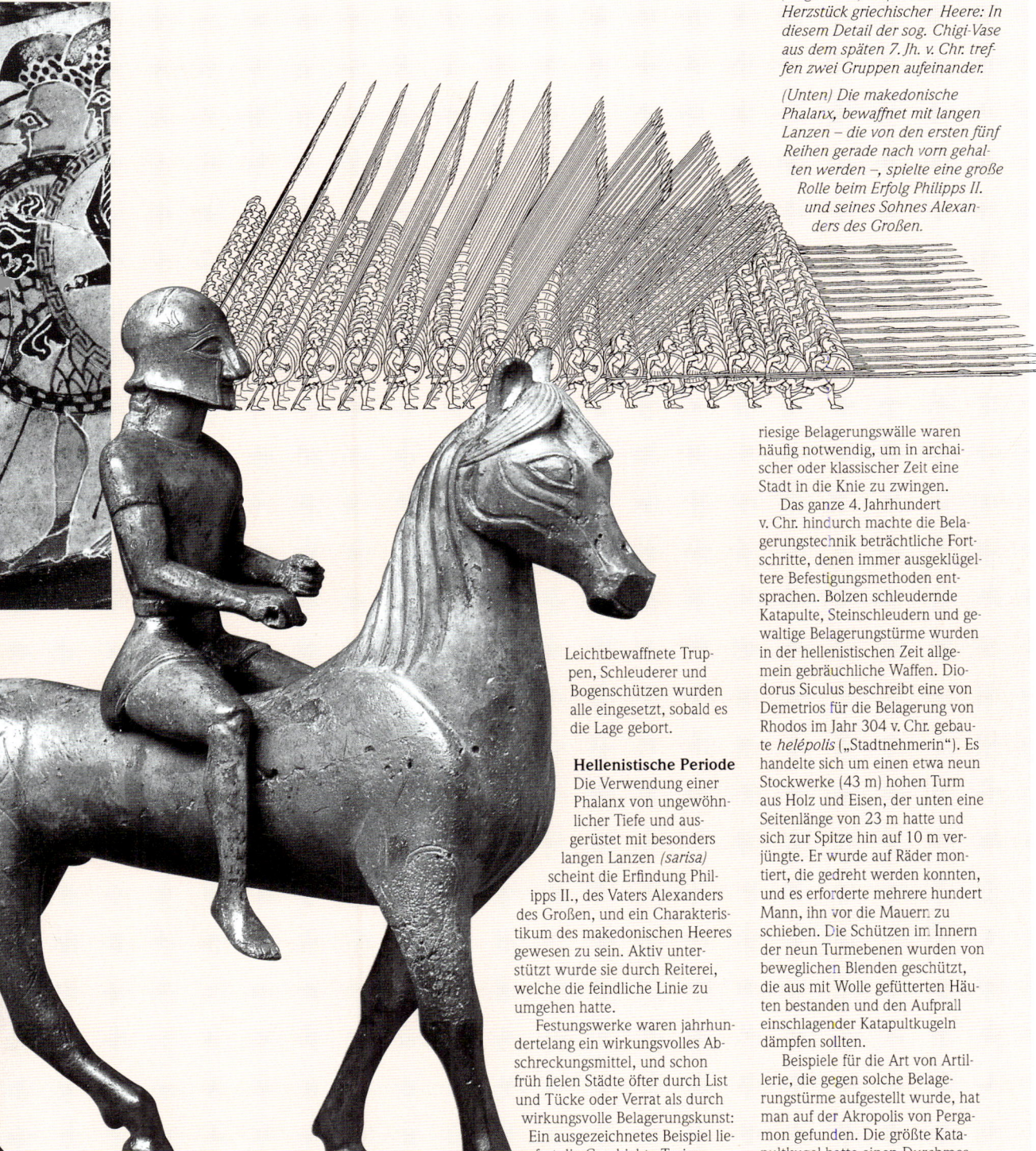

(Gegenüber) Hopliten waren das Herzstück griechischer Heere: In diesem Detail der sog. Chigi-Vase aus dem späten 7. Jh. v. Chr. treffen zwei Gruppen aufeinander.

(Unten) Die makedonische Phalanx, bewaffnet mit langen Lanzen – die von den ersten fünf Reihen gerade nach vorn gehalten werden –, spielte eine große Rolle beim Erfolg Philipps II. und seines Sohnes Alexanders des Großen.

Leichtbewaffnete Truppen, Schleuderer und Bogenschützen wurden alle eingesetzt, sobald es die Lage gebot.

Hellenistische Periode

Die Verwendung einer Phalanx von ungewöhnlicher Tiefe und ausgerüstet mit besonders langen Lanzen *(sarisa)* scheint die Erfindung Philipps II., des Vaters Alexanders des Großen, und ein Charakteristikum des makedonischen Heeres gewesen zu sein. Aktiv unterstützt wurde sie durch Reiterei, welche die feindliche Linie zu umgehen hatte.

Festungswerke waren jahrhundertelang ein wirkungsvolles Abschreckungsmittel, und schon früh fielen Städte öfter durch List und Tücke oder Verrat als durch wirkungsvolle Belagerungskunst: Ein ausgezeichnetes Beispiel liefert die Geschichte Trojas.

Enorme Geduld und/oder riesige Belagerungswälle waren häufig notwendig, um in archaischer oder klassischer Zeit eine Stadt in die Knie zu zwingen.

Das ganze 4. Jahrhundert v. Chr. hindurch machte die Belagerungstechnik beträchtliche Fortschritte, denen immer ausgeklügeltere Befestigungsmethoden entsprachen. Bolzen schleudernde Katapulte, Steinschleudern und gewaltige Belagerungstürme wurden in der hellenistischen Zeit allgemein gebräuchliche Waffen. Diodorus Siculus beschreibt eine von Demetrios für die Belagerung von Rhodos im Jahr 304 v. Chr. gebaute *helépolis* („Stadtnehmerin"). Es handelte sich um einen etwa neun Stockwerke (43 m) hohen Turm aus Holz und Eisen, der unten eine Seitenlänge von 23 m hatte und sich zur Spitze hin auf 10 m verjüngte. Er wurde auf Räder montiert, die gedreht werden konnten, und es erforderte mehrere hundert Mann, ihn vor die Mauern zu schieben. Die Schützen im Innern der neun Turmebenen wurden von beweglichen Blenden geschützt, die aus mit Wolle gefütterten Häuten bestanden und den Aufprall einschlagender Katapultkugeln dämpfen sollten.

Beispiele für die Art von Artillerie, die gegen solche Belagerungstürme aufgestellt wurde, hat man auf der Akropolis von Pergamon gefunden. Die größte Katapultkugel hatte einen Durchmesser von 41 cm und wog 75 kg.

VI

Das klassische Athen

Was aber der Stadt Athen den köstlichsten Schmuck schenkte, was bei den anderen Völkern staunende Bewunderung weckte und heute allein noch für Griechenland Zeugnis davon ablegt, dass des attischen Reiches Macht und Herrlichkeit in den alten Zeiten keine leere Dichtung ist (...), [waren] die Bauten des Perikles."

Plutarch, *Perikles* 12 und 13

Athen als Stadt rangierte bei vielen der Errungenschaften Griechenlands, die wir heute bewundern und denen wir nacheifern, an erster Stelle: Architektur, Theater, Kunst, Philosophie und Regierung. Man sollte festhalten, dass nicht nur gebürtige Athener die Stadt überragend machten. Ihre enorme Größe schuf beispiellose Gelegenheiten, und Menschen aus dem ganzen Mittelmeerraum zog es dorthin. Verblüffende 40 Prozent der identifizierbaren Grabsteine aus Athen gehören Fremden, griechischen und sonstigen. Sie alle trugen zu einer Kultur bei, die einen Maßstab setzte, an dem heute die meisten anderen Gesellschaften gemessen werden. Staatsmänner und Dramatiker, Geschichtsschreiber und Künstler, Philosophen und Redner, wie Thukydides, Aischylos, Sokrates, Pheidias, Demosthenes und Praxiteles, gelangten hier im 5. und 4. Jahrhundert v. Chr., als Athen der mächtigste Stadtstaat in Griechenland war, zur vollen Entfaltung. Auch die politische Institution der Demokratie schlug unter Anleitung von Solon, Kleisthenes, Themistokles und Perikles hier Wurzeln. Selbst als seine politische, wirtschaftliche und militärische Bedeutung schwand, blieb Athen jahrhundertelang ein einflussreiches kulturelles und erzieherisches Zentrum, das bis zum 6. Jahrhundert n. Chr. Lehrer und Schüler der Philosophie, Logik und Rhetorik anzog.

Ansicht der Akropolis von Nordwesten, mit der Agora, dem Marktplatz und Verwaltungszentrum der Stadt, im Vordergrund.

Der Aufstieg Athens

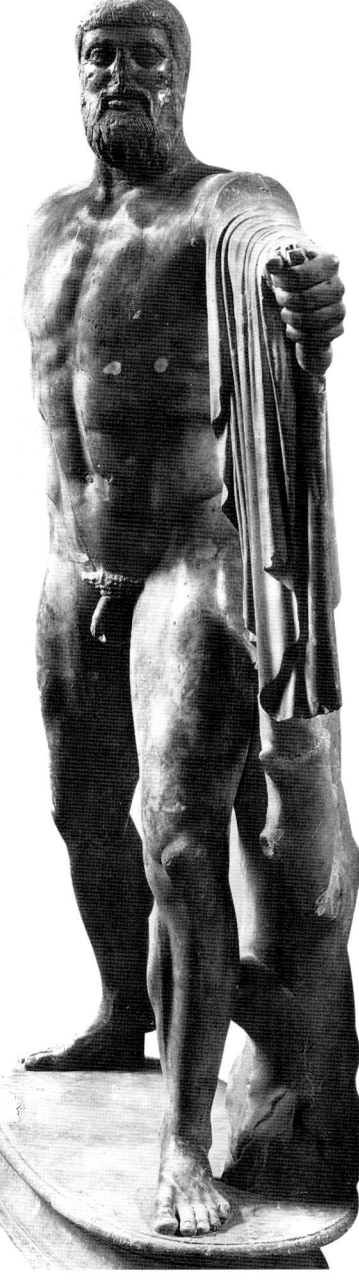

Die Tyrannenmörder Harmodios und Aristogeiton, die Hipparchos ermordeten; römische Kopien in Marmor der bronzenen Originale, die im Jahr 477 v. Chr. auf der Agora von Athen aufgestellt wurden.

Die Frühgeschichte Athens ist ganz so wie die der anderen griechischer Zentren; die Stadt gedieh in der Bronzezeit, war aber nicht weiter bemerkenswert. Theseus war der lokale Held, und die Archäologie hat reiche, wenngleich keine spektakulären Gräber und eine große Befestigungsmauer rund um die Akropolis zum Vorschein gebracht, die vermutlich einen Palast schützte, den spätere Bautätigkeit vollständig verschwinden ließ. Ebenfalls wie die anderen Zentren versank auch Athen in einem Dunklen Zeitalter; die Dorer zogen Richtung Peloponnes vorbei, und Athen beteiligte sich lebhaft an der Ionischen Wanderung.

In der archaischen Periode herrschten Adelsgeschlechter, bis Spannungen zu Beginn des 6. Jahrhunderts zur Berufung Solons führten, der eine gerechtere Gesetzgebung entwerfen sollte. Fortgesetzte Unruhen erlaubten einem Mann namens Peisistratos, sich später in dem Jahrhundert zum Tyrannen aufzuwerfen. Seine Herrschaft stand im Zeichen des Baus von Tempeln und eines Wasserversorgungssystems (S. 79), und seinen Söhnen wird das Verdienst zugeschrieben, bedeutende Dichter an ihrem Hof angezogen zu haben. Als ein Sohn, Hipparchos, bei einer Liebesfehde getötet wurde, gestaltete sich die Herrschaft des Hinterbliebenen Hippias weit strenger, und im Jahr 510 v. Chr. vertrieben die Athener ihn mit spartanischer Hilfe.

*Die Akropolis von Athen, von Süd-
westen aus gesehen. Links die
Propyläen und der Tempel der
Athena Nike, in der Mitte das Erechtheion und rechts der Parthenon.*

Nach zwei Jahren des Streits schuf Kleisthenes eine neue Form der Regierung – eine Demokratie, die
das von den Adelsfamilien behauptete Machtmonopol
brechen sollte. Militärische Erfolge der Athener in Boiotien und Euboia im Jahr 506 v. Chr. und gegen die
Perser im Jahr 490 v. Chr. bei Marathon beförderten
Athen unter die ersten Städte Griechenlands. Erhöht
wurde dieser Ruf durch den Erfolg der athenischen
Flotte bei Salamis im Jahr 480 v. Chr., obwohl Athen
als Folge der totalen Zerstörung der Stadt durch die
Perser vollständig wiederaufgebaut werden musste.

Das 5. Jahrhundert erlebte den fortwährenden Aufstieg der Stadt an die Spitze eines Bundes ein wenig
widerstrebender Verbündeter auf den Inseln und in Ionien. Unter Perikles führten die Athener ein Programm zum Bau neuer Tempel auf der Akropolis und
im außerhalb gelegenen Territorium Attikas durch und
errichteten die schönsten erhaltenen Beispiele griechischer Architektur. Der ausgedehnte Peloponnesische Krieg mit Sparta nahm die Kräfte Athens das gesamte letzte Drittel des 5. Jahrhunderts hindurch bis
zur Niederlage der Stadt 404/03 v. Chr. in Anspruch.
Nach einem kurzen Niedergang wandte sich Athens
Geschick im 4. Jahrhundert v. Chr. wieder zum Besseren – bis zu einer Niederlage durch Philipp von Makedonien bei Chaironeia im Jahr 338 v. Chr. Danach

wird die athenische Geschichte, wie die aller griechischen *poleis*, im Rahmen der größeren hellenistischen Königreiche und Bündnisse, die aus Alexanders Eroberungen und vorzeitigem Tod
hervorgingen, geschrieben.

Trotz des Verlusts politischer, militärischer
und wirtschaftlicher Macht blieb Athen über
Jahrhunderte das kulturelle und pädagogische Zentrum der Mittelmeerwelt. Hellenistische Fürsten und später römische Adlige kamen sowohl, um Philosophie, Rhetorik
und Logik zu studieren, als auch, um die alten
Monumente zu besichtigen. Konzertsäle, Bibliotheken und philosophische Schulen
schmückten die Stadt, bis ihre heidnischen Überlieferungen sich als zu bedrohlich für die herrschende christliche
Ordnung erwiesen, und im Jahr 529
n. Chr. verbot Kaiser Justinian allen Heiden, in Athen Philosophie zu lehren.

*Büste des Gesetzgebers Solon
aus römischer Zeit.*

Regierungsform und Rechtswesen

(Seite gegenüber) Losmarken für die Auslosung von Ämtern, 450–425 v. Chr. (oben). Die meisten athenischen Ämter wurden durch Auslosung und nicht durch Wahl besetzt. Tönerne Marken mit unregelmäßig geformten Kanten waren eine Methode, Einzelpersonen oder Gruppen ihren offiziellen Pflichten zuzuordnen.

(Unten) Architekten der athenischen Demokratie: Themistokles (links) und Perikles (rechts).

(Mitte) Die Agora von Athen, Marktplatz und Verwaltungszentrum der Stadt. Der Tempel des Hephaistos überblickt den Platz von Westen aus. Die Stätte wurde von der American School of Classical Studies in Athen ausgegraben.

Ein vorbereitender Schritt in Richtung Demokratie wurde im frühen 6. Jahrhundert v. Chr. unter Solon gemacht, als er das Recht einführte, sich an ein Volksgericht zu wenden, das alle Schichten der Bürgerschaft umfassen sollte; bis dahin hatten Beamte die Macht gehabt, die meisten Fälle ohne weitere Berufung zu entscheiden. Der nächste entscheidende Schritt vollzog sich 508/07 v. Chr. unter der Führung von Kleisthenes, über dessen Person wir so gut wie nichts wissen. Alle Athener wurden in zehn neu organisierte Phylen („Stämme“) eingeteilt, die die Grundlagen für die meisten ihrer Rechte und Pflichten als Bürger bildeten. Sie kämpften in Kontingenten nach Phylen, amtierten eingeteilt nach Phylen in der *boulé* (Rat), verwalteten mit den anderen Angehörigen ihrer Phyle einen bestimmten gemeinsamen Besitz und hatten einen gemeinsamen Phylen-Heroen. Dies letzte beinhaltete Opfer und auch Festmähler mit den Phylengenossen. All diese politischen, militärischen und sozialen Kontakte schufen neue Bande der Loyalität zur Phyle anstatt wie früher zu irgendeiner einzelnen Adelsfamilie, deren Angehörige jetzt unter die neuen Phylen verstreut waren. Auf diesen grundlegenden Fundamenten wurde, verfochten von Führern wie Themistokles und Perikles, stufenweise im Laufe der Jahrzehnte die Struktur einer demokratischen Gesellschaft errichtet. Die Schaffung der Demokratie war dabei ein langer Prozess und nicht so sehr ein einmaliger Akt, doch

Athen war nicht vollkommen demokratisch: Frauen, Sklaven und ausländische Bewohner hatten bei der Leitung des Staates wenig oder gar nichts zu sagen.

Das grundlegende Konzept der athenischen Demokratie und ihrer Funktionsweise ist für uns in der *Verfassung der Athener* dargelegt, die Aristoteles zu-

geschrieben und auf die Zeit um 325 v. Chr. datiert wird (S. 81). Die Regierung war in drei Bereiche untergliedert: einen legislativen, einen administrativen und einen judikativen. Die Gesetze durchliefen zwei Körperschaften, die *ekklesía* (Volksversammlung) und die *boulé* (Rat). Die *ekklesía* bestand aus allen männlichen Bürgern, die sich etwa alle zehn Tage zu versammeln pflegten, um über die von der *boulé* gebilligten Gesetze abzustimmen. Die *boulé* hatte 500 Mitglieder,

50 aus jeder der zehn Phylen: Sie amtierten für die Periode eines Jahres und traten täglich zusammen, mit Ausnahme von Festtagen. Gelegentlich wurde ein spezieller Ausschuss von Gesetzgebern *(nomothétai)* eingesetzt, um neue Gesetze zu entwerfen.

Zahlreiche Beamte leiteten die Stadt verwaltungstechnisch im täglich wechselnden Turnus. Oberste Beamte waren die neun Archonten: der Archon Epónymos (nach dem das Jahr benannt wurde); der Archon Basileús („König"), verantwortlich für religiöse Fragen und die Gesetze; der Polémarchos („Kriegsoberster"), der für einige militärische Fragen und auch für Ausländer verantwortlich war; sowie sechs *thesmothétai* (als Rechtspfleger und Prozessbehörde).

Eine Vielzahl niedrigerer Beamter und Gremien war für verschiedene öffentliche Angelegenheiten verantwortlich: Steuerfragen, Getreide- und Wasserversorgung, Maße und Gewichte, Polizei und dergleichen. Im Einklang mit demokratischen Idealen wurden die höchsten Beamten ausgelost statt gewählt. Doch Geld, Wasserversorgung und militärische Angelegenheiten sind einfach zu wichtig, um sie dem Zufall der Auslosung zu überlassen, eine Handvoll Positionen wurde daher per Wahl besetzt: bestimmte Finanzbeamte, der Wasserbeauftragte und die – aus jeder Phyle einer – Generäle (Strategen). Dies waren die wirklichen Machtpositionen. Wir sprechen vom „perikleischen Athen", doch Perikles war niemals der höchste Beamte; er wurde Jahr für Jahr, von 443 v. Chr. bis zu seinem Tod 429 v. Chr., zum Strategen

Um Manipulationen zu verhindern, wurden die Geschworenen für das Volksgericht mittels Losmaschinen (unten, gefunden bei den Ausgrabungen auf der Agora) aus der großen Masse wählbarer Bürger ausgelost.

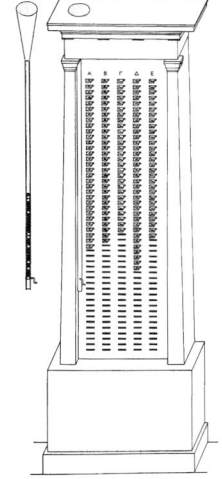

seiner Phyle gewählt und beeinflusste die staatliche Politik von dieser Stellung aus.

Die Gerichtshöfe waren äußerst wichtig; Verwaltungsbeamte mochten verfügen und Versammlungen konnten Gesetze erlassen, aber es oblag – wie heute – den Gerichten, zu entscheiden, ob das Gesetz verfassungsmäßig und wie es zu interpretieren sei. Jedoch wurde die Entscheidung einem Volksgericht aus normalen Bürgern und nicht einer Handvoll spezialisierter Juristen übertragen. Das athenische Geschworenengericht *(heliaía)* umfasste mindestens 201 Mit-

glieder, 501 war keineswegs ungewöhnlich, und man weiß von Geschworenengerichten mit 2501 Köpfen, so dass jeder Gerichtsentscheid eigentlich ein Referendum im Kleinen war. Was es nicht gab, war Gewaltenteilung; alle drei Zweige der Regierung bestanden aus normalen Bürgern, die fast alle durch das Los bestimmt wurden.

Wenn diese verschiedenen Verfahrensweisen und Ämter uns heute noch vertraut sind, so hat ein Aspekt der athenischen Demokratie die Zeiten nicht überdauert: der Ostrakismos. Als die Perser 490 v. Chr. bei Marathon landeten, wurden sie von Hippias geführt, dem alten Tyrannen Athens, der hoffte, nach einem persischen Sieg wieder an die Macht zu gelangen. Die Ereignisse nahmen einen anderen Verlauf, aber das Wiederauftauchen ihres alten Tyrannen bereitete den Athenern ein wenig Sorge, was die Sicherheit der Demokratie betraf, derer sie sich seit 18 Jahren erfreuten, und zu deren Schutz wandten sie das Verfahren des Ostrakismos an.

Alle Athener pflegten einmal im Jahr über die Frage abzustimmen: Strebt irgend jemand eine Tyrannis an? Votierte eine einfache Mehrheit mit Ja, dann kamen die Bürger zwei Monate später erneut zusammen und brachten diesmal ein *óstrakon* (Tonscherbe) mit, in das sie den Namen des Mannes eingeritzt hatten, der ihrer Ansicht nach eine Gefahr für die Demokra-

Auswahl von Ostraka von der athenischen 9.Jahrheschrieben mit den Namen athenischer Führer (484–443 v. Chr.): (im Uhrzeigersinn von oben links) Aristeides Sohn des Lysimachos, Themistokles Sohn des Neokles aus Phrearoi, Perikles Sohn des Xanthippos, und Kimon Sohn des Miltiades. Geschrieben von Einzelpersonen, werfen sie ein Licht auf die Lese- und Schreibfähigkeit des Durchschnittsatheners. Fast 10 000 Beispiele wurden auf der Agora und bei den deutschen Ausgrabungen des Töpferviertels (Kerameikos) gefunden.

Demokratie

Die Demokratie krönt den Demos (das Volk von Athen): Relief zu einem Gesetz gegen die Tyrannis. Das Dekret verbietet jeglicher gesetzgebenden Körperschaft, bei ihren Zusammenkünften Vorschläge zu beraten, die von einem Tyrannen kommen, und garantiert, dass, wer auch immer den Tyrannen tötet, nicht wegen Mordes verfolgt werden soll. Das Gesetz wurde 336 v. Chr. verabschiedet, nach der Niederlage bei Chaironeia 338 v. Chr., zu einer Zeit, als die Athener sich um die Stärke ihrer Demokratie sorgten.

tie darstellte. Der Mann mit den meisten Stimmen verlor und wurde für zehn Jahre verbannt. In den frühen Jahren des 5. Jahrhunderts nahmen die meisten prominenten athenischen Politiker einen dieser zehnjährigen Zwangsurlaube: Xanthippos, Aristeides, Themistokles, Kimon und viele andere.

Seit 1931 werden auf der Agora von Athen Ausgrabungen durchgeführt. Das Gebiet war vom Mittelalter bis zur Neuzeit dicht bewohnt, und man hat etwa 400 Häuser abgerissen, um die Freilegung des antiken Verwaltungszentrums zu ermöglichen. Die Gebäude sind im Allgemeinen schlecht erhalten, aber die sorgfältige Arbeit amerikanischer Archäologen gestattete zusammen mit den ergiebigen schriftlichen Quellen für Athen die Rekonstruktion eines bemerkenswert vollständigen Bildes des Geburtsortes der Demokratie. Zu den freigelegten Bauwerken gehören das *bouleutérion* (Sitz des Rates der Fünfhundert oder *boulé*), das Prytaneion (der Amtssitz der 50 Prytanen, des geschäftsführenden Ausschusses der *boulé*) in Form einer Tholos (Rundbau), das Archivgebäude, die Stoa (Säulenhalle) des Zeus Eleuthérios (Amtssitz des Archon Basileús), mehrere Gerichtshöfe und eine Münzstätte. Viele der 7500 Inschriften auf Marmor bewahren den Text von Gesetzen, Verträgen, öffentlichen Ehrungen und die Verzeichnisse zahlreicher Beamter.

Bronzene Stimmscheiben, die von athenischen Geschworenen benutzt wurden, um ein Urteil anzuzeigen, 4. Jh. v. Chr. Geschworene erhielten zwei solcher Scheiben (in die „öffentliche Wahl" eingeritzt war), eine mit durchbohrter Achse (für schuldig) und eine mit massiver Achse (Freispruch); der Geschworene konnte seine Entscheidung verbergen, indem er die Scheibe zwischen Daumen und Zeigefinger hielt und so die Achse verdeckte.

Zu den kleinen Gegenständen, die bei der tagtäglichen Verwaltungsarbeit der Gerichte benutzt wurden, gehören Auslosungsmaschinen für die Auslosung der Geschworenengerichte, Wasseruhren zum Stoppen der Redezeit, bronzene Stimmscheiben, die von den Geschworenen zur Verkündung eines Urteils benutzt wurden, und Wertmarken zur Bezahlung der Geschworenen. Andere geborgene staatliche Altertümer umfassen das Archiv der Reiterei, Sätze offizieller Maße und Gewichte und Hunderte von *óstraka*, die verwendet wurden, um übertrieben ehrgeizige Politiker aus dem Amt zu wählen.

Eines der kostbarsten Geschenke des antiken Griechenlands, das eine Erfindung der Athener gewesen zu sein scheint, ist das Konzept der Demokratie: die Vorstellung, dass alle Menschen sich selbst regieren können und sollten (*dêmos* + *krátos* = „Volk+ Macht"; das „Volk" beschränkt sich jedoch auf die freien männlichen Erwachsenen mit athenischem Bürgerrecht). Während des größten Teils der Geschichte wurden Menschen von einem einzelnen Individuum oder einer kleinen Gruppe regiert, mit begrenzter Kontrolle über die Entscheidungen, die ihr Leben bestimmen. Neu war die Idee, dass Individuen gleichen Zugang zu politischer Macht haben sollten und zu herrschen und dann wieder beherrscht zu werden. In Athen amtierten Bürger der Reihe nach als Beamte, Ratsherren und Geschworene. Mit Ausnahme von ein oder zwei Ämtern, die mit Festen befasst waren, wechselte die gesamte Regierung jedes Jahr; dies erforderte und produzierte eine detaillierte Buchführung, oftmals auf Stein. Obwohl gewöhn-

lich auf 507 v. Chr. und die Reformen des Kleisthenes datiert, sollte man sich die Schaffung der Demokratie wahrscheinlich mehr als einen Prozess denn als ein Ereignis vorstellen, das Endresultat mehrerer wichtiger Entwicklungen, die im Laufe der Zeit stattfanden.

1. Zu Beginn des 6. Jahrhunderts v. Chr. gab Solon dem Volk das Recht der Berufung vor den Gerichtshöfen (und nicht vor adligen Beamten) und erlaubte jedem, als Geschworener in diesen Gerichten zu sitzen. Wie beim amerikanischen System hatte der judikative Zweig das letzte Wort über exekutiven und legislativen Entscheidungen, also sind vom ganzen Volk besetzte Geschworenengerichte das Fundament, auf dem die Demokratie errichtet wurde.

2. Im Jahr 508/07 v. Chr. schuf Kleisthenes eine neue Phylen-(Stammes-)Ordnung aus zehn Phylen als reine Verwaltungsgliederung, dadurch wurde der Einfluss der alten Adelsgeschlechter gebrochen, deren Macht auf der Kontrolle über historisch angestammte Gegenden Attikas beruht hatte. Das Bürgerrecht lag nun

zusammen mit den meisten Rechten und (politischen, militärischen und sozialen) Privilegien größtenteils in den Händen der Phylen, und die Bande der Loyalität zu den Sippen wurden allmählich aufgelöst.

3. Indem er Athen als Seemacht förderte, veränderte Themistokles im frühen 5. Jahrhundert die politische Landschaft der Stadt. Die Tausende von Ruderern, denen Athen nun seine militärische Schlagkraft verdankte, erwarteten einen größeren Anteil an der politischen Macht auf Kosten derjenigen, die das kleine Landheer bildeten, der wohlhabenderen Einzelpersonen, die sich eine komplette Rüstung leisten konnten.

4. Politische Macht ist eine schöne Sache, aber nur wenn man es sich leisten kann, sie auszuüben. Mitte des 5. Jahrhunderts, während der Amtszeit des Perikles, wurden Bezüge für die Teilnahme an Sitzungen des Rats und der Volksversammlung und auch für die Schöffenpflicht eingeführt, so dass arme Bürger es sich tatsächlich leisten konnten, am öffentlichen Leben der Stadt teilzunehmen.

Bis zum 4. Jahrhundert war die Demokratie so voll ausgebildet, wie Aristoteles es in seiner *Verfassung der Athener* beschreibt. Was ihren Wert betraf, hatten viele Athener, darunter mehrere Philosophen, erhebliche Zweifel. Natürlich war das System nach modernen Maßstäben kaum demokratisch. Frauen waren vom Wählen ausgeschlossen, und Athen war eine Sklavengesellschaft. Ebenfalls nicht repräsentiert waren Tausende Bürger anderer griechischer Städte, die in Athen lebten und arbeiteten. Die aktive Teilnahme beschränkte sich auf einen winzigen Prozentsatz der Gesamtbevölkerung der Stadt.

Trotz dieser Mängel entwickelten sich mit der Zeit Vorstellungen von einer vollen und gleichen Staatsbürgerschaft, ein gemeinsames bürgerliches Bewusstsein sowie das Zusammengehörigkeitsgefühl des *dêmos* (Volk) und führten zu einer vollkommen neuen athenischen Gesellschaft, einer Gesellschaft, die in der Realität zweihundert Jahre andauerte und 2500 Jahre lang ein Ideal blieb.

Handel und Gewerbe

Denn in Athen wird alles an demselben Orte zum Verkauf gelangen: Feigen, Aufseher und Trauben wie auch weiße Rüben, Birnen, Äpfel, Zeugen, Rosen, dann Mispeln, Würste, Honigwaben, Kichererbsen und Prozesse, auch Erstmilch, Quark und Myrten, Wahlurnen, Hyazinthen, Hammel, Wasseruhren, Vorschriften, Gesetzestexte.

Athenaios,
Das Gelehrtenmahl, XIV, 640b-c
(Mnesimachos zitierend,
4. Jh. v. Chr.)

Die Agora war nicht nur das Verwaltungszentrum, sondern auch der Hauptmarktplatz Athens. Auf dem großen offenen Platz wurden provisorische Stände und Buden aufgestellt, und in der Nähe gab es festere Läden. Bei den Ausgrabungen wurden mehrere kleine Ladengebäude gefunden, die Zeugnisse lebhaften, bunten Handels liefern: Entdeckt wurden Töpfer, Banken, Choroplasten (Hersteller von Terrakotta-Statuetten), Bildhauer, Bronzegießer, Eisengießereien, Schuhmacher, Beinschnitzer und Weinläden.

Andere Waren strömten aus dem gesamten Mittelmeerraum nach Athen, und Piräus, der Hafen von Athen, war ein gewaltiges Handelszentrum. Den Haupthafen säumten Kolonnaden, wo Waren in riesiger Auswahl ausgestellt und verkauft wurden. Der Hafen war selber eine gewaltige Stadt, mit zwei Agora-Anlagen und zwei Theatern, und entsprechend waren viele Gruppen athenischer Staatsbeamter aufgeteilt: Der einen Hälfte war die Überwachung der Agora im nördlichen Stadtteil zugewiesen, die andere Hälfte hatte den Handel in Piräus zu beaufsichtigen. Wie die meisten Häfen war Piräus ein kosmopolitischer Ort, viele Metoiken (ansässige Fremde), sowohl Griechen als auch Ausländer, lebten hier, einige von ihnen in genügend großen Gruppen, dass sie auch ihre eigenen Götter importierten: Zyprioten (Aphrodite), Ägypter (Isis) und Thraker (Bendis). Vielen ging es tatsächlich sehr gut; eines der größten Gräber in Attika, errichtet aus Marmor und geschmückt mit gemeißelten Friesen und drei lebensgroßen Statuen, ist das

(Oben rechts) Rotfigurige Schale des Erzgießerei-Malers, ca. 480–470 v. Chr., gefunden in Vulci; sie zeigt eine Bildhauerwerkstatt (man achte auf den Kopf einer Statue unten rechts). Gewerbliche Einrichtungen in Gestalt von Bronzeguss-Gruben, Eisengießereien und Töpferöfen wurden überall in Athen gefunden.

(Rechts) Eine Terrakotta-Frauengruppe bei der Brotherstellung; aus Boiotien, 5. Jh. v. Chr.

eines Geschäftsmannes aus der Schwarzmeerstadt Istria.

Neben Ausländern waren Sklaven der andere Motor, der die Wirtschaft antrieb. Genaue Zahlen sind schwer zu bekommen, aber es müssen Zehntausende gewesen sein.

Ihr Status variierte gewaltig. Am unteren Ende der Skala standen diejenigen, die in den Silberminen von Laureion arbeiteten und ein kurzes und mühseliges Leben erwarten konnten. Abrechnungen über Tempelbauarbeiten deuten darauf hin, dass manche Sklaven als Künstler Seite an Seite mit athenischen Bürgern und ansässigen Fremden arbeiteten und densel-

ben Tageslohn von einer Drachme erhielten – obwohl wir nicht erfahren, wie diese Summe mit ihren Herren geteilt wurde.

Andere Sklaven gehörten dem Staat und erledigten im wesentlichen Büroarbeiten; ihr Los dürfte besser gewesen sein, obwohl ihre Strafe, wenn sie Fehler machten, in Prügeln bestand statt der Bürger-Beamten auferlegten Geldbuße. An der Spitze der Skala standen überraschenderweise einige Bankiers, die gewaltige Finanzmittel kontrollierten. Sklaven konnten sich ihre Freiheit erkaufen und taten es gelegentlich auch, obwohl das natürlich nicht unbedingt zu athenischen Bürgern machte.

Ein Auge auf der Zeit

Funktionierende Kopie eines einzigartigen Beispiels einer Klepsydra (Wasseruhr) aus Athen von der athenischen Agora, ca. 400 v. Chr. Die aufgemalte Inschrift dokumentiert, dass sie der Phyle Antichis gehörte und zwei choaí („Güsse“) Wasser enthielt. Sie läuft etwa sechs Minuten, es gab jedoch auch größere Beispiele – wie aus Hinweisen in verschiedenen erhaltenen Gerichtsreden ersichtlich ist.

Die Griechen bevorzugten über lange Zeitabschnitte hinweg Genealogien und Generationszählungen, was im Durchschnitt 30 Jahre pro Generation erlaubte – nicht unähnlich den „Geschlechtsregistern“ am Anfang der Bibel. Solche Genealogien ermöglichten den klassischen Griechen, über die Jahrhunderte rückwärts bis zu den früheren heroischen Zeiten von Herakles, Theseus und Jason und mit dem Trojanischen Krieg, den Abenteuern des Odysseus und der kalydonischen Eberjagd verbundenen kühnen Taten zu zählen.

Lokale Daten pflegte man auf der Basis lokaler Helden, Könige, Beamter oder Priesterschaften zu berechnen. Im 8. Jahrhundert v. Chr. wurde die Zeitrechnung mit der Gründung der Olympischen Spiele, die allgemein auf das Jahr 776 v. Chr. datiert wird, ein wenig vereinheitlicht. Dieses Jahr diente als von den meisten Griechen akzeptierter Ausgangspunkt zur Aufzeichnung der nachfolgen-

den Ereignisse, und es ermöglichte Querbezüge zwischen den Datierungssystemen einzelner Städte herzustellen.

Auf lokaler Ebene hatten die meisten griechischen Städte ihren eigenen Jahreskalender, mit ihrer eigenen Monatsabfolge, der manchmal dem Kalender einer anderen Stadt entsprach. Für unterschiedliche Zwecke, beispielsweise religiöse im Gegensatz zu politischen Aktivitäten, wurden sowohl Mond- als auch Sonnenzyklus verwendet, und wenn es zu einer starken Abweichung zwischen den beiden Kalendern kam, pflegte man Extra-Tage oder sogar -Monate einzuschalten, bis sie wieder in Übereinstimmung gebracht waren. Diese unterschiedlichen, gleichzeitig in Gebrauch befindlichen Kalender sind oft schwer zu rekonstruieren, waren aber vermutlich für einen Bürger der Antike nicht schwerer zu begreifen als unsere Fähigkeit, gleichzeitig an das Kalenderjahr, das Steuerjahr und das Schuljahr

mit ihren je eigenen Anfangspunkten und besonderen Unterteilungen zu denken. Das athenische Jahr begann ungefähr im Hochsommer, so dass ein in heutiger Rechnung als 425/24 v. Chr. ausgewiesenes Datum die zwölf Monate von Juli 425 v. Chr. bis Ende Juni 424 v. Chr. meint.

Im Ablauf des Tages markierte die Bewegung der Sonne das Verstreichen der Zeit, das oft durch Sonnenuhren registriert wurde. Allerdings wurde Zeit im Altertum in jahreszeitbezogenen (und nicht in normierten) Stunden gemessen; das bedeutet, dass der Zeitraum des Sonnenlichts jeden Tag in zwölf Stunden unterteilt wird, was wiederum längere Stunden im Sommer und kürzere Stunden im Winter bedeutet. Die frühesten noch vorhandenen Sonnenuhren datieren aus dem 3. Jahrhundert v. Chr.

Ebenso in Gebrauch waren Wasseruhren, die im 3. und 2. Jahrhundert v. Chr. immer ausgeklügelter wurden und funktio-

nierten, ob die Sonne schien oder nicht. Sie wurden vor allem benutzt, wenn es um die Berechnung von Zeiten kürzer als eine Stunde ging. Ein in Athen gefundenes einzigartiges Beispiel aus Terrakotta diente dazu, die Reden in den Gerichtshöfen zu stoppen, indem jeder Redner für seine Rede die gleiche Menge Wasser erhielt. Auch hören wir von einer Prostituierten, die als Klepsydra (Wasseruhr) bekannt war, weil sie eine solche benutzte, um die Zeit ihrer Kunden zu messen. Technik und Mathematik von Sonnen- wie von Wasseruhren waren aus Ägypten entlehnt.

An präziserer Zeitmessung scheint kein Interesse bestanden zu haben, und wir hatten deshalb keinen Sinn für „Rekorde“ in Laufwettbewerben bei so etwas wie den Olympischen Spielen. Große Läufer erkannte man an ihrer Fähigkeit, viele Jahre lang bei zahlreichen Festspielen Rennen zu gewinnen.

Das religiöse Leben

Die Akropolis von Athen, gekrönt vom Parthenon (447–432 v. Chr.); die in dem Tempel untergebrachte Kolossalstatue der Athena aus Gold und Elfenbein ist von Ton-, Marmor- und Metallkopien her bekannt. Die vollständigste und am besten erhaltene römische Kopie, die sog. Varvakeion-Athena (unten), stammt aus dem 2. Jh. n. Chr.

Wie alle Griechen verehrten auch die Athener die verschiedensten olympischen Götter und lokalen Heroen (S. 142ff.). Mehrere auf Stein erhaltene heilige Kalender führen verschiedene Feste und Opfer auf, die notwendig waren, um die Stadt gegenüber den höheren Mächten im Gleichgewicht zu halten. Obwohl viele Kulte begrenzten Personengruppen vorbehalten waren, wurden mehrere Feste von der ganzen Stadt begangen. Solche Ereignisse waren sowohl die Gelegenheit für einen – oft mehrtägigen – Urlaub als auch ein wichtiges Instrument sozialen Zusammenhalts.

Athena und die Akropolis

Von allen Kulten der wichtigste für Athen war die Verehrung der Athena, der Schutzgöttin der Stadt. Die gesamte Akropolis war ihrem Kult gewidmet – als Brennpunkt des religiösen Lebens der Stadt beherrschte die Burg die Silhouette Athens. Es war jedoch durchaus möglich, dass die Bewohner den heiligen Bezirk nur selten, an den Festtagen bestimmter Götter, aufsuchten.

Eine Vielzahl an Tempeln und privaten Weihegeschenken, die im 6. Jahrhundert v. Chr. errichtet worden waren, wurde bei der Zerstörung Athens durch die Perser im Jahr 480 v. Chr. in einem Ansturm zerstört. Ihre Überreste wurden in großen Gruben auf der

Akropolis vergraben, und die Gebäude selbst in der zweiten Hälfte des 5. Jahrhunderts v. Chr. durch drei Marmortempel und einen monumentalen Zugang ersetzt. Athen stand damals auf dem Gipfel seiner Macht und war dazu in der Lage, über die besten Materialien, Handwerker und Künstler zu verfügen, und diese Bauwerke gelten allgemein als die überragenden Beispiele klassischer griechischer Architektur. Erbaut während der Amtszeit des Perikles, war die Gesamtkonzeption des Projekts das Werk des athenischen Bildhauers Pheidias (lat. Phidias), dessen früheste Arbeit die bronzene Kolossalstatue der Athena Prómachos („Vorkämpferin") war, die um 460–450 v. Chr. als Dankesgabe für die Schlacht von Marathon auf der Akropolis aufgestellt wurde. Pheidias, ein Schüler früherer Meister, war der führende Bildhauer im Athen des 5. Jahrhunderts, und laut Plutarch soll er die schöpferische Verantwortung für das Bauprogramm im Allgemeinen gehabt haben und auch unmittelbar für die gold-elfenbeinerne Statue (siehe unten) verantwortlich zeichnen, die im Parthenon stand.

Die Propyläen

Der Eingang zu diesem großartigen Heiligtum oberhalb der Stadt war der unter dem Namen Propyläen bekannte, verschwenderisch aufwändige marmorne Torbau. Errichtet gleichzeitig in der dorischen und ionischen Ordnung wurde er in fünf Jahren (437–432 v. Chr.) unter der Leitung des Architekten Mnesikles vollendet. Den nördlichen Flügel nahm eine Bildergalerie ein, während der südliche zum Heiligtum der Athena Nike führte; die zentrale Halle besaß fünf große Türen, die Zugang zur Akropolis selbst gewährten.

Der Parthenon

Kernstück des Bauprogramms war der Parthenon. Indem sie über die Breite der Fassade acht dorische Säulen statt der kanonischen sechs benutzten, konnten die Architekten, Iktinos und Kallikrates, einen monumentaleren Tempel errichten, ohne die Größe der einzelnen Elemente tatsächlich zu erhöhen. Im Innern entstand dadurch genug Raum sowohl für eine Innenkolonnade als auch für eine über 9 m hohe aus Gold- und Elfenbein gearbeitete Statue der Athena in voller Rüstung. Gefeiert wurde Athena auch in den gemeißelten Giebelfeldern hoch oben an dem Bauwerk. Am östlichen Ende war ihre wunderbare Geburt aus dem Kopf ihres Vaters Zeus dargestellt. Ihre Mutter Metis war die Göttin der Weisheit, und weil Zeus fürchtete, sie könnte jemand klügeren als ihn selbst hervorbringen, verschlang er sie, was zu rasenden Kopfschmerzen neun Monate später führte. Alle Götter des Olymps beobachteten, gemeinsam auf den Giebelfeldern versammelt, diese erstaunliche Ankunft ihrer Schwester. Am Westende zeigte der Giebel den Wettstreit zwischen Athena und ihrem Onkel Poseidon darum, wer die Schutzgottheit Athens wäre, ein Wett-

DIE GLANZLEISTUNGEN ATHENS

Was man brauchte, waren Steine, Erz, Elfenbein, Gold, Zypressen- und Ebenholz. Zu deren Bearbeitung gehörten Arbeiter, wie Zimmerleute, Bildhauer, Kupferschmiede, Steinmetzen, Färber, Goldarbeiter, Elfenbeinarbeiter, Maler, Sticker und Bildschnitzer; für den Transport brauchte man zur See Kaufleute, Matrosen, Schiffsoffiziere, zu Lande Wagenbauer, Pferdehalter, Fuhrleute, Seiler, Leineweber, Sattler, Straßenbauer und Bergleute.

Plutarch, *Perikles* 12

Als so die Bauten emporwuchsen in ihrer stolzen Größe, unnachahmlich in dem Reiz ihrer Formen, als die Handwerker wetteiferten, das Handwerk zur Kunst emporzuheben, da war doch das Wunderbarste die Schnelligkeit.

Plutarch, *Perikles* 13

Links von den Propylaien ist ein Haus mit Gemälden. Unter denen, die nicht durch Alter unkenntlich geworden sind, befand sich ein Diomedes und ein Odysseus, dieser in Lemnos den Bogen des Philoktet holend, jener die Athena aus Ilion forttragend. Da ist aus Orest zu sehen, der den Aigisthos tötet, und Pylades, der die Söhne des Nauplios, die dem Aigisthos zu Hilfe kommen, tötet, und Polyxene, die am Grabe des Achill geschlachtet werden soll ...

Pausanias, I, 22, 6

(Oben) Der Abschnitt des Parthenon-Frieses zeigt Gestalten der athenischen Reiterei.

Ruhende männliche Figur, möglicherweise Dionysos, Herakles oder Ares, vom Ostgiebel des Parthenon.

Die Inschrift verzeichnet die im Parthenon aufbewahrten Schätze, gekrönt von einem Relief, das Athena und Erechtheus zu beiden Seiten eines Olivenbaumes zeigt; ca. 410/09 v. Chr.

streit, der offensichtlich von Athena gewonnen wurde. Andere Skulpturen zeigten Szenen aus der griechischen Mythologie, die den Triumph der Zivilisation über die Barbarei illustrierten, ein Verweis auf die griechischen Siege über die Perser: Griechen über Amazonen (Westende), Griechen gegen Kentauren (Südseite), Griechen in Troja (Nordseite) und Götter über Giganten (Ostende). Ein Fries im Innern zeigt eine große Prozession, die gewöhnlich als Teil der Panathenäen, des Festes zu Ehren der Athena. identifiziert wird. In Wirklichkeit bilden das Gebäude und seine Skulpturen eine Feier der Stadt Athen selbst, eine monumentale Weihegabe an ihre Schutzpatronin. Es diente sowohl der Unterbringung der riesigen Statue als auch als öffentliches Schatzhaus der Stadt; doch es war kein im besonderen Sinn religiöses Bauwerk. Es gibt weder einen zeitgenössischen Altar, der den Mittelpunkt der meisten religiösen Aktivitäten der Griechen bildet, noch einen bezeugten Priester oder eine Priesterin für Athena Parthenos.

Das Erechtheion

Das wichtigste kultische Bauwerk auf der Akropolis wurde später errichtet als der Parthenon; es liegt an der Nordseite der Burg und ersetzt einen früheren Tempel des 6. Jahrhunderts v. Chr. Der Reisende Pausanias, der um 150 n. Chr. nach Athen kam und besonders an religiösen Dingen interessiert war, schreibt nur zwei Sätze über den Parthenon, braucht aber volle zwei Seiten für das Erechtheion und seine Kulte. Das Bauwerk be-

herbergte ein hölzernes Kultstandbild, das grob geschnitzt und so alt war, dass es hieß, es sei vom Himmel gefallen. Das Gebäude hat mit frei stehenden Säulen im Osten, eingerückten Säulen im Westen und
zwei an Nord- und Südmauer angefügten Vorbauten
von völlig unterschiedlichen Ausmaßen und Formen
einen für einen Tempel ungewöhnlichen Zuschnitt. In
seinem Innern gibt es eine Vielzahl heiliger Stellen,
und mindestens acht Gottheiten sind mit dem Gebäude verbunden: Athena, Poseidon, Erechtheus, Zeus,
Dione, Hermes, Kekrops und Butes. Sein sonderbarer
Grundriss könnte durchaus auf die Notwendigkeit zu-
rückzuführen sein, all diese geheiligten Bereiche unter-
zubringen, und das Erechtheion ist einfach das, wonach es aussieht: ein von einem Ausschuss aus zahlreichen Priestern erbauter Tempel, die auf der Respek-
tierung gerade ihres heiligen Platzes beharrten. Der
Architekt, der buchstäblich im Schatten des Parthenon
baute, entschied sich klugerweise, nicht in direkte
Konkurrenz dazu zu treten, und wählte für sein Bauwerk den leichteren, reicher verzierten ionischen Stil
(S. 168), womit er den direkten Vergleich mit dem
dorischen Nachbarbau vermied. Der südliche Vorbau
verwendet zur Stützung des Daches in schwere Ge-
wänder drapierte Mädchenfiguren (Karyatiden) an-
stelle von Säulen (siehe auch S. 6).

Athena Nike

Der dritte Tempel der Athena war winzig und lag auf
einer kleinen Bastion unmittelbar außerhalb des Ein-
gangs zur Akropolis. Es war ein Tempel ionischer Ordnung mit vier von Ost nach West vorspringenden Säulen. Gemeißelte Friese zeigten eine Ansammlung von
Göttern und Kampfszenen. Die Kultstatue im Innern
hielt der überlieferten Beschreibung zufolge in der einen Hand einen Granatapfel und einen Helm in der anderen. Normalerweise wird der Sieg *(nike)* als geflügelte Frauenfigur dargestellt, aber da hier Athena gezeigt wurde, gibt es keine Flügel, und die Statue wurde deshalb als „ungeflügelte Nike" bekannt. Der kleine
Marmortempel ist der dritte Tempel der Athena Nike,
der auf der Bastion errichtet wurde; Überreste der früheren, einschließlich eines mit Inschriften versehenen
Altars, wurden tief darunter vergraben gefunden.

Andere Kulte

Athena wurde auf der Akropolis noch in vielfach anderer Gesalt verehrt. Unmittelbar im Innern des Zugangs gab es einen Altar und ein Standbild der Athena Hygíeia (Gesundheit), und zahlreiche weitere
Weihgeschenke bewahrten unterschiedliche Formen
ihres Namens, wie Ergane (Arbeiterin) und Promachos
(Vorkämpferin). Neben Athena wurde auf der Akropolis auch anderen Göttern gehuldigt, und man ehrte
sie mit Tempeln, Altären und Standbildern: Zeus Poli-
ás, Poseidon, Artemis, Erde (Gê) und die zahlreichen
in und um das Erechtheion wohnenden Gottheiten.

Die Karyatiden (als Säulen dienende Mädchenfiguren) am
südlichen Vorbau des Erechtheions (ca. 430–410 v. Chr.). Ihre
genaue Erklärung ist unsicher.

(Unten) Der kleine ionische Tempel der Athena Nike auf der Akropolis, ca. 435–425 v. Chr.

Die Panathenäen

Das höchste Fest der Athena, die Panathenäen, wurde jedes Jahr im Sommer (etwa im Juli) abgehalten, im ersten Monat des athenischen Jahres, am 28. Hekatombaión, der überlicherweise als ihr Geburtstag anerkannt wurde. Aus bescheidensten Anfängen entwickelten sie sich zusammen mit Athen zu einer riesigen Staatsfeier mit mehreren verschiedenen Teilen. Höhepunkt war ein großer Umzug zu Ehren der Göttin.

Die Prozession wird von Aristophanes beschrieben, und die meisten Forscher – wenngleich nicht alle – glauben, dass sie auch auf dem Parthenon-Fries dargestellt ist. Sie bestand aus Priestern und Kultbeamten, den Stadtältesten , Dienerinnen, die Körbe, Hocker, Sonnenschirme und metallene Tabletts mit Gaben trugen, aus Flöten- und Kitharaspielern, Leuten, die Olivenzweige hielten, Opfertieren (Stiere und Widder) und großen Reitertrupps mit ihren Pferden. Der Umzug brach am Hauptstadttor auf, überquerte die Agora und schlängelte sich den Weg zur Akropolis hin. Hier wurde dem Standbild der Göttin ein frisch gewebtes Gewand *(péplos)* überreicht. In späteren Zeiten wurde dieses Kleid deutlich sichtbar zur Schau gestellt, indem man es als Segel an ein Schiff hängte, das als Teil der Prozession mitgezogen wurde. Einhundert Stiere wurden geopfert, und das gesamte Fleisch wurde zu einem großen gemeinschaftlichen Festmahl in die Unterstadt geschafft.

Bis 556 v. Chr. war das Programm um eine Reihe sportlicher Spiele ergänzt worden, und alle vier Jahre

(Unten rechts) Panathenäische Preisamphora, hergestellt zur Aufnahme des Öls, das bei vielen Wettkämpfen als Preis vergeben wurde. Eine Seite zeigt stets die einherschreitende Athena als Kriegerin; um 360 v. Chr. allerdings wendet sie sich um und fängt an, von links nach rechts zu schreiten. Aufgemalte Inschriften datieren jede Vase auf ein bestimmtes Jahr.

wurde das Fest mit besonderer Pracht begangen. Die Sportwettkämpfe ähnelten in gewisser Hinsicht den großen Panhellenischen Festspielen, die in Delphi, auf dem Isthmus und in Nemea veranstaltet wurden (S. 154–59); doch die Unterschiede waren auffallend. Erstens gab es, während die Sieger bei den anderen Spielen lediglich einen Kranz erhielten, bei den Pan-

(Unten) Auf der Agora von Athen gefundenes Marmorrelief (ca. 400 v. Chr.), das an einen Sieg der Phyle Leontis bei der anthippasia *erinnert, einem Reiterwettbewerb, die zu den Mannschaftswettbewerben gehörte, die bei den Panathenäischen Spielen veranstaltet wurden.*

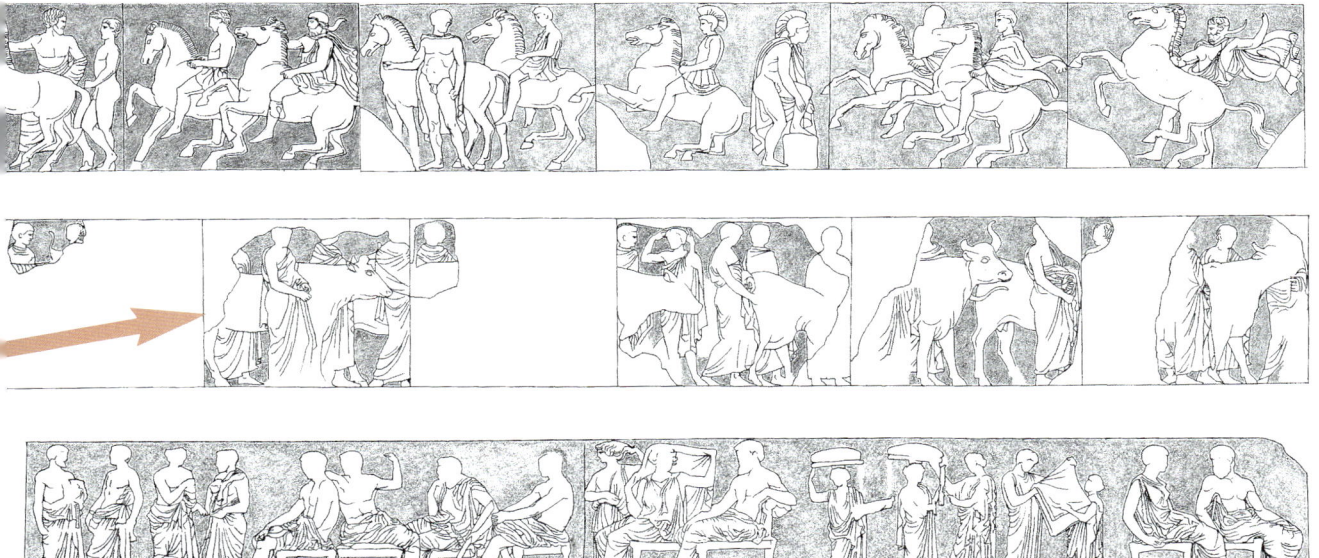

athenäen wertvolle Preise in Form von Geld, goldenen Kronen oder eines Stiers. Am gebräuchlichsten jedoch waren Krüge mit Öl, das von den heiligen Olivenbäumen der Athena stammte. Die Krüge wurden eigens hergestellt, datiert und auf einer Seite mit der Figur einer schreitenden Athena und auf der anderen mit der Darstellung des Wettkampfs, für den das Öl ein Preis war, bemalt. Die Krüge sind leicht erkennbar, und man hat im gesamten Mittelmeerraum Hunderte davon geborgen. Andere Unterschiede bei den Panathenäischen Spielen waren, dass Preise nicht nur für den ersten Platz vergeben wurden, dass einige Wettkämpfe nur Athenern und andere allen offenstanden und dass viele Wettkämpfe einen stark militärischen Cha-

Abschnitte des Parthenon-Frieses, die oft als die große Prozession des Panathenäenfestes gedeutet werden. Bei einer Gesamtlänge von 160 m zeigt er Hunderte von Figuren. Über der zentralen Tür befand sich eine rätselhafte Szene (untere Reihe), zu der fünf von sitzenden Gottheiten flankierte menschliche Figuren, gehören. Andere Abschnitte zeigen eine Reiter-Kavalkade und Stiere, die zur Opferung geführt werden. Die Deutung als Panathenäenprozession wurde im 18. Jahrhundert von den britischen Architekten Stuart und Revett vorgenommen, obwohl uns keine antike Quelle Hinweise auf diese Interpretation gibt; allerdings wurde die Deutung in jüngster Zeit in Frage gestellt. Der Fries, Teil der Elgin Marbles, wurde im frühen 19. Jh. nach England geschafft und befindet sich heute im Britischen Museum.

Diese Rückseite einer Panathenäischen Preisamphora zeigt den Wettbewerb, für den das Öl, das sie enthielt, der Preis war, in diesem Fall ein Wettlauf. Panathenäische Preisamphoren wurden jahrhundertelang weiter im schwarzfigurigen Stil bemalt, lange nachdem diese Technik bei der übrigen Keramik aus der Mode gekommen war.

Das rarische Feld soll zuerst besät worden sein und zuerst Frucht hervorgebracht haben, und deshalb ist es bei ihnen Brauch, von dort die Gerste zu nehmen und daraus Kuchen für die Opfer zu machen. Hier wird auch die sogenannte Tenne des Triptolemos gezeigt und ein Altar. Was innerhalb der Mauer des Heiligtums ist, zu beschreiben, hat der Traum mir verboten, und den Nichteingeweihten, die vom Zuschauen ausgeschlossen sind, ist also nicht einmal das zu erfahren gestattet.
Pausanias, I, 38, 6

Karyatide vom inneren Propylon (Torbau) in Eleusis (ca. 50 v. Chr.). Auf dem Kopf trägt sie einen Behälter für geheime Kultgegenstände.

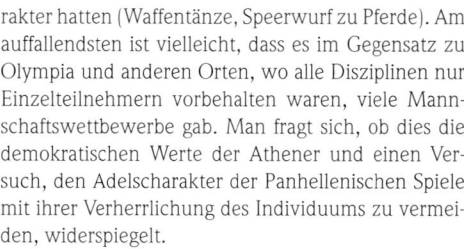

rakter hatten (Waffentänze, Speerwurf zu Pferde). Am auffallendsten ist vielleicht, dass es im Gegensatz zu Olympia und anderen Orten, wo alle Disziplinen nur Einzelteilnehmern vorbehalten waren, viele Mannschaftswettbewerbe gab. Man fragt sich, ob dies die demokratischen Werte der Athener und einen Versuch, den Adelscharakter der Panhellenischen Spiele mit ihrer Verherrlichung des Individuums zu vermeiden, widerspiegelt.

Die eleusinischen Mysterien

Irgendwann um das 7. Jahrhundert v. Chr. herum erlangte Athen die Kontrolle über eine der wichtigsten Kultstätten in Griechenland, Eleusis, und gliederte sie in den athenischen Staat ein. Eleusis lag 22,5 km westlich von Athen und war durch eine heilige Straße, die zum Heiligtum der Demeter führte, mit der Stadt verbunden. Demeter war die bedeutendste Fruchtbarkeitsgöttin der Griechen und verantwortlich für gute Ernten.

Im Gegensatz zu den anderen Göttern waren die Riten der Demeter geheim und wurden bei Nacht vollzogen; ihr Kultgebäude in Eleusis, das Telesterion (Mysterienhalle), war deshalb nicht wie andere Tempel. Es war eine riesige geschlossene Halle, die Tausende von Zelebranten aufnehmen konnte. Weil mit dem Tod bestraft wurde, wer die Mysterien irgendeinem Nichteingeweihten enthüllte, wurde das Geheimnis gut behütet; selbst heute wissen wir nicht sicher, welche Riten im Telesterion durchgeführt wurden. Wir wissen lediglich, dass sie als entscheidend für jährliche erfolgreiche Ernten erachtet wurden.

(Rechts) Gesamtansicht des Telesterions (Mysterienhalle) von Süden aus. Nicht weniger als sieben getrennte Bauphasen lassen sich im Laufe der 1000 Jahre, in denen die Halle benutzt wurde, ausmachen.

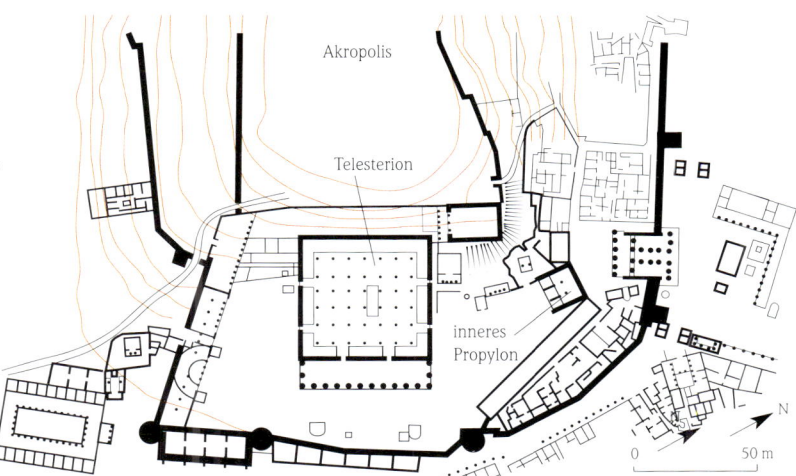

(Links) Teil des Frieses vom inneren Propylon, ca. 50 n. Chr. Die Inschrift, ein seltenes Beispiel für den Gebrauch des Lateinischen in Athen, verzeichnet die Weihung des Bauwerks durch Claudius Appius Pulcher. Der dorische Fries trägt skulptierte Symbole des eleusinischen Kultes.

(Rechts) Grundriss des Heiligtums der Demeter in Eleusis, Mitte des 2. Jh. n. Chr.; der Kult war während der gesamten Römerzeit überaus populär, auch mehrere Kaiser wurden in die Mysterien eingeweiht.

Akropolis

Telesterion

inneres Propylon

N

0   50 m

Die Dionysien und das griechische Theater

Das dritte große Fest der Athener waren die Großen Dionysien, die jedes Jahr im Monat Elaphebolión (ungefähr März) stattfanden. Gefeiert wurde der Kult des Dionysos, Gott des Weins und der Ekstase. Er war ein Import aus der boiotischen Stadt Eleutherai und deshalb als Dionysos Eleuthereus bekannt. Der Mittelpunkt des Festes waren, wie bei den Panathenäen, eine große Prozession und die Opferung Dutzender von Stieren – vielleicht nicht weniger als 240. Wein und Brot wurden als Gaben dargebracht,

und bei dem Umzug wurden Phalloi getragen. Darauf folgte eine ausgelassene Feier *(kômos)* mit Gesang, Tanz und zuviel Wein.

Der heilige Bezirk des Dionysos, mit Tempeln, einer Stoa und Weihgeschenken, lag zu Füßen der Akropolis an ihrer südlichen Seite. In den Hang eingefügt war ein riesiges Theater, Schauplatz der Aufführungen, die als wichtiger Teil des Festes

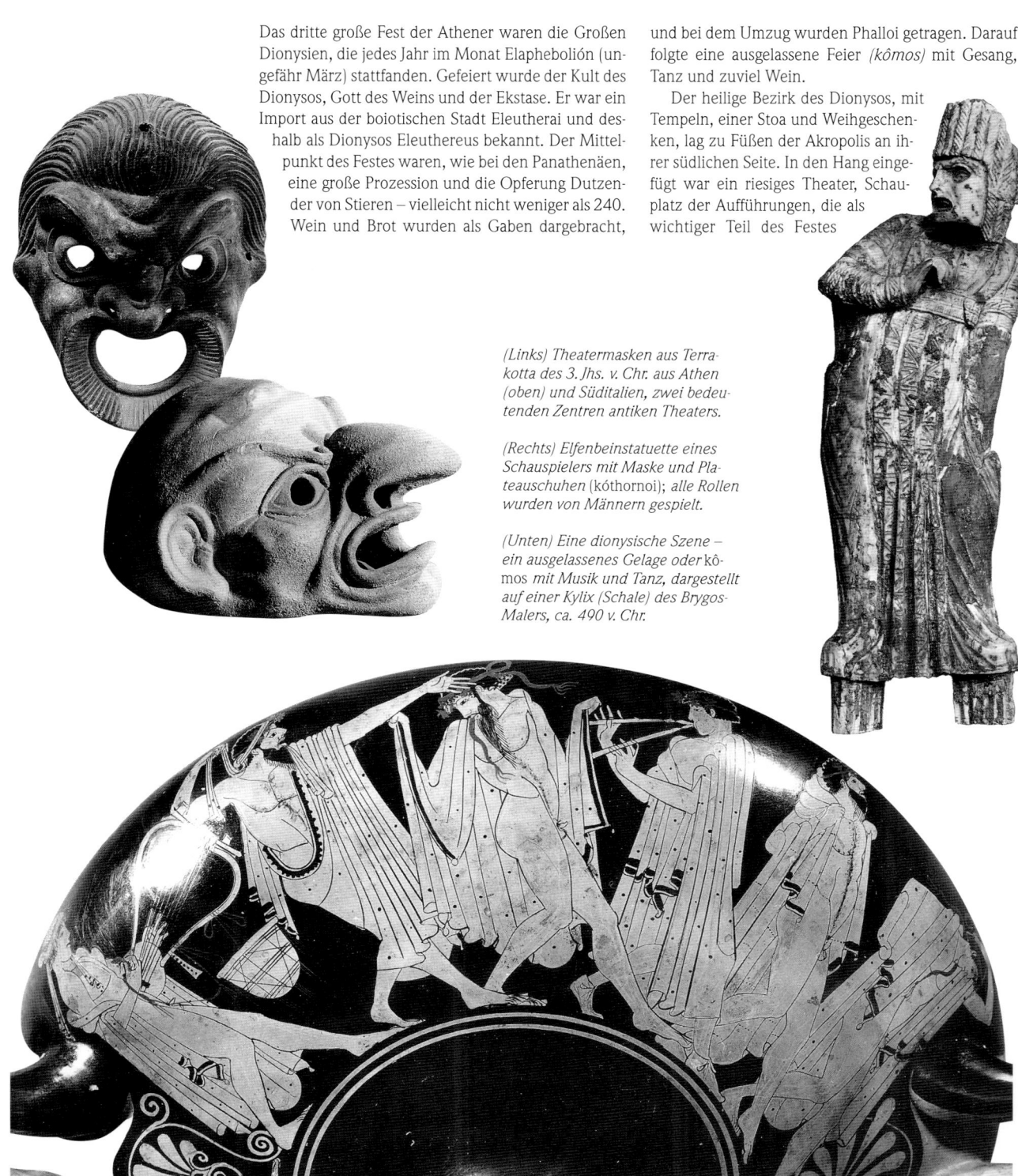

(Links) Theatermasken aus Terrakotta des 3. Jhs. v. Chr. aus Athen (oben) und Süditalien, zwei bedeutenden Zentren antiken Theaters.

(Rechts) Elfenbeinstatuette eines Schauspielers mit Maske und Plateauschuhen (kóthornoi); alle Rollen wurden von Männern gespielt.

(Unten) Eine dionysische Szene – ein ausgelassenes Gelage oder kô-mos mit Musik und Tanz, dargestellt auf einer Kylix (Schale) des Brygos-Malers, ca. 490 v. Chr.

Das griechische Theater

Römische Porträts der drei großen athenischen Tragödiendichter: (von links nach rechts) Aischylos (der in der Schlacht von Marathon kämpfte), Sophokles (der General im athenischen Heer war) und Euripides (der sich in einer Höhle auf der Insel Salamis zur Ruhe setzte, um seine Stücke zu schreiben).

Das Drama, wie wir es kennen, hat seine Ursprünge in Griechenland und besonders in Athen. In den frühen Komödien, Tragödien und gemischten Chordarbietungen kann man die Vorläufer der modernen Unterhaltungsbranche sehen. Solche Schauspiele dürften im Altertum eine enorme Wirkung gehabt haben; sie waren die Hauptunterhaltungsquelle für Menschen in einer Gesellschaft, die nicht an Überladung der Sinne litt.

Man geht davon aus, dass das Theater mit Liedern und Tänzen zu Ehren des Dionysos, des Weingottes, begann. In den Jahren um 534 v. Chr. fügte jemand namens Thespis dem Chor einen einzelnen Schauspieler hinzu, und die Darbietung ging über das einfache Singen eines Lobliedes oder einer Geschichte hinaus. Ein zweiter Schauspieler kam hinzu und schließlich ein dritter. Dennoch blieben der Gesang und Tanz des Chors die ganze Zeit über Mittelpunkt des Stückes, daher verfügen griechische Theater über einen großen als *orchestra* bekannten Tanzplatz. Die Rollen wurden allesamt von Männern in Kostümen und großen Masken gespielt. Es ist nicht ganz klar, ob es Frauen überhaupt gestattet war, die Aufführungen zu besuchen, obwohl es alles in allem so aussieht, dass sie anwesend waren.

Die übliche Inspirationsquelle für antike Dramatiker war die griechische Mythologie. Da sich

schlechte Nachrichten oft über mehr als eine Generation hindurch fortsetzten, wurden die Tragödien in Athen in Form von drei Stücken präsentiert (Trilogien), um die komplette Erzählung der Geschichte zu ermöglichen. Die einzige vollständig erhaltene Trilogie ist die *Orestie* des Aischylos: „Agamemnon" behandelt die Ermordung Agamemnons durch Klytaimestra aus Rache dafür, dass er zu Beginn des griechischen Zuges gegen Troja ihre gemeinsame Tochter Iphigenie opferte; die „Choëphóroi" erzählen von Orests Mord an seiner Mutter Klytaimestra; und in den „Eumeniden" geht es um den Prozess und Freispruch Orests wegen Muttermordes.

Manchmal wurden mehr zeitgenössische Ereignisse dargestellt, wie in dem verlorenen Stück des Phrynichos über den Fall Milets im Jahr 494 v. Chr. oder in Aischylos' Stück *Die Perser*, das auf der Schlacht von Salamis im Jahr 480 v. Chr. beruht (siehe S. 112).

Insgesamt sind 33 Tragödien erhalten geblieben, die von den drei bedeutenden Dichtern des 5. Jahrhunderts verfasst wurden: Aischylos (sieben Stücke), Sophokles (sieben Stücke) und Euripides (neunzehn Stücke). Der Großteil eines Theaterstücks bestand aus Dialog und Erzählung; die meisten Ereignisse der Handlung, insbesondere die blutigen Teile, fanden hinter der Bühne statt.

Komödien wurden als Einzelstücke aufgeführt und waren mit ihrer gnadenlosen, derben Verhöhnung von Bürgern und Politikern eindeutig zeitgenössisch. Erhalten sind elf Stücke von Aristophanes vom Ende des 5. Jahrhunderts und große Teile von vier Stücken Menanders aus dem 4. Jahrhundert.

Die Kostüme, Bühnenausstattungen, Kosten für Chor- und Musikerproben und dergleichen machten die Inszenierungen zu kostspieligen Unterfangen, die wohlhabenden Einzelnen übertragen wurden, die sie als Form der Besteuerung zu finanzieren hatten. Die Stücke wurden als Teil des Festes für Dionysos aufgeführt, und Preise gingen an den siegreichen Sponsor *(choregós =* Leiter des Chors), Dramatiker/ Dichter und Schauspieler.

Theater gehörten zu fast jeder griechischen Stadt (siehe auch S. 172f.), bestehend aus einer Zuschauertribüne – gewöhnlich in den Hang eines Berges eingelassen -, einer großen *orchestra* und einem Bühnenhaus *(skené)*. Die größten Theater boten Platz für mehr als 15 000 Zuschauer, so dass es entscheidend auf gute Akustik und gute Präsentation durch die Schauspieler ankam.

Im Laufe der Zeit, als die Schauspieler wichtiger wurden und die Bedeutung des Chors somit abnahm, wurde das Bühnenhaus mit seiner erhöhten Bühne

weiter in den Bereich der *orchestra* vorgeschoben. Das Endergebnis ist schließlich das moderne Theater mit seinem winzigen, tiefer liegenden „Graben" für das Orchester.

Das Bühnenbild bestand ursprünglich aus bemalten Tafeln an einem recht einfachen Bau, aber mit der Entwicklung der Bühne widmete man ihm mehr Aufmerksamkeit. In der Römerzeit waren Bühnenhäuser drei Stockwerke hoch und verfügten über architektonische Verzierungen und üppigen Skulpturenschmuck.

Agora-Inschrift (I 7151)
Gewinner bei der Tragödie:

Als Timokrates Archon war
[364/63 v. Chr.]
(? war der siegreiche Autor)
Mit *Oinopion* und *Hekabe*
Arexis als Hauptdarsteller

Theodorides war Zweiter
Mit *Medea* und *Phaëton*
Androsthenes als Hauptdarsteller

Kleainetos war Dritter
mit *Hypsipyle* und *Ph...*
Hipparchos als Hauptdarsteller

Arexis gewann als bester Schauspieler.

DIE DIONYSIEN UND DAS GRIECHISCHE THEATER

Das Dionysostheater in Athen, Geburtsstätte des westlichen Schauspiels. Der erhaltene Bau, der Platz für 15 000–17 000 Menschen bot, stammt aus den Jahren um 330 v. Chr., dazu kommen römische Erweiterungen (1./2. Jahrhundert n. Chr.) bei orchestra *und Bühne.*

veranstaltet wurden. Dazu gehörten Oden zu Ehren des Dionysos (Dithyramben), Tragödien, Satyrspiele und Komödien. Direkt im Anschluss an den *kômos* wurden mehrere Tage lang Wettbewerbe in diesen Theateraufführungen abgehalten. Die dramatischen Aufführungen entwickelten sich im Laufe der Zeit und galten im Altertum als athenische Erfindung. Ursprünglich scheinen sie als Chöre, die zu Ehren des

Dionysos sangen und tanzten. In den Jahren um 534 v. Chr. wurde einem Mann namens Thespis die Hinzufügung eines Schauspielers zugeschrieben, der mit dem Chor interagierte, und so begann das Drama, wie wir es kennen. Mit der Zeit kamen weitere Schauspieler hinzu, und im 5. Jahrhundert v. Chr. wurden vollwertige Tragödien und Komödien inszeniert. Ein paar der Werke der erfolgreichsten klassischen Dramatiker

sind erhalten: Tragödien von Aischylos, Sophokles und Euripides und Komödien von Aristophanes.

Gekleidet in kunstvolle Kostüme und hinter großen Masken spielten Schauspieler sowohl männliche als auch weibliche Rollen. Die Kosten der Aufführungen (Kostüme, Proben, Gehälter etc.) waren beträchtlich und wurden den reichsten Bürgern Athens auferlegt. Der siegreiche (vom Staat verpflichtete) Sponsor *(chor-*

egós) hatte das Recht, ein markantes Denkmal aufzustellen, das den bronzenen Dreifuß präsentierte, der den Preis für eine siegreiche Aufführung bildete. Auch dem besten Schauspieler und dem besten Dramatiker winkte ein Preis. Im Übrigen sind zahlreiche Siegerlisten erhalten, die, wenn man so will, gewissermaßen die Oscar-Preisträger längst vergangener Jahrhunderte verzeichnen.

Ein choregisches Denkmal, das von Lysikrates, dem siegreichen Choregen des Jahres 336 v. Chr., errichtet wurde; auf dem Dach konnte er seinen Preis, einen bronzenen Dreifuß, zur Schau stellen. Der Fries über den Säulen zeigt Dionysos, wie er ein Schiff voller Piraten in Delphine verwandelt (vgl. Abb. S. 10).

Geistiges Leben:
Erziehung und Philosophie

(Oben) Römische Porträts von Sokrates (links; 469–399 v. Chr.) und Aristoteles (rechts), dem Gründer des Lykeions und Privatlehrer Alexanders des Großen, Kopie eines Originals aus dem späteren 4. Jh. v. Chr.
(Mitte) Jünglinge beim Musizieren und Schreiben; rotfigurige Schale des Duris, ca. 470 v. Chr., aus Vulci.

DER SCHIFFBRÜCHIGE ARISTIPPOS

Als der Philosoph Aristippos, ein Schüler des Sokrates, durch Schiffbruch an das Gestade der Rhodier geworfen, (in den Sand) gezeichnete geometrische Figuren bemerkt hatte, soll er seinen Begleitern gegenüber folgenden Ausruf getan haben: „Lasst uns guter Hoffnung sein! Ich sehe nämlich Spuren von Menschen!" Und spornstreichs eilte er in die Stadt Rhodos und kam geradewegs in das Gymnasium und, als er dort philosophische Fragen erörterte, wurde er mit Geschenken so bedacht, dass er nicht nur sich selbst ausstattete, sondern auch seinen Begleitern Kleider und den notwendigen Lebensunterhalt gewährte.

Vitruv, 6, Vorrede 1

Nicht nur mit seinen großen Dramatikern und der Erfindung des Theaters, auch in anderen intellektuellen Bereichen wurde Athen bald führend, vor allem in der Philosophie. Einige der frühesten Philosophen wirkten in der ostgriechischen Welt, besonders in Milet (Thales, Anaximander, Anaximenes), im Westen sollte Pythagoras sehr einflussreich werden. Aber mit seinem Reichtum, seinen kulturellen Bemühungen und einer durch die athenische Demokratie garantierten Tradition lautstarker öffentlicher Debatte zog Athen während der gesamten klassischen Periode und in späteren Zeiten viele herausragende Lehrer an.

Sehr einflussreich war ein einheimischer Athener, Sokrates. Er wirkte im letzten Viertel des 5. Jahrhunderts v. Chr., viele seiner Gespräche leben in den Schriften Platons und Xenophons fort. Er lehrte, wo er zufällig gerade war, oft in den öffentlichen Gebäuden auf der Agora oder in deren Umkreis. Dass er die jungen Männer Athens unterwies, führte schließlich zur Anklage wegen Gottlosigkeit und Zersetzung der Jugend von Athen, daher wurde er zum Tode verurteilt und genötigt, Gift zu trinken.

Erziehung und das Gymnasium

Das Wort Gymnasium (griech. *gymnásion)* leitet sich von dem griechischen Wort für nackt *(gymnós)* her, denn so trainierten die Griechen und so traten sie bei Sportwettkämpfen an. Die frühesten belegten Gymnasien datieren aus dem 6. Jahrhundert v. Chr., im 5. Jahrhundert existierten mehrere (S. 156f.). Sie sorgten für Unterweisung und boten Einrichtungen zum Laufen, Ringen, Boxen, Springen, Bogenschießen, zum Diskus- und Speerwerfen, und vieles davon war für die Ausbildung der jungen Männer in den grundlegenden militärischen Fertigkeiten nützlich.

Wo junge Männer zusammenkamen, ihren Körper zu üben, war auch der Ort, ihren Geist zu trainieren, und Gymnasien entwickelten sich weit stärker zu Zentren des Lernens denn zu bloßen Einrichtungen für Sport und Leichtathletik. In Athen fand dies auch in der Gründung zweier philosophischer Schulen in direkter Verbindung mit berühmten alten Gymnasien, der Akademie und dem Lykeion (Lyzeum), seinen äußeren Ausdruck.

Die Akademie

Bis zum 6. Jahrhundert war etwas mehr als anderthalb Kilometer nordwestlich der Stadt beim Heiligtum eines Orts-Heros, Akádemos, ein Gymnasium gegründet worden. Im 5. Jahrhundert erhielt es eine Wasserversorgung und verwandelte sich in einen freundlichen Hain. Hier richtete Platon 386 v. Chr. seine philosophische Schule ein, die danach und bis auf den heutigen Tag als Akademie bekannt ist. Ein Grenzstein des Gymnasiums wurde in den sechziger Jahren des vergangenen Jahrhunderts *in situ* gefunden, aber der größte Teil der Akademie liegt unter dem Ballungsraum des modernen Athen. Platons „sokratische Dialoge", in denen er seinen Lehrer auftreten lässt, mit philosophischen Gesprächen über Gesetze und Gesellschaft bilden die Grundlage für einen Großteil der westlichen Philosophie.

Das Lykeion

Aristoteles gründete 335 v. Chr. die zweite bedeutende Philosophenschule. Er richtete sie bei einem anderen Athener Gymnasium ein, das dem Kult des Apol-

lcn Lykeios gewidmet war. Es lag südöstlich der Stadt und, wie die Akademie, außerhalb der Mauern. Es ist ebenfalls noch nicht ausgegraben worden, obwohl Inschriften und literarische Quellen darauf hindeuten, dass es unter dem Nationalgarten der heutigen Stadt zu suchen sei. Aristoteles war kein Athener, sondern im makedonischen Stageira geboren. Er wurde von König Philipp II. als Privatlehrer für dessen Sohn Alexander eingestellt, ihre Schule wurde in der Nähe des heutigen Naousa in Nordgriechenland gefunden. Auch auf der Insel Lesbos und in Assos auf dem gegenüberliegenden Festland verbrachte Aristoteles einige Zeit, bevor er nach Athen zurückkehrte. Er interessierte sich ebenso für die gesamte reale, physische Welt wie für Politik, und unser Verständnis des athenischen politischen Systems entstammt größtenteils seiner *Verfassung der Athener*, während andere erhaltene Traktate die unterschiedlichsten Themen behandeln.

Andere Philosophen

Dutzende anderer Philosophen folgten, um in Athen zu unterrichten, das zur Universitätsstadt der Mittelmeerwelt in der gesamten hellenistischen und römischen Zeit wurde. Selbst als andere bedeutende Zentren der Gelehrsamkeit, wie Alexandria, Antiochia und Massalia, entstanden, behielt Athen jahrhundertelang seine überragende Bedeutung, wobei es zuerst auf die Prinzen der hellenistischen Reiche und dann auf die Söhne des römischen Adels abzielte.

Ein berühmter, beinahe legendärer Philosoph des 4. Jahrhunderts war Diogenes, der Kyniker, der aus Sinope am Schwarzen Meer nach Athen emigrierte, wo er in verschiedenen öffentlichen Gebäuden der Stadt

(dem Archiv, der Stoa des Zeus und dem Pompeion) in Armut lebte. Er glaubte, dass Glück von der möglichst leichten Befriedigung der natürlichen Bedürfnisse des Menschen abhänge, und vertrat die Ansicht, dass alles, was natürlich sei, niemals ehrlos oder unanständig sein könne und deshalb in der Öffentlichkeit getan werden dürfe, was er entsprechend auch tat. Aufgrund seines schamlosen Benehmens wurde er als *kyón* (Hund) bekannt, woraus der Ausdruck Kyniker entstand.

Zu den einflussreichsten hellenistischen Philosophen zählte Zenon, der in den Jahren um 313 v. Chr. aus Kition auf Zypern nach Athen kam. Wie Sokrates zog auch Zenon es vor, im Zentrum der Stadt zu lehren und wählte die berühmte Stoá Poikíle, die „bunte Halle", die an der Nordseite der Agora stand, zu seinem bevorzugten Unterrichtsraum. Aufgrund seiner hier regelmäßig stattfindenden Versammlungen wurden Zenon und seine Anhänger als Stoiker bekannt. Seine Lehre, die er entwickelte, nachdem er kynischen und sokratischen Grundsätzen gefolgt war, besagte, dass das einzig wirklich Gute die Tugend sei, die auf Wissen basiere, das sich im Einklang mit der Logik befinde. Das einzig Böse sei, nicht tugendhaft zu sein; alles andere, einschließlich Schmerz, Armut und Tod, sei gleichgültig. Wenn ein Mann sich im Einklang mit der Vernunft befinde, sei er im Besitz des einzig wirklich Guten und folglich unabhängig von den Launen des Schicksals und entsprechend zufrieden.

Ebenfalls in dieser Zeit tätig war der auf Samos als Sohn athenischer Eltern geborene Epikur. Im Jahr 307/06 v. Chr. zog er, nachdem er in Kleinasien unterrichtet hatte, nach Athen, wo er sich ein Haus mit Garten kaufte, das zum Zentrum seiner Schule wurde. Im Gegensatz zu den von Sokrates, Diogenes und Zenon gesuchten öffentlichen Veranstaltungsorten zogen Epikur und seine Anhänger sich zurück und lebten privat in seinem Haus zusammen. Die Anhänger umfassten sowohl Frauen als auch Sklaven. Einige seiner Schriften sind erhalten, und viele seiner Prinzipien sind durch den römischen Dichter Lukrez belegt. Der Zweck der Philosophie sei die Garantie eines glücklichen Lebens, Freude und Lust seien der Anfang und das Ende glücklicher Lebensführung. Schmerz resultiere aus unbefriedigten Wünschen und könne begrenzt werden, indem man weniger Freude und Lust suche und mit dem zufrieden sei, was man habe. Vermeide man ein Leben in Konkurrenz, befreie einen dies von Eifersucht und Scheitern, während die Vermeidung starken emotionalen Engagements einem den Schmerz emotionalen Aufruhrs erspare. Der Mensch sei sterblich, es gebe keinen gnädigen Gott, Freude und Lust seien zentral, die Erschaffung des Kosmos sei zufällig und die Welt könne durch natürliche Ursachen erklärt werden: Diese Grundsätze machten den Epikureismus dem Christentum besonders zuwider.

Diogenes, der Kyniker (man achte auf den Hund). Als Alexander ihn fragte, was er für ihn tun könne, bat Diogenes ihn angeblich, er möge ihm aus der Sonne gehen. Römische Kopie eines hellenistischen Originals.

ATHENISCHE ERZIEHUNG

Hernach wenn sie ihn in die Schule schicken, schärfen sie dem Lehrer weit dringender ein, für die Sittsamkeit der Kinder zu sorgen als für ihr Lesen und ihr Spiel auf der Lyra.
Platon, *Protagoras*, 325D

Zenon aus Kition auf Zypern, Begründer der Stoa, einer philosophischen Schule in Athen.

Privates Leben

WEIBLICHE TUGENDEN

Soll ich nun auch der Tugend der Frauen noch gedenken, die jetzt im Witwentum leben werden, so wird mit kurzem Zuspruch alles gesagt sein: für euch ist es ein großer Ruhm, unter die gegebene Natur nicht hinabzusinken, und wenn eine sich mit Tugend oder Tadel unter Männern möglichst wenig Namen macht.

Thukydides, II, 45

DAS IDEALE FESTMAHL

Aus Elis stammt der Koch, aus Argos kommt der Topf, der Wein ist in Phleiûs zu Haus, die Decken wohl in Kórinthos, und Fische gibt's in Sikyon, in Aigion die Mädchen mit Aulos, der Käse ist sizilisch ... das Salböl aus Athen, die Aale sind boiotisch.

Athenaios, *Das Gelehrtenmahl*, 27d (Antiphanes zitierend)

Zusätzlich zu den großen Tempeln und belebten öffentlichen Gebäuden der Stadt haben auch literarische Texte und Ausgrabungstätigkeit viel Licht auf das Privatleben der Athener geworfen. Athenische Häuser waren, wie Athen selbst, unregelmäßig, beinahe willkürlich gebaut, und wir finden nicht viele geordnete, quadratische Häuserblocks oder eine geregelte Anordnung von Räumen wie etwa bei den auf dem Reißbrett geplanten Gemeinwesen von Olynth und Priëne (S. 78–80). Dennoch haben die meisten Häuser mehrere Merkmale gemeinsam. Die Wände bestanden gewöhnlich aus verputzten, sonnengetrockneten Lehmziegeln und wurden auf einen Sockel (Fundament) aus Bruchstein oder behauenem Stein gesetzt, die Fußböden waren aus Lehm oder gestampfter Erde, und Balken stützten ein Dach aus gebrannten Terrakotta-Ziegeln. Oft gab es ein zweites Stockwerk.

Die Häuser gingen nach innen, ein zentraler Innenhof unter freiem Himmel sorgte für Licht und Luft. Ein eigens Männern vorbehaltener formeller Speiseraum, der sogenannte *andrón*, war nahe dem Eingang zu finden. Die Funktion anderer Räume ist häufig schwerer zu bestimmen, obwohl literarische Quellen andeuten, dass das Haus, wenn es groß genug war, stets über einen separaten Frauenbereich verfügte. Nach heutigen Maßstäben waren die Räume dunkel und mit hölzernen Liegen, Sesseln, Stühlen und Truhen spärlich mö-

bliert. Ein Brunnen und/oder eine Zisterne im Innenhof lieferten gewöhnlich das meiste Wasser für den Gebrauch im Haushalt, wohingegen sauberes Trinkwasser vom nächsten öffentlichen Brunnenhaus herbeigeschafft worden sein dürfte. Allgemeiner Hausmüll wurde beiläufig beseitigt; menschliche Exkremente wurden abtransportiert und jenseits der Stadtmauern entsorgt, obwohl einigermaßen strittig ist, ob die *koprológoi* Beamte oder private Auftragnehmer waren.

Die athenischen Frauen verbrachten ihre Zeit vor allem zu Hause, mit Aktivitäten, die sie seit Jahrhunderten beschäftigen: Kinderaufzucht, Saubermachen, Kochen und Weben. Im Allgemeinen unterstand eine Frau der gesetzlichen Autorität eines Vaters, Ehemannes oder Bruders. Sie waren Bürgerinnen, jedoch mit wenigen bürgerlichen Rechten – ihr Bürgerrecht war nur insoweit von Bedeutung, als es den Status ihres Nachwuchses bestimmte. Gelegenheiten zum Verlassen des Hauses waren begrenzt und beschränkten sich vielleicht auf einen täglichen Besuch im Brunnenhaus. Die anderen Anlässe, wo es ihnen freistand herumzulaufen, waren einige der großen Feste, gewöhnlich diejenigen, bei denen es um Fruchtbarkeit ging, und vor allem die zu Ehren der Demeter. Hier kam es auf die Frauen an, und sie waren für die Riten verantwortlich, die oft die ganze Nacht dauerten, und das ohne männliche Beteiligung oder Überwachung.

(Links) Grabstele der Ampharete. Die Inschrift lautet: „Meiner Tochter geliebtes Kind ist es, das ich hier halte, das, welches ich auf dem Schoß hielt, während wir in das Licht der Sonne schauten, als wir noch lebten, und das ich noch halte, jetzt, wo wir beide tot sind." Vom Kerameikos-Friedhof, Athen, spätes 5. Jh. v. Chr.

(Rechts) Detail von einer schwarzfigurigen Hydria (Wasserkrug), ca. 540–520 v. Chr., mit einer Frau, die Wasser aus den Speirohren eines öffentlichen Brunnenhauses auffängt. Die Alltagsszene wird von Aristophanes geschildert: „Eben am Born hab' ich den Krug voll mir geschöpft in der Dämm'rung, / Mühsam genug, unter dem Lärm und dem Gedräng' um den Bronnen! / Und dem Geklirr der Krüge! / ...... / Von Mägden gedrückt und gebrandmarkten Kerls (...)" (Aristophanes, Lysistrate).

Der Peloponnesische Krieg

Eine entscheidende Periode in der athenischen Geschichte war der Krieg, der während des letzten Drittels des 5. Jahrhunderts v. Chr. zwischen Athen und Sparta ausgefochten wurde. In ihm kämpften Athen und eine große Gruppe von (manchmal widerwilligen) Bundesgenossen auf den ägäischen Inseln und an der Westküste Kleinasiens gegen Sparta und die Städte der Peloponnes und eines Großteils des griechischen Festlandes. Erzählt wird die Geschichte von Thukydides, der bis zu seiner Verbannung im Jahr 424 v. Chr. selber athenischer Stratege war. Seine Darstellung gilt allgemein als eines der herausragenden Beispiele von Geschichtsschreibung.

Thukydides von Athen hat den Krieg der Peloponnesier und Athener, den sie gegeneinander führten, aufgezeichnet. Er begann damit gleich beim Ausbruch, in der Erwartung, der Krieg werde bedeutend werden und denkwürdiger als alle früheren; das erschloss er daraus, dass beide auf der vollen Höhe ihrer Machtmittel in den Kampf eintraten und dass er das ganze übrige Hellenentum Partei ergreifen sah, teils sofort, teils nach einigem Zögern. Thukydides, I, 1

(...) während dieser Krieg schon der Dauer nach sich lang ausdehnte und so vielerlei Leiden damals über Hellas hereinbrachen wie sonst nie in gleicher Zeit. Nie wurden so viele Städte erobert und entvölkert, teils durch Barbaren, teils in gegenseitigen Kämpfen, manche bekamen sogar nach der Einnahme eine ganz neue Bevölkerung; nie gab es soviel Flüchtlinge, so viele Tote, durch den Krieg selbst und in den Parteikämpfen. Was man von früher immer sagen hörte, aber die Wirklichkeit so selten bestätigte, wurde glaubhaft: Erdbeben, die weiteste Länderstrecken zugleich mit ungewohnter Wucht heimsuchten, Sonnenfinsternisse, die dichter eintrafen, als je aus früherer Zeit überliefert, dazu mancherorts unerhörte Hitze und darauf folgend Hungersnot, und schließlich, nicht die geringste Plage, ja zum Teil Vernichterin, die Seuche: all dies fiel zugleich mit diesem Krieg über die Hellenen her. Thukydides, I, 23

Die tieferliegende Ursache des Krieges waren das Anwachsen und das Übergewicht athenischer Macht nach den Perserkriegen, welche die traditionelle spartanische Vorherrschaft in militärischen Fragen herausforderten; die unmittelbaren Anlässe waren Einmischungen beider Städte in die Angelegenheiten der Bundesgenossen der jeweils anderen, wie Kerkyra, Poteidaia, Plataiai und Mégara. Der Krieg war ein klassischer Konflikt zwischen einer starken Seemacht und einem Furcht einflößenden Landheer.

Die von Perikles, einem der zehn Strategen, ersonnene athenische Strategie bestand darin, die Landschaft Attika aufzugeben, jedermann zu nötigen, sich in den Schutz der Mauern Athens zu begeben, und sich auf die Flotte zu verlassen, dass sie sowohl die Stadt versorgte als auch den Krieg in der gesamten Ägäis führte.

Der spartanische Plan sah vor, das Heer Spartas in einer Serie jährlicher Feldzüge nach Attika zu führen, die Ernten zu zerstören und das Territorium Attikas in dem Versuch zu plündern, die Athener in einen offenen Schlagabtausch zu Lande zu verwickeln.

Beide Seiten erlitten enorme Rückschläge. Im Jahr 429 v. Chr. begünstigten die Umstände in dem völlig überfüllten Athen die Ausbreitung einer verheerenden Pest, die Tausende von Menschen tötete, darunter Perikles. Ein großes Erdbeben in Mittelgriechenland im Jahr 426 veranlasste die Spartaner, von ihrem jährlichen Einfall abzusehen. Im Jahr 425/24 wurde eine spartanische Streitmacht von 420 Kriegern auf der Insel Sphakteria eingeschlossen; viele wurden getötet, und die 292 Überlebenden ergaben sich, ein enormer Schlag für das militärische Prestige der Spartaner.

Von 421 bis 415 v. Chr. wurde ein zerbrechlicher Frieden eingehalten, anschließend schickten die Athener unter dem Vorwand, den kleineren Städten Egesta und Leontinoi beizustehen, eine riesige Flotte gegen Syrakus, eine korinthische Kolonie auf Sizilien. Diese Streitmacht wurde eingeschlossen und vernichtet, mitsamt ihrem Feldherrn, Nikias.

Danach war der extravagante Alkibiades mehrere Jahre lang Stratege, mit sehr unterschiedlichen Ergebnissen, bis er im Jahr

Grabstele zweier vermutlich während des Peloponnesischen Krieges getöteter athenischer Krieger, Chairedemos und Lykeas, ca. 420 v. Chr.

406 v. Chr. in die Verbannung ging. Schließlich, im Jahr 404 v. Chr., vernichtete der spartanische Oberbefehlshaber Lysander bei Aigospotamoí am Hellespont eine athenische Flotte und hungerte Athen aus, bis es sich unterwarf.

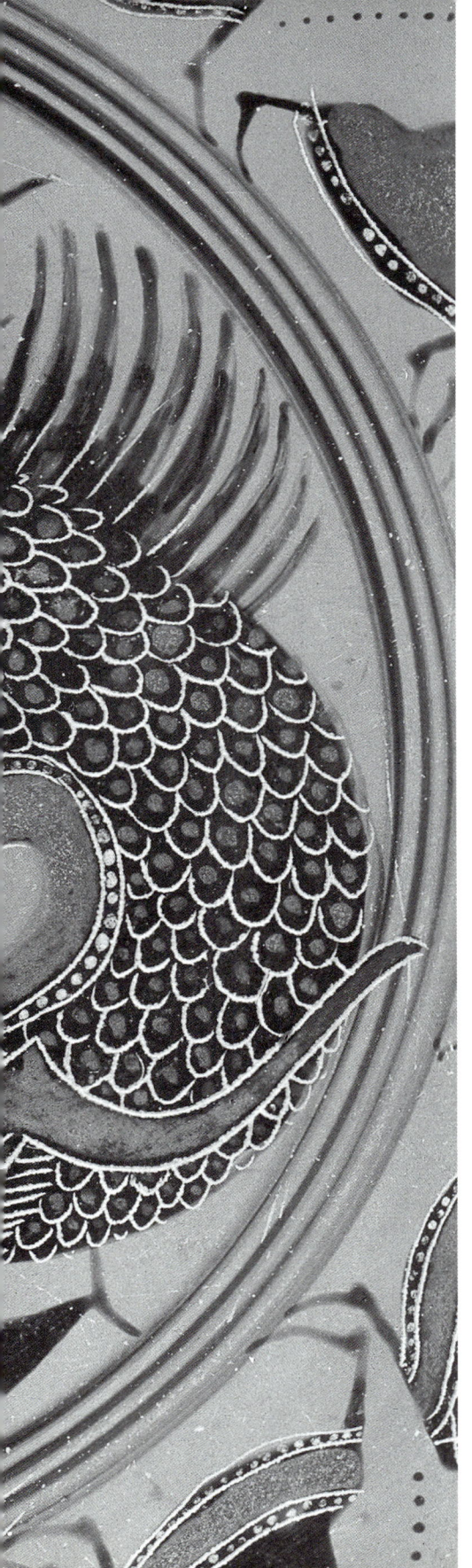

VII

Götter
und Heroen

Überhaupt stammen fast alle hellenischen Götternamen aus Ägypten. Denn dass sie ausländischen Ursprungs sind, das habe ich durch Befragen mit Sicherheit festgestellt, und ich glaube bestimmt, dass sie eben aus Ägypten stammen.

Herodot, II, 50

Wie bei fast allen menschlichen Gesellschaften meinten auch die Griechen, dass Aspekte ihres Lebens von Kräften gelenkt würden, die weit jenseits ihrer Kontrolle lägen, und sie unternahmen Versuche, sich mit ihnen zu einigen, sie zu beschwichtigen und zu beruhigen und, wenn möglich, ihre aktive Unterstützung und Wohltätigkeit zu fördern. In der vorgriechischen Religion, in den übertriebenen Fruchtbarkeits-Statuetten der neolithischen Periode und vielleicht in den barbusigen „Göttinnen" des minoischen Kreta gibt es Spuren matriarchalischer Glaubenssysteme. Auf den Linear-B-Tafeln des mykenischen Griechenlands finden wir nach und nach die frühesten Belege für das Pantheon der olympischen Götter, die während der gesamten geschichtlichen Zeit unangefochten herrschen sollten.

Zusätzlich zu diesen großen Göttern, denen vielfach die Herrschaft über natürliche Phänomene zugeschrieben wurde, gab es eine Mange unbedeutenderer Gottheiten, Halbgötter und lokaler Heroen; die Griechen lebten nach einer ins Extreme gesteigerten polytheistischen Religion.

Ebenso wie die olympischen Hauptgötter verehrten die Griechen zahlreiche Halbgötter und Heroen, unter denen der Beliebteste Herakles war. Seine Abenteuer sind in Standbildern, auf bemalten Vasen und Mosaiken überall in der griechischen Welt dargestellt – diese Vase aus Tarquinia (Mitte des 6. Jhs. v. Chr.) zeigt ihn, wie er mit einem Seeungeheuer ringt.

Heiligtümer, Feste und Opfer

OPFERLISTE

Im (Monat) Boëdromion an den Proërosia: für Zeus Polieus ein erstklassiges Schaf, ein erstklassiges Ferkel, sechs jugendliche (Opfer), ein Ferkel, gekauft, um vollständig verbrannt zu werden, dass der Priester dem, der anwesend ist, ein Mahl bietet; für Kephalos ein erstklassiges Schaf, für Prokris ein Tisch mit Gaben, für Thorikos ein erstklassiges Schaf, für die Heroinen des Thorikos ein Tisch, für Poseidon in Sunion ein erstklassiges Lamm, für Apollon ein erstklassiger Ziegenbock, für Kourotróphos ein erstklassiges Schwein (weiblich), für Demeter ein Schwein, für Zeus Herkeios ein vollkommenes (Opfer), für Kourotrophos eine Ziege, für Athena ein Schaf zum Verkauf, für Hekate Phosphóros ein vollkommenes (Opfer), für Apollon ein Ferkel.

Liste lokaler Opfer aus dem athenischen Dorf Thorikos, 4. Jahrhundert v. Chr.

Griechische Heiligtümer konnten aus riesigen Marmortempeln bestehen, aus dem einfachsten Altar oder schlicht aus einem Stück Felsgestein. Obwohl eine beträchtliche Vielfalt an Ritualen existierte, war der Mittelpunkt einer Kulthandlung gewöhnlich der Altar unter freiem Himmel, an dem Gaben dargebracht wurden; diese konnten aus einem ganzen Stier oder anderen Tier bis hin zu einem einfachen Trankopfer aus Wein und einem Honigkuchen bestehen. Es gibt

(Rechts) Griechische Tempel waren ursprünglich Aufbewahrungsorte großer Schätze, die der Gottheit von Gläubigen geweiht wurden. Die meisten dieser wertvollen Weihgeschenke sind lange verschwunden, im Altertum geraubt, so dass diese in Olympia gefundene goldene Schüssel ein seltenes Überbleibsel ist. Sie ist in korinthischen Buchstaben des ausgehenden 7. Jahrhunderts mit dem Namen der Kypseliden beschriftet.

Überlieferungen und Anzeichen dahingehend, dass in der Frühzeit unter schwierigen Umständen gelegentlich Menschenopfer praktiziert wurden.

Viele griechische Heiligtümer waren Repositorien für enorme Reichtümer. Oft wurden kostspielige, aus verschwenderischen Materialien erbaute und mit Bildhauerarbeiten prächtig geschmückte Tempel errichtet, und der Gottheit pflegte man als Weihgeschenke Keramik, Skulpturen und die unterschiedlichsten bron-

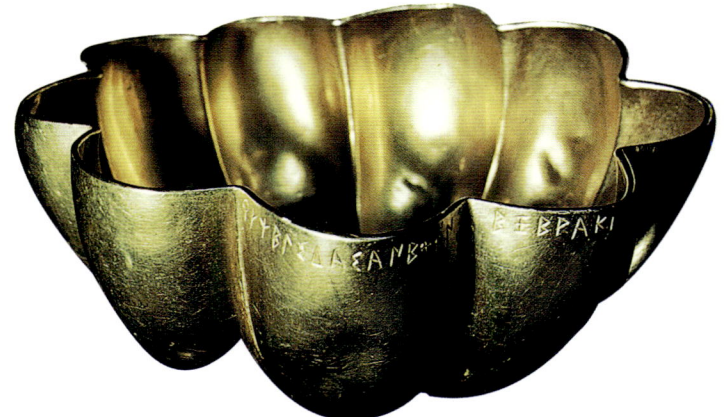

Den Göttern wurden verschiedene Arten von Opfern dargebracht, beispielsweise das Schaf, das bei diesem Umzug mitgeführt wird, gemalt auf eine in einer Höhle in der Nähe von Korinth gefundene und auf ca. 520–500 v. Chr. datierte Holztafel. Sobald es geopfert war, wurde das Fleisch normalerweise zubereitet und zwischen Priestern und Zelebranten geteilt.

zenen, silbernen und goldenen Gegenstände zu widmen. Die Tempel wurden schließlich geplündert, und der Reichtum ist gewöhnlich längst verschwunden, aber eingemeißelte Tempel-Inventare blieben erhalten und bilden ein Dokument dieser Schätze. Das Heiligtum konnte auch große Parzellen geweihten Bodens besitzen, der gewöhnlich verpachtet wurde.

Die Sicherheit des Heiligtums und der Schutz des Gottes machten es auch zu einem guten Platz, um staatlichen und privaten Reichtum zu lagern. Der

athenische Staatsschatz war im Parthenon untergebracht, und zu den im Notfall verfügbaren finanziellen Mitteln zählten auch das Blattgold auf der Kultstatue der Athena. In Sparta missbilligte man privaten Wohlstand, und in einem frühen Fall von Auslandstransaktionen deponierten viele Spartaner ihren persönlichen Reichtum unmittelbar hinter der Grenze in Arkadien, im Heiligtum der Athena Alea in Tegea. Und von dem bedeutendsten Heiligtum der Artemis in Ephesos sagte man, es sei die größte Bank Asiens.

In den Zeiten, bevor Unterhaltung kein Problem und allgegenwärtig war, waren die meisten Griechen zur Auflockerung ihres Jahres größtenteils auf die mit den großen Festen verbundenen Schauveranstaltungen angewiesen: Umzüge, Sportwettkämpfe, Gesang, Tanz und Schlemmerei. Prometheus wurde das Verdienst zugeschrieben, die Götter vom Wohlgeruch gebratenen Fleisches überzeugt zu haben, sich aber nicht allzu sehr darum zu scheren, was nach dem Opfer damit geschähe. Feste gehörten deshalb zu den wenigen Gelegenheiten im Jahr, wo ein Grieche damit rechnen konnte, Fleisch zu essen, oft auf Kosten des Staates oder eines reichen Gönners.

Die Religionsausübung war in starkem Maße ein gesellschaftliches Ereignis, das die ganze Stadt betraf. Die Vorstellung einer Trennung von Kult und Staat war unbekannt, und alle Aktivitäten, öffentliche oder private, wurden unter göttlichen Auspizien und, wenn möglich, mit göttlicher Billigung durchgeführt. Die Götter waren nicht Richter über menschliche Moral, und ihr eigenes Benehmen ließ allzu oft etwas zu wünschen übrig. Einzelne Götter hatten bestimmte Bereiche oder Aktivitäten, die sie besonders angingen, und sie sind erkennbar an den Eigenschaften, die sie haben und die ihrem spezifischen Charakter entsprechen. Diese Eigenschaften erlauben uns bereits im 7. Jahrhundert v. Chr., in Vasenmalerei und Plastik die Hauptgötter zu erkennen.

Der größte Teil der Kulthandlungen in Form von Gaben und Opfern fand außerhalb des eigentlichen Tempels an Altären unter freiem Himmel statt. Der Tempelbau beherbergte den der Gottheit gewidmeten Schatz und die Kultstatue. Der Künstler dieses auf das 4. Jahrhundert v. Chr. datierten Tongefäßes hat versucht, einen Tempel perspektivisch zu zeigen, mit wit geöffneten Türen, die das Kultstandbild Apollons im Innern enthüllen; dieses ist weiß gemalt, um den Eindruck zu vermitteln, das es aus Metall gemacht sei.

Die zwölf olympischen Götter

Die zwölf olympischen Götter beziehen ihren Namen von dem Gebirgsstock des Olymps mit dem höchsten Berg Griechenlands, der für ihren Wohnsitz gehalten wurde. Frühen Kosmographien zufolge entrissen die Götter die Macht ihren Vorfahren, den Titanen, und behaupteten sie nach einem heftigen Kampf mit den Giganten – eines der Lieblingsmotive in der griechischen Kunst. Welche zwölf Götter unter die Olympier zu rechnen sind, ist nicht immer ganz klar.

ZEUS wurde als Vater der Götter und als deren mächtigster betrachtet, der Land und Himmel beherrschte, während sein Bruder Poseidon das Meer besaß und ein weiterer Bruder, Hades, in der Unterwelt herrschte. Als oberster Wettergott wird Zeus oft gezeigt, wie er Blitz und Donner hält, mit denen er Missetäter bestrafte. Sein heiliger Baum war die Eiche. Sein Hauptheiligtum war in Olympia, wo es eine Kolossalstatue von ihm gab, aber auch in Dodona und Nemea befanden sich wichtige Zeus-Altäre.

HERA war die Gemahlin des Zeus, die ständig mit seiner Begeisterung für sterbliche Frauen zu kämpfen hatte. Ihr steinerner Tempel in Olympia, wo bei ge-

trennten Spielen ihr zu Ehren Wettläufe für Frauen veranstaltet wurden, ist tatsächlich älter als der von Zeus; besonders wichtige Heiligtümer hatte sie in Argos und auf Samos.

POSEIDON, der Bruder des Zeus, hatte Gewalt über das Meer, über Erdbeben und Pferde. Wie Zeus wird auch er als mächtige Gestalt mit dichtem Bart gezeigt, die oft einen Dreizack in der Hand hält und von einem Delphin begleitet wird. Sein Hauptheiligtum befand sich am Isthmus, der auf die Peloponnes führt, und in Sunion an der Südspitze Attikas, südlich von Athen.

DEMETER, der Göttin des Erdsegens und der Vegetation, wurde von den Griechen das Verdienst zugeschrieben, der Menschheit die Landwirtschaft beizubringen. Sie wird oft mit Weizengarben und eine Fackel haltend dargestellt, da ihre Riten nachts im Geheimen. Die Jahreszeiten wurden von den Griechen damit erklärt, dass Demeter während der sechs Monate, die ihre Tochter Persephone (auch: Kore) alljährlich gezwungen war, in der Unterwelt bei Hades/Pluton zu leben, der sie entführt hatte, ihre Gunst vorenthielt. Das Hauptheiligtum der Demeter befand sich in Eleusis auf dem Territorium Athens, wo gut besuchte Mysterienhandlungen vollzogen wurden (S. 132f.).

ATHENA war die Tochter des Zeus und der Metis (Göttin der Weisheit), die von Zeus verschlungen wurde, damit sie niemanden gebar, der klüger oder stärker wäre als er selber. Neun Monate später hatte er schreckliche Kopfschmerzen, die zur Geburt der Athena aus dem Kopf ihres Vaters führten. Göttin der Weisheit wie der Künste und Handwerke, war Athena auch

(Rechts) In seltener Harmonie sind Zeus, der Göttervater, und seine Gemahlin Hera in dieser kleinen archaischen Bildhauerarbeit von ca. 620 v. Chr. dargestellt. Sie wurde auf Samos gefunden, wo Hera ein wichtiges Heiligtum hatte.

(Oben rechts) Poseidon, der Bruder des Zeus, war der Gott des Meeres, der Erdbeben und Pferde. Er wird oft dreizackschwingend gezeigt, wie auf diesem Silber-Stater aus Poseidonia/Paestum, der von ca. 510 v. Chr. datiert.

Kriegerin und wird gewöhnlich in voller Rüstung gezeigt. Ihr heiliger Vogel war die Eule, ihr heiliger Baum der Olivenbaum, und oft wird sie zusammen mit dem schlangengestaltigen Heros Erichthonios dargestellt. Obwohl sie in der gesamten griechischen Welt überaus populär war, war ihr Hauptheiligtum ohne Zweifel die Akropolis von Athen.

ARTEMIS war die Schwester des Apollon und hat viele seiner Heligtümer mit ihm gemeinsam. Auch sie war Bogenschützin und Jägerin, trug oft ein Jagdkleid und befand sich in Begleitung entweder von Hunden oder eines Hirschen. Ihr größtes Heiligtum war das Artemision in Ephesos, eines der Sieben Weltwunder, auch in Magnesia (Kleinasien) und Sardes (Lydien) hatte sie bedeutende Tempel.

Rechts) Demeter ist die Göttin des Ackerbaus und der Vegetation. Ihre Tochter Persephone wurde von Hades, dem Gott der Unterwelt, entführt (S. 150), und lebte sechs Monate des Jahres in seinem Reich – daher die glühenden Sommermonate, wenn ihre Mutter um sie trauerte und im Mittelmeerraum nichts wuchs. Diese Statue der Demeter stammt aus Knidos und datiert von ca. 330 v. Chr.

(Rechts außen) Athena entsprang dem Kopf ihres Vaters Zeus in voller Rüstung, und oft wird sie, wie hier, als Krieger-Göttin dargestellt. Doch sie war auch die Göttin der Weisheit, der Künste und Handwerke. Diese Skulptur der Athena stammt vom Westgiebel des Aphaia-Tempels auf der Insel Aigina und datiert von ca. 510 v. Chr.

(Rechts) Artemis, die Schwester Apollons und gewöhnlich als jungfräuliche Jägerin verehrt, spielte eine zweitrangige Rolle und wird auf diesem Relief aus Achinos in Thessalien als Beschützerin von Frauen bei der Geburt gezeigt. Der Göttin wird hier zusammen mit passenden Gaben ein Kind präsentiert. Im Hintergrund hängt eine vollständige Kleidergarnitur der jungen Mutter, der Göttin als Dankopfer für eine erfolgreiche Geburt geweiht.

APOLLON war der Gott des Lichts, der Weissagung und der Musik und wurde, wie Athena, überall in der griechischen Welt verehrt. Zu erkennen ist er an dem Bogen, den er mitführt, und an seinem jugendlichen Aussehen. Sein heiliger Baum ist der Lorbeer, in den einst die Nymphe Daphne verwandelt wurde; eines seiner regulären Symbole ist der Dreifuß. Seine wichtigsten Heiligtümer wurden in Delphi, Didyma (Kleinasien) und auf der Insel Delos gefunden.

APHRODITE, die Göttin der Liebe, scheint aus dem Osten nach Griechenland gekommen zu sein. Geboren aus dem Schaum des Meeres und oft nackt oder halb bedeckt dargestellt, wurde sie in Paphos (auf Zypern), auf der Insel Kythera und in Korinth verehrt. Ihr

Gefährte und Sohn, Eros, wird gewöhnlich als geflügeltes Kind gezeigt.

HERMES war der Bote der Götter und geleitete die Seelen in die Unterwelt. Zu erkennen ist er an seinem Heroldsstab mit den Schlangen (Kerykeion, entspr. dem lat. Caduceus) und den geflügelten Sandalen. Er war außerdem der Gott des Handels und der Diebe. Er erhielt nur selten einen vollständigen Tempel, aber da er eine der Schutzgottheiten des Gymnasiums war, erfreute er sich weit verbreiteter Verehrung; Kultpfeiler mit seinem Kopf (sogenannte Hermen) wurden in Athen und einigen anderen griechischen Städten auch als Wegemarken und zur Markierung von Hauseingängen benutzt.

(Gegenüber) Aphrodite auf einem Schwan; weißgrundige Schale des Pistoxenos-Malers, um 470 v. Chr., gefunden auf Rhodos.

(Links außen) Apollon, der Gott des Lichts und der Musik, wird normalerweise als schöner Jüngling dargestellt, wie hier in dieser Bronze aus dem 6. Jh., gefunden in einem antiken Lagerhaus in Piräus, dem Hafen von Athen. In der linken Hand hält er einen Bogen und in der rechten vielleicht eine Trankopfer-Schale. Man vergleiche mit dem auf S. 145 gezeigten Apollon.

(Links) Hermes, der Bote der Götter, mit dem Dionysos-Knaben. Pausanias beschrieb eine solche Statue des Praxiteles in Olympia, wo dieses Standbild im Jahr 1897 gefunden wurde, aber die Forscher sind sich nicht sicher, ob es sich dabei um das Original oder eine spätere Kopie handelt (siehe auch S. 176f.).

(Oben) Hephaistos ist hier zu sehen, wie er auf Wunsch von Achilleus' Mutter Thetis ihrem Sohn eine neue Rüstung schmiedet: „Erst nun formt' er den Schild, den ungeheuren und starken, / ganz ausschmückend mit Kunst. Ihn umzog er mit schimmerndem Rande, / dreifach und blank, und fügte das silberne schöne Gehenk an. / Aus fünf Schichten gedrängt war der Schild selbst; oben darauf nun bildet' er mancherlei Kunst mit erfindungsreichem Verstande" *(Homer, Ilias 18,478–82).*

(Oben Mitte) Dionysos im Kreise von Mänaden und Feiernden. Athenische schwarzfigurige Amphora des Amasis-Malers, ca. 540 v. Chr. Man beachte die boiotische hochhenkelige Trinkschale, wie auf S. 89 abgebildet.

HEPHAISTOS, der Gott des Schmiedefeuers, stammt ursprünglich von Lemnos in der nordöstlichen Ägäis, wo die Metallurgie frühe Wurzeln hatte. Er war der Gemahl der Aphrodite. Seine Verehrung fand an nicht vielen Orten großartigen Ausdruck, aber er teilte sich mit Athena den gut erhaltenen Tempel, der die athenische Agora überblickte (S. 120f.).

ARES, der Gott des Krieges, wurde auch unter dem Namen Enyalios verehrt. Normalerweise wurde er als vollbewaffneter Krieger dargestellt; er besitzt nur eine sehr begrenzte Anzahl bezeugter Heiligtümer.

HESTIA war eine unbedeutendere Gottheit, die Göttin des Herdfeuers. Als solche wurde sie im Prytaneion (Gemeindehaus) jeder griechischen Stadt verehrt, wo auf ihrem Herd oder Altar eine ewige Flamme unterhalten wurde.

Weitere Götter

Mehrere andere Götter waren wichtig, obwohl sie ursprünglich nicht als olympisch galten.

DIONYSOS, der Gott des Weins, der Ekstase und des Theaters, war vielleicht der wichtigste. Oft wird er beim Feiern mit einer lauten, betrunkenen Gesellschaft aus Satyrn und Mänaden gezeigt. Man glaubte, er sei aus Boiotien nach Athen gekommen, und zu allen Zeiten wird er mit einer erkennbar boiotischen Weinschale dargestellt: einem Kantharos mit hochge-

schwungenen Henkeln. Überall in Griechenland mit ländlichen Festen und Theateraufführungen geehrt, lag eines seiner größten Heiligtümer im kleinasiatischen Teos, wo es angeblich einen Brunnen gab, dessen Wasser wie Wein schmeckte.

HADES, der Gott der Unterwelt, ist auch als Pluton bekannt. Auch er wird als Mann mit dichtem Bart dargestellt, obwohl er weder eine beliebte Figur in der griechischen Kunst ist noch viele ihm gewidmete große Heiligtümer besitzt. Verschiedene Orte in Griechenland hatten Felsspalten, in denen man Eingänge zur Unterwelt vermutete: das Vorgebirge Tainaron (Peloponnes), Ephyra (Epeiros), Hierapolis und Nysa (Kleinasien) und Sizilien.

PAN war vielleicht die vollendete ländliche Gottheit, der ziegenfüßige, gehörnte Schutzpatron der Schaf- und Ziegenhirten, der sich an die Berge hielt und in Höhlen lebte und normalerweise von einer Ansammlung Nymphen begleitet wurde.

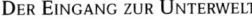

DER EINGANG ZUR UNTERWELT

Das Plutonion aber ist eine mäßige Grottenmündung unter einem niedrigen Felsenrande des darüber liegenden Berges, so groß, dass sie einen Menschen aufnehmen kann, aber weit hinein vertieft. Vor ihr befindet sich eine viereckige Einzäunung vom Umfang eines halben Plethrons. Diese ist von einem dicken, nebelartigen Dampfe erfüllt, sodass man kaum den Fußboden sieht. Den sich ringsum bis zur Einzäunung Nähernden ist die Luft unschädlich, weil sie bei Windstille von jenem Dampfe rein ist; denn er bleibt innerhalb der Umfriedung. Geht aber ein Tier hinein, so erfolgt auf der Stelle sein Tod; selbst hineingetriebene Stiere fallen nieder und werden tot herausgezogen. Ich selbst ließ Sperlinge hineinfliegen, und sie fielen sogleich entseelt zur Erde. Die verschnittenenen [Eunuchen] Gallier jedoch gehen ohne Gefahr hinein, sodass sie sich sogar dem Eingange nähern, ja hineinkriechen und den Atem möglichst lange an sich haltend eine gewisse Strecke weit vordringen.

Strabon, 629–30,
über Hierapolis

(Links außen) Hades / Pluto, der Gott der Unterwelt, trägt Persephone (Kore), die Tochter der Demeter, fort; hellenistische Terrakotta-Arbeit aus Tarent.

(Links) Aphrodite stößt mit Eros' Hilfe Pan von sich; Statuengruppe aus Marmor, gefunden auf der Insel Deios, ca. 100 v. Chr.

Heroen

Über die vollwertigen Götter hinaus besaßen die Griechen eine Vielzahl von Halbgöttern oder Heroen, von denen manche so wichtig oder populär waren wie viele olympische Gottheiten. Mehrere, beispielsweise Herakles oder Asklepios (S. 160f.), sprachen über Griechenland hinaus weite Kreise an, und ihre Kulte waren in der ganzen griechischen Welt überaus verbreitet. Viele weitere, so Theseus, waren in erster Linie bedeutende lokale Heroen und wurden nur in einer Stadt verehrt. Heilige Kalender deuten darauf hin, dass es buchstäblich Hunderte weniger bedeutsamer lokaler Heroen gab, die innerhalb einer einzigen Gemeinde oder Stadt verehrt wurden.

Meist stellte man sich Heroen als sterblich Geborene vor, die jedoch durch außerordentliche Akte von Stärke oder Mut göttlichen Status erlangt hatten. Sie

Herakles

Der wichtigste Held des Altertums war sicherlich Herakles, dessen Zyklus aus zwölf Arbeiten jahrhundertelang ein Lieblingsthema für Künstler war; er wird auf gemeißelten Reliefs, in freistehenden Standbildern, auf Mosaiken und auf Vasen dargestellt. Als Sohn des Zeus und der sterblichen Alkmene war Herakles ein Mann von ungeheurer Kraft und ungeheurem Appetit. Er ist einer der wenigen Heroen, der den Status eines richtiggehenden Gottes erlangte, und mehrere Szenen zeigen seine Aufnahme in den Olymp. Er wurde in ganz Griechenland weithin verehrt, obwohl gewöhnlich nur mit einem einfachen Heiligtum statt eines regelrechten Tempels. An Gymnasien findet man oft Statuen und Weihgeschenke für ihn.

Von einer eifersüchtigen Hera um den Verstand gebracht, erschlug Herakles sechs seiner eigenen Kinder; als Sühne sollte er auf Anweisung des Orakels von Delphi dem König Eurystheus von Tiryns zwölf Jahre lang dienen und alle aufgetragenen Aufgaben ausführen, egal welche das sein mochten. Ungefähr die Hälfte seiner Arbeiten vollbringt er in der Nähe seiner Heimat, auf der Peloponnes. Viele betreffen die Beherrschung von Wasser, was interessant ist angesichts mehrerer umfangreicher Wasserbewirtschaftungsprojekte, die auf die mykenische Zeit datiert werden können (ein Damm in der Nähe von Tiryns, Deiche beim arkadischen Orchomenos und Pheneos und die Entwässerung des Kopaïs-Beckens). Die Reihenfolge der zwölf Arbeiten wird unterschiedlich angegeben:

1. Der nemeische Löwe war die erste Arbeit. Herakles rang mit dem Tier und erwürgte es; sein Fell verwendete er anschließend als Umhang.
2. Die lernäische Hydra war ein Ungeheuer mit hundeartigem Körper und neun Schlangenköpfen, die, wurden sie abgetrennt, doppelt nachwuchsen. Am Ende brannte Herakles jeden Stumpf aus, um zu verhindern, dass wieder neue Köpfe wuchsen. Die Galle aus den Eingeweiden des Ungeheuers wurde verwendet, um Herakles' Pfeile mit einem tödlichen Gift zu versehen.
3. Der erymanthische Eber musste lebend gefangen werden, also trieb Herakles ihn auf ein Schneefeld, wo das Tier sich erschöpfte.
4. Die Hirschkuh von Keryneia, mit ehernen Hufen und goldenem Geweih, war der Artemis heilig. Auch sie musste gefangen und lebendig zurückgebracht werden, eine Aufgabe, die vollbracht wurde, indem Herakles sie ein volles Jahr in den hohen Norden und zurück verfolgte, bis sie zu erschöpft war, um noch irgendwohin zu fliehen.
5. Die Ares heiligen stymphalischen Vögel waren eine Schar menschenfressender Vögel mit bronzenen Schnäbeln und bronzenen Klauen, die sich in dem großen Sumpf in der Ebene von Stymphalos niedergelassen hatten. Herakles verstrieb sie mit Klappern aus dem Sumpfland und schoss sie mit seinen Pfeilen ab.
6. Der Gürtel der Hippolyte musste aus dem Land der Amazonenkönigin an den nördlichen Gestaden des Schwarzen Meeres geholt werden. Nachdem er Hippolyte

waren chthonisch oder zur Unterwelt gehörig, da sie ebenso starben wie andere Sterbliche. Opfergaben an Heroen bestanden deshalb aus Trankopfern, die vergossen wurden, oder anderen Geschenken, die in Gruben im Boden abgelegt wurden, und nicht aus den für die Olympier üblichen verbrannten Opfergaben.

In gewisser Hinsicht scheinen diese lokalen Heroen eine regelmäßigere und weiter verbreitete Anziehungskraft ausgeübt zu haben als die olympischen Götter, so wie es bei den vielen Heiligen der katholischen Kirche heute der Fall ist.

Theseus trägt die Amazone Antiope hinweg. Dies ist das zentrale Akroterion vom Dach des Tempels des Apollon Daphnephoros in Eretria, ca. 500 v. Chr.

getötet hatte, kehrte Herakles nach vielen Abenteuern nach Mykene zurück und übergab den Gürtel Eurystheus' Tochter Admete.

7. Der Stall des Augias in Elis in der Nähe von Olympia war jahrelang nicht ausgemistet worden, doch Herakles erledigte diese Aufgabe an einem einzigen Tag. Seine Lösung bestand darin, die Wasser der Flüsse Alpheios und Peneios umzuleiten, sodass sie durch den Hof flossen und den ganzen Dung fortspülten.

8. Der kretische Stier, ein Feuerschnauber, wurde gebändigt und nach Mykene zurückgebracht, wo er am Ende freigelassen wurde.

9. Die Rosse des Diomedes aus Thrakien waren Menschenfresser. Herakles bezwang ihren Herrn, Diomedes, und verfütterte dessen Fleisch an sie, womit er ihren Appetit genügend stillte, um sie beherrschen zu können.

10. Die Rinder des Geryoneus gehörten einem Ungeheuer mit drei Köpfen, drei Körpern und sechs Händen, das draußen im Westen jenseits von Spanien lebte. Unterwegs stellte Herakles an der Einfahrt zum Mittelmeer die Säulen des Herakles auf.

11. Das Einfangen des dreiköpfigen Höllenhundes Kerberos, der die Unterwelt bewachte, musste Herakles ohne die übliche Keule oder seine Pfeile vollbringen; Herakles gelang es, ihn zu überwältigen und fügsam zu machen.

12. Die Äpfel der Hesperiden stammten von einem goldenen Baum im Garten der Hera auf dem Atlas-Gebirge, der von dem Drachen Ladon bewacht wurde. Atlas wurde überredet, die Äpfel mit Hilfe seiner Töchter, der Hesperiden, sicherzustellen; während

Atlas die Äpfel stahl, hielt Herakles für ihn das Himmelsgewölbe. Mit einem Trick gab er ihm dieses danach zurück und verschwand mit den Äpfeln.

(Links) Die Arbeiten des Herakles, dargestellt auf einem Mosaik des 3. Jh. n. Chr., gefunden in Elis. Die Arbeiten werden von oben entgegen dem Uhrzeigersinn gezeigt, beginnend mit dem nemeischen Löwen. In der Mitte zu sehen sind Herakles' Keule, sein Bogen und Pfeile sowie eine Siegerkrone.

Als Herakles mit Kerberos, dem dreiköpfigen Wachhund an den Pforten der Unterwelt, zurückkehrt, versteckt sich König Eurystheus vor Schreck in einem Pithos (Vorratskrug). Schwarzfigurige Hydria aus dem 6. Jh. v. Chr.

Die Panhellenischen Festspiele

DAS BEGRÄBNIS DES PATROKLOS

Löschten zuerst den glimmenden Schutt mit rötlichem Weine, rings wo die Flamme gewütet und hoch die Asche gehäuft lag; sammelten drauf das weiße Gebein des herzlichen Freundes, weinend, in doppeltes Fett, in eine goldene Urne; setzten sie dann im Gezelt, umhüllt mit köstlicher Leinwand, maßen den Kreis des Males und warfen den Grund in die Rundung rings um den Brand und häuften geschüttete Erde zum Hügel. Als sie das Mal nun geschüttet, enteilten sie. Aber Achilleus hemmte das Volk und ließ es in einem großen Kreise sich setzen; brachte darauf zu Preisen des Kampfs dreifüßige Kessel, Becken und Ross' und Mäuler und mächtige Stier aus den Schiffen, schöngegürtete Weiber zugleich und blinkendes Eisen. Erst dem Lenker des schnellsten Gespanns zum herrlichen Kampfpreis setzt' er ein Weib zu nehmen, untadelig, kundig der Arbeit. samt dem gehenkelten Kessel von zweiundzwanzig Maßen. Dieses dem ersten zum Preis. Dem zweiten nun setzt' er die Stute, ungezähmt, sechsjährig, beschwert vom Füllen des Maultiers; dann dem dritten bestimmt' er zum Preis ein schimmerndes Becken, schön, vier Maß enthaltend, noch rein von der Flamme des Feuers; drauf dem vierten den Preis von zwei Talenten des Goldes: endlich dem fünften die doppelte Schal, unberührt von der Flamme.
(...) Homer, *Ilias* 23, 250–71

Vier Heiligtümer in der griechischen Welt erlangten einen Status, der weit über den lokaler Kulte hinausging, und zwar in erster Linie wegen der Sportwettkämpfe, die einen wichtigen Teil des Festprogramms bildeten: Olympia, Delphi, Korinth (Heiligtum auf dem Isthmos) und Nemea. Lediglich alle vier oder zwei Jahre veranstaltet, sind diese vier zusammen als die Panhellenischen Spiele bekannt. Sie standen allen Griechen offen, wurden von allen besucht, und ein Sieger in allen vieren, ein *periodoníkes*, entsprach dem heutigen Gewinner des Grand Slam im Tennis oder Golf. Auch bei buchstäblich Hunderten von lokalen Festen – zu Beginn der Römerzeit gab es nicht

weniger als 146 Städte, die 266 Spiele finanzierten – wurden Spiele veranstaltet, aber diese vier waren die einzigen „internationalen" Wettkämpfe. Begleitet von einem geheiligten Waffenstillstand, boten sie – unter den selbstbewusst unabhängigen und streitlustigen griechischen Staaten oftmals seltene – Gelegenheiten für Diplomatie sowie für informellere geschäftliche und soziale Kontakte.

Organisierte sportliche Spiele scheinen ihren Ursprung in Bestattungsriten zu haben. Die frühesten, von denen wir hören, sind die von Achilleus beim Begräbnis seines Freundes Patroklos ausgerichteten, wie sie in der *Ilias* dokumentiert sind. Und obwohl sie in den Heiligtümern olympischer Götter abgehalten wurden, wiesen alle vier großen Festspiele tatsächlich einen Aspekt von Leichenfeiern auf, oft zu Ehren eines lokalen Heroen.

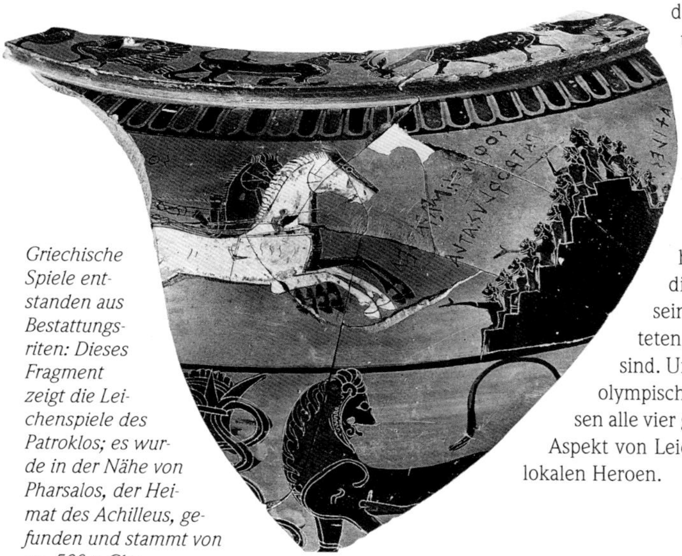

Griechische Spiele entstanden aus Bestattungsriten: Dieses Fragment zeigt die Leichenspiele des Patroklos; es wurde in der Nähe von Pharsalos, der Heimat des Achilleus, gefunden und stammt von ca. 580 v. Chr.

(Links) Steinerne Hantel (Sprung-gewicht) aus Olympia, beschriftet mit dem Namen Akmatidas aus Sparta, ca. 500 v. Chr.

Diskuswerfer; Detail von einem attischen Kelch-Krater des Kleo-phrades-Malers, ca. 500 v. Chr., gefunden in Tarquinia.

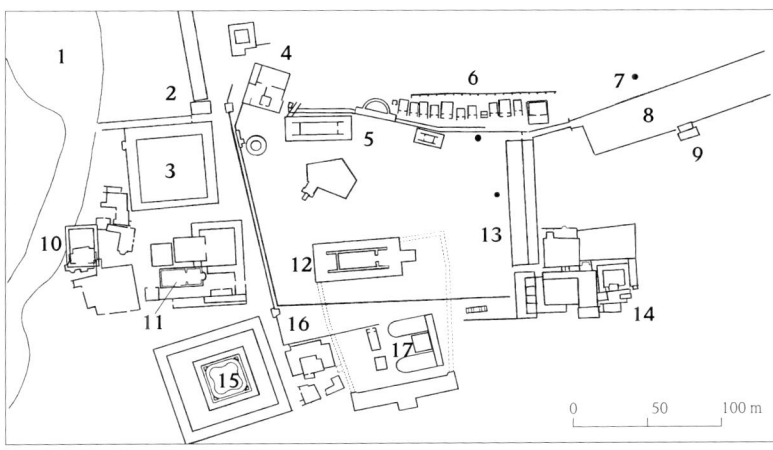

Olympia, Heimat der frühesten Spiele

Als ältestes und angesehenstes Sportfest beansprucht Olympia einen Ehrenplatz. Die ersten Spiele wurden im Jahr 776 v. Chr. veranstaltet, etwa 200 Jahre früher als die anderen, die dann größtenteils dem in Olympia entwickelten Wettkampfprogramm folgten. Hinsichtlich ihrer Stiftung existieren eigentlich mehrere Überlieferungen, von denen einige darauf hindeuten, dass sich im Jahr 776 v. Chr. die Gelegenheit einer Neustiftung früherer Spiele ergab, die im Chaos des Dunklen Zeitalters verschwunden waren.

Die Spiele wurden im dortigen Zeus-Heiligtum abgehalten, und beinahe 50 Jahre lang war der einzige Wettbewerb ein Wettlauf, um das Licht auf dem Altar zu entzünden. Was das Prestige angeht, war dieses Rennen der Hauptwettbewerb, zumindest offiziell – die Namen der Sieger wurden als Bestandteil der

Plan von Olympia

1 Kladeos (Fluss)
2 Gymnasium
3 *Palästra*
4 *Prytaneion*
5 Tempel der Hera
6 Schatzhäuser
7 Altar
8 Stadion
9 Kampfrichterbank
10 Bäder
11 Werkstatt des Pheidias
12 Tempel des Zeus
13 Stoa
14 Römische Bäder
15 Leonidaion (Hotel)
16 Prozessionseingang
17 *Bouleuterion*

Fantasievolle Rekonstruktion (Paris, 1899) des Zeus-Heiligtums in Olympia mit dem großen dorischen Zeustempel (ca. 460 v. Chr.) in der Mitte. Für das L3.Jahrhach gibt es keinen Hinweis.

Leichtathletik

Leichtathletik, wie sie von den Griechen praktiziert wurde, ist uns in Form der Olympischen Spiele vererbt worden, die in ihrem modernen Gewand 1896 in Athen wiederbelebt wurden. Viele der mutmaßlichen Aspekte antiken organisierten Sports, die heute zumindest in der Theorie Bewunderer und Nacheiferer finden, wurden im Altertum genau genommen nicht viel praktiziert. Fairplay, Amateurstatus und Zusammenspiel – alles achtbare Ziele – sind größtenteils die romantische Erfindung von Gelehrten des 19. Jahrhunderts; die Welt der Athleten des antiken Griechenland war geprägt von harter Konkurrenz und der Realität neuzeitlichen Sports viel näher. Es gab eine entschiedene, vielleicht aristokratische Betonung individueller Leistung und persönlichen Erfolges; alle Wettbewerbe waren für Einzelne, nicht für Mannschaften, und ein Preis wurde nur für den ersten Platz zuerkannt. Dieses Wettkampfethos setzte die

Zu den charakteristischen Kennzeichen griechischer Leichtathletik gehört, dass die Teilnehmer nackt trainierten und antraten. Auf dem Sockel einer Trauerstatue von ca. 510 v. Chr. zu sehen sind hier drei Jünglinge beim Training.

Datumsformel benutzt: „In der 12. Olympiade, als Soundso das *stadion* gewann." In der griechischen Leichtathletik war die Standardstrecke 600 Fuß lang (je nach Ort zwischen ca. 178 und 192 m), ein Entfernungsmaß, das in Griechenland *stadion* hieß, wovon sich unser Wort Stadion herleitet.

Einer der Gründungsmythen über die Olympischen Spiele lautete, dass sie zu Ehren des Pelops veranstaltet wurden und dass Herakles die Strecke angelegt habe. Da Herakles' große Füße hatte, war das *stadion* in Olympia länger – 192 m – als irgendwo sonst. Im Laufe der Zeit kamen andere Wettbewerbe hinzu; der Preis war ein Kranz, der von Zeus' heiligem Olivenbaum unmittelbar hinter dem Tempel, der dem Gott geweiht war, stammte. Dieser etwa 470 v. Chr. erbaute und heute zerstörte Tempel beherbergte das große Zeusstandbild aus Gold und Elfenbein des Pheidias, eines der Sieben Weltwunder der Antike (S. 176).

Der heilige Bezirk von Olympia ist seit den neunziger Jahren des 19. Jahrhunderts vom Deutschen Archäologischen Institut ausgegraben worden. Neben dem heiligen Hain mit Tem-

Diese in Rom gefundene und auf das 3.–2. Jh. v. Chr. datierte hellenistische Bronzestatue zeigt mit großem Realismus einen erschöpften und geschlagenen sitzenden Boxer. Seine Arme und Hände sind noch für den Kampf bandagiert.

(Gegenüber) Das Stadion von Olympia, wo die Olympischen Spiele stattfanden: Die Startlinie für die Athleten ist im Vordergund zu sehen.

Athleten natürlich gewaltig unter Druck, und Fälle von Bestechung und Betrug sind nicht unbekannt.

Vor dieser Stützmauer stehen bronzene Zeusstatuen. Diese wurden gemacht von den Strafgeldern, die Athleten auferlegt wurden, die sich gegen den Wettkampf vergangen hatten, bei den Einheimischen heißen sie „Zanes". Zuerst stellten sie sechs an der 98. Olympiade [398 v. Chr.] auf. Denn der Thessaler Eupolos bestach die Faustkämpfer, die gekommen waren, mit Geld … Das soll das erste Vergehen von Athleten gegen die Spiele gewesen sein, und als erste wurden Eupolos, und die von Eupolos Geschenke angenommen hatten, von den Eleern mit Geldstrafen belegt … Nach Eupolos, sagt man, habe der Athener Kallippos als Fünfkämpfer seine Gegner mit Geld abgekauft, und das sei die 112. Olympiade gewesen … Die auf die genannten folgenden Statuen sind zwei an Zahl und wurden aufgestellt, als Ringkämpfern Strafe auferlegt worden war.
Pausanias, V, 21, 2–8

Der einzige offizielle Preis, der ausgesetzt wurde, war ein Kranz aus Blättern, die von dem heiligen Baum der Gottheit genommen wurden, zu deren Ehren die Spiele abgehalten wurden; in Olympia war es ein Olivenbaum, in Delphi ein Lorbeer; die Kiefer bei den Isthmien und Sellerie in Nemea. In der Theorie wetteiferten die Athleten nur um der Ehre willen miteinander. In der Realität konnten sie davon ausgehen, von ihrer Heimatstadt reich belohnt zu werden; zu den Belohnungen für Erfolg bei den Spielen zählten Geldpreise, kostenlose Mahlzeiten auf Lebenszeit im Ratsgebäude, zu ihren Ehren verfasste und vorgetragene Gedichte und Standbilder, die sowohl im Heiligtum als auch daheim aufgestellt wurden.

Ihren Anfang nahm die Leichathletik in den Riten, die Bestattungen begleiteten, beispielsweise jenen zu Ehren des toten Patroklos, die von Achilleus in der *Ilias*, unserem frühesten Hinweis auf Leichtathletik, ausgerichtet wurden. Diese Spiele sind interessant, weil sie sich so stark von den späteren Spielen der geschichtlichen Zeit unterscheiden. Der erste wesentliche Unterschied ist, dass es wertvolle Preise gibt: Bronzekessel, geschickte Sklavinnen, Tiere, Gold, Silber, Eisen, Rüstung und Waffen, im Gegensatz zu den Panhellenischen Spielen, wo der einzige Preis ein Kranz war. Interessanterweise war der gebräuchlichste frühe Preis ein bestimmtes Metallgefäß – das an die Silberpokale erinnert, die heute bei großen und kleinen Wettkämpfen überreicht werden. Ebenfalls ungewöhnlich ist, dass Achilleus Preise für mehr als bloß den ersten Platz auslobt – nicht weniger als fünf für die fünf zum Wagenrennen gemeldeten Mannschaften. Bei den Panhellenischen Spielen gab es nur einen einzigen Preis, alle anderen waren Verlierer und gingen mit leeren Händen aus.

Peleus' Sohn [Achilleus] nun setzte noch andere Preise dem Wettlauf:
Einen silbernen Krug von prangender Kunst; er umfasste sechs der Maß und besiegt' an Schönheit all auf der Erde weit; denn kunsterfahrne Sidonier schufen ihn sinnreich; aber phoinikische Männer, auf finsterem Wogen ihn bringend, boten in Häfen ihn feil und schenkten ihn endlich dem Thoas; (…)
Homer, *Ilias* 23, 740–45

Organisierte Sportwettkämpfe, wie wir sie aus geschichtlicher Zeit kennen, wurden von den Griechen auf das Jahr 776 v. Chr. datiert, dem Jahr der ersten Olympischen Spiele. Zu Beginn des 6. Jahrhunderts v. Chr. traten mehrere andere Heiligtümer als Austragungsorte für angesehene Spiele in Erscheinung, die Olympia nachahmten, aber niemals in den Schatten stellten. Delphi, Stätte des Apollon-Orakels, richtete jene Pythischen Spiele aus, die ebenfalls alle vier Jahre stattfanden; zum Programm gehörten hier auch Musik- und Gesangswettbewerbe. Die Heiligtümer des Poseidon auf dem Isthmos von Korinth und des Zeus in Ne-

mea veranstalteten alle zwei Jahre ebenfalls ähnliche Spiele.

Das olympische Programm, wie es sich entwickelte, gab das Modell für die meisten nachfolgenden Sportfeste ab. Am Ende umfassten die Wettbewerbe das *stadion*, Doppel-*stadion (díaulos)*, Langstreckenläufe *(dólichos)*, Ringen, Boxen, das Pankration („Allkampf" ≈ Freistilboxen), das *péntathlon* (Fünfkampf: Laufen, Ringen, Diskuswurf, Weitsprung und Speerwurf) sowie Pferde- und Wagenrennen.

Ein typisches Merkmal griechischer Leichtathletik war, dass sowohl Training als auch Wettkämpfe nackt durchgeführt wurden. Tatsächlich stammt das Wort „Gymnasium" von dem griechischen Wort *gymnós* (nackt), und diese Sitte war für nichtgriechische Kulturen, wie die Römer und die Juden, ein entscheidender Aspekt griechischer Kultur. Sportfeste beschränkten sich größtenteils auf den griechischen Teil der römischen Welt; die Römer selber entlehnten von der rein griechischen Leichtathletik wenig und bevorzugten die spektakuläreren Gladiatorenspiele, die sie von den Etruskern übernahmen, und wilde Tierhatzen.

Der einzige Wettbewerb, der sich in beiden Kulturen äußerster Beliebtheit erfreute, war das Wagenrennen, das sich bis zum Ende des Altertums hielt. Und das Gymnasium war für die Römer ein Ort, den sie in erster Linie auf-

suchten, um zu baden und unter Leuten zu sein, und nicht, um zu trainieren.

Das griechische Gymnasium war ein für sportliches Training konzipiertes Gebäude, ausgerüstet mit Laufbahnen und einem Ringplatz (Palästra), aber auch mit Badeeinrichtungen und Lagerräumen für die Öle und Puder oder Pulver, die von den Athleten benutzt wurden (siehe auch S. 173). Die frühesten Gymnasien gehen auf das 6. Jahrhundert v. Chr. zurück. Gymnasien waren öffentliche Gebäude, obwohl sie oft von reichen Bürgern erbaut und gestiftet wurden; in späteren Zeiten könnten sie einen kompletten Stab von Trainern und Lehrern gehabt haben. In vielen Städten wurden sie benutzt, um junge Männer in den für einen erfolgreichen Krieger erforderlichen Fertigkeiten zu unterweisen: Ringen, Speerwerfen, Bogenschießen und dergleichen.

Gymnasien waren der ideale Ort, um die zum Körpertraining versammelten Gruppen junger Männer auch in anderen Disziplinen zu unterrichten, so wurden schließlich Schulen aus ihnen; es ist kein Zufall, dass die zwei großen Philosophenschulen Athens, die Akademie und das Lykeion, beide an Gymnasien gegründet wurden (S. 138f.).

Spätere Gymnasien besaßen spezielle Klassenräume *(ephebeia)* für die jungen Männer *(epheboi)*, die unterrichtet wurden.

*Die von dorischen Säulen umge-
bene Palästra von Olympia: Auf
diesem großen, quadratischen
offenen Platz rangen und trainierten Athleten. Ursprünglich war
der Platz von verschiedenen Räumen mit unterschiedlicher Funktion umgeben.*

*(Unten) Statue eines Wagenlen-
kers von einem Siegesdenkmal
für die Pythischen Spiele in Delphi. Das Wagenrennen mit Vier-
spännern (tethrippon) wurde um
474 v. Chr. von Polyzalos, dem
Tyrannen von Gela auf Sizilien,
gewonnen; Preis und Ruhm gingen an den Besitzer der Pferde.
Zu einem anderen sizilischen Wagenlenker siehe S. 103.*

*(Unten rechts) Das Stadion in
Delphi in seinem letzten Zustand, der aus dem 2. Jh. n. Chr.
datiert.*

peln der Hera und des Zeus wurden ein Heiligtum des
Pelops und Sockel für Hunderte von Standbildern siegreicher Athleten gefunden.

Ebenfalls freigelegt wurden direkt außerhalb des
heiligen Bezirks ein Stadion, ein Gymnasium, eine Palästra (*palaistra*, Ringplatz) und ein Bad, wohingegen
der Hippodrom durch Überschwemmungen des Flusses Alpheios fortgespült wurde.

Ein von Pausanias als „Werkstatt des Pheidias"
identifiziertes Gebäude liegt außerhalb des heiligen
Bezirks westlich des Tempels selbst. Es war ein sehr
großer Bau, und sein Grundriss spiegelte den des Tem-
pelinneren wider, wo die große Kultstatute des Zeus
stand.

Delphi

Delphi war der Schauplatz der Pythischen Spiele, den
nach Olympia angesehensten. Auch sie fanden nur alle vier Jahre statt, in der Mitte des olympischen Zyklus.
Die Spiele feiern den Tod des Drachens Python (daher
pythisch) durch Apollon. Sie wurden im Jahr 582
v. Chr. gestiftet, ihr Preis war eine Lorbeerkrone. Das
Programm ähnelte dem Olympias, mit einer wichtigen
Ergänzung: Es wurden auch Gesangs- und Musik-
Wettbewerbe veranstaltet, die schon früh als einfache
Hymnen zu Ehren Apollons, des Gottes der Musik, begannen. Die Worte und Notationen einer solchen Hym-
ne hat man eingemeißelt in die Mauer des athenischen
Schatzhauses in dem heiligen Bezirk gefunden.

Die französischen Ausgräber in Delphi haben das Theater für die Musikwettbewerbe, ein Gymnasium und Bad sowie das Stadion freigelegt, das gut erhalten ist. Eine frühe Inschrift verzeichnet eine Geldbuße von 10 Drachmen für jeden, der Wein ins Stadion mitbringt, wobei die Hälfte der Strafe an den Informanten geht. Der Hippodrom lag unten am Fuße des Parnass-Gebirges, im Tal des Flusses Pleistos; sein genauer Standort konnte noch nicht festgestellt werden. Zum Gedenken an pythische Siege errichtete Skulpturen wurden ebenfalls geborgen, vor allem ein bronzener Wagenlenker aus den Jahren um 470 v. Chr. und die massive Marmorfigur des thessalischen Pankratiasten („Allkämpfers", Freistilboxers) Agias, die in den Jahren um 330 v. Chr. aufgestellt wurde (S. 177).

Isthmische Spiele

Der Isthmos von Korinth war die Stätte des wichtigsten Poseidon-Heiligtums und der Austragungsort der Isthmischen Spiele, die alle zwei Jahre veranstaltet wurden. Gestiftet im Jahr 578 v. Chr. und ausgetragen von Korinth, ehrten sie den Jüngling Palaimon/Meli-

(Oben) Weihegabe eines erfolgreichen athenischen Athleten, die seine Siege bei (v.l.n.r.) den Panathenäen in Athen (eine Amphora für das Preisöl), den Isthmischen Spielen (ein Kiefernkranz), den Aspis-Spielen in Argos (ein Schild) und den Nemeischen Spielen (ein Selleriekranz) dokumentiert.

(Rechts) Der in Korinth gefundene römische Sarkophag zeigt den Mythos des Opheltes, den Ursprung der Nemeischen Spiele. An der Längsseite zu sehen sind die Sieben gegen Theben, während man an der Stirnseite Opheltes, der (wie in einem Orakelspruch prophezeit) von einer Schlange verschlungen wird, und seine verzweifelte Amme Hypsipyle erblickt.

kertes, den Sohn eines frühen Königs, dessen ertrunkener Leichnam von einem Delphin hier an Land gebracht worden war. Der Preis war ein Kranz aus Kiefernzweigen. Man findet hier die Überreste zweier aufeinander folgender Stadien und eines Bades.

Nemea

Nemea war der Schauplatz der letzten der Panhellenischen Spiele, die zu Ehren des kleinen Opheltes, des Sohns eines frühen Königs, in einem Heiligtum des nemeischen Zeus ausgetragen wurden. Ein Orakel hatte den Tod des Säuglings vorausgesagt, sollte ihm jemals erlaubt werden, den Boden zu berühren, und seine Amme, Hypsipyle, wurde beauftragt, es niemals dazu kommen zu lassen. Als die Sieben gegen Theben auf ihrem Weg nach Argos, um Theben anzugreifen, durchkamen und um Wasser baten, legte Hypsipyle das Kind auf eine Selleriepflanze, um dem Wunsch zu entsprechen, worauf eine riesige Schlange erschien und es verschlang. Der Preis in Nemea war deshalb ein Selleriekranz. Wie die Isthmien fanden die Spiele alle zwei Jahre statt; bisweilen wurden sie von der nahe gelegenen kleinen Stadt Kleonai veranstaltet, andere Male von Argos.

Amerikanische Ausgrabungen haben den größten Teil des Stadions freigelegt, das über einen Tunnel verfügt, durch den man auf die Laufbahn gelangt; seine Wände sind mit Kritzeleien bedeckt, die von nervösen Athleten eingeritzt wurden, die warteten, bis sie beim Wettkampf an der Reihe waren. Unmittelbar außerhalb des Tunnels findet sich eines der wenigen Beispiele eines antiken Umkleideraums *(apodyterion)*. Ein großes Bad wurde ebenfalls ausgegraben, ein Gymnasium bislang aber noch nicht.

DIE SPIELE IN DELPHI

Was die Wettbewerbe in Delphi betrifft, so gab es einen in frühen Zeiten zwischen Kitharaspielern, die ein Loblied zu Ehren des Gottes sangen; er wurde von den Delphiern eingeführt. Aber nach dem Krisäischen Krieg, in der Zeit des Eurylochos, führten die Amphiktyonen Reiter- und gymnastische Wettbewerbe ein, bei denen eine Krone der Preis war, und nannten sie Pythische Spiele. Strabon, 421

DIE NEMEISCHEN SPIELE

Hier, zwischen Kleonai und Phliús, befinden sich Nemea und der heilige Bezirk, in dem die Argeier die Nemeischen Spiele feiern, der Schauplatz des Mythos vom nemeischen Löwen und das Städtchen Bembina. Strabon, 377

Medizin und Heilkulte

HEILUNGEN IN EPIDAUROS

Ein Mann mit einem Stein in seinem Glied. Er erlebte einen Traum. Ihm war, als schliefe er mit einem liebreizenden Knaben, und als er ejakulierte, warf er den Stein aus, und er hob ihn auf und ging, ihn in Händen haltend, hinaus. Hermódikos aus Lámpsakos war gelähmt. Als er im Tempel schlief, heilte ihn der Gott und befahl ihm, den größten Stein, dessen er habhaft werden könne, zum Tempel zu bringen. Der Mann brachte den Stein, der jetzt vor dem Ábaton [Heiligsten] steht. Nikánor ein lahmer Mann. Während er hellwach dasaß, schnappte ein Knabe sich seine Krücke und rannte weg. Nikanor stand auf, verfolgte ihn und wurde so geheilt.

IG IV, 4. Jahrhundert v. Chr.

Ärzte sind seit der Zeit der *Ilias* und während der gesamten nachfolgenden geschichtlichen Zeit belegt. In der Tat ehren moderne Vertreter des ärztlichen Berufsstandes die griechische Medizin nach wie vor mit dem Hippokratischen Eid, der einem berühmten Arzt zugeschrieben wird, der im 5. Jahrhundert v. Chr. lebte. Im Allgemeinen verließen die Griechen sich jedoch klugerweise auf göttliches Einschreiten, wenn ihre gute Gesundheit bedroht war. Die wichtigste heilende Gottheit war Asklepios (auf Lateinisch Aesculapius), ursprünglich ein Held, der der Sohn Apollons und einer sterblichen Frau, Koronis, war. Wie Herakles ist auch Asklepios einer der wenigen Heroen, die die Beförderung zum ausgewachsenen Gott verdienten. Fast jede griechische Stadt besitzt ein Asklepieion, ein der Gesundheit ihrer Bürger gewidmetes Heiligtum. Opfer, Gebete, Ruhe, frische Luft und sauberes Wasser gehörten sämtlich zur gesunden Lebensweise, und der Gott heilte entweder direkt oder erschien in einem Traum und informierte den Bittsteller, welche Maßnahmen für eine Heilung erforderlich wären. Oft wurden kleine Weihgaben, die den befallenen Körperteil zeigten, gestiftet; in den Bestandsverzeichnissen der Tempel sind Stücke aus kostbaren Metallen aufgeführt, doch sind meist nur Versionen in Stein oder Ton erhalten. Wenn die Behandlung am Ort sich als unzureichend erwies, konnte der Besuch eines der großen Heiligtümer des Asklepios in Epidauros, Kos oder Pergamon arrangiert werden.

Epidauros

Obwohl sein Kult ursprünglich aus Trikka (heute Trikkala) in Nordwest-Thessalien kommt, lag das Hauptheiligtum des Asklepios auf dem Gebiet von Epidauros auf der östlichen Peloponnes. Griechische Ausgrabungen haben hier einen großen heiligen Bezirk mit einem Tempel, einem rätselhaften, großzügig konstruierten Rundbau (*tholos* oder *thyméle*, S. 170), einem Schlafsaal für die Kranken und einer Herberge für die Begleiter der Leidenden. Inschriften dokumentieren Dutzende von dem Gott bewirkte Wunderheilungen. Zu seinem Fest gehörten sowohl sportliche als auch musikalische Wettbewerbe; freigelegt hat man ein Stadion, ein Bad, ein Gymnasium und ein Theater.

Das Theater, das am besten erhaltene in der antiken Welt, bietet 15 000 Menschen Platz, ein Hinweis auf die Popularität des Gottes und seines Festes (S. 172). Das Heiligtum liegt acht km von der bescheidenen Stadt Epidauros entfernt, ohne eine Siedlung in der Nähe, doch das Theater fasst beinahe so viele Zuschauer wie das in Athen (etwa 17 000), erbaut für die größte Stadt in der griechischen Welt. Der andere Hinweis auf die Popularität des Asklepios ist die Zählebigkeit seines Kults. Lange nachdem die Verehrung anderer heidnischer Götter ausgerottet worden war, versuchten Christen noch im 6. Jahrhundert n. Chr. wie ehedem, Menschen von Asklepios abzubringen.

Kos

Das zweite bedeutende Zentrum der Asklepios-Verehrung lag auf der Insel Kos, wo der Arzt Hippokrates seine Wirkungsstätte hatte. Das auf drei Terrassen außerhalb der Stadt erbaute hiesige Heiligtum verfügte über Tempel und Frischwasserquellen in Hülle und Fülle.

Pergamon

Pergamon im nordwestlichen Kleinasien war das dritte bedeutende Kultzentrum des Asklepios. In seinen Anfängen auf die hellenistische Periode zurückgehend, erlebte es in römischer Zeit eine besondere Blüte, als ein riesiger Komplex errichtet wurde, der einen kreisrunden Tempel, eine große runde Heileinrichtung mit Frischwasserversorgung, ein Theater, eine Bibliothek und mehrere überdachte Säulengänge umfasste. Aelius Aristides, ein notorischer Hypochonder, weilte häufig hier und beschrieb das Heiligtum auf seinem Höhepunkt während des 2. Jahrhunderts n. Chr.

Andere Gottheiten

Anderen Gottheiten von oft mehr lokalem Charakter wurden ebenfalls heilende Kräfte zugeschrieben. Zu

Das Weihrelief aus dem 4. Jh. v. Chr. zeigt Szenen der Heilung durch den Helden Amphiaraos (links) und eine Schlange (rechts). Die Inschrift lautet: „Archinos weihte dies dem Amphiaraos."

den bedeutendsten gehört vielleicht Amphiáraos, einer der Sieben gegen Theben, der in dem zwischen Athen und Theben gelegenen Oropós verehrt wurde. Sein Heiligtum war schön mit Bauwerken ausgestattet und Schauplatz eines beliebten Festes. Wie Askle-

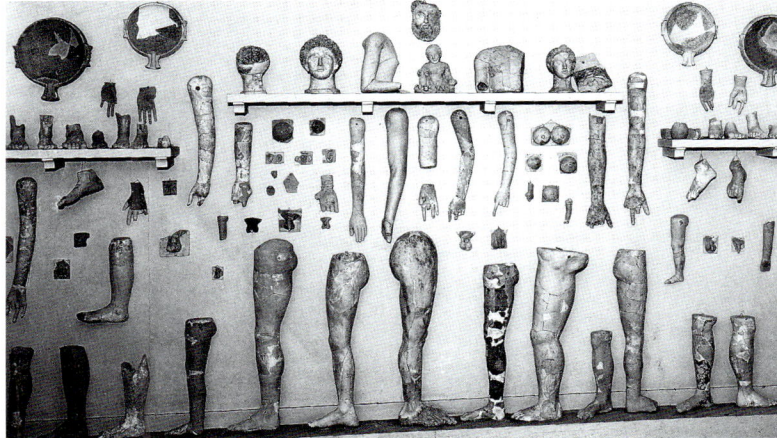

pios fängt auch er als Held an und steigt als Ergebnis einer Entscheidung des Senats von Rom am Ende zum vollwertigen Gott auf. Die römischen *publicani* (Steuerpächter) versuchten, die Bewohner von Oropos zu besteuern, die ihrerseits Immunität beanspruchten, weil ihr Land dem Amphiáraos, einem Gott, heilig sei. Die *publicani* argumentierten, er sei bloß ein Heros und deshalb nicht von der Steuer befreit. Der Streit wurde schließlich (zugunsten von Oropos) durch eine Senatskommission entschieden, der auch der Redner Cicero angehörte, der im 1. Jahrhundert v. Chr. von Rom ausgesandt worden war.

Ebenfalls eine Heilgottheit war Hygíeia, die zusammen mit Asklepios verehrt wurde.

Votiv-Körperteile aus Terrakotta, gefunden im Asklepios-Heiligtum in Epidauros. Vertreten sind die meisten Extremitäten und viele innere Organe; Verzeichnisse aus Athen und kostbarere silberne Weihegaben deuten darauf hin, dass die häufigsten Gebrechen die Augen betrafen.

Medizin

Statue des Asklepios oder eines seiner Söhne, der Ärzte Machaon oder Podaleirios, die im Trojanischen Krieg dienten. Schlangen wurden heilende Kräfte zugeschrieben.

Der neuzeitliche Einfluss der griechischen Medizin zeigt sich am offenkundigsten im Hippokratischen Eid, den Ärzte heute noch immer ablegen. Eine weitere ständige Erinnerung ist das medizinische Vokabular, das in seiner technischen Terminologie beinahe vollständig griechisch ist.

Die Griechen wandten sich zu allen Zeiten an ihren göttlichen Heiler Asklepios, und jede griechische Stadt besaß ein Asklepieion. Seine Söhne Macháon und Podaleirios waren Ärzte und kämpften nach der Sage im Trojanischen Krieg.

Die griechische Gesellschaft hatte Bedarf an Ärzten, und mehrere Inschriften, die ihre Bemühungen im Namen einzelner Städte zu ehren, sind erhalten geblieben. Die Griechen waren fasziniert vom menschlichen Körper, und er war der Gegenstand intensiver Untersuchung durch Künstler, Athleten, Philosophen und, schließlich, durch Ärzte.

Hippokrates, der „Vater der Medizin", galt als der erste, der die Medizin von der Philosophie trennte. Er lebte im 5. Jahrhundert v. Chr. (469–399 v. Chr.) und arbeitete auf der Insel Kos, wo es ein bedeutendes Asklepios-Heiligtum gab. Zahlreiche Schriften, von denen viele auf das 5. und 4. Jahrhundert zurückgingen, sind unter seinem Namen gesammelt. Dazu gehören Krankengeschichten von Ärzten, eine Sammlung von Aphorismen, Aufsätze über die Auswirkungen der Umwelt auf die Gesundheit, die Prognose, die Behandlung akuter Krankheiten, auf Brüche, Epilepsie, die Natur von Kindern und eine Beschreibung des Herzens.

Ein anderer berühmter Name in der antiken griechischen Medizin ist der des Galen (gr. Galenós), der im 2. Jahrhundert n. Chr. lebte. Er stammte ursprünglich aus Pergamon und begann seine Laufbahn als Arzt für Gladiatoren; es dürfte ein lebhaftes Geschäft mit reichlich Gelegenheiten zur Autopsie gewesen sein. Er reiste weit herum und studierte in Alexandria und Griechenland, bevor er in Rom Hofarzt des Kaisers Mark Aurel wurde. Er verfasste eine breites Werk und trug durch seine Abhandlungen zum Korpus medizinischen Wissens bei.

Das Wachstum der Pflanzen bildet eine ausgezeichnete Parallele zum Studium der Medizin. Unsere Charaktere ähneln der Erde, die Grundsätze unserer Herren der Saat; Erziehung ist das Aussäen der Saat zur rechten Zeit, und die Lernumstände ähneln den klimatischen Bedingungen, die das Wachstum der Pflanzen kontrollieren. Fleißige Arbeit und das Verstreichen der Zeit stärken die Pflanze und bringen sie zur Reife.

Kanon des „Corpus Hippocraticum"

Orakel-Heiligtümer

(Rechts) König Aigeus, Vater des Theseus, fragt die Pythia um Rat. Der Dreifuß, der ihr als Sitz diente, stand über dem Spalt, aus dem die Dämpfe aufstiegen. Er ist deshalb sowohl ein Symbol Delphis als auch Apollons. Athenische rotfigurige Schale.

(Unten) Ansicht des Apollon-Tempels in Delphi, der Stätte der orakelhaften Antworten der Pythia. Der aus den Jahren 360–325 v. Chr. stammende gegenwärtige dorische Tempel ist der sechste, der an dieser Stelle steht.

Die Griechen wandten sich oft an die Götter um Rat und Einblick in die Zukunft, und viele Heiligtümer waren ihrem Wesen nach Orakelstätten. Apollon war die wichtigste Gottheit, die die Zukunft vorhersagte, während die Mittel der Weissagung von Ort zu Ort unterschiedlich waren.

Delphi

Das Apollon-Heiligtum in Delphi, an den südlichen Hängen des Parnass-Massivs, war das berühmteste Orakel des Altertums. Man hielt es für den Mittelpunkt der Welt, und eines seiner geheiligten Symbole war der *ómphalos* (Nabel; siehe S. 69). Das Heiligtum ist in Griechenland insoweit beinahe einzigartig, als es wahrhaft „international" ist; obwohl es auf dem Gebiet des antiken Phokis lag, wurde es von einem Bund zwölf griechischer Städte (bekannt als die delphische Amphiktyonie) durch einen Ausschuss aus 24 Vertretern verwaltet.

Wegen der aktiven Rolle, die es bei der Kolonisation von Mittelmeer und Schwarzem Meer zwischen dem 8. und 6. Jahrhundert v. Chr. spielte, hatte das Delphische Orakel eine Schlüsselstellung bei der Herausbildung einer Vorstellung vom Griechentum inne. Die vielen Weihgeschenke und Schatzhäuser von griechischen Städten aus dem gesamten Mittelmeerraum belegen seine zentrale Rolle bei der Herausbildung einer Art nationaler Identität. Das Orakel galt als unfehlbar, weil es von König Kroisos von Lydien „getestet" worden war.

Die gegebenen Antworten waren normalerweise mehrdeutig, so dass, wenn die Dinge sich nicht so entwickelten, wie vorhergesehen, der Fehler bei der Interpretation des Anfragenden und nicht bei dem Gott lag. Orakelhafte Antworten wurden von der Pythia hervorgebracht, einer eigens ausgewählten Frau, die in eine Art Trance verfiel und von der man glaubte, sie sei von Apollon besessen. Es gibt literarische Hinweise auf einen Spalt im Gestein, aus dem Dämpfe aufstiegen, die sie in Verzückung geraten ließen. Ihre Halluzinationen wurden aufgezeichnet und von Priestern zurechtgeformt; oft sind sie als ein- oder zweizeiliger Hexameter-Vers erhalten. Die französischen Ausgrabungen konnten unterhalb des Tempels keinen Spalt freilegen, allerdings ist das Gebiet tektonisch sehr aktiv, und jede Kluft solcher Art könnte sich seit dem Altertum geschlossen haben.

Dodona

Als ältestes Orakel der Welt, das schon in der *Ilias* erwähnt wird, galt das des Zeus bei Dodona in Epirus (Epeiros) in Nordgriechenland. Ursprünglich wurden die Orakelantworten durch das Geräusch des Windes in der heiligen Eiche erzeugt und später durch die Vibrationen einer Reihe dreifüßiger Bronzegefäße, die nebeneinander in einem Kreis aufgestellt waren. Griechische Ausgrabungen haben einen bescheidenen Tempel, der mehrfach wiederaufgebaut wurde, ein großes Theater, eine Rennbahn und mehrere andere unbedeutendere Gebäude freigelegt. Außerdem entdeckte man eine Reihe von Bleitafeln, auf die der An-

(Oben) Zeus-Tempel und -Orakel bei Dodona in Epeiros (Epirus), ausgegraben von der Athener Archäologischen Gesellschaft. Der Baum ist eine Neupflanzung für die ursprüngliche Orakeleiche.

(Links) Beschriftete Bleitafel mit einem Ersuchen an das Orakel in Dodona.

fragende seine Frage schrieb: Sie betreffen sowohl hohe Staatsangelegenheiten („Ist irgendein unreiner Einzelner, der unter uns lebt, schuld an dem strengen Winter?") als auch äußerst private („Ist der Knabe wirklich mein Sohn?").

Didyma und Klaros

Zwei weitere wichtige Orakel-Heiligtümer für Apollon finden sich in Kleinasien, in Didyma bei Milet und in Klaros nahe Kolophon. Didyma ist der Standort eines der größten Tempel in der griechischen Welt – ein Gigant mit einer doppelten Reihe ionischer Säulen, so groß, dass er nicht überdacht wurde und sein Bau Jahrhunderte brauchte, ohne indes jemals vollendet zu werden (S. 98f.). Eine gepflasterte heilige Straße, die von Weihestatuen aus Marmor und kleineren Heiligtümern gesäumt war, verband den Tempel mit der etwa 18 km entfernt gelegenen Stadt Milet.

Klaros ist sowohl wegen des bei einem Tempel in Ionien seltenen Rückgriffs auf die dorische Ordnung als auch wegen einer kunstvollen unterirdischen Gewölbekammer für das Orakel unterhalb der Kultstatuen des Tempels beachtenswert. Hunderte von Inschriften dokumentieren Delegationen zum Orakel, besonders in römischer Zeit, und Dutzende von Sockeln mit Ringen zum Anbinden der leidtragenden Opfer säumen den Bereich vor dem Altar.

Andere Orakel

Boiotien war einst besonders reich an Orakeln, zu denen das Apollon-Heiligtum (Ismenion) in Theben und das Orakel des Apollon Ptoios im nahe gelegenen Akraiphnia gehörten. Unter den berühmtesten war das des Helden Trophonios in Leibadia. Pausanias, der im 2. Jahrhundert n. Chr. reiste und schrieb, versorgt uns mit der vollständigsten Darstellung eines Besuchs bei dem Orakel, der Prozeduren, die zu befolgen waren, und des Gemütszustandes des Fragestellers. Trotz Pausanias' präziser Beschreibung ist der tatsächliche Standort des Orakels des Trophonios bis heute nicht entdeckt worden.

Ein anderes Mittel, die Zukunft vorherzusagen, war ein Besuch in der Unterwelt, im nordwestgriechischen Epirus gab es am Fluss Acheron ein *nekromanteion* (Totenorakel). Dies galt als ein Eingang zur Unterwelt und eine alte Stätte, da schon Homer sie als Quelle eines besonders starken Giftes kannte (*Odyssee* 1, 259–62).

Münze Alexanders des Großen; das Widderhorn taucht nach seinem Besuch beim Zeus-Orakel in der Oase Siwa in der westlichen Wüste Ägyptens im Jahr 330 v. Chr. auf, wo Alexander zum Sohn des Zeus Ammon erklärt wurde.

VIII

Griechische Kunst und Architektur

D ie griechische Kunst gehört zu den einflussreichsten und dauerhaftesten Erbschaften aus der Vergangenheit. In Architektur, Bildhauerei, Malerei, Keramik, Metallarbeiten und Edelsteinschnitt setzten die Griechen Maßstäbe, die von der römischen Zeit bis auf den heutigen Tag bewundert werden und Nacheiferer finden. Griechische Kunst ist eher evolutionär denn revolutionär. Sie ist ein Prozess der Verfeinerung, des Arbeitens im Rahmen lang etablierter Traditionen und sehr langsamen Veränderns. Neuheit um der Neuheit willen scheint nicht sehr bewundert worden zu sein. In der Architektur waren die dorische und die ionische Ordnung im 7. Jahrhundert v. Chr. kodifiziert und wurden mit geringen Veränderungen fast tausend Jahre lang verwendet. In der Bildhauerkunst war die nackte männliche Gestalt – ruhend oder in Bewegung – das Thema, das Künstler jahrhundertelang zu vervollkommnen trachteten. Die schwarzfigurige Vasenmalerei hielt sich 150 Jahre lang und der rotfigurige Stil 200 Jahre. Die Kanalisierung von soviel Energie und Kreativität entlang genau festgelegter Pfade führte zu Meisterwerken, die in allen Feldern künstlerischen Ausdrucks den Test der Zeit bestanden haben.

Diese schrittweise erfolgten Veränderungen lang etablierter Formen ermöglichen es, eine allgemeine Entwicklung durch die Zeit zu erkennen, ganz gleich ob in Architektur, Bildhauerei oder Töpferkunst, und erlauben die Aufstellung einer stilistischen Chronologie, wo der äußere Beleg für das Datum eines Objekts fehlt.

Die anfängliche Begeisterung sowohl für monumentale Architektur wie für Plastik kann man in den früheren Zivilisationen Ägyptens und des Nahen Osten aufspüren, mit denen die Griechen seit Jahrhunderten in Kontakt standen.

Zweigeschossige dorische Säulengänge im Innern des Hera-Tempels II in Paestum, Süditalien, Mitte des 5. Jh. v. Chr.

Architektur

Die griechischen Monumentalbauten ruhen fest auf einem System tragender Stützen und lastenden Gebälks, d. h. vertikaler Säulen und horizontaler Architrave (Tragebalken). Schon früh wurde den Säulen und dem Oberbau, den sie stützten, eine feste Form gegeben, die immer wieder verwendet wurde. Die Kombination architektonischer Elemente, die wiederholt zusammen auftauchen, ist als „Ordnung" bekannt. In der griechischen Baukunst gab es zwei Hauptordnungen, die dorische und die ionische: Kleinere Abweichungen, vornehmlich bei den Kapitellen, kamen später hinzu. Die zwei Ordnungen entwickelten sich während des 7. Jahrhunderts v. Chr. in den beiden Hälften der griechischen Welt, der dorischen im Westen und der ionischen im Osten. Eine feste Folge von Proportionen und Verhältnissen bestimmte die Größe der einzelnen Elemente, aus denen jede Ordnung bestand.

Dorisch

Die dorische Ordnung scheint ihre Ursprünge im 7. Jahrhundert auf der nordöstlichen Peloponnes in Stein zu haben. Die frühesten Beispiele finden sich in Korinth und auf dem Isthmos-Heiligtum, ebenso in Olympia. Die Säulen haben keine Basis, flache Rillen (Kanneluren) und ein einfaches Kapitell mit einem

(Rechts) Die zeichnerische Rekonstruktion des Aphaia-Tempels auf Aigina, 510–500 v. Chr., zeigt die Hauptelemente der dorischen Ordnung.

(Unten) Der Apollon-Tempel in Bassai in der Nähe von Phigaleia in Arkadien, um 420 v. Chr. Pausanias berichtet, dass der Tempel von Iktinos, dem Architekten des Parthenon in Athen, entworfen worden sei.

ausladenden Element (Echinus), das eine quadratische Deckplatte (Abakus) stützt. Darüber befindet sich der Architrav (Epistyl), der auf den Säulen ruht und den Fries trägt. Der Fries besteht aus alternierenden Triglyphen, unterteilt in drei vertikale Profile, und Metopen, Platten, die mit Reliefs verziert, bemalt sein oder schmucklos bleiben konnten. Oben schützt ein überhängendes Kranzgesims (Geison) die Fassade. Der obere Teil des Architravs und die Unterseite des Geison sind mit knopfähnlichen Vorsprüngen, bekannt als Guttae („Tropfen"), verziert. Sie sehen ganz so aus wie die Enden von Holzpflöcken, was zusammen mit anderen Erwägungen zu dem Schluss führt, dass die dorische Ordnung sich aus hölzernen Vorbildern entwickelte. Als zum ersten Mal eine Version aus Stein geschaffen wurde, nahm man Darstellungen der Pflöcke auf, und was als funktionales Element angefangen hatte, wurde zu einem dekorativen Bestandteil, der sich über Jahrhunderte hielt, solange die dorische Ordnung währte. Dieselbe Umwandlung vom Funktionalen zum Dekorativen lässt sich parallel bei mehreren anderen Beispielen griechischer Baukunst beobachten.

Die unterschiedlichen Elemente stehen in festgelegten Proportionen zueinander: Eine Metope ist normalerweise quadratisch, und eine Triglyphe hat zwei Drittel der Breite einer Metope, während die Säulen genau unter jeder zweiten Triglyphe in dem Fries stehen. Weil diese proportionalen Beziehungen so regelmäßig sind, braucht man lediglich ein winziges Fragment oder zwei, um zuverlässig eine vollständige dorische Fassade zu restaurieren.

Besonders weit verbreitet war die dorische Ordnung auf der Peloponnes und in den westgriechischen Kolonien Süditaliens und Kleinasiens, wo Dutzende von Beispielen erhalten sind, die aus der Zeit vom 6. bis 4. Jahrhundert v. Chr. datieren. In der östlichen Ägäis wurde die dorische Ordnung nur für eine Handvoll großer Tempel verwendet, beispielsweise in Assos, Klaros und Troja.

Ionisch

Die ionische Ordnung entwickelte sich, wie der Name andeutet, in Ionien, dem Zentrum der ostgriechischen Welt, und man findet sie in Stein bereits im 7. Jahrhundert v. Chr. in Kleinasien und auf den ägäischen Inseln. Es ist ein eleganterer, reicher verzierter Stil als der dorische. Die Säulen sind hoch und schlank und besitzen kunstvolle Basen und Kapitelle mit gemeißelten Zierleisten und dekorativen Voluten. Das Gebälk darüber ist ebenfalls eleganter als sein dorisches Gegenstück und bestand ursprünglich nur aus Architrav und Kranzgesims, ohne dazwischenliegenden Fries. Die zur Hervorhebung der Ränder von Lagen oder der Übergänge von horizontalen zu vertikalen Oberflächen verwendeten dekorativen Zierleisten waren reliefiert und bemalt und nicht bloß bemalt, wie es bei dorischen Zierleisten die Norm war. Der Fries ist ein durchgängiges steinernes Band, das auf ganzer Länge ohne Unterbrechungen für Triglyphen mit Reliefs verziert sein konnte.

Historisch stand Ionien besonders in der archaischen Periode in Blüte, als die großartigen Tempel von Ephesos, Samos und Didyma (bei Milet) im Bau waren. In der klassischen Periode beherrschte Athen die Ägäis, und begrenzte Bauvorhaben wurden in Ionien selbst durchgeführt, obwohl die Athener die Ordnung im

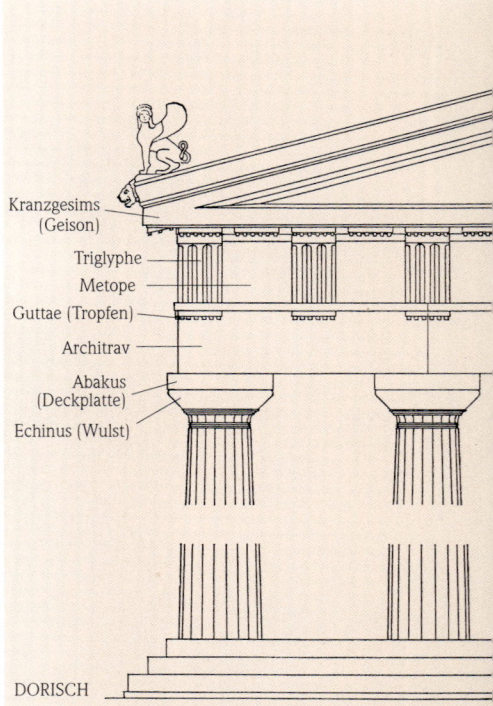

Kranzgesims (Geison)
Triglyphe
Metope
Guttae (Tropfen)
Architrav
Abakus (Deckplatte)
Echinus (Wulst)

DORISCH

Eines der dauerhaftesten Vermächtnisse der griechischen Welt an die Neuzeit sind die Monumentalbauten in Stein, vor allem die drei Säulenordnungen: dorisch, ionisch und korinthisch. Große öffentliche Gebäude nicht nur in ganz Europa und Nordamerika sind leicht an ihren Fassaden erkennbar, die mit massiven, Architrave, Friese und Giebel tragenden Säulen geschmückt sind. Banken, Gerichtsgebäude, Paläste und Parlamente bedienen sich allesamt des Vokabulars griechischer Baukunst, um die Botschaft von Stabilität, Macht, Autorität und Sicherheit zu vermitteln.

Im geschichtlichen Altertum taucht die Verwendung äußerer Säulen in Griechenland erstmalig – passenderweise – an Tempeln der Götter auf. Die beiden Hauptordnungen entwickelten sich in den beiden Hälften der griechischen Welt – die dorische im Westen und die ionische im Osten.

Die dorische Ordnung ist die strengere, mit schwerfälligeren Proportionen, einfacheren Formen und weniger Verzierung. Mit ziemlicher Sicherheit leitet sie sich von hölzernen Vorbildern

Ionische Säulenbasis mit einem Kapitell aus der östlichen Stoa der Agora von Nysa in Kleinasien, 1. Jh. v. Chr.

Architektonische Ordnungen

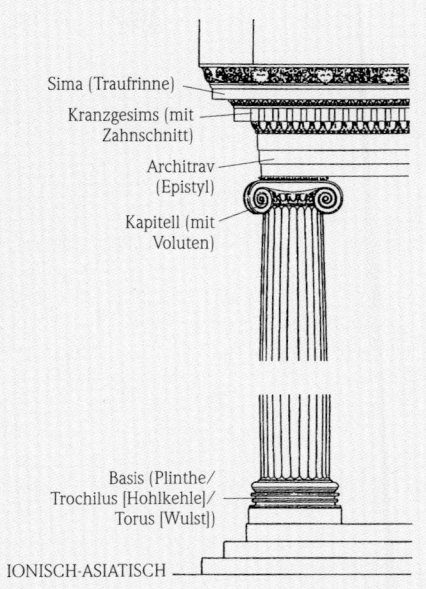

Sima (Traufrinne)

Kranzgesims (mit Zahnschnitt)

Architrav (Epistyl)

Kapitell (mit Voluten)

Basis (Plinthe/ Trochilus [Hohlkehle]/ Torus [Wulst])

IONISCH-ASIATISCH

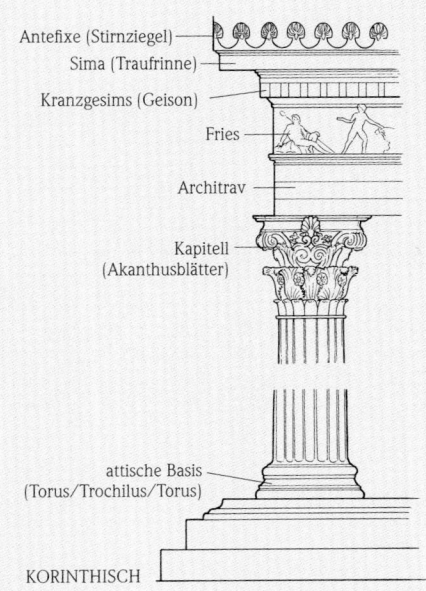

Antefixe (Stirnziegel)

Sima (Traufrinne)

Kranzgesims (Geison)

Fries

Architrav

Kapitell (Akanthusblätter)

attische Basis (Torus/Trochilus/Torus)

KORINTHISCH

her. Eingebettet in ihr ornamentales Gesamtbild in Stein sind Elemente, die in einem hölzernen Bau eine Funktion gehabt haben müssen: die Enden von Balken, Dachsparren und Holzpflöcken.

Die frühesten steinernen dorischen Tempel tauchen im 7. Jahrhundert v. Chr. auf der Peloponnes auf, besonders in der Gegend um Korinth. Von dort breitete sich die Ordnung rasch westwärts auf die korinthische Kolonie Syrakus auf Sizilien und die anderen Städte in Süditalien aus.

Einmal festgelegt, widerstanden in der dorischen Architektur Proportionen und Bausteine über Jahrhunderte – beinahe tausend Jahre lang – einer einschneidenden Veränderung, und nur leichteste Modifikationen wurden im Laufe der Zeit eingeführt. Diese Verfeinerung traditioneller Formen ist das, was griechische Künstler zur Vollkommenheit trieb und anleitete.

Der Parthenon entspringt nicht der genialen Schöpferkraft eines Menschen, er ist das Ergebnis 250-jähriger Erfahrung im Bau dorischer Tempel in Stein. Die proportionalen Beziehungen zwi-

schen den Elementen beschreibt für uns der Architekturfachmann Vitruv; die Bezeichnungen der Elemente stammen aus antiken griechischen Ausschreibungen oder Bauplänen, die auf Stein erhalten sind, oder von Vitruv.

Die ionische Ordnung entwickelte sich aus östlichen Einflüssen. Die Marmorarbeiter der Insel Naxos hatten großes Vertrauen in ihren Baustoff, und es gibt weniger offensichtliche Hinweise auf irgendein hölzerne Vorbild für die Ordnung.

Skulpturenschmuck beschränkt sich in der dorischen Ordnung gewöhnlich auf die Metopen des Frieses und die Giebeldreiecke an den Enden. Die ionische Ordnung war bei der Positionierung von Skulpturen weit experimentierfreudiger, und Beispiele an den Sockeln (Ephesos) und oberen Enden (Smintheion) von Säulenschäften, an den Architraven (Didyma), an der Vorderseite der Traufrinne (der Sima, in Ephesos) und in den Kassetten von Decken (Priëne, Belevi) sind bekannt. Schließlich wurde ein Fries hinzugefügt, und an einem ionischen Gebäude trug

vielleicht auch er Skulpturen (Athen, Halikarnassos).

Die korinthische Ordnung ist nicht viel mehr als die ionische Ordnung, ergänzt um ein kunstvolleres Blumenkapitell aus Akanthusblättern, dessen Ursprung uns Virtuv in einer Geschichte geschildert (S. 170). Andere Stile wurden gelegentlich benutzt, vor allem in der archaischen und hellenistischen Periode im nordwestlichen Kleinasien, aber die Römern favorisierten die dorische, ionische und korinthische Ordnung, die folglich nach Westeuropa übermittelt wurden.

Beobachtung und Messungen belegen, dass zum korrekten Gebrauch der Ordnungen der wiederholte Rückgriff auf Verhältnisse und Proportionen gehört, sowohl bei dem Bauwerk als Ganzem (Länge zur Breite, Breite zur Höhe etc.) als auch zwischen den einzelnen Elementen (Säulenabstände, Metopenbreite zu Triglyphenbreite etc.). Die Prinzipien werden uns einmal mehr von Vitruv dargelegt, wenngleich die spezifischen Verhältnisse und Proportionen, die er anführt, nur auf die frühe Römerzeit anwendbar sind.

Die Formgebung der Tempel beruht auf Symmetrie, an deren Gesetze die Architekten sich peinlichst genau halten müssen. Diese aber wird von der Proportion erzeugt, die die Griechen Analogia nennen. Proportion liegt vor, wenn den Gliedern am ganzen Bau und dem Gesamtbau ein berechneter Teil (modulus) als gemeinsames Grundmaß zu Grunde gelegt ist. Aus ihr ergibt sich das System der Symmetrien. Denn kein Tempel kann ohne Symmetrie und Proportion eine vernünftige Formgebung haben, wenn seine Glieder nicht in einem bestimmten Verhältnis zu einander stehen, wie die Glieder eines wohlgeformten Menschen. Den Körper des Menschen hat nämlich die Natur so geformt, dass das Gesicht vom Kinn bis zum oberen Ende der Stirn und dem untersten Rande des Haarschopfes 1/10 beträgt, die Handfläche von der Handwurzel bis zur Spitze des Mittelfingers ebenso viel (...)

Vitruv, III, 1

Eine jungfräuliche korinthische Bürgerin, schon für die Vermählung reif, wurde krank und starb. Nach ihrem Begräbnis sammelte ihre Amme die Spielsachen, an denen diese Jungfrau zu ihren Lebzeiten Gefallen gehabt hatte, legte sie in einen Korb, trug ihn zu dem Grabmal, setzte ihn oben darauf und legte, damit sich die Sachen unter freiem Himmel länger hielten, über den Korb einen Ziegel. Dieser Korb war zufällig über eine Bärenklauwurzel gesetzt. Mittlerweile, durch das Gewicht niedergedrückt, trieb in der Frühlingszeit die Bärenklauwurzel in der Mitte Blätter und Stängel. Ihre Stängel wuchsen an den Seiten des Korbes empor, wurden jedoch von den Ecken des Ziegels durch dessen Gewicht nach außen gedrängt und gezwungen, sich nach außen umzubiegen und an den Enden einzurollen. Damals bemerkte Kallimachos, der wegen seiner geschmackvollen und schönen Marmorarbeiten von den Athenern „Katatexitechnos" [superpinselig] genannt worden war, beim Vorübergehen an diesem Grabmal diesen Korb und die ringsherum sprossenden zarten Blätter, und, bezaubert von der Art und Neuigkeit der Form, schuf er nach diesem Vorbild die Säulen bei den Korinthern und legte ihre Symmetrien fest.
Vitruv, IV, 1, 8f.

5. Jahrhundert für das Erechtheion und die Propyläen (innen) sowie in Sunion und Delphi benutzten. Im 4. Jahrhundert verlagerten sich Macht und Einfluss erneut ostwärts, und der Architekt Pytheos setzte mit dem Athena-Tempel in Priëne einen neuen Kanon für die ionische Ordnung fest. Im ausgehenden 3. Jahrhundert erfuhr die Ordnung durch Hermogenes in Magnesia und Teos weitere Modifikationen, die bei der Entlehnung griechischer architektonischer Formen durch die Römer sehr einflussreich werden sollten.

Andere Ordnungen

Eng verbunden – eigentlich fast identisch – mit der ionischen Ordnung ist die korinthische, die erst im 5. Jahrhundert v. Chr. erstmals in Innenräumen und im Außenbereich nicht vor dem 4. Jahrhundert verwendet wird. Charakteristisches Merkmal und einziger echter Unterschied ist das mit gemeißelten Darstellungen von Akanthusblättern und Pflanzenranken bedeckte korbförmige Kapitell. Dies führt zu einem Kapitell, das vier identische Seiten hat, im Gegensatz zu dem ionischen mit seinen verschiedenen Seiten und Enden, die an Ecksäulen ein Problem darstellen. Besonders populär wurden korinthische Kapitelle in der gesamten römischen Welt.

Der aiolische Stil erinnert in fast allen Aspekten ebenfalls an den ionischen, obwohl die Kapitelle zwei große Voluten haben, die sich von unten auffächern. Der Stil wurde im nordwestlichen Kleinasien entwickelt, kam außer Mode und fand nach dem 6. Jahr-

(Unten) Aiolisches Kapitell aus dem Apollon-Tempel in Neandreia im nordwestlichen Kleinasien, 6. Jh. v. Chr. Ähnliche Kapitelle wurden in der östlichen Ägäis vom europäischen Thrakien im Norden bis zur Halbinsel von Halikarnassos im Süden gefunden.
(Rechts) Kunstvolles florales Kapitell korinthischer Ordnung, verwendet im Innern der Tholos von Epidauros, ca. 360–320 v. Chr. (S. 160).

hundert v. Chr. nur noch selten Verwendung. Andere Kapitelle wiesen als dekoratives Motiv lange Blätter von Wasserpflanzen auf, die anscheinend ägyptischen Vorbildern entlehnt waren; und aus dem 2. Jahrhundert v. Chr. stößt man auf gemischte Kapitelle, die zwei unterschiedliche Arten von Verzierung kombinieren.

Öffentliche Gebäude

Eine große Vielfalt von Gebäudetypen diente den verschiedenen Bedürfnissen der Öffentlichkeit. Mit den offenen Kolonnaden von Tempeln und Säulenhallen oder den mit Säulengängen versehenen Innenhöfen von Marktgebäuden und Gymnasien, die Schutz vor den Elementen boten, waren sie im Allgemeinen gut an das griechische Klima angepasst. Im Laufe der Zeit wurden spezifische Pläne entwickelt, um spezifischen Funktionen Rechnung zu tragen.

Die Kosten öffentlicher Bauten schwankten, in Abhängigkeit von der Größe und den verwendeten Materialien, erheblich. Die kostspieligsten Bauten waren Tempel; andere Gebäude waren oft bescheidener. Bekanntermaßen finanzierten sowohl der Staat als auch wohlhabende Privatleute öffentliche Gebäude. Auf Stein geschriebene erhaltene Verträge und genaue Angaben verraten uns eine Menge über die wirtschaftlichen Aspekte des Bauens und enthalten oft genug Einzelheiten, die uns die Wiederherstellung eines öffentlichen Gebäudes erlauben, von dem eigentlich nichts übrig geblieben ist, nicht einmal Ruinen.

Eine weitere Quelle für einen Großteil unseres Wissens über griechische Baukunst ist Vitruv, ein römischer Architekt, der während der Herrschaft des Augustus (1. Jahrhundert v./n. Chr.) lebte und schrieb. Seine zehn Bücher beschreiben (in Latein) die Ordnungen, Baumaterialien, viele verschiedene öffentliche Gebäude sowie die Neuerungen und Errungenschaften bestimmter griechischer Architekten. Er führt zahlreiche Belege an, die darauf hindeuten, dass viele antike Architekten Abhandlungen verfassten, die ihre Bauwerke beschrieben.

Die genaue Identität einer Stadt als griechisches Gemeinwesen konnte in architektonischen Kriterien angegeben werden, jede Stadt besaß mindestens ein Beispiel jedes der folgenden Gebäudetypen.

Tempel

Tempel sind der am weitesten verbreitete öffentliche Gebäudetypus, der erhalten geblieben ist, und in jeder Stadt finden sich viele Beispiele. Die aufwendigsten hatten stets einen umlaufenden Säulengang (Peripterostempel), während gewaltige ionische Tempel (Ephesos, Samos, Didyma) mit einer Doppelreihe geschmückt waren (Dipterostempel). Im Innern war der Raum, der die Kultstatue beherbergte (Cella oder Naos), dem man sich oft durch eine vordere Vorhalle (Pronaos) näherte und der auch über eine rückwärtige Vorhalle (Opisthodom) verfügte. Der Zweck eines griechischen Tempels war die Unterbringung der Kultstatue und die Lagerung von Weihgeschenken; er konnte deshalb sehr klein sein. Die gesamte Liturgie – an der Priester, Helfer, Mengen von Zuschauern und Opfertieren beteiligt waren – fand außerhalb statt, an dem Altar unter freiem Himmel vor dem Tempel. Griechische Tempel gingen normalerweise nach Osten in Richtung der aufgehenden Sonne, wenngleich viele Artemis-Tempel (Ephesos, Magnesia, Sardes) nach Westen blickten.

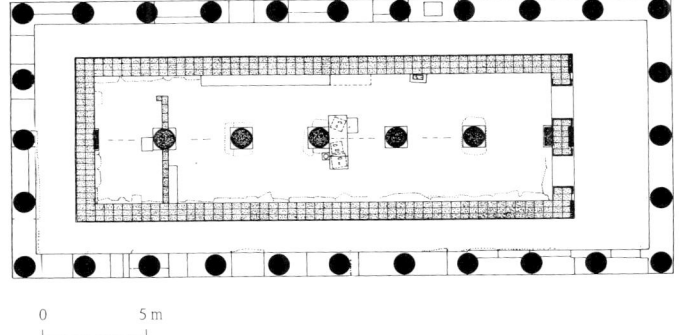

0 5 m

Der jüngst entdeckte Tempel in Metropolis, Thessalien, aus dem 6. Jh. v. Chr. Mit jeweils fünf Säulen an den Stirnseiten und einer zentralen Säulenreihe im Innern ist der Grundriss ungewöhnlich. Die Römer rissen den Bau Mitte des 2. Jhs. v. Chr. nieder; Ausgrabungen erbrachten eine dicke Schicht Verfüllung vom Abriss, einschließlich der bronzenen Kultstatue aus dem 6. Jh. (siehe auch S. 174).

BAUABRECHNUNGEN

Gorgias übernahm den Auftrag, den Fußbodenbelag in dem Säulengang zu polieren und die Außenfläche der Cellawände zu glätten, für 821 Drachmen, 2 Obolen; seine Bürgen waren Olphidias und Alexis.

Für Gold für die Sterne: 64 Drachmen, 1 Obole.

Chairis übernahm den Auftrag, die Stufen des Unterbaus blank zu putzen, für 64 Drachmen.

Hektorias übernahm den Auftrag für die Hälfte der Giebelskulpturen, für 1160 Drachmen; seine Bürgen waren Philokleidas und Timokleidas.

Reisegeld an Sotairos 4 Dr. An den Boten Aischinas 12 Dr. An Damphanes, für ein Schloss und Schlüssel 12 Dr. ... An Antilochos für das Bemalen von Kassetten 36 Dr. 4 Ob. An Isodamos für Eisenarbeiten an den Türen 22 Dr. 3 Ob. An Euklinos für Wachs 2 Dr. 1 Ob. An Sortairos für Blei 23 Dr. 4 _ Ob. Für Karrendienste 3 Dr.

Bauabrechnungen für den Asklepios-Tempel in Epidauros, 4. Jahrhundert v. Chr.

Die Stoa des Attalos (159–138 v. Chr.) auf der Agora von Athen, 1953–56 wiederaufgebaut.

Säulenhallen

Eine Säulenhalle (griech. Stoá, dt. kein Plural) ist jedes lange, mit einem Säulengang versehene Gebäude. Die einfachsten besaßen eine einzige Säulenreihe, die parallel zu einer Mauer angeordnet war, und der Bereich dazwischen war überdacht. Voll entwickelt, verfügten die komplizierteren Säulenhallen über nicht weniger als drei Stockwerke mit doppelten Kolonnaden und Räumen dahinter. Diese Bauten waren die idealen öffentlichen Gebäude für das mediterrane Klima, verschafften sie doch einer gewaltigen Zahl von Menschen genügend Licht und Luft, während sie sie gleichzeitig vor der starken Sommersonne oder im Winter Wind und Regen schützten. Sie erfüllten eine Vielzahl von Funktionen: als Märkte, Ämter, Zentralen der Verwaltungsbeamten, Lagerräume, zur Ausstellung von Gemälden und Weihgeschenken (d.h. als Museen)

und einfach als Orte, um zu bummeln und andere zu treffen.

Theater

Theateraufführungen zu Ehren von Dionysos, Apollon und Asklepios waren ein wesentlicher Bestandteil griechischen Lebens, und große, gut konstruierte Theater waren ein Merkmal der Stadtanlage. Normalerweise wurden sie in einen Hang eingefügt, oft zu Füßen der Akropolis selbst, und nutzten so den natürlichen Hang zur Schaffung von Sitzreihen. In großen Städten fassten die Theater nicht weniger als 15 000–24 000 Zuschauer. Ursprünglich fand die Aufführung in der *orchestra* statt, einem großen ebenen Bereich am Fuße des Zuschauerraums; hier standen die Chöre mit ihrem Gesang und Tanz im Mittelpunkt. Doch im Zuge der Entwicklung des griechischen Dramas verlagerte

Das Theater im heiligen Bezirk des Asklepios in Epidauros, ca. 300 v. Chr. Die Ränge, die ungefähr 15 000 Zuschauer fassen, sind fast unversehrt, bewahrte der entlegene Standort das Theater doch davor, in späteren Zeiten wegen Baumaterials geplündert zu werden. Wie Pausanias um 150 n. Chr. schrieb:

„Die Epidaurier haben in dem Heiligtum ein Theater, das nach meiner Meinung besonders sehenswert ist. Die der Römer übertreffen alle anderen überall durch ihre Ausstattung, das arkadische Megalopolis tut es durch seine Größe. Welcher Architekt könnte aber wohl hinsichtlich Ebenmaß und Schönheit mit Polyklet wirklich in Wettbewerb treten? Denn Polyklet war es, der sowohl dieses Theater wie auch den Rundbau errichtet hat.“

(Pausanias, II, 27, 5)

sich das Gewicht auf die Schauspieler, die auf einer erhöhten Bühne agierten, die mit der Zeit nach vorn gerückt wurde und damit den alten Tanzplatz der *orchestra* einschränkte. Viele griechische Orchestren sind kreis- oder halbkreisförmig – man glaubt, dass sie sich aus Rundtänzen entwickelten; neueste Forschungen lassen jedoch darauf schließen, dass die primitive *orchestra* rechtwinklig war und vielleicht ursprünglich für militärischen Drill und exaktes Marschieren benutzt wurde. An einem bescheidenen Bau im Hintergrund befanden sich anfangs bemalte Tafeln, die die Kulisse abgaben. Diese wurde zunehmend raffinierter, als die Bühne sich weiter vorschob und um eine mit einem Säulengang versehene Fassade ergänzt wurde, und in römischer Zeit waren Bühnenhäuser drei Stockwerke hoch, verarbeiteten alle drei architektonischen Ordnungen – dorisch, ionisch und korinthisch – und besaßen oft einen verschwenderischen Skulpturenschmuck.

Eine Variante des Theaters aus hellenistischer Zeit war das Odeion, eine eigens für musikalische Darbietungen entworfene Konzerthalle (*odé* ≈ Lied). Das Odeion war kleiner als das Theater und gewöhnlich überdacht.

Versammlungshallen: Bouleuterien

Während das Theater oder die Agora als Versammlungsort für alle Bürger diente, hatten die meisten griechischen Städte kleinere Gremien, die Stadträte, die in getrennten Gebäuden *(bouleuteria)* untergebracht waren. Diese kleinen Gebäude lagen auf oder in der Nähe der Agora und hatten einen quadratischen Grundriss mit einem ebenen Boden für Bänke, die 500–1200 Leute fassen konnten. In der hellenistischen Periode erhielten sie überhöhte, entweder geradlinige oder gebogene steinerne Sitzreihen, wobei letztere fast so aussehen wie beim Odeion. Der Hauptunterschied ist das Niveau des Bodens der „orchestra", der in einem Odeion normalerweise vertieft ist, und der Zugang von der Fassade aus, der in einem Odeion gewöhnlich beschränkt ist.

Eine frühe lokale Spielart erlebt man vielleicht auf Sizilien und in Süditalien (Akragas, Poseidonia/Paestum und Metapontion), wo die Versammlungshallen die Form eines sehr leicht abschüssigen vollen Kreises oder Ovals mit Steinbänken haben.

Gymnasien

Die militärische Ausbildung und die Erziehung der Griechen war untrennbar mit dem Gymnasium verbunden, das als Institution schon im 6. Jahrhundert v. Chr. belegt ist. Eine große Stadt hatte stets mehrere Gymnasien. Unerlässliche Bestandteile waren die Palästra (*palaistra*, Ringplatz), gewöhnlich ein Innenhof unter freiem Himmel mit Säulengängen und Räumen an allen vier Seiten, und die Laufbahnen. Die Räume der Palästra dienten einer Vielzahl von Funktionen, ei

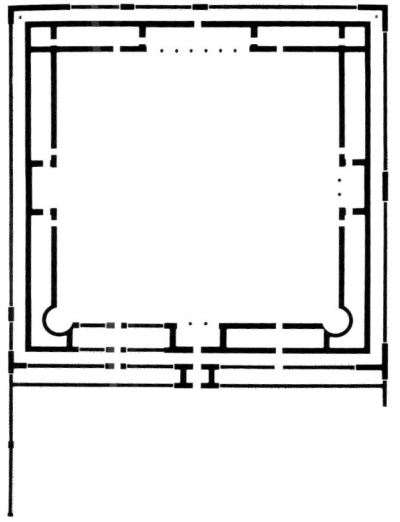

nige waren Hörsäle, andere waren dem Auftragen von Öl und Pulver oder Puder vorbehalten, und einige wurden zum Baden benutzt. Die Laufbahnen waren ein *stadion* (ca. 177–192 m) lang, und es gab stets zwei nebeneinander, die eine offen, die andere überdacht, wie eine Stoa. In der hellenistischen Periode stand die Aufteilung der Räume dann fest.

Mit der Übernahme des griechischen Gymnasiums durch die Römer ging eine Verlagerung des Schwerpunkts einher, und künftig wurde weit mehr Aufwand und Mühe auf Bäder und den Umgang mit Leuten verwandt und weit weniger auf die eigentlichen Trainingseinrichtungen. Für die Menschen der Mittelmeerwelt waren das Gymnasium und die Sitte, nackt zu trainieren, ein charakteristisches Merkmal der Griechen. In Ai-Khanoum, im heutigen Afghanistan, erhielt die dortige hellenistische Stadt ein Gymnasium, das von den üblichen göttlichen Schutzpatronen, Hermes und Herakles, beaufsichtigt wurde.

Andere Gebäude

Auch andere öffentliche Gebäude fand man in griechischen Städten, und Ausgrabungen haben zahlreiche Beispiele ans Licht gebracht. Das Prytaneion diente ebenso als Ratsgebäude und Speisesaal für hohe Beamte und offizielle Gäste wie als Ort, wo am Altar oder Herd der Hestia eine ewige Flamme unterhalten wurde. Brunnenhäuser und öffentliche Bäder waren Kennzeichen der meisten griechischen Städte, obwohl das Wasser über eine Gefälleleitung herbeigeführt werden musste; Druckleitungen, die es erlauben, Wasser zu heben, scheinen erst im 3. Jahrhundert v. Chr. entwickelt worden zu sein. Die meisten griechischen Städte prägten ihre eigenen Münzen, und eine Handvoll Münzstätten hat man bei Ausgrabungen erkannt. Basiliken, Amphitheater und öffentliche Latrinen sind römische Ergänzungen des Stadtbildes.

Grundriss des Gymnasiums/Palästra in Ai-Khanoum im Norden des heutigen Afghanistan, in den sechziger Jahren des letzten Jh. von französischen Archäologen ausgegraben.

DIE ELEMENTE EINES GYMNASIUMS

Bei den Palästren muss man ... länglich viereckige Säulenhallen so anlegen, dass sie einen Umgang von zwei Stadien (380 m) Länge haben. Von diesen Säulenhallen sollen drei einfach sein, die vierte, die nach Süden zu liegt, soll doppelt sein, damit, wenn von Sturm begleitete Regenschauer auftreten, die Regentropfen nicht in das Innere fallen können. An den (anderen) drei Säulenhallen aber sollen weitläufige Exedren [Nischen] mit Sitzen errichtet werden, damit in ihnen Philosophen, Rhetoren und andere, die an wissenschaftlichen Erörterungen Interesse haben, ihre Gespräche dort sitzend führen können. An der doppelten Säulenhalle sollen folgende Anbauten errichtet werden: in der Mitte das Ephebeum (... weiträumiger Anbau mit Sitzen für die jungen Leute) soll ein Drittel länger als breit sein, rechts davon das Koryceum [Sandsackraum], dann ganz nahe das Konisterium [Puderraum], anschließend an das Konisterium ... ein Kaltwaschraum, den die Griechen Loutron nennen; linker Hand vom Ephebeum das Elaeothesium [Einölraum], unmittelbar am Elaeothesium das Frigidarium, von dem ein Gang da, wo die Säulenhalle wieder umbiegt, in das Propnigeum führt. Als nächstes aber nach innen zu in der Richtung des Kaltbades soll ein gewölbter Schwitzraum angelegt werden, doppelt so lang wie breit, der auf einer Seite da, wo die Säulenhalle die Ecke bildet, eine lakonische Halle haben soll, und der lakonischen Halle gegenüber einen Raum für Abwaschung mit warmem Wasser. Vitruv V, 11

Für Gymnasien haben unsere lieben Griechen [Graeculi] eine Schwäche.

Kaiser Trajan an Plinius, Statthalter in Bithynien, um 111 n. Chr., Plinius, *Briefe*, X 40,2

Plastik

(Unten) *Bronzene Apollon-Kultstatue, 6. Jh. v. Chr., wie sie kürzlich im Abriss-Schutt des Tempels von Metropolis in Thessalien gefunden wurde. Die volle Höhe der Statue beträgt 0,80 m.*

(Rechts) *Seltenes Beispiel einer Goldelfenbein-Statue, die unter der heiligen Straße von Delphi vergraben gefunden wurde. Lebensgroß und aus dem späten 6. Jahrhundert v. Chr. datierend, wurde sie anscheinend in einem Schatzhaus aufbewahrt, das im 5. Jh. v. Chr. abbrannte; dabei wurde das Elfenbein verfärbt.*

(Gegenüber oben) *Zeus trägt Ganymed fort: Terrakotta-Skulpturengruppe vom Dach eines Schatzhauses in Olympia (ca. 480–470 v. Chr.), 1,10 m hoch. Die Verwendung solcher Figuren war ein Merkmal etruskischer Tempelverzierung.*

(Gegenüber unten) *Marmorstatuen, die 8. Jahrhiebel des Zeustempels in Olympia eine Kentauromachie darstellten, ca. 460 v. Chr.*

Die Griechen stellten Skulpturen in großen Mengen her und benutzten sie, um ihre Städte zu schmücken, als Verzierung an Gebäuden ebenso wie als frei stehende Monumente; Statuen wurden als Dankgaben für Erfolg oder Glück in Heiligtümern der Götter geweiht. Buchstäblich Zehntausende von Stücken wurden geborgen und sind in Museen auf der ganzen Welt ausgestellt. Skulpturen wurden aus einer Vielzahl von Materialien hergestellt: Marmor, Bronze, Gold und Elfenbein, Holz und Terrakotta. Die meisten Statuen waren bunt bemalt und wären wahrscheinlich ziemlich grell erschienen; glücklicherweise vielleicht sind nur seltene Beispiele polychromer Statuen erhalten geblieben.

Am häufigsten überdauert haben gewöhnlich Terrakotta- und Marmorstatuen. Bronzestatuen konnten eingeschmolzen werden und wurden es auch, so dass weniger Stücke existieren, normalerweise Zufallsfunde vom Meeresgrund (S. 178). Doch die am Sockel einer Statue gefundenen Kerben und Fassungen zeigen gewöhnlich an, ob die Statue, die daran befestigt wurde, aus Marmor oder Bronze war, und Hunderte von Beispielen belegen, dass Bronze mindestens so weit verbreitet war wie Marmor. Vermutlich war sie schneller und billiger herzustellen; eine lebensgroße Marmorfigur zu meißeln würde einen Mann ungefähr ein

Jahr kosten. Gold und Elfenbein wurden für Kultstatuen verwendet; dieserart Standbilder sind hauptsächlich aus der Literatur bekannt, Teile von vielleicht zweien oder dreien wurden verbrannt und unter der heiligen Straße in Delphi vergraben gefunden.

Viele griechische Bildhauer sind uns namentlich bekannt (z. B. Pheidias [Phidias], Polyklet [Polýkleitos], Praxiteles, Lysippos), und man hat Versuche unternommen, bestimmte Werke mit berühmten Künstlern in Verbindung zu bringen. Doch nur selten können erhaltene Meisterwerke, wie die Bronzestatuen von Riace (S. 178) oder der Wagenlenker von Motye (S. 103), zweifelsfrei namentlich genannten Bildhauern zugeordnet werden, und von den Werken der Meister sind nicht viele aus dem Altertum erhalten geblieben. Bewahrt sind ihre Namen vor allem in den Schriften von Plinius (spätes 1. Jahrhundert n. Chr.) und Pausanias (2. Jahrhundert n. Chr.), dazu gibt es Hunderte erhaltener Künstlersignaturen auf Stein.

Die Römer waren große Sammler griechischer Plastik; zwischen dem 3. und 1. Jahrhundert raubten sie riesige Mengen davon im Zuge von Eroberungen und Besetzungen, engagierten griechische Künstler, die nach Italien kommen und dort arbeiten sollten, und gaben zahlreiche Kopien oder Bearbeitungen griechischer Originale in Auftrag. Diese römischen Kopien haben bei Versuchen, den Stil einzelner griechischer Meister zu interpretieren, traditionell eine wichtige Rolle gespielt.

Bestimmte Städte wurden für ihre Bildhauerschulen bekannt, und die antiken Quellen sind oft darauf bedacht, uns zu mitzuteilen, welcher Bildhauer ein Schüler welches Meisters war. Athen, Argos und Sikyon waren allesamt in der klassischen Periode führend, wohingegen Rhodos ein großes Produktionszentrum in hellenistischer Zeit war, wo die Werkstätten und Generationen von Bildhauerfamilien sich auf den erhaltenen Statuensockeln verfolgen lassen. Rhodos war außerdem die Heimat eines der größten und berühmtesten Standbilder der hellenistischen Zeit, einer Kolossalfigur des Helios, der Schutzgottheit der Insel – der Koloss von Rhodos, eines der Sieben Weltwunder.

Bauplastik

Von den allererersten Anfängen der Steinarchitektur im 7. Jahrhundert v. Chr. an bestand eine grundlegende Verwendung der Plastik darin, Tempel zu schmücken. An einem dorischen Gebäude taucht sie in den dreieckigen Giebeln an beiden Enden, in den Metopenfriesen sowie auf der Giebelspitze un den Giebelecken auf. Die Verwendung reliefierter Metopen mag sich durchaus zuerst in den westlichen Kolonien entwickelt haben. Die ionische Ordnung ist im Einsatz der Plastik weit experimentierfreudiger und abwechslungsreicher, besonders zu Anfang; außer bei Giebeln und Fries (beispielsweise beim Schatzhaus der Siphnier in Delphi) fand Plastik bisweilen auch zur Verzie-

DER KOLOSS VON RHODOS

Vor allen bewunderungswürdig war jedoch der Sonnen-Koloss auf Rhodos, welchen der Lindier Chares, ein Schüler des oben genannten Lysippos, verfertigt hatte; seine Höhe betrug 70 Ellen [insgesamt ca. 33,5 m]. Diese Bildsäule wurde 56 Jahre später durch ein Erdbeben umgestürzt, erregt aber auch liegend noch Bewunderung. Nur Wenige umklaftern seinen Daumen, und die Finger sind größer als viele Statuen. An den zerbrochenen Gliedmaßen klaffen geräumige Höhlen, und inwendig sieht man bewundernd schwere Steinmassen, durch deren Gewicht man ihn bei der Aufrichtung festgestellt hatte. Dieser Koloss soll in 12 Jahren für 300 Talente verfertigt worden sein, und zwar aus dem Kriegsgeräte, welches der König Demetrios, des langen Aufenthaltes überdrüssig, vor dem belagerten Rhodos zurückgelassen hatte.

Plinius, *Naturgeschichte*, XXXIV, 18

Meisterbildhauer der Antike

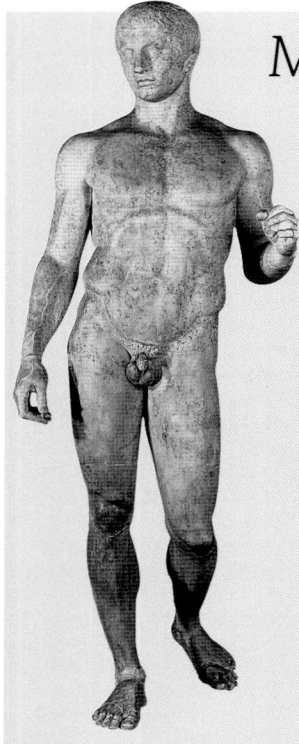

vollkommen regelrechtes Muster, von dem sie sich sämtliche Verhältnisse beinahe gesetzlich vorschreiben lassen, so dass man von ihm sagen kann, er allein unter allen Menschen habe die Kunst durch ein Kunstwerk dargestellt. (...) Von ihm urteilt man, dass er das Höchste in der wissenschaftlichen Kenntnis seiner Kunst geleistet und die Toreutike ebenso ausgebildet habe, wie Pheidias sie entdeckte. Eigentümlich ist ihm die Erfindung, Bildwerke auf einen Fuß zu stellen.

Plinius, *Naturgeschichte*, XXXIV, 19

Während sie zunehmend in Bronze arbeiteten, experimentierten Bildhauer wie Polyklet damit, die menschliche Gestalt in Bewegung und in einer Vielzahl von Posen zu zeigen. Eines der bekanntesten Beispiele dieses Trends, der nur in Marmorkopien aus römischer Zeit erhalten ist, ist der „Diskuswerfer" Myrons aus Eleutherai in Boiotien. Die Marmorplastik jener Periode, beispielsweise die Giebel der Zeus-Tempels in Olympia (ca. 460 v. Chr.) bele-

Zeusstandbild in Olympia, von Pheidias.

gen ein ähnliches Interesse und ein wachsendes Geschick bei der Wiedergabe von Bewegung und Aktion.

Pheidias (Phidias) war das schöpferische Genie hinter dem perikleischen Bauprogramm auf der Akropolis von Athen (450–430 v. Chr.). Man nimmt an, dass die Parthenon-Skulpturen mit ihren idealisierten Gesichtern und kunstvollen ornamentalen Falten der Stoffe eine gewisse Vorstellung des „pheidianischen" Stils in der Plastik vermitteln. Berühmt war er darüber hinaus für seine monumentalen Kultstatuen aus Gold und Elfenbein, vor allem die Athena Parthénos im Parthenon und das Kolossalstandbild des Zeus in Olympia.

Praxiteles, ein Athener, wirkte in den Jahren um 360–330 v. Chr. und war bekannt für seine Marmorstatuen und seine Fähigkeit, Emotionen darzustellen. Seine berühmteste, nur von Kopien bekannte Statue ist eine nackte Aphrodite, geweiht und ausgestellt in einem Rundbau in einem Heiligtum in Knidos. Gearbeitet nach seiner Geliebten Phryne, zeigt sie als eine der ersten Statuen die Göttin nackt und sorgte

Verschiedene Namen von Bildhauern tauchen in den antiken Quellen wiederholt auf, ein Hinweis darauf, dass ihre Werke sowohl bewundert wurden als auch die Entwicklung der griechischen Plastik beeinflussten. Die meisten von ihnen stammen aus dem 5. und 4. Jahrhundert v. Chr.

Polyklet (Polykleitos) aus Argos wurde die Vervollkommnung der Modellierung der menschlichen Figur zugeschrieben. Er wirkte um die Mitte des 5. Jhs v. Chr., eine Periode, in der die Bildhauer sich von der steif einherschreitenden Pose gelöst hatten, die Ägypten entlehnt war und von griechischen Bildhauern das ganze 6. Jahrhundert hindurch für *kuroi*, die Statuen nackter Jünglinge, benutzt worden war (S. 70).

Der Sikyone Polykleitos, Ageladas' Schüler, bildete einen mit einer Stirnbinde geschmückten Jüngling, den er weichlich darstellte, und der durch den Preis von 100 Talenten bekannt ist, aber auch einen lanzentragenden Knaben, der männlich dargestellt ist; sodann ein nach dem Ausdrucke der Künstler

Oben links) Der Doryphoros (Speerträger) Polyklets (römische Kopie).

Der Diskobolos (Diskuswefer) Myrons (römische Kopie).

Praxiteles' Aphrodite von Knidos (römische Kopie).

in ihrer Zeit für so etwas wie einen Skandal. Eine der langanhaltendsten Kontroversen in der Skulpturenforschung dreht sich um ein Standbild in Olympia. Pausanias verzeichnet, als er das Innere des Hera-Tempels beschreibt, eine Statue des Praxiteles, die Hermes mit dem Dionysosknaben im Arm darstellt. Deutsche Ausgräber fanden zwischen den Tempelruinen genau so eine Statue (S. 149). Trotz dieses engen Zusammenhangs von Archäologie und Pausanias-Text haben mehrere Merkmale viele Forscher davon abgehalten, die Statue als Original des 4. Jahrhunderts v. Chr. zu akzeptieren: Die Stütze aus Strebe und Baumstamm ist bei römischen Kopien gebräuchlicher und deutet vielleicht auf ein bronzenes Original hin, andere störte irgend etwas an der Bearbeitung und sie stießen sich an den glänzend polierten Oberflächen, während die von Hermes getragene Sandale kaum eine Parallele im 4. Jahrhundert findet.

Lysippos aus Sikyon auf der Peloponnes wirkte in der zweiten Hälfte des 4. Jahrhunderts v. Chr. Er war ein produktiver Bildhauer und arbeitete meist in Bronze; 1500 Statuen stammen angeblich von ihm. Er war der Hofbildhauer Alexanders des Großen, dessen besondere Anerkennung Lysippos' Porträts von ihm galt. Bewundert wurde er für die schlanken Proportionen seiner Figuren. Man glaubt, dass ein in den Jahren 338–334 v. Chr. in Delphi aufgestelltes Marmorstandbild des Athleten Agias Lysippos' Stil ziemlich getreu widerspiegelt und vielleicht von ihm stammt. Die poetische Inschrift auf dem Sockel der Statue in Delphi ist identisch mit der auf einem zweiten Sockel für eine Agias-Statue in Pharsalos, der thessalischen Heimatstadt des Athleten, gefundenen. Der Pharsalos-Sockel (obschon nicht in Delphi) trägt außerdem die Signatur des Lysippos, vielleicht ein Hinweis darauf, dass beide Statuen Erzeugnisse der Werkstatt des Lysippos waren.

Metopenreliefs vom inneren Fries des Zeustempels in Olympia (ca. 460 v. Chr.): Athena, Herakles und Atlas mit den Äpfeln der Hesperiden.

Der Agias von Delphi, Original von ca. 335 v. Chr., vielleicht von Lysippos.

rung der oberen oder unteren Trommel einer Säule (in Ephesos und Chryse), des Architravs (Didyma), der Sima (Traufrinne; Ephesos) oder des Daches selber, einer von den Etruskern bevorzugten Stelle, Verwendung.

Die dargestellten Themen waren ebenfalls mannigfaltig, und der Zusammenhang einer gegebenen Szene mit der Gottheit, deren Tempel geschmückt wird, ist dabei nicht immer offenkundig. Szenen aus

ETRUSKISCHE FERTIGKEITEN

Marcus Varro versichert, (...) die Kunst sei in Italien, besonders in Etruria, weiter ausgebildet worden; so habe der ältere Tarquinius einen gewissen Volcanius aus Veji kommen lassen, um ihm das Standbild Jupiters auf dem Capitolium zu verdingen: Dieses sei aber nur von Ton gewesen und deshalb wiederholt mit Mennig angestrichen worden; von Ton waren auch die Viergespanne am Giebel des Tempels, die öfters von uns erwähnt worden sind.

Plinius. *Naturgeschichte*, XXXV, 45

Basis und ionische Reliefsäule vom Artemis-Tempel in Ephesos, 4. Jh. v. Chr.

Krieger aus dem Meer

Die Zeus-/Poseidon-Statue vom Kap Artemision.

Ein Großteil der besten griechischen Bildhauerkunst war aus Bronze; das meiste davon wurde geraubt, eingeschmolzen und das Material wiederverwendet. Nur eine Handvoll Stücke ist erhalten geblieben, gewöhnlich Zufallsfunde aus Schiffswracks, die in einem Fischernetz vom Meeresboden hochgezogen wurden. Zwei der spektakulärsten Bergungen – durch Zufall – stammen ungefähr aus derselben Zeit und zeigen ähnliche Figuren.

Zeus/Poseidon

Im Jahr 1927 wurde vor Kap Artemision, der nördlichsten Spitze der Insel Euboia, eine herrliche Statue gefunden. Sie stellt eine nackte männliche Figur mit dichtem Bart dar, die voranschreitet und im Begriff steht, mit der rechten Hand einen – heute fehlenden – Gegenstand zu werfen. Die komlipizierte Pose, die Behandlung der Muskulatur, die Verwendung von Bronze und die Details der Haare haben die meisten For-

scher veranlasst, die Figur auf die Übergangsperiode zwischen archaischer und klassischer Plastik, bekannt als Strenger Stil (ca. 480–450 v. Chr.), zu datieren.

Wen stellt die Figur dar? Die meisten glauben, es müsse ein Gott sein, und Zeus oder Poseidon, der Gott des Meeres, sind die beliebtesten Kandidaten, je nachdem, was wieder in die rechte Hand eingesetzt wird. Im Falle des Zeus ist ein Donnerblitz die übliche Waffe, obwohl er ihn im Falle kleine Statuetten gewöhnlich wie einen Baseball wirft, mit neben dem Ohr angelegtem statt voll ausgestrecktem Arm. Eine langschäftige Waffe, wie Poseidons Dreizack, passt besser zu der Pose, obwohl die Spitze der Waffe dann das Gesicht des Gottes verdecken würde. Wo das Stück einst stand, ist ebenfalls unbekannt; wahrscheinlich dürfte sein, dass es sich, wenn nicht um die eigentliche Kultstatue selber, um eine in

irgendeinem Heiligtum geweihte Votivgabe handelte. Wohin sie unterwegs war, als das Schiff, das sie transportierte, unterging, ist wieder ungewiss, obwohl sie durchaus für den römischen Markt bestimmt gewesen sein

könnte; zusammen mit ihr gefunden wurde ein prachtvolles Pferd samt Reiter aus viel späterer Zeit, was darauf hindeutet, dass das Schiff eine gemischte Ladung Skulpturen an Bord hatte, die in Griechenland geraubt oder erworben worden waren.

Die Bronzestatuen von Riace

In den achtziger Jahren des letzten Jahrhunderts erblickte ein italienischer Taucher, der vor der Küste des Zehs von Italien schwamm, etwas, das aussah wie ein Arm, der aus dem sandigen Meeresgrund herausragte. Es stellte sich als genau das heraus, obwohl er einer Bronzestatue und nicht zu einem Menschen gehörte. Bergungsmaßnahmen erbrachten zwei herrliche Bronzestatuen nackter Krieger, aber nicht das Schiffswrack, aus dem sie vermutlich stammten. Beide Figuren wurden lange untersucht und restauriert. Die Behandlung des Kopfes einer der beiden deutet darauf hin, dass sie einen Helm trug, während die Armpose anzeigt, dass sie einst einen Schild hielt. Stilistische Erwägungen führten zu einem Datum Anfang bis Mitte des 5. Jahrhunderts v. Chr. Wie bei dem Gott vom Kap Artemision bleibt der ursprüngliche Standort dieser Statuen ein Diskussionsthema, wobei einige glauben, sie müssten von bekannten Heroen-Skulpturengruppen aus einem wichtigen Heiligtum in Griechenland stammen. Wer sie geschaffen haben könnte, ist ebenfalls ein Gegenstand von Spekulation. Vermutlich waren auch sie unterwegs nach Rom, als sie verloren gingen.

Mit den Bronzestatuen von Artemision und Riace stehen wir vor der Ironie, dass wir ausgerechnet über die Bildhauer oder die ursprünglichen Standorte von drei der wenigen erhaltenen Meisterwerke klassischer griechischer Plastik wenig mit Sicherheit sagen können.

Eine der Bronzestatuen von Riace (Kalabrien).

Teil der Gigantomachie, die den Großen Zeusaltar in Pergamon schmückte, ca. 180–160 v. Chr., heute in Berlin.

Kore (weibliche Figur) von der Athener Akropolis, 6. Jh. v. Chr. Dies ist eine von mehr als einhundert solcher schön gemeißelter und bemalter junger Frauen, die Athena geweiht waren.

der Mythologie sind weit verbreitet, vor allem drei Themen scheinen vorzuherrschen: Kampfszenen zwischen Göttern und Giganten (Gigantomachie), zwischen Griechen und Amazonen (Amazonomachie) und zwischen Lapithen und Kentauren (Kentauromachie). An einigen der klassischen Tempel (Parthenon, Nike-Tempel, Olympia, Delphi) gibt es eine Tendenz, am Ostgiebel eine relativ ruhige Szene und am westlichen eine Kampfszene zu zeigen.

Votivplastik

Jeder Tempel besaß mindestens ein Standbild, das seiner Schutzgottheit geweiht war. Ursprünglich waren sie aus Holz und grob geschnitzt; in der klassischen Periode konnten sie aus Gold und Elfenbein und reich mit Glas und Edelsteinen verziert sein. Über diese Kultstatuen hinaus konnten Heiligtümer wie die Athener Akropolis mit anderen Skulpturen angefüllt sein, die dem Gott oder der Göttin von Einzelnen geweiht worden waren. Das bevorzugte Weihgeschenk in Athen war eine Kore (Mädchen), eine hübsch drapierte Figur einer jungen Frau, die gewöhnlich dargestellt wurde, wie sie der Göttin eine kleine Gabe darbietet. Männliche Gottheiten erhielten gewöhnlich eine männliche Statue, einen *kuros*, einen schreitenden nackten Jüngling, der stilistische Gemeinsamkeiten mit der frühägyptischen Plastik aufwies, aber an griechischen Geschmack angepasst wurde (siehe S. 70). Das ägyptische Vorbild zeigte den Pharao in Schurz und Kopfschmuck; die griechische Version schaffte den Schurz ab, während aus der dreieckigen Form des Kopfschmucks sozusagen ein Umhang aus Haar wurde, das auf die Schultern herabfällt.

Die panhellenischen Heiligtümer von Delphi und Olympia waren voll von Votivstatuen, die Besucher aus der gesamten griechischen Welt beeindruckten. Pausanias behauptet, Delphi sei allein durch Nero um 500 Standbilder beraubt worden, und verzeichnet dann später Dutzende von Weihgaben, die in seiner Zeit, ein Jahrhundert später, noch stehen. Oft sind sie mit einem speziellen Ereignis verbunden, beispielsweise einem Sieg in der Schlacht; in diesem Fall stellt die Skulptur ein Zehntel des Werts der Beute dar. Als Pausanias die heilige Straße in Delphi erstieg, berichtete er über zahlreiche Beispiele von aus Statuengruppen bestehenden Weihgeschenken von Städten. Auch individuelle Leistung bot die Gelegenheit für ein prachtvolles bildhauerisches Weihgeschenk, besonders für erfolgreiche Athleten. Pausanias widmet ein ganzes Buch einer Beschreibung der Standbilder siegreicher Athleten, die im Zeus-Heiligtum in Olympia aufgestellt waren, und in Delphi wurden mehrere Denkmäler von Siegern bei den Pythischen Spielen ausgegraben.

Grabplastik

Eine bedeutende Gattung griechischer Plastik war die zur Aufstellung auf Gräbern dienende. Über mykenischen Schachtgräbern wurden steinerne Stelen, die Jagd- und Kampfszenen zeigen, errichtet (S. 45). Im Dunklen Zeitalter, als es keine Monumentalplastik gab, wurden Gräber mit großen Vasen geschmückt (S. 60). Beginnend im 7. Jahrhundert v. Chr., wurde zur Kennzeichnung von Gräbern sowohl Relief- als auch Rundplastik benutzt.

Schon früh wählte man vorzugsweise einen *kuros* oder irgendein Tier wie beispielsweise einen Löwe oder einen Sphinx als Sujet. Später wurden Stelen mit Reliefs bevorzugt, die einen Krieger

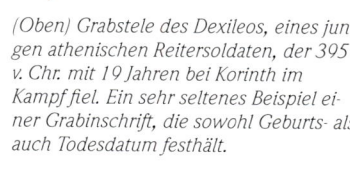

(Oben) Grabstele des Dexileos, eines jungen athenischen Reitersoldaten, der 395 v. Chr. mit 19 Jahren bei Korinth im Kampf fiel. Ein sehr seltenes Beispiel einer Grabinschrift, die sowohl Geburts- als auch Todesdatum festhält.

(Links) Alte Frau, die die Tendenz hellenistischer Bildhauer zur realistischen Darstellung von Figuren veranschaulicht.

oder den Verstorbenen, wie er den Familienmitgliedern Lebewohl sagt, zeigen (S. 140f.). Solche Male waren kostspielig und boten den Reichen Gelegenheit, ihren Reichtum zur Schau zu stellen. In demokratischen Städten wie Athen waren solche Bekundungen anstößig; von von Zeit zu Zeit wurden daher Versuche unternommen, die Geldsumme zu begrenzen, die eine Familie für ein Grabmal aufwenden durfte. Ein solches Gesetzt trat im ausgehenden 4. Jahrhundert v. Chr. in Kraft und setzte mit einem Federstrich einem ganzen Genre athenischer Plastik ein Ende.

Bestattungsbräuche, Begräbnisse und Gräber

Sich der Toten auf die richtige Weise zu entledigen war während des gesamten Altertums von Bedeutung, und Begräbnisgesetze und -rituale sind bis heute ein reiches Forschungsfeld. Beisetzungspraktiken veränderten sich im Laufe der Zeit und waren in verschiedenen Teilen der griechischen Welt unterschiedlich: Begräbnis im Gegensatz zur Einäscherung, die Ausrichtung des Leichnams, der Standort von Friedhöfen innerhalb oder außerhalb der Ansiedlung, die spezifische Zusammensetzung erforderlicher Grabeigaben und Einzel- oder Mehrfachgräber sind bloß einige der kulturellen Insignien, die verschiedene Gruppen von Griechen in Zeit oder Raum unterscheiden.

Ein gewisser Glaube an ein Leben nach dem Tod wird vielleicht durch die Grabeigaben angedeutet, die regelmäßig mit den Verstorbenen hinterlegt wurden, und die Größe einer Grabstätte sowie die Üppigkeit ihrer Herrichtung scheinen Indikatoren für Reichtum und Status zu sein. In der Tat wurden Grabmonumente im demokratischen Athen zu verschiedenen Zeiten mit strengen Beschränkungen belegt, um prahlerischer Zurschaustellung durch den Adel Grenzen zu setzen.

(Unten links) Auf diesem kürzlich im nordwestlichen Kleinasien gefundenen griechisch-persischen Sarkophag (ca. 400–375 v. Chr.) reitet ein Soldat zu Pferde einen griechischen Krieger nieder. Man vergleiche diese Szene mit der zeitgenössischen Stele des Dexileos. (Rechts) Unlängst nördlich von Troja gefundener großer Marmorsarkophag: Opferung der Polyxena durch Neoptolemos am Grab seines Vaters Achilleus, ca. 530–510 v. Chr.

Obwohl – selbst im Altertum – oft geplündert, haben viele Gräber in gutem Erhaltungszustand überdauert und zählen zu den eindrucksvollsten erhaltenen Monumenten der Antike. Beispielsweise fallen einem die Kuppelgräber der mykenischen Welt (S. 42), das Heroon im Lefkandi des Dunklen Zeitalters (S. 61) oder das Mausoleum von Halikarnassos (S. 191) an.

Nicht geplünderte Friedhöfe liefern Archäologen einige der besten Zeugnisse, da die meisten Beisetzungen Kassetten mit Zeitdokumenten darstellen, die eine seit dem Altertum unberührte zusammenhängende Gruppe von Artefakten enthalten. Königliche oder aristokratische Bestattungen (die Schachtgräber in Mykene [S. 40], die makedonischen Gräber in Vergina [S. 192f.]) erbrachten viele qualitativ herausragende Beispiele griechischer Kunst.

Begräbnisszenen auf Vasen des 8. Jahrhunderts v. Chr. zählen zu den frühesten Äußerungen griechischer Kunst. Oft zeigen sie den Leichnam auf einer Bahre oder einem Karren aufgebahrt, umgeben von Frauen in unmissverständlichen Posen der Trauer (S. 58f.). Aus der klassischen Periode sind Hunderte reliefierter marmorner Grabstelen erhalten, die gewöhnlich den Verstorbenen und eines oder mehr Familienmitglieder zeigen, begleitet von Dienern oder einem Lieblingshaustier. Kleine, eigens als Grabbeigaben hergestellte Lekythoi (Ölkrüge) sind oft mit Bildern des Grabmals verziert (S. 183).

Kunstvoll bemalte und/oder reliefierte Särge für die Bestattung wichtiger Persönlichkeiten sind, wenngleich selten, ein Merkmal griechischer Kunst, das durch die Zeitalter und überall in der Mittelmeerwelt verfolgt werden kann.

Die frühesten Beispiele sind aus dem minoischen Kreta bekannt, der ornamentreichste ist die tönerne Larnax (Kästchen) aus Hagia Triada (S. 48f.), ein mit rituellen Szenen, darunter die Opferung eines Stiers und die Prozession von Gestalten, die einer Gottheit oder einer Statue Opfergaben darbringen, bemalter Sarkophag. Die Tradition wird auf das griechische Festland übertragen und in Boiotien weitergeführt, wo unweit von Theben, in Tanagra, ein spätbronzezeitliches Gräberfeld voller bemalter Särge aus Ton gefunden worden ist. Im Allgemeinen werden trauernde Frauen gezeigt, eine Larnax enthält Bilder vom Stierspringen (S. 51).

Das Dunkle Zeitalter kennt im 10. und 9. Jahrhundert keine solchen Behältnisse, aber die zur Kennzeichnung von Gräbern benutzten riesigen Bestattungsurnen des 8. Jahrhunderts sind mit Be-

stattungsszenen geschmückt und stehen am Beginn einer ungebrochenen Tradition gegenständlicher Kunst in Europa.

Aus der archaischen Periode besitzen wir einen herrlichen reliefierten Marmorsarkophag, der unlängst nicht weit von Troja entdeckt wurde. Er stammt von etwa 530–510 v. Chr. und zeigt Szenen von der Opferung der Polyxéne, der verzweifelte Frauen in voller Anzahl zusehen, während auf der anderen Längsseite bewaffnete Krieger vor einer auf einem Thron sitzenden Frau mit Dienerinnen tanzen.

Dieselbe Gegend Kleinasiens förderte in noch jüngerer Zeit einen klassischen Reliefsarkophag mit bunten Jagd- und Kampfszenen zutage. Dieselben Themen finden sich auf einem der berühmtesten verzierten Sarkophage des Altertums, dem sogenannten Alexander-Sarkophag aus dem 4. Jahrhundert v. Chr., der im vergangenen Jahrhundert in Sidon (heute Saida) gefunden wurde und heute im Istanbuler Museum steht.

In der Römerzeit werden reliefierte Steinsarkophage immer alltäglicher, und Zentren wie Aphrodisias stellten Hunderte von Exemplaren her, die kreuz und quer in die gesamte Mittelmeerwelt exportiert wurden. Viele zeigen beliebte Szenen aus der griechischen Mythologie und den Epen (S. 159).

Dieser Marmorsarkophag, ca. 330–320 v. Chr., zeigt Alexander im Kampf gegen die Perser. Gefunden in der Grabstätte einer königlichen Familie von Sidon (im heutigen Libanon), heute in Istanbul befindlich.

Keramik

(Oben rechts) Die François-Vase, ein Krater (Mischgefäß), signiert von dem Maler Kleitias, mit mehreren Ornamentfriesen, die Szenen aus der griechischen Mythologie zeigen ganz oben die Jagd auf den kalydonischen Eber. Aus einem etruskischen Grab in Chiusi, etwa 0,66 m hoch, ca. 575 v. Chr.

Griechische Keramik ist die dauerhafteste Hinterlassenschaft aus der Vergangenheit, was erklärt, warum ihr soviel Aufmerksamkeit von Archäologen zuteil wird. Man kann eine unversehrte Vase fallen lassen, und sie zerbricht in ein Dutzend Stücke; man kann anschließend auf diesen Stücken herumspringen und wird am Ende hundert Fragmente haben, aber es kostet phänomenale Mühe, dieses Keramikgefäß in Staub zu verwandeln. Scherben sind in fast jeder ausgegrabenen Ebene erhalten geblieben, sie sind leicht erkennbar, und an vielen prähistorischen und den meisten historischen Stätten bilden sie das wichtigste Mittel zur Datierung. So wie eine Coca-Cola-Flasche – oder auch nur ein Stück davon – uns verrät, dass wir nicht früher als spätes 19. Jahrhundert sind und eine Coca-Cola nicht früher sein kann als zweite Hälfte des 20., so dient auch ein Großteil der griechischen Keramik als Hinweis auf das Datum.

Ebenso ist die spezielle Funktion einer griechischen Vase oft bekannt, so wie wir heute voraussetzen, dass Bier normalerweise nicht aus einer Teetasse getrunken wird. Folglich kann die innerhalb einer Schicht gefundene Keramik für das Gebäude, in dem sie gefunden wird, durchaus Aufschluss über das Datum, die Aktivitäten und die Außenkontakte geben. Daher die Begeisterung der Archäologen für Keramik; sie ist buchstäblich eine Fundgrube für Informationen und gewöhnlich eine üppige.

Das wichtigste Material, das im Altertum für Behältnisse verwendet wurde, war Ton, der unter anderem die Rolle erfüllte, die heute Glas, Papier, Metall und Plastik spielen. Die Folge war, dass zu jedem beliebigen Zeitpunkt mehrere Dutzend Formen in Gebrauch waren: Kannen und Krüge für den Tisch (Amphoren, Hydrien, Olpai), Trinkgefäße (Kylikes, Skyphoi, Kantharoi), Mischkrüge (Kratere), Teller, Mörser, Becken, Lampen, Gefäße für Gewürze, Fläschchen, Parfümflakons, Ölkrüge (Lekythoi, Aryballoi, Alabastra), Kosmetikkästchen (Pyxides), Nachttöpfe, Vorratskrüge (Pithoi) und Transportamphoren. Obwohl in großen Mengen produziert, stellen diese Vasen bemerkenswerte Beispiele töpferischen Geschicks dar, und vielfach signierten die Töpfer ihre Arbeit.

Es gibt eine lange Tradition gemalten Dekors auf griechischer Keramik, die auf die Bronzezeit zurück-

(Oben links) Korinthische Vase mit Mythenwesen, 6. Jh. v. Chr. (siehe auch S. 92).

(Links) Die schwarzfigurige chalkidische Hydria zeigt Zeus (mit einer Aufschrift bezeichnet) im Kampf gegen Typhon; um 550 v. Chr.

geht, als Meeres- und Blumenmotive bevorzugt wurden. Im Dunklen Zeitalter beschränkten sich die Muster auf geometrische Ornamente: Dreiecke, Kreise, Hakenkreuze, Mäander, Zahnornamente, Zickzackkurven und dergleichen. Pferde, Vögel und menschliche Gestalten wurden, noch eingerahmt vom geometrischen Ornament, erst im 8. Jahrhundert wieder üblich. Das 7. und 6. Jahrhundert waren eine Zeit großen Experimentierens und lokaler Variationen, wobei die korinthische und dann die athenische Keramik allmählich beherrschend wurden. Sowohl in der Antike als auch in der Neuzeit wurde attische (athenische) Keramik als am schönsten eingeschätzt.

Im 6. Jahrhundert wurde der sogenannte schwarzfigurige Stil bevorzugt, der Figuren in schwarzer Glasur auf dem helleren natürlichen Hintergrund des Tons zeigt, wobei die anatomischen und anderen Details mit feinen eingeritzten Linien gezeichnet wurden. Zahlreiche Beispiele wurden in den gesamten Mittelmeerraum exportiert und zieren heute die Museen der Welt.

In den Jahren um 520 v. Chr. wurde der rotfigurige Stil entwickelt, der mit im Wesentlichen gleicher Technik, aber umgekehrt, die rötliche Farbe für die Figuren verwendete, die gegen einen schwarzen Hintergrund abgesetzt wurden. Die Figuren treten deshalb schärfer hervor, und die inneren Details konnten mit geschmeidigen glasierten Linien wirkungsvoller wiedergegeben werden als durch Einritzen. Dieser Stil erwies sich als ungeheuer populär, Athen exportierte in beträchtlichem Umfang Gefäße vor allem nach Etrurien und an andere Orte in Italien sowie in die Schwarzmeerregion. Oft sind sie von den Künstlern signiert, und in vielen Fällen ist der Stil eines bestimmten Malers so charakteristisch, dass eine Reihe von Keramikgefäßen seiner Handschrift zugeordnet werden kann, auch wenn eine Signatur fehlt. Die Qua-

lität der Bemalung variiert gewaltig, und das gleiche galt vermutlich auch für die Preise einzelner Vasen. Im Großen und Ganzen war figürliche Keramik, von dem in relativ bescheidenen athenischen Häusern gefundenen Material her zu urteilen, erhältlich und erschwinglich.

Bevorzugt wurden sowohl Szenen aus einer breiten Auswahl griechischen Mythen als auch typische Szenen aus Kampf, Werkstätten, Sport, von Mahlzeiten und ausgelassenen Feiern. Später, im 5. Jahrhundert, erlangten häusliche Schauplätze unter Einbeziehung von Frauen und Kindern größere Verbreitung, rotfigurige Szenen wurden oft zur Darstellung verschiedener Aspekte griechischen Alltagslebens verwendet. Außerdem vermitteln sie eine gewisse indirekte Vorstellung von der Einteilung und Qualität heute verlorener großformatiger Gemälde, die einst öffentliche Gebäude und Tempel überall in Griechenland schmückten.

Eine besondere Kategorie griechischer Vasenmalerei war Grabvasen und qualitativ hochwertigen Weihegaben in Heiligtümern vorbehalten. Dazu gehörte, dass die Szene auf einen weißen Hintergrund gestellt wurde. Schalen in diesem Stil wurden in mehreren Heiligtümern gefunden, und weißgrundige Lekythoi (Ölkrüge) waren im 5. und 4. Jahrhundert bei athenischen Begräbnissen sehr beliebt.

(Oben links) Achilleus tötet die Amazone Penthesilea; athenische schwarzfigurige Vase des Exekias, ca. 540–530 v. Chr.

(Oben) Priamos löst den Leichnam seines Sohnes Hektor von Achilleus aus (Ilias, 24, 468ff.); attischer rotfiguriger Skyphos des Brygos-Malers, ca. 480–470 v. Chr., aus Cerveteri.

Weißgrundige Lekythos des Bosanquet-Malers, ca. 450–425 v. Chr., gefunden in Eretria. Ein Krieger besucht ein Grab: Man achte auf die Weihgeschenke in Form zahlreicher Lekythoi, traditionellen Grabbeigaben, die auf den Stufen des abgebildeten Grabes zurückgelassen wurden. (Zu einem weiteren Beispiel weißgrundiger Malerei siehe S. 148).

Malerei

*[Apelles will Protogenes auf
Rhodos kennen lernen, trifft
ihn aber nicht an. Wer der Besucher sei, fragt eine anwesen-
de Frau.] „Der da", antwortete
Apelles, ergriff den Pinsel und
zog eine farbige Linie von größ-
ter Feinheit über die Tafel hin.
Als Protogenes zurück kam
und ihm das Weib den Vorfall
erzählte, soll der Künstler beim
Anblick dieser Feinheit sogleich erklärt haben, Apelles
sei gekommen, kein Anderer
könne etwas so ganz Vollkommenes liefern; dann habe er
mit einer anderen Farbe eine
noch feinere Linie in jene gezogen und beim Weggehen der
Alten gesagt, wenn Jener wie-
derkomme, so solle sie ihm diese Linie zeigen und hinzuset-
zen, sie sei von dem, den er suche. Und so kam es denn auch.
Apelles kam wieder, sah sich zu
seiner Beschämung übertroffen
und durchschnitt nun beide
Linien mit einer dritten Farbe,
durch welche er die Möglichkeit noch größerer Feinheit
ausschloss. Nun gestand Protogenes, dass er überwunden sei,
eilte in den Hafen und suchte
seinen Gastfreund auf. Man be-
schloss, diese Tafel so auf die
Nachwelt zu bringen [...]. Wie
ich höre, ist sie bei dem ersten Brande des kaiserlichen
Palastes auf dem Palatium verbrannt. Dort sahen wir sie einst
bewundern, weil sie auf ihrem
weiten Raume Nichts enthielt
als jene dem Auge fast ent-
schwindenden drei Linien und
zwischen den ausgezeichneten
Werken Anderer leer erschien,
aber gerade dadurch anzog und
alle anderen Arbeiten an Ruhm
übertraf.*

Plinius, *Naturgeschichte*,
XXXV, 36, 81–83

Bis vor kurzem war die griechische Malerei nur mit-
telbar bekannt. In den Schriften Plinius' d. Ä. und Pausanias' bewahrte Beschreibungen machen deutlich,
dass die Monumentalmalerei ebenso entwickelt und
den Griechen wichtig war wie Bildhauerei und Baukunst, aber nur wenige Beispiele aus der Antike sind
erhalten geblieben. Berühmte Gemälde schmückten
die öffentlichen Gebäude Athens und der Heiligtümer
Griechenlands. Bestimmte Städte, beispielsweise Sikyon, waren für ihre Malerschulen bekannt, erfolgreiche Künstler fanden überall in der griechischen Welt
Aufträge.

Die frühesten Wandgemälde sind meist in Gräbern
erhalten geblieben, wo die Luftverhältnisse konstant
sind, und stammen von den Rändern der griechischen
Welt. In Kleinasien vermitteln einige schön ausgemal-
te Gräber in Lydien und Phrygien eine gewisse Vorstellung vom hohen Entwicklungsstand der archaischen und der frühen klassischen Malerei. Im Westen
zeigen die bemalten Gräber der Etrusker starken griechischen Einfluss; das Grab des Tauchers aus Poseidonia (Paestum) (S. 106) liefert ein Beispiel aus dem 5. Jahrhundert (S. 106).

Mit den in Makedonien in Nordgriechenland
durchgeführten intensiven Ausgrabungen hat sich das
Bild in den vergangenen Jahren radikal gewandelt.
Man stieß auf zahlreiche aus dem 4. bis 2. Jahrhundert
v. Chr. stammende Gräber, viele davon mit erstaunlich

gut erhaltenen Wandgemälden, die die literarischen Belege ergänzen, wonach makedonische Könige zur Ausschmückung ihrer Paläste die besten griechischen Künstler beschäftigten. Zuvor war nur eine Handvoll Beispiele bekannt gewesen, und die neuen Gemälde vergrößern sowohl die Stückzahlen als auch die Bandbreite der Themen. Krieger, Frauen, Tierjagden und Szenen aus der Mythologie – all dies hat man ebenso gefunden wie architektonische Verzierungen, *trompe l'œil*-Malerei, die eine flache Oberfläche plastisch er-

scheinen lässt, Schattierungen und perspektivische Versuche. Da es sich hierbei um Elemente des pompejanischen Stils in Italien handelt und da die Römer während des 2. Jahrhunderts v. Chr. in Makedonien militärisch aktiv waren, scheint es gut möglich, dass wir hier die Inspiration für einen Großteil der römischen Wandmalerei vor uns haben. Wie bei Baukunst und Bildhauerei dürften die Römer auch bei diesem Zweig der griechischen Kunst ausgiebige Anleihen gemacht haben.

(Oben links) Feiernde im Grab der Leoparden in Tarquinia in Etrurien, frühes 5. Jh. v. Chr. Ein starker griechischer Einfluss zeigt sich in den zahlreichen Szenen, die in etruskischen bemalten Gräbern des 6. bis 4. Jhs. gefunden wurden, wo man auch auf viele der schönsten Beispiele athenischer rot- und schwarzfiguriger Keramik stieß. In der Malerei teilten Griechen und Etrusker bestimmte Konventionen: eine starke Grundlinie mit spärlichen Andeutungen des Hintergrunds, geschlechtsspezifische Hautfarben (Rot für Männer und Weiß für Frauen) und eine Mischung aus Frontal- und Profilansichten der Figuren.

(Oben) Bemalte Terrakotta-Verkleidung oder Metope aus Thermon in Aitolien, um 620 v. Chr., mit einer Inschrift, die „Chelidón" (Schwalbe) lautet. Sie steht am Beginn einer langen Tradition bemalter Bauornamentik.

(Gegenüber oben) Bemalte Grabstele des Demetrios aus Olynthos, 3. Jh. v. Chr., aus Demetrias in Thessalien, einer makedonischen Kolonie.

(Links) Ein betrunkener Feiernder auf einer Grabliege aus Poteidaia, spätes 4. Jh. v. Chr., zeigt das ganze Geschick und die Ausgereiftheit makedonischer Malerei.

(Rechts) Perseus rettet Andromeda; römisches Wandgemälde aus Pompeji, vor 79 v. Chr. Während römische Neuerungen in der Malerei komplexere Hintergründe, Perspektiven und Posen umfassten, waren viele Tafeln in Pompeji von griechischen Künstlern signiert.

DER MALER PARRHASIOS
Er [Parrhasios] malte auch eine athenische Volksversammlung, einen geistreich aufgefassten Gegenstand, indem er das Volk zu gleicher Zeit und mit gleicher Geschicklichkeit als veränderlich, aufbrausend, ungerecht, unbeständig und doch als leicht erbittlich, nachsichtig, mitleidig, ruhmredig hoffärtig und gemein, trotzig und feig darstellte.
Plinius, *Naturgesch.*, XXXV, 36

Metallarbeiten

Auf der Schulter eines gewaltigen vergoldeten Bronzekraters (Mischkrug) ausruhende Mänade, gefunden in einem Grab in Derveni außerhalb von Thessaloniki, ca. 350–320 v. Chr.

Im Griechenland der Bronzezeit war die Metallbearbeitung allgemein bekannt gewesen. Zahlreiche Beispiele schöner Bronzedolche aus den mykenischen Zentren, eingelegt mit in Gold und Silber ausgeführten Szenen (S. 40) und zarte Applikationen in Gold waren ein Merkmal vieler prächtiger Grabstätten. Das Dunkle Zeitalter erlebte die Einführung von Eisen, das

vor allem für Waffen verwendet wurde, und aus dem Osten, vielleicht über Kreta, fand die feine Bronzebearbeitung erneut ihren Weg nach Griechenland. Die frühesten Beispiele sind große, auf Dreifüßen ruhende Bronzekessel, deren Ränder mit kunstvollen Tierköpfen (Protomen) verziert sind. Bald danach folgten alle Arten von Waffen und Rüstung, ein Großteil da-

Silberner Stier, 5. Jh. v. Chr., aus einem Schatzhaus in Delphi, gefunden in einer Grube unter der heiligen Straße zusammen mit anderen seltenen Gegenständen (siehe S. 174). Bronzestreifen innen zeigen, dass dünne Silberbleche auf einen hölzernen Rahmen genagelt waren.

von reich mit Reliefs oder Gravuren verziert. Viele schöne Beispiele wurden als Weihegaben in Heiligtümern, vor allem in Olympia, gespendet.

Weil Metall eingeschmolzen und wiederverwendet werden kann, wurde nur eine relativ geringe Anzahl geborgen, gewöhnlich aus nicht geplünderten Gräbern des 4. Jahrhunderts v. Chr. Aus Derveni in Nordgriechenland besitzen wir das außergewöhnliche Beispiel eines riesigen, kunstvoll mit Gravuren und Relieffiguren verzierten Mischkruges. Das Grab in Vergina, das oft als Ruhestätte König Philipps II. von Makedonien bestimmt wird, war voller Wunder der

Metallbearbeitung: unter anderem Kränze aus goldenen Eichenblättern und Eicheln, schön ziselierte silberne Trinkschalen und eine Bronzelaterne.

In sehr viel kleinerem Umfang stellten Griechen schon seit dem 9. Jahrhundert v. Chr. bis weit in die hellenistische Periode hinein ausgesuchten Goldschmuck mit feiner Filigranarbeit und Granulation her. Geborgen meist aus Gräbern, findet man die üblichen Artikel zur persönlichen Verschönerung: Halsketten, Armreifen, Ohrringe, Broschen, Ringe und Diademe. Florale Elemente, mythische Tiere, Eroten, Löwen und Schlangen waren die beliebteste Verzierung.

(Unten links) Griechischer Bronzekrater (6. Jh. v. Chr.), gefunden in einem keltischen Grab in Vix in Mittelfrankreich; er ist 1,64 m hoch und wiegt 204 kg.

(Unten) Aus Athen: (v.l.n.r.) goldene Ohrringe aus dem 9. Jahrhundert v. Chr., gefunden in einer Brandbestattung zusammen mit den auf S. 62 abgebildeten Keramikvasen; ein mykenischer Siegelring; zwei Ohrringe in der Gestalt des Eros (frühhellenistisch).

IX

Alexander und die hellenistische Welt

Im Anschluss an die Eroberung Griechenlands durch Philipp II. führte sein Sohn Alexander das makedonische Heer über Asien nach Indien. Das Ergebnis dieser Eroberung war eine homogene Ausbreitung der griechischen Kultur über die bekannte Welt. Während der Jahrhunderte zwischen Alexander und dem Aufstieg Roms im Osten herrschten seine Nachfolger über große Reiche in Griechenland, Kleinasien, Syrien und Ägypten. Künstlerisch, sozial, militärisch und politisch vollkommen verschieden von der früheren klassischen Welt, ist diese Zeit als hellenistische Periode bekannt.

Die hellenistische Welt wurde begründet von und gründete auf den Makedonen, die von anderen Festlandgriechen als halbbarbarisch betrachtet wurden: Um ihr Recht auf die Teilnahme an den Olympischen Spielen durchzusetzen, war ein Orakelspruch aus Delphi erforderlich gewesen. Die Makedonen lebten in einer Stammesgesellschaft mit einem konstitutionellen Monarchen, der durch Stärke und die Zustimmung anderer Oberhäupter herrschte. Jagd und Kampf wurden intensiv betrieben und sind weit verbreitete Themen in den von makedonischen Herrschern in Auftrag gegebenen Gemälden, Mosaiken und Skulpturengruppen. Ihre Städte (Pella, Aigai, Naoussa und Demetrias in Thessalien) wurden von großen Palästen dominiert, mit riesigen Säulenhöfen, umgeben von Speiseräumen für üppige Festmähler, wenn der Kampf oder die Jagd vorbei waren. Allgemein scheinen die Makedonen mit ihren Palästen und ihrer Adelsgesellschaft, ihrer Betonung von Jagd und Kriegführung, ihrer Schwäche für Luxuswaren aus Gold, Silber und Elfenbein und ihrer Bevorzugung großer, unter gewaltigen Erdhügeln begrabener Grabkammern mit kunstvollen Fassaden eine Rückkehr zu den heroischen Zeiten der mykenischen Welt oder eines ihrer Überbleibsel widerzuspiegeln.

Der Mosaikboden aus Pella, der Hauptstadt Makedoniens, zeigt eine Hirschjagd und ist signiert von dem Künstler Gnosis; frühhellenistisch.

Historischer Hintergrund

Bis zum 4. Jahrhundert v. Chr. waren sowohl Athen als auch Sparta durch den Krieg erschöpft, und andere Anwärter auf die Hegemonie über Griechenland traten auf den Plan. Zuerst war für eine kurze Zeitspanne (371–362 v. Chr.) Theben unter Epameinondas dominant. Weiter nördlich, in Thessalien, konkurrierten Jason und dann Alexander, Fürst von Pherai, mit den Thebanern um die Herrschaft über das Festland.

Im südwestlichen Kleinasien vereinte ein persischer Satrap (Statthalter) namens Maussolos das als Karien bekannte Gebiet, machte Halikarnassos (das heutige Bodrum) zu seiner neuen Hauptstadt und machte seinen Einfluss entlang der Küste Ioniens und auf den angrenzenden Inseln geltend. Bei seinem Tod im Jahr 353 v. Chr. wurde er in einem aufwändigen Grabmal beigesetzt, das als eines der Sieben Weltwunder galt und seinen Namen – Maussoleion (Mausoleum) – allen solchen künftigen prunkvollen Grabbauten gab. Das Monument wird von Plinius und anderen Schriftstellern ausführlich beschrieben. Es war 36,5 m hoch, hatte ein pyramidenförmiges, von einer Quadriga gekröntes Dach und war an allen vier Seiten mit Friesen verziert, die von den besten verfügbaren griechischen Künstlern geschaffen worden waren. Es wurde durch Erdbeben beschädigt, blieb aber bis 1501 erhalten, als es von den Johannitern (und später den

Die Stadt Halikarnassos

Ferner hat in Halikarnass der Palast des überaus mächtigen Königs Maussollos, obwohl sonst alles an ihm mit prokonnesischem Marmor geschmückt ist, aus Ziegel gebaute Wände, die bis auf den heutigen Tag eine hervorragende Festigkeit zeigen. Sie sind so glatt verputzt, dass sie die Durchsichtigkeit von Glas zu haben scheinen. Und dieser König hat das nicht aus Geldmangel getan, denn er war durch seine unbegrenzten Einkünfte reich, da er über ganz Karien herrschte. Seinen Scharfsinn und seinen schöpferischen Geist bei der Anlage von Bauten kann man so erkennen. Obwohl er nämlich zu Mylasa geboren war, errichtete er sich, als er bemerkt hatte, dass in Halikarnass ein von Natur befestigter Platz und ein für einen vorteilhaften Handelsplatz geeigneter Hafen vorhanden war, dort einen Palast. Dieses Gelände aber ist dem Halbrund eines Theatersitzraumes ähnlich. Daher wurde

Fragment aus der Amazono-
machie, einem der Friese, die
alle vier Seiten des Mausoleums
schmückten, ca. 350 v. Chr.

Mögliche Rekonstruktion des
Mausoleums mit vier Statuen-
reihen, einem Fries und einem
vierspännigen Streitwagen auf
der Spitze.

ganz unten längs des Hafens der
Markt angelegt. Durch die Mitte
der Höhe des Halbrunds und den
Gürtelgang wurde eine sehr breite
Straße geführt, in deren Mitte das
Mausoleum mit so hervorragenden Kunstwerken geschaffen ist,
dass es unter die sieben Weltwunder gezählt wird. Ganz oben auf
der Burghöhe in der Mitte steht
das Heiligtum des Mars, das eine
Kolossalstatue, den Akrolithos,
birgt, die von der berühmten
Hand des Leochares gefertigt ist.
Einige meinen, diese Statue sei
das Werk des Leochares, andere,
sie sei ein Werk des Timotheos.
Ganz oben auf dem rechten Flügel
(steht) ein Heiligtum der Venus
und des Merkur unmittelbar bei
der Quelle der Salmakis selbst.
12. Man glaubt aber fälschlich,
dass sie die, die daraus trinken,
geschlechtskrank macht. (...) so
liegt auf dem linken Flügel des
Halbrunds der Königspalast, den
Maussollos nach eigenem Plan errichten ließ. Man sieht nämlich
von ihm aus rechter Hand den
Markt, den Hafen und den ganzen
Umfang der Stadtmauern, linker
Hand, abgesondert am Fuße der
Berge versteckt, einen (anderen)
Hafen ...   Vitruv, II, 8

Dann Halikarnassos, der Königssitz der Beherrscher Kariens,
früher Zephyra benannt. Hier
ist das Grabmal des Maussso-
los, eins der sieben Wunderwerke, welches Artemisia
ihrem Gemahl errichten ließ.
                    Strabon, 656

Das Mausoleum in Halikarnassos

Das Mausoleum ist weitgehend zerstört, aber wir besitzen aus der Antike einige Beschreibungen:

Diesen (letzteren) [Satyros und Pythios, Architekten des Mausoleums] aber hat das Glück die höchste und größte Gnade erwiesen. Künstler nämlich, über deren Werke das Urteil dahin geht, dass sie in alle Ewigkeit herrlichsten und immerwährend frischen Ruhm haben, haben ihnen auch zur Ausführung ihres Entwurfs hervorragende Dienste geleistet. Denn an jeder Frontseite übernahm ein Künstler im Wettstreit seinen Teil, um ihn auszuschmücken und beifallswert erscheinen zu lassen: Leochares, Bryaxis, Skopas, Praxiteles, wie einige meinen auch Timotheos. Die ganze hervorragende Vortrefflichkeit ihrer Kunst führte dazu, dass die Berühmtheit dieses Werkes es in die sieben Weltwunder einreihte.

Vitruv, 7, Vorrede 13

Skopas hatte seinerzeit Bryaxis, Timotheos und Leochares zu Nebenbuhlern, von denen gleichzeitig geredet werden muss, weil sie gemeinschaftlich getriebene Arbeiten zum Maussoleion lieferten; dies ist ein Grabmal, das Artemisia für ihren Gatten Maussolos, einen Fürsten von Karia, errichten ließ, nachdem derselbe im zweiten Jahre der 107. Olympiade (352) gestorben war. Dass dieser Bau eins der sieben Wunderwerke wurde, das haben ganz vorzüglich diese Künstler ausgerichtet. Er ist von Süden nach Norden 63 Fuß weit, doch vorn und hinten schmäler, hat im Umfang im Ganzen 440 Fuß, erhebt sich zu einer Höhe von 25 Ellen [≈ 11,5 m] und ist von 36 Säulen umgeben. Den Umgang nannte man Pteron (Flügel). An der Ostseite arbeitete Skopas, an der
Nordseite Bryaxis, an der Südseite Timotheos, an der Westseite Leochares. Noch ehe sie es vollendet hatten, starb auch die Königin; doch gingen sie nicht eher fort, als bis es völlig fertig war, indem sie es für ein Denkmal ihres Ruhmes und der Kunst im Allgemeinen betrachteten, und noch jetzt ist man in Streit über die meisterhafte Hand. Dazu kam noch ein fünfter Künstler. Denn über dem Pteron erhebt sich eine dem unteren Teile gleichkommende Pyramide, welche sich auf 24 Stufen zu einer Spitzsäule zusammenzieht. Auf dem Gipfel steht ein marmornes Viergespann, welches Pythis gemacht hat. Rechnet man dieses dazu, so hatte das ganze Werk eine Höhe von 140 Fuß.

Plinius, *Naturgeschichte,*
XXXVI, 4

Kolossalfigur, einst als Maussolos selbst identifiziert – eine von Dutzenden freistehenden Skulpturen, die das Mausoleum zierten.

Maltesern) abgebrochen wurde, die Baumaterial für das Kastell St. Peter brauchten, das noch immer den Hafen von Bodrum bewacht. Skulpturen, die bei Ausgrabungen der Stätte in den sechziger Jahren des 19. Jahrhunderts gefunden wurden, und andere, die aus den Burgmauern geborgen wurden, sind heute im Britischen Museum zu sehen.

In Makedonien wurde Philipp II. um 359 v. Chr. König und festigte nach und nach seine Macht im Norden. Seine Expansion brachte ihn in Konflikt mit griechischen Städten, die an den lebenswichtigen Seewegen Athens ins Schwarze Meer lagen, und während eines heiligen Krieges um die Kontrolle Delphis intervenierte er tatkräftig in Mittelgriechenland. Im Jahr 338 v. Chr. besiegte er mit seinem Sohn Alexander bei Chaironeia in Boiotien eine vereinte athenisch-thebanische Streitmacht und erlangte die effektive Kontrolle über Griechenland. In Olympia errichtete er innerhalb des heiligen Bezirks einen üppigen Rundbau, der Gold-Elfenbein-Statuen von sich und seiner Familie beherbergte; da diese Materialien im Allgemeinen für Kultbilder von Göttern verwendet wurden, sind wir hier den Ursprüngen der Herrscherverehrung durch die Griechen nahe.

Philipp wurde bald darauf, 336 v. Chr., ermordet, und sein Königreich fiel an den jungen, gerade einmal 20 Jahre alten Alexander. Ein 1977 in Vergina gefundenes unversehrtes Grab ist vielfach als die Ruhestätte Philipps identifiziert worden. Im Innern eines ge-

(Oben) Miniaturkopf aus Elfenbein aus Grab II in Vergina, als Porträt Philipps II. identifiziert.

(Rechts) Grab II in Vergina von außen mit dorischer Fassade, darüber der gemalte Fries einer Tierjagd. Von dem Ausgräber wurde es als Grab Philipps II. selbst identifiziert und deshalb auf ca. 335 v. Chr. datiert.

Goldener gorytós (Köcher) mit Kampfszenenreliefs aus Grab II in Vergina.

waltigen früheren Tumulus verborgen war ein kleiner tempelähnlicher Bau, dessen Fassade mit einem Fries geschmückt war, der eine Jagd mit zahlreichen Jägern und Tieren zeigte. Drinnen fand sich eine prachtvolle Bestattung, die eingeäscherten Gebeine waren in purpurnes, goldbesticktes Tuch gehüllt und ruhten in einem goldenen Sarg. Zu den Grabbeigaben gehörten ein goldener Kranz, Waffen, ein eiserner Brustharnisch, ein mit Gold- und Elfenbeinverzierungen bedeckter Schild, eine mit Gold, Elfenbein und Glas eingelegte Liege sowie Dutzende von Bronze- und Silbergefäßen. Das Grab war so reich an Metallarbeiten, dass es nur sehr wenig Keramik – der übliche Datie-

rungshinweis – enthielt; doch die wenigen vorhandenen Stücke scheinen aus dem späten 4. Jahrhundert zu stammen, vielleicht zu spät für Philipp, und möglicherweise beherbergte das Grabmal in Wirklichkeit die Gebeine eines späteren makedonischen Königs.

Goldener Sarg aus Grab II in Vergina, in dessen Deckel ein zwölfzackiger Stern geprägt ist. Im Innern erhalten (rechts) war ein golden-purpurnes Tuch, das benutzt wurde, um die eingeäscherten Überreste einzuwickeln, und dann in den Sarg gelegt wurde; ca. 335–325 v. Chr.

Die Eroberung Asiens

PORTRÄTS ALEXANDERS

Alexanders Gestalt geben die Statuen des Lysipp am besten wieder; nur von ihm wollte Alexander selbst sich darstellen lassen. Denn besonders die Eigenheiten, die ihm später so viele seiner Nachfolger und Freunde nachmachen wollten, dass er den Kopf leicht zur Linken neigte, und den strahlenden Glanz seiner Augen hat Lysipp sorgfältig beobachtet.

Plutarch, *Alexander* 3

Der junge Alexander wurde sofort auf die Probe gestellt, als Theben sich auf die Nachricht vom Tode Philipps hin erhob. Seine Reaktion und deren Botschaft waren eindeutig: Die Stadt wurde belagert, eingenommen und vollständig zerstört. Jetzt, wo Griechenland sicher war, wandte Alexander seine Aufmerksamkeit dem großen Projekt zu, das sein Vater vor Augen gehabt hatte, der Eroberung des Perserreiches. Eine Streitmacht von etwa 40 000 Mann wurde zusammengezogen, und im Jahr 334 v. Chr. setzte Alexander nach Asien über, um zu beginnen, was einer der außerordentlichsten erfolgreichen Feldzüge in der Geschichte war und nach wie vor bleibt. In nur elf Jahren kämpften und marschierten er und sein Heer durch ganz Kleinasien, die Levante, Ägypten und den Nahen Osten bis nach Indien. Alexander und sein Heer eroberten zu Fuß die modernen Staaten Türkei, Syrien, Libanon, Israel, Ägypten, Jordanien, Iran, Irak, Saudi-Arabien, Jemen, die Golfstaaten, Afghanistan und Pakistan. Der Feldzug ist ein weiteres Kapitel in

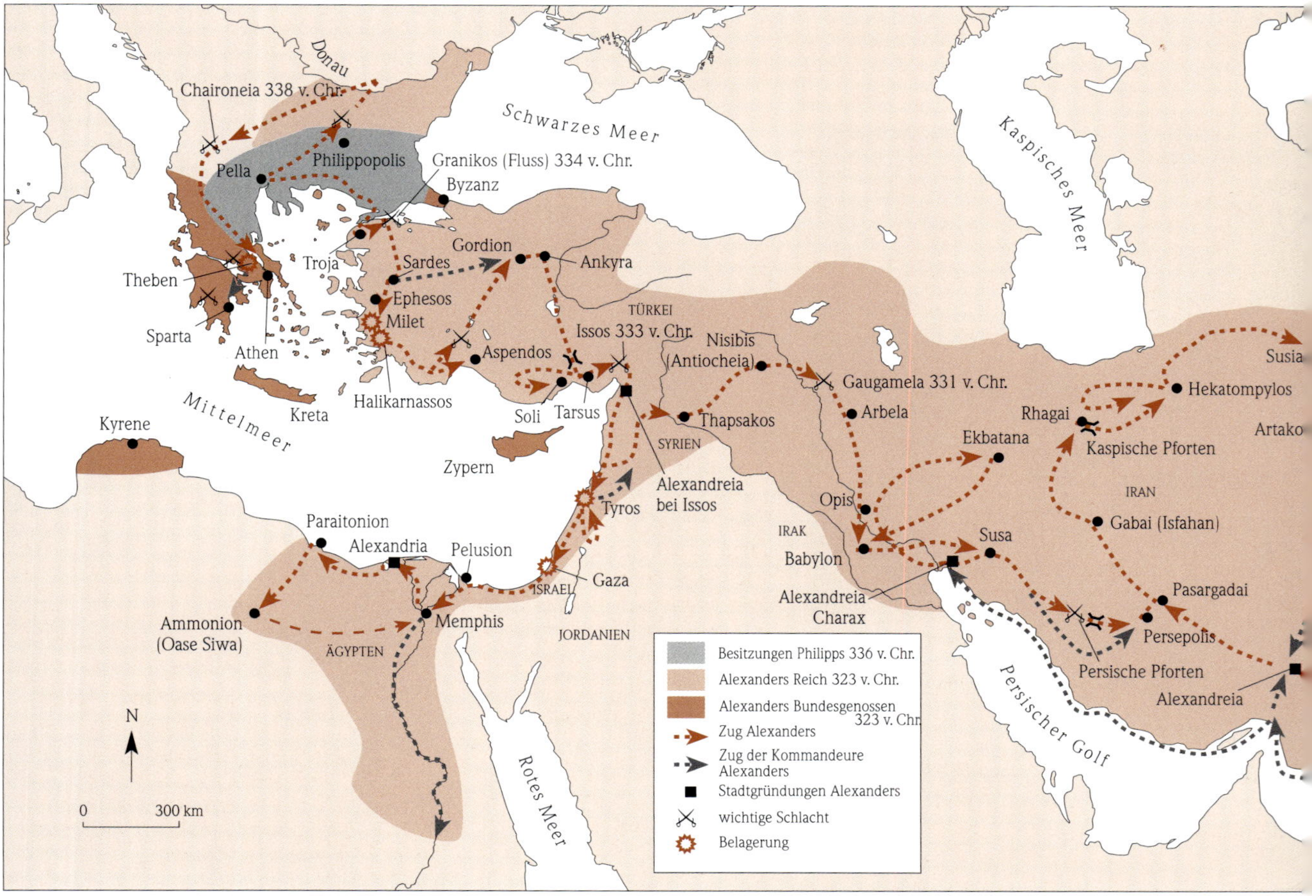

Karte

Donau
Chaironeia 338 v. Chr.
Schwarzes Meer
Kaspisches Meer
Pella
Philippopolis
Granikos (Fluss) 334 v. Chr.
Byzanz
Gordion
Sardes
Ankyra
Troja
Theben
Ephesos
Milet
TÜRKEI
Issos 333 v. Chr.
Nisibis
(Antiocheia)
Susia
Aspendos
Gaugamela 331 v. Chr.
Hekatompylos
Sparta
Halikarnassos
Soli
Tarsus
Arbela
Rhagai
Artako
Athen
Kreta
Thapsakos
Ekbatana
Kaspische Pforten
Kyrene
Mittelmeer
SYRIEN
Zypern
Alexandreia
bei Issos
Opis
IRAN
Gabai (Isfahan)
Paraitonion
Tyros
IRAK
Susa
Alexandria
Pelusion
Gaza
Babylon
Pasargadai
ISRAEL
Alexandreia
Charax
Persepolis
Ammonion
(Oase Siwa)
Memphis
JORDANIEN
Persische Pforten
ÄGYPTEN
Alexandreia
N
Persischer Golf

Rotes Meer

0   300 km

	Besitzungen Philipps 336 v. Chr.
	Alexanders Reich 323 v. Chr.
	Alexanders Bundesgenossen 323 v. Chr.
➔	Zug Alexanders
➔	Zug der Kommandeure Alexanders
■	Stadtgründungen Alexanders
✕	wichtige Schlacht
✲	Belagerung

der in diesem Teil der Welt über Jahrtausende hinweg ausgetragenen und seit dem Trojanischen Krieg dokumentierten Auseinandersetzung zwischen Ost und West. Das Gedächtnis in diesem Teil der Welt ist lang. Als er die persische Hauptstadt Persepolis niederbrannte, erklärte Alexander, es geschehe aus Rache für die persische Zerstörung der Akropolis von Athen 150 Jahre früher, im Jahr 480 v. Chr.

Alexander starb 323 v. Chr. in Babylon an einem Fieber, bevor er Zeit hatte, sein Riesenreich zu konsolidieren. Trotzdem hatte die Eroberung tiefgreifende Auswirkungen. Es war nicht einfach eine Strafexpedition oder ein Raubzug gewesen. Alexander hatte die Zukunft klar im Blick gehabt. Eine seiner Strategien war es gewesen, Städte zu gründen, die häufig nach ihm selbst benannt wurden, und sie mit einer Mischung aus Griechen und einheimischen Bevölkerungsteilen zu besiedeln. Seine bei weitem erfolgreichste Gründung war Alexandria in Ägypten, aber Dutzende anderer Städte wurden in dessen Folge gegründet. Darüber hinaus förderte er die Assimilierung, indem er selber eine lokale Prinzessin heiratete und dafür sorgte, dass Tausende seiner Soldaten einheimische Frauen zu Ehefrauen nahmen. Die Folge war die Ausbreitung einer relativ homogenen griechischen Kultur von Indien bis Spanien und von Ägypten bis Südrussland, die durch eine gemeinsame Sprache, geteilte Überzeugungen und eine breite Palette an Ähnlichkeiten in der materiellen Kultur – Keramik, Bildhauerkunst, Münzsystem und Architektur – verbunden waren. Diese sogenannte hellenistische Kultur blühte das ganze 3. und 2. Jahrhundert v. Chr. hindurch, bis sie der aufstrebenden Macht Roms unterlag.

(Oben links) Porträt Alexanders des Großen.

(Oben) Alexander (links) greift in der Schlacht von Issos 333 v. Chr. den Perserkönig Dareios III. an. Dieses römische Mosaik aus Pompeji (ca. 100 v. Chr.) wird für die Kopie eines hellenistischen Gemäldes gehalten.

(Links) Die Karte zeigt den Eroberungszug Alexanders und seines Heeres, 334–323 v. Chr.

ALEXANDERS HEER

Die Zahlenangaben über sein Heer schwanken zwischen dreißigtausend und dreiundvierzigtausend Mann Infanterie und viertausend und fünftausend Reitern.

Plutarch, *Alexander* 15

Die hellenistischen Reiche

Bei seinem Tod war kein Einzelner stark genug, Anspruch auf Alexanders Riesenreich zu erheben. Zahlreiche Anwärter traten auf den Plan, und die Nachfolgekriege zogen sich über Generationen hin; die hellenistische Geschichte ist folglich ein komplexes Forschungsfeld ohne fest umrissene Brennpunkte. Am
Ende waren mehrere Feldherren in der Lage, große
Territorien zu kontrollieren, und diese wurden zur
Machtbasis königlicher Geschlechter: der Ptolemäer
in Ägypten, der Seleukiden in Syrien und im Nahen
Osten, der Attaliden im westlichen Kleinasien und der
Antigoniden in Griechenland.

Das Ptolemäische Ägypten

In Ägypten gründete Ptolemaios I., ein Feldherr in
Alexanders Heer, eines der erfolgreichsten und lang-
lebigsten hellenistischen Reiche. Seinen Anspruch auf
die Nachfolge begründete Ptolemaios, indem er den
Leichnam Alexanders entführte, als dieser zur Beisetzung von Babylon zurück nach Makedonien gebracht
wurde. Seine Hauptstadt war das 333 v. Chr. an der
Küste Ägyptens gegründete Alexandria, das eine der
großen Städte des Altertums werden sollte – ein Hafen, durch den die Reichtümer Ägyptens flossen. Ein
Großteil der antiken Stadt liegt unter dem modernen
Alexandria – und unter dem Meer im Hafen –, aber
antike schriftliche Quellen und Zufallsfunde vermitteln eine gewisse Vorstellung von ihrer Großartigkeit.

Ptolemaios war für den Bau des Pharos verantwortlich, eines riesigen, an die Hafeneinfahrt gesetz-
ten Leuchtturms, der schließlich als eines der Sieben
Weltwunder galt. Sein Nachfolger Ptolemaios II. richtete eine Bibliothek ein, die mit etwa 50 000 Werken

zur größten der Welt wurde. Das angeschlossene
Mouseion (Heiligtum der Musen) war ein großartiges
Zentrum sowohl des Lernens und der Gelehrsamkeit
als auch der Wissenschaft. Reich, mächtig und um-
sichtig, währte die Dynastie 300 Jahre, bis zu Ptolemaios XII. und seiner Schwester Kleopatra (VII.), die
im 1. Jahrhundert v. Chr. sowohl Cäsar als auch Marcus Antonius faszinierte.

Die ägyptischen Isis- und Serapis-Kulte wurden von
den Griechen begeistert übernommen und verbreiteten sich rasch in der gesamten griechischen Welt.
Schon in den Jahren um 330 v. Chr. gab es in Piräus,
dem Hafen von Athen, ein Isis-Heiligtum, und auf Delos, der heiligen Insel des Apollon, waren drei separa-
te Heiligtümer ägyptischen Götter vorbehalten. Diese
erwiesen sich als die populärsten der vielen von den
Griechen als Folge der östlichen Eroberungen Alexanders assimilierten Gottheiten.

*(Oben rechts) Die kaiserzeitliche
römische Münze zeigt den Pharos (Leuchtturm) von Alexandria
in Ägypten, eines der Sieben
Weltwunder.*

*(Rechts) Ein Taucher stößt in den
Gewässern vor Alexandria, wo
unter Wasser ein Großteil der antiken Stadt liegt, auf einen
Sphinx.*

Die Seleukiden

Die Dynastie der Seleukiden wurde von Seleukos I. begründet, der seine Hauptstadt in Antiocheia errichtete, dem heutigen Antakya in der Türkei. Ursprünglich kontrollierte er weite Gebiete Anatoliens, Syriens und einen Großteil der Levante, obwohl er von anderen Königreichen eingeschlossen war. Außerdem wurde er Erbe der östlichsten Teile des Reiches, sofern sie behauptet werden konnten, und die Seleukiden zeichneten für die großartige Ausbreitung griechischer Kultur verantwortlich. Die Dynastie war in zahlreiche Kriege verwickelt und tat sich durch den Einsatz von Elefanten im Kampf hervor. Seleukos' Nachfolger widersetzten sich tatkräftig der römischen Expansion; Antiochos III. (der Große) führte mehrere ausgedehnte Feldzüge gegen die Römer und unterlag 191 v. Chr. bei den Thermopylen in Griechenland und 190 v. Chr. bei Magnesia in Kleinasien. Danach war er gezwungen, die westliche Hälfte Kleinasiens an die Attaliden aus Pergamon und an die Insel Rhodos abzutreten.

In den Gebieten, die sie beherrschten, waren die Seleukiden emsige Bauherren. Ebenso wie in der Levante wurden auch in Kleinasien zahlreiche Städte gegründet: Stratonikeia, Nysa, Laodikeia und Antiocheia am Mäander (Maiandros) sollten sich im Laufe der Jahrhunderte zu großen, bedeutenden Zentren, geschmückt mit riesigen öffentlichen Bauten, entwickeln. Auch seit langem bestehende Heiligtümer mit

gigantischen Tempeln lenkten die Aufmerksamkeit der Seleukiden auf sich; sie leisteten Beiträge zum Bau des Apollon-Tempels in Didyma, des Artemis-Tempels in Sardes und des Olympieions in Athen.

Im seleukidischen Osten förderten Ausgrabungen auf Failaka (dem antiken Ikaros), einer Insel in der Nähe von Kuwait am oberen Ende des Persischen Golfs, griechische Tempel und Inschriften zutage. Und die Stätte von Ai-Khanoum an den Ufern des Flusses Oxos in Afghanistan hat ein Gymnasium (S. 173), griechische Inschriften und Papyri, ein Brunnenhaus mit delphinköpfigen Tromben und ein Theater mit Plätzen für 6000 Zuschauer enthüllt.

Münze des Seleukos, die seinen Einsatz von Kriegselefanten zeigt.

GRIECHISCHE INSCHRIFT IN AFGHANISTAN

Diese weisen Sprüche berühmter Männer früherer Zeiten werden in der heiligen Pytho [Delphi] aufgestellt; von dort kopierte Klearchos sie sorgfältig, um sie, von weitem leuchtend, im Bezirk des Kineas aufzustellen: „Als Kind sei artig; als junger Mann beherrscht; in mittleren Jahren gerecht; als alter Mann ein guter Ratgeber; am Ende deines Lebens frei von Sorge."

griechische Inschrift aus
Ai-Khanoum, Afghanistan

Der Tempel des olympischen Zeus in Athen, begonnen von Antiochos IV. von Syrien (174–165 v. Chr.) und erst 300 Jahre später von Hadrian vollendet.

PERGAMON

Vor allen diesen Orten hat Pergamon, eine ausgezeichnete Stadt, die lange unter den Attalischen Königen blühte, einen gewissen Vorrang; (...) Pergamon nämlich war die Schatzkammer des Lysimachos, des Sohnes vom Agathokles und eines Nachfolgers des Alexander, da es zugleich den bewohnten Gipfel des Berges umfasst; der Berg aber ist kegelförmig und endet in eine scharfe Spitze. Mit der Bewachung dieser Feste und des Schatzes (es waren aber neuntausend Talente [über 50 Millionen Tagelöhne] war der Philetairos betraut, ein Mann aus Tieion, dem schon als Knaben die Hoden zerquetscht wurden. (...) Nun folgte Attalos ... in der Regierung und wurde, als er die Galater in einer großen Schlacht besiegt hatte, als erster König ausgerufen. Dieser trat auch als Freund der Römer auf und kämpfte als ihr Bundesgenosse mit Hilfe der rhodischen Seemacht gegen den Philippos. (...) Neben Pergamon fließt der Kaïkos, die sogenannte Ebene des Kaïkos, einen sehr gesegneten Landstrich und wohl den besten in ganz Mysien, durchströmend.

Strabo, 623–24

HELLENISTISCHE BIBLIOTHEKEN

Als die Könige aus Attalos' Geschlecht, angezogen von dem großen Reiz der Literatur, zur allgemeinen Unterhaltung in Pergamon eine hervorragende Bibliothek eingerichtet hatten, da hatte auch Ptolemaios, besessen von unbändiger Eifersucht und Ehrgeiz, mit nicht geringerer Rührigkeit darauf hingearbeitet, nach demselben Muster eine Bibliothek in Alexandria zu errichten.

Vitruv, 7, Vorrede 4

Die Akropolis von Pergamon: Ansicht der heiligen Straße, die zum Heiligtum des Asklepios führte.

Die Attaliden

Die Dynastie der Attaliden wurde von Philetairos begründet – er wurde in der Burg von Pergamon von dem Feldherrn Lysimachos als Hüter einer Schatzes von 9000 Talenten eingesetzt. Beim Tode des Lysimachos gründete Philetairos im Nordwesten Kleinasiens ein eigenes Königreich, das an seinen Neffen, Attalos I., weitergegeben wurde. Seine Hauptstadt war Pergamon, das auf einem uneinnehmbaren Felsmassiv thronte und stark befestigt war. Ausgrabungen haben Paläste mit bemalten Wänden und Mosaikfußböden, Getreidemagazine und auf der Spitze des Berges gewaltige Haufen Katapultkugeln zutage gefördert; Agora-Anlagen, Heiligtümer, Gymnasien und Privathäuser nehmen die unteren Hänge ein.

Die frühen Jahre der Dynastie gingen mit den Versuchen dahin, die Galater („Gallier", „Kelten") abzuwehren, die im Jahr 278 v. Chr. aus Europa übergesetzt waren. Siege über diese Barbaren wurden in der Bildhauerkunst und mit Festspielen gefeiert, und die Pergamener sahen sich und warben für sich als die Retter aller Griechen, so wie die Athener Griechenland 200 Jahre früher vor der persischen Gefahr gerettet hätten. Auch in anderer Hinsicht sahen die pergamenischen Könige sich als Nachfolger der klassischen Athener. Sie gründeten eine große Bibliothek, früher als die in Alexandria, und sie förderten eine florierende Bildhauerschule. Ein Beispiel für den ornamentreichen „barocken" pergamenischen Stil könnte man in dem Fries sehen, der den Kampf der Götter gegen die Giganten schildert und den großen Zeusaltar schmückt, der im 2. Jahrhundert v. Chr. in Pergamon geweiht wurde und sich heute im Berliner Pergamon-Museum befindet (S. 179).

In der Baukunst investierten die Attaliden ihr Geld nicht in große, protzige Tempel; sogar in Pergamon selbst sind die hellenistischen Tempel auffallend bescheiden und klein. Statt dessen waren die Pergamener Meister der Säulenhalle, vor allem solcher, die auf abschüssigem Gelände errichtet wurden. Pergamenische Architekten waren gut ausgebildet, gehört doch die Akropolis von Pergamon selbst zu den steilsten in der griechischen Welt. Doppelte Säulengänge mit Räumen dahinter auf zwei und sogar drei Stockwerken waren nicht unbekannt. Der Stadt Athen wurden von Attalos I., Eumenes II. und Attalos II., die dort unter dem Philosophen Karneades studierten, großzügige Geschenke gemacht (S. 172). Passenderweise handelte es sich bei den Geschenken um große Säulenhallen und Skulpturengruppen einschließlich einer Schlacht gegen die Gallier. Auch Delphi erhielt von Pergamon eine Stoa. Die Stoa des Eumenes in Athen wurde in Pergamon aus einheimischem Marmor in Teilen vorgefertigt, dann nach Athen transportiert und dort zusammengebaut. Und nach Delphi schickte man Maler und 30 Arbeiter, die an der Säulenhalle arbeiten und das Theater reparieren sollten. Pergamenische Techniker scheinen auch unter den ersten in der hellenistischen Welt gewesen zu sein, die Wasser unter Druck transportieren und heben konnten; lange Aquädukte führten Wasser bis oben auf die Burg. Vor dem 3. Jahrhundert v. Chr. waren alle griechischen Wasserleitungen Kanäle mit Gefällelauf gewesen.

Die pergamenischen Könige verfolgten eine Außenpolitik der gütlichen Einigung mit der aufstrebenden Macht Roms. Diese kam zu einem außerordentlichen Abschluss, als das gesamte Reich im Jahr 133 v. Chr., weil das Königshaus keinen passenden Erben hatte,

der Stadt Rom vermacht wurde. Folglich sollte man in Pergamon – der großen Nachahmerin des klassischen Athen – vielleicht die Hauptmittlerin der Weitergabe griechischer Kunst und Kultur an die Römer, ihre generationenlangen engen Bundesgenossen, sehen.

Die Antigoniden

Die Nachfolgekriege in Makedonien und auf dem griechischen Festland waren besonders verwickelt, wenngleich am Ende Antigonos und sein Sohn Demetrios eine königliche Dynastie errichteten. Ihre Hauptstadt war in Pella, wo man weiträumige Paläste ausgegraben hat. Weitere Paläste wurden in Vergina und in Demetrias in Thessalien, einer makedonischen Kolonie, ausgegraben. Von Fragmenten und den Überresten besser erhaltener Häuser her zu urteilen, waren die Paläste mit schönen Mosaikfußböden geschmückt, und die Wände waren bunt bemalt. Viele der Räume können als Speisesäle identifiziert werden, und ohne Zweifel legten die Makedonen großen Wert auf Jagd und Kampf, gefolgt von üppigen Ess- und Trinkgelagen. Ihre Toten beerdigten sie in großen unterirdischen Grabstätten, angefüllt mit verschwenderischen Grabbeigaben aus Gold, Silber und Bronze. Obwohl durch Jahrhunderte voneinander getrennt, ähneln diese Aspekte einer Kriegergesellschaft mit ihren Palästen, geschmückt mit Jagd- und Kampfszenen, und den aufwändigen und prachtvollen Bestattungen denjenigen der Mykener. Vielleicht ist es mehr als Zufall oder Mythos, dass die Makedonen glaubten, ihr Königsgeschlecht seien ursprünglich Temeniden (Argeaden) gewesen, die in früheren Zeiten aus der Argolis, dem Zentrum der mykenischen Welt, nordwärts nach Makedonien auswanderten.

Die verschiedenen Kriege zwischen diesen Dynastien und den Bünden unabhängiger griechischer Städte in Aitolien und Achaia riefen am Ende die Römer auf den Plan. Bereits im frühen 3. Jahrhundert v. Chr. hatte einer der Herrscher, Pyrrhos von Epirus, sich in Süditalien eingemischt und war von den Römern vertrieben worden; bis zum ausgehenden 3. Jahrhundert war die Annexion des griechischen Sizilien weitgehend abgeschlossen. Nachfolgende Kriege mit den Makedonen (196 v. Chr.), den Aitolern und Antiochos III. (191/190 v. Chr.), wieder mit den Makedonen (167 v. Chr.) und den Achaiern (146 v. Chr.) führten schließlich im Jahr 146 v. Chr. zur Zerstörung Korinths, der Hauptstadt des Achaiischen Bundes, und zum Anschluss Griechenlands, das danach quasi als römische Provinz regiert wurde. Wie schon angemerkt, wurde Pergamon bald darauf (133 v. Chr.) Rom vermacht, und das griechische Kleinasien fiel ebenfalls unter den beherrschenden Einfluss Roms.

Im Westen erlebte die Stadt Syrakus in der frühen hellenistischen Periode während der langen Herrschaft Hierons II. (ca. 271–216 v. Chr.) eine Blütezeit. Es war die Heimatstadt des Archimedes, sie war ge-

schmückt mit schönen öffentlichen Bauten, darunter das Theater und ein gewaltiger, über 180 m langer Altar. Andere Stiftungen der Ptolemäer aus Ägypten belegen ebenso wie Monumente auf Rhodos und in Olympia syrakusanische Kontakte mit der ostgriechischen Welt. Hierons Nachfolger gerieten jedoch während der Auseinandersetzungen der Stadt mit Karthago in Konflikt mit Rom, und im Jahr 211 v. Chr. wurde Syrakus belagert und eingenommen. Ein Opfer der Belagerung war, trotz der Befehle des römischen Feldherrn Marcellus, darauf zu achten, dass er lebend gefangen würde, Archimedes. Die Eroberung von Syrakus lieferte außerdem einen der frühesten Fälle, wo griechische Beute in großen Mengen nach Rom gelangte, der nächsten Mittelmeermacht.

Überreste der großen Häuser in Pella, der Hauptstadt Makedoniens. Ausgestattet mit großen Speiseräumen, die mit schönen Mosaikfußböden geschmückt waren (S. 188), waren solche Häuser für die aufwändigen Festgelage bestimmt, die einen wichtigen Bestandteil des makedonischen Lebens bildeten.

DIE ANTIGONIDEN

Ja dieses Haus war, so zu sagen, das einzige, das in vielen Geschlechtsfolgen von dergleichen Übeln frei blieb; oder vielmehr, Philippos war unter den Nachkommen des Antigonos der einzige, der seinen Sohn hinrichten ließ. Dagegen gibt es fast in allen den anderen königlichen Häusern viele Hinrichtungen von Söhnen, Müttern und Gemahlinnen. Denn Brüder aus dem Wege zu räumen galt, wie Erdmesser [≈ Mathematiker], Heischesätze [Axiome] annehmen, überall für ein den Königen zu ihrer Sicherheit.

Plutarch, *Demetrios*, 3

Mosaikboden von der Insel Delos, Sitz eines wichtigen Apollon-Kultes und eine große hellenistische Stadt, die sowohl von den Antigoniden als auch den Ptolemäern gefördert wurde. Hier abgebildet ist eine Panathenäische Preisamphora, die ein Wagenrennen zeigt (S. 130f.).

X

Römer und Christen

Danach verließ Paulus Athen und kam nach Korinth und fand einen Juden mit Namen Aquila, aus Pontus gebürtig; der war mit seiner Frau Priscilla kürzlich aus Italien gekommen, weil Kaiser Claudius allen Juden geboten hatte, Rom zu verlassen.
Apostelgeschichte des Lukas, 18

Griechen und Römer wussten seit sehr frühen Zeiten voneinander, und was den zeitlichen Ablauf der Entwicklung ihrer Gesellschaften betrifft, gibt es interessante Übereinstimmungen. Das überlieferte Datum der Gründung Roms, 753 v. Chr., liegt nicht sehr viel später als die offizielle Gründung der Olympischen Spiele durch die Griechen im Jahr 776 v. Chr., und die Römer schafften im Jahr 510 v. Chr. ihre Monarchie ab und gründeten eine Republik, nur drei Jahre, bevor die Athener ihre Tyrannen vertrieben und ihre Demokratie errichteten. Die phokäischen Siedler von Massalia in Südfrankreich nahmen enge Verbindungen mit den Römern auf, die Jahrhunderte hielten, und in Delphi gibt es bereits zu Beginn des 4. Jahrhunderts v. Chr. römische Weihgeschenke. Der Konflikt zwischen den beiden begann erst im 3. Jahrhundert v. Chr., als die römische Expansion in Italien sich zuerst auf die alten griechischen Kolonien in Süditalien und dann auf Sizilien negativ auswirkte. Eine Serie von Kriegen gegen griechische Bünde und hellenistische Monarchen lenkte Rom im frühen 2. Jahrhundert v. Chr. Richtung Osten, und fest begründet wurde seine Autorität in Griechenland und Kleinasien in der zweiten Hälfte des Jahrhunderts. Obwohl einige Städte eine nominelle Unabhängigkeit behaupteten, fielen die meisten Gebiete unter eine pax Romana; nur wenige griechische Stadtmauern lassen sich auf das 2. Jahrhundert oder später datieren, und sie tauchen erst wieder mit dem Zusammenbruch der Sicherheit im 3. Jahrhundert n. Chr. auf.

Es gab Vieles, was die Römer an der entwickelteren Kultur der griechischen Welt bewunderten, und sie entlehnten aus ihr eine ganze Menge, vor allem in den Bereichen Kunst, Theater und Philosophie. Römische Heere waren, wie ihre hellenistischen Vorgänger, einer stattlichen Reihe östlicher Religionen ausgesetzt und ihnen gegenüber empfänglich. Eine von ihnen, das Christentum, verbreitete sich langsam, aber unaufhaltsam in der gesamten griechisch-römischen Welt.

Rom kämpft um die Behauptung seiner Macht über den Osten. Historische Reliefs am Galeriusbogen in Thessaloniki, frühes 4. Jh. n. Chr.

Römischer Philhellenismus

Im Laufe der Zeit verleibten sich die Römer nach und nach die griechische Welt ein, ein Königreich hier, eine Stadt da, das gesamte 3. bis 1. Jahrhundert v. Chr. hindurch. Das individuelle Schicksal von Städten hing ab von ihrer Handlungsweise und ihrer Haltung gegenüber Rom. Manche wurden hart behandelt und ausgelöscht (alle Städte im Epirus, Haliartos), andere zerstört und irgendwann neu aufgebaut (Korinth, Pella, Thespiai), wieder andere wurden bestraft und ihnen wurde dann vergeben (Athen), und manche erfreuten sich gleich bleibenden Wohlwollens und einer nominellen Unabhängigkeit (Aphrodisias). Im Allgemeinen waren die Römer Bewunderer, Sammler und Nachahmer vieler griechischer Dinge, vor allem der Bildhauerkunst, Malerei und Architektur. Auch griechische Philosophie und Rhetorik wurden bewundert, ebenso wie die griechische Sprache. Griechische Künstler, Lehrer und Philosophen waren überaus gefragt; viele zog es nach Rom, während viele Römer nach Osten reisten, um sie vor Ort kennen zu lernen.

Wegen der gewaltigen Reichtümer des Ostens wurden häufig römische Heere dort stationiert, und in Zeiten der Unruhe pflegten Kombattanten auf dieses Gebiet als Nachschubquelle zurückzugreifen. In den römischen Bürgerkriegen, während derer sich im 1. Jahrhundert v. Chr. der Übergang von der Republik zum Kaiserreich vollzog, wurden alle wichtigen Schlachten auf dem griechischen Festland ausgetragen. Cäsar besiegte Pompeius bei Pharsalos (48 v. Chr.), Antonius und Oktavian besiegten Brutus und Cassius bei Philippi (44 v. Chr.) und Oktavian / Augustus besiegte Antonius und Kleopatra zur See bei Aktion (lat. Actium; 31 v. Chr.). Wer also nicht als prominenter Einzelner auf der Suche nach Kultur in den Osten kam, verbrachte bei einer oder mehreren militärischen Missionen Zeit in Griechenland.

Das römische Athen

Wenn Römer nach Griechenland kamen, dann meist nach Athen, das über Jahrhunderte einen Ruf als kulturelles und vor allem Bildungszentrum der Mittelmeerwelt behauptete. Basierend auf den im 4. Jahrhundert v. Chr. in den Gymnasien und Säulenhallen der Stadt errichteten Schulen, nahm Athen aufgrund des hohen Alters seiner pädagogischen Traditionen einen Ehrenplatz ein. Trotz des Verlusts seiner politischen, militärischen und ökonomischen Bedeutung stand Athen in kulturellen Angelegenheiten die ganze hellenistische Periode hindurch in Blüte und wahrte seinen Vorsprung vor wichtigen neuen Zentren der Gelehrsamkeit wie Alexandria, Antiocheia und Pergamon.

Die Tiefe der römischen Verehrung für Athen ist erkennbar, wenn man sie dem politischen Weitblick der Athener gegenüberstellt; viermal im Laufe des 1. Jahrhunderts v. Chr. setzte Athen aufs falsche Pferd, als es darum ging, in einem Konflikt unter Beteiligung Roms Partei zu ergreifen. Im Jahr 86 v. Chr. schlug es sich bei Mithridates' VI., des Königs von Pontos (Pontus), Aufstand gegen Rom auf dessen Seite, dann gab die Stadt Pompeius den Vorzug gegenüber Cäsar, Brutus gegenüber Antonius und Oktavian sowie Antonius gegenüber Oktavian/Augustus.

Mit diesem Register hätte jede andere griechische Stadt mit Fug und Recht erwarten können, vollständig von der Karte des römischen Griechenland zu verschwinden, nicht jedoch Athen – die Stadt wurde belagert und eingenommen, Hunderte von Athenern wurden getötet, aber sie wurde nicht zerstört.

Viele prominente Römer verbrachten im 1. Jahrhundert v. Chr. bekanntlich Zeit in der Stadt oder stellten Geld zu ihrer Verschönerung zur Verfügung: Cäsar, Pompeius, Oktavian / Augus-

Lebensgroßes bronzenes Reiterstandbild des römischen Kaisers Augustus (27 v. Chr.–14 n. Chr.), 1979 irgendwo in der nördlichen Ägäis nordöstlich der Insel Euboia in einem Fischernetz eingeholt.

Der griechische Osten

Auch den griechischen Städten Kleinasiens erging es unter römischer Verwaltung bemerkenswert gut, und sie blühten trotz der Mithridatischen Kriege (86–69 v. Chr), gelegentlicher unerlaubter militärischer Beutezüge (Labienus im Jahr 40 v. Chr.) und Erdbeben (17 n. Chr., 60 n. Chr.). Von den materiellen Überresten her zu urteilen, florierten sowohl die alten Städte Ioniens und Kariens als auch die hellenistischen Neugründungen. Fast alle diese Städte rühmten sich gewaltiger steinerner Theater, Agora-Anlagen mit langen und reich verzierten marmornen Säulengängen, monumentaler Brunnenhäuser (Nymphaia) mit verschwenderischer Skulpturenfülle, Stadien mit steinernen Sitzplätzen, riesiger Gymnasien und Bäder sowie Marmortempeln, die entweder den Göttern oder vergöttlichten römischen Kaisern geweiht waren. Die architektonische Verschönerung dieser ostgriechischen Städte übertrifft bei weitem alles auf dem Festland oder in der westgriechischen Welt. Viele von ihnen, wie Aphrodisias in Karien oder Milet und Ephesos, erreichen im 1. und 2. Jh. n. Chr. ihren Höhepunkt.

(Oben) Celsus-Bibliothek (ca. 115 n. Chr.) und Tor zur Agora (ca. 4 v. Chr.) in Ephesos vermitteln eine gewisse Vorstellung von Reichtum und Pracht der griechischen Städte Kleinasiens während eines Großteils der Römerzeit.

(Links) Münze Mithridates' VI. von Pontos, der einen langen, erbitterten und am Ende erfolglosen Aufstand gegen Rom anführte, an dem die meisten Städte Griechenlands und Kleinasiens beteiligt waren.

tus, Antonius, Agrippa, Cicero, Horaz und Varro, um nur die bekanntesten zu nennen. Römische Zuwendungen wurden mehrere Jahrhunderte lang weiter gewährt, und die neuen Monumente – Konzerthallen, Bibliotheken, Gymnasien, Schulen und Vortragssäle – spiegeln Athens Rolle in der römischen Welt wider.

Aphrodisias

Die griechisch-römische Stadt Aphrodisias liegt auf einer Hochebene im Hochland von Karien, südlich des Mäander-Flusstals. Erbaut auf dem Gelände eines prähistorischen Erdhügels, der während der gesamten Bronzezeit in Gebrauch war, begann die Blüte der Stadt im 3. und 2. Jahrhundert v. Chr.

Hauptanziehungspunkt der Stadt war ein wichtiger Kult der Aphrodite. Bei der späthellenisti-

Porträt eines Verwaltungsbeamten aus Aphrodisias, ca. 410 n. Chr.

schen Version ihres Tempels handelt es sich um einen schönen marmornen Peripteralbau ionischer Ordnung.

Aphrodisias verfolgte eine Politik der Freundschaft und gütlichen Einigung mit Rom. Dieser Standpunkt leistete der Stadt über die Jahrhunderte hinweg gute Dienste und erlaubte ihr die Wahrung nomineller Unabhängigkeit.

Eines der aufwändigsten Monumente der Stadt, das teilweise aus langen Säulengängen und Hunderten großer gemeißelter Reliefs bestand, war das Sebasteion (griech. Sebastós = lat. Augustus),

ein zu Beginn des 1. Jahrhunderts n. Chr. erbauter und der kaiserlichen Familie in Rom geweihter Tempelkomplex. Die Mauer der östlichen *párodos* (Eingangskorridor) des Theaters dient als Archiv, das in Stein gemeißelte Kopien des Schriftverkehrs und kaiserlicher Entscheidungen den Status der Stadt betreffend enthält.

Das ganze 1. und 2. Jahrhundert n. Chr. hindurch wurde Stadt durch eine stattliche Reihe schöner öffentlicher Bauten geschmückt: ein Theater, ein riesiges Bad, eine Agora, ein Temenos (Umfassungsmauer) um den

Aphrodite-Tempel und ein großes Stadion. Aufgrund der in der Nähe gelegenen Marmorsteinbrüche mit ihrem ausgezeichneten weißen Marmor konnte die Stadt sich zum Zentrum einer großartigen Bildhauerschule entwickeln, die jahrhundertelang in Blüte stand. Die Stätte selbst hat Hunderte schöner Beispiele erbracht, und im gesamten Mittelmeerraum wurden Stücke gefunden, die von aphrodischen Künstlern signiert sind.

Die relative Abgeschiedenheit der Stadt scheint Aphrodisias einen Großteil des Aufruhrs erspart zu haben, der mit den frühen Jahren des Zusammenbruchs des Römischen Reiches im 3. und 4. Jahrhundert n. Chr. einherging, und im Lichte ihrer öffentlichen Monumente und Skulpturen betrachtet, blieb die Stadt bis ins 6. oder 7. Jahrhundert hinein unbehelligt.

Bildhauer fuhren auch im 4. und 5. Jahrhundert fort, heidnische Werke herzustellen, obwohl der große Tempel der Aphrodite in eine christliche Basilika umgewandelt war.

Seit Mitte der sechziger Jahre des vergangenen Jahrhunderts

sind amerikanische Archäologen von der New York University mit der Ausgrabung dieser prächtigen griechischen Stadt der römischen Welt beschäftigt. Die Arbeit verspricht eine der bedeutenden Ausgrabungen des 21. Jahrhunderts zu werden und es mit der Freilegung von Ephesos, Milet und Pergamon im 19. Jahrhundert aufnehmen zu können.

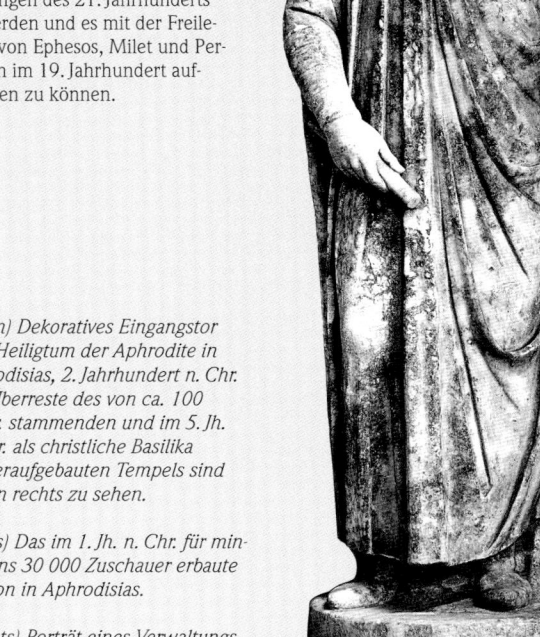

(Oben) Dekoratives Eingangstor zum Heiligtum der Aphrodite in Aphrodisias, 2. Jahrhundert n. Chr. Die Überreste des von ca. 100 v. Chr. stammenden und im 5. Jh. n. Chr. als christliche Basilika wiederaufgebauten Tempels sind hinten rechts zu sehen.

(Links) Das im 1. Jh. n. Chr. für mindestens 30 000 Zuschauer erbaute Stadion in Aphrodisias.

(Rechts) Porträt eines Verwaltungsbeamten, beginnendes 5. Jh. n. Chr.

Hadrian und die griechische Welt

Hadrianstempel in Ephesos, 2. Jh. n. Chr. Griechische Städte konkurrierten eifrig um den Status als anerkannte Zentren des offiziellen Kultes der römischen Kaiser. Auch in einem riesigen Tempel in Kyzikos und zusammen mit Zeus im Olympieion in Athen (S. 197) wurde Hadrian verehrt.

Die Regierungszeit des Kaisers Hadrian (117–138 n. Chr.) stellt in vielerlei Hinsicht den Höhepunkt der römischen Verwicklung in die griechische Welt dar. Hadrian, ein großer Philhellene und Reisender, besuchte Athen nicht weniger als dreimal und machte die Stadt zum Zentrum seiner Verehrung inmitten eines als Panhellenion bekannten Bundes griechischer Städte. Darüber hinaus wurde er in die Eleusinischen Mysterien eingeführt, schenkte der Stadt eine Bibliothek, ein Gymnasium und ein Pantheon und begann mit einem ambitionierten Wasserleitungsprojekt, das von seinem Nachfolger Antonius Pius vollendet wur-

de. Seine Einstellung zu den Griechen und insbesondere zu Athen kann an einer bemerkenswerten Reihe kaiserlicher Porträts abgelesen werden, die mit seiner Erlaubnis in der griechischen Welt verbreitet wurden (Beispiele existieren aus Athen, Piräus, Olympia und Hierapytna auf Kreta); seinen Brustharnisch ziert die Reliefdarstellung einer triumphierenden Athena, die von Viktorien gekrönt wird, während sie auf dem Rücken der römischen Wölfin steht, die Romulus und Remus säugt.

Fast jede Stadt in Kleinasien besitzt mindestens ein vom Kaiser gestiftetes Monument, viele Tempel wur-

den entweder für ihn errichtet oder ihm umgewidmet (Ephesos, Klaros, Kyzikos, Athen). In der Tat berichtet Pausanias, dass die einzige griechische Stadt, die Hadrian nicht habe verbessern können, die kleine Stadt Megara gewesen sei. In den Jahren nach 170 n. Chr., binnen einer Generation nach der Regierung Hadrians, kam es in Griechenland zu ersten Barbareneinfällen, und die Sicherheit, für die 200 Jahre römischer Herrschaft gesorgt hatten, begann zu zerbröseln.

(Oben) Das Standbild Hadrians aus Athen zeigt die von der römischen Wölfin getragene Athena.

(Oben rechts) Hadriansbogen in Athen (ca. 132 n. Chr.). Andere Ehren- oder Gedächtnisbögen für Hadrian sind aus Ephesos, Nikaia und mehreren anderen griechischen Städten bekannt.

Römisches Mosaik mit Pyramus und Thisbe aus Paphos, Zypern. Griechische Mythen und die griechische Sprache bestanden überall im Osten des Römischen Reiches fort. Ausgehendes 2. Jh. n. Chr.

Der Aufstieg des Christentums

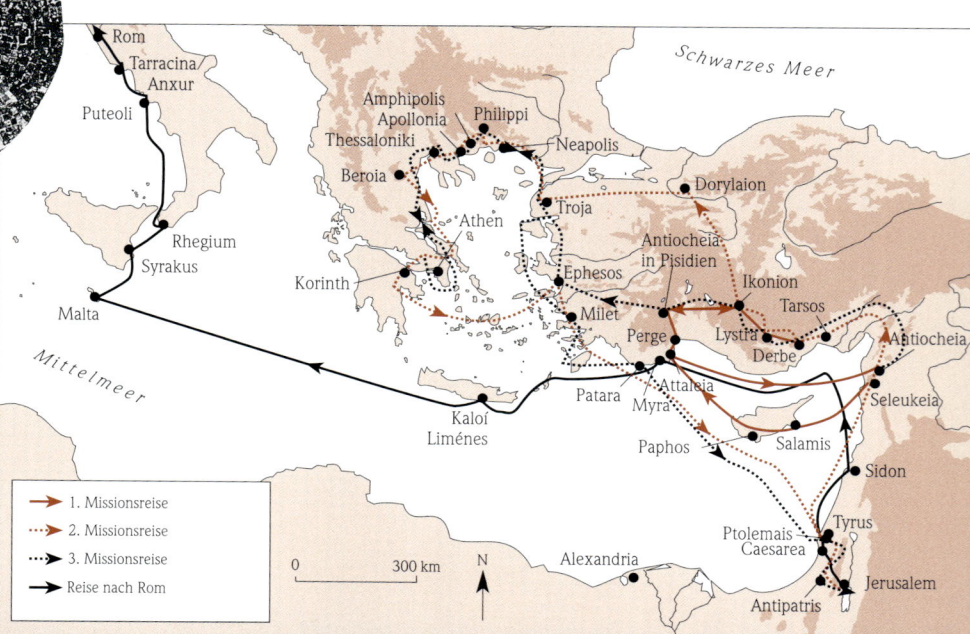

Das Christentum entstand in Judäa, in der ostgriechischen Welt, die jahrhundertelang von den Seleukiden beherrscht worden war. Die breite jüdische Bevölkerung dort wurde ergänzt durch zahlreiche Griechen. In hellenistischer Zeit hatten Juden sich über die gesamte griechische Welt zerstreut, aktive jüdische Gemeinden waren in vielen weit von Palästina entfernten Städten zu finden; Laodikeia und Korinth sind nur zwei Beispiele.

Der Apostel Paulus in Griechenland und Asien

Das Christentum wurde nur unter großen Anstrengungen verbreitet, einen Großteil davon leistete der Apostel Paulus, der versuchte, Menschen aus den jüdischen Gemeinden auf dem griechischen Festland heraus zu bekehren. Seine Reisen führten ihn von Philippi und Beroia (heute Véria) in Nordgriechenland nach Athen und dann nach Korinth. Er hatte ge-

(Rechts) Die Karte zeigt die Reisen des Apostels Paulus, wie sie in der Apostelgeschichte des Lukas dokumentiert sind. Hauptsächlich predigte er in den griechischen Städten auf dem Festland und in Kleinasien.
(Unten) Das antike Philippi: Hier fand Paulus' erste Bekehrung in Europa statt, die Stadt wurde zum Pilgerort; im 5. und 6. Jh. n. Chr. wurden mehrere große Basiliken errichtet. Eine ist im Vorder-, eine weitere im Mittelgrund zu sehen.

Heiden und Christen in den Katakomben von Rom: Herakles bezwingt die Hydra (links außen), und Abraham bereitet sich auf die Opferung Isaaks vor (links). Die fortgesetzte Popularität griechischer Mythen bis in die christliche Zeit hinein führte zu einer Verschmelzung der alten Vorstellungen mit den neuen Werten des Christentums. Via Latina-Katakomben, 4. Jahrhundert n. Chr.

PLINIUS AN TRAJAN

An Verhandlungen gegen Christen habe ich noch niemals teilgenommen. Daher weiß ich nicht Bescheid über Art und Ausmaß der üblichen Bestrafung wie auch der Untersuchung. Auch bin ich über folgendes ziemlich im Zweifel: Macht das Alter einen Unterschied? Sind ganz junge Leute nicht anders zu behandeln als ältere? Erhält der Reuige Verzeihung, oder nützt es einem, der einmal Christ war, nichts, wenn er abschwört? Wird schon der Name an sich bestraft, auch ohne Verbrechen, oder werden die mit dem Namen verbundenen Verbrechen bestraft? Einstweilen bin ich bei den Leuten, die mir als angebliche Christen angezeigt wurden, folgendermaßen verfahren. Ich habe sie gefragt, ob sie Christen seien. Die Geständigen fragte ich unter Androhung der Todesstrafe ein zweites und ein drittes Mal. Diejenigen, die hartnäckig darauf beharrten, ließ ich zur Hinrichtung abführen. Denn darüber bestand für mich kein Zweifel: Was es auch sein mochte, das sie zu gestehen hatten - ihr Starrsinn und ihre trotzige Verstocktheit verdienten auf jeden Fall Bestrafung.

Plinius, *Briefe*, X, 96

mischten Erfolg: In Philippi wurde er eingekerkert, während die Athener streng heidnisch waren und sich seiner Botschaft aufs äußerste widersetzten: in Korinth verursachte sein Predigen Unruhen, welche die Stadtverwaltung auf ihn aufmerksam machten.

Kleine christliche Gemeinschaften bildeten sich in Kleinasien, alle sieben Gemeinden der Apokalypse waren in griechischen hellenistischen Städten zu finden: Ephesos, Smyrna, Pergamon, Thyateira, Sardes, Philadelphia und Laodikeia (Offb. 2–3). Die Kämpfe der neuen Religion in diesem Teil der Welt spiegeln sich in dem Briefwechsel zwischen dem Kaiser Trajan (98–117 n. Chr.) und Plinius dem Jüngeren wider, seinem Statthalter in Bithynien (nordwestliches Kleinasien).

Die Griechen und das Christentum

Aufstieg und letztendlicher Erfolg des Christentums spielten sich größtenteils in der griechischen Welt ab, mehrere Schauplätze waren für die frühe Kirche von großer Bedeutung. Ephesos ist einer von ihnen, weil der heilige Johannes gemäß der Legende nach der Kreuzigung die Jungfrau Maria herbrachte, damit sie hier lebte. Er selbst starb hier und wurde in einer Kirche begraben, die mehrere Umbauten erlebte und unter Justinian im 6. Jahrhundert n. Chr. eine enorme Größe erreichte. Der Apostel Philippus wurde in Hierapolis in Phrygien begraben, sein Grab wurde zum Mittelpunkt eines stattlichen, aus dem 5. Jahrhundert n. Chr. stammenden Martyrions.

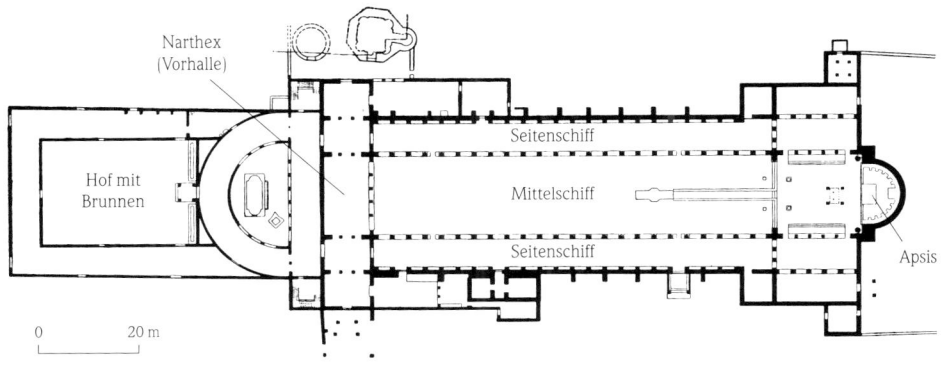

Narthex
(Vorhalle)

Hof mit
Brunnen

Seitenschiff

Mittelschiff

Seitenschiff

Apsis

0   20 m

Die Basilika des hl. Leonidas (5. und 6. Jh.) in Lechaion, dem Hafen von Korinth. Der äußere Vorhof (links) mit Brunnen, der Narthex (innere Vorhalle), das Mittelschiff mit Seitenschiffen und Apsis (halbrund, rechts) sind allesamt Merkmale einer typischen Basilika. Die Gesamtlänge des Gebäudes beträgt 186 m.

Trajan an Plinius

Bei Deinem Vorgehen gegen Personen, die Dir als Christen angezeigt worden sind, hast Du, mein lieber Secundus, den richtigen Weg eingeschlagen. (...) Aufspüren soll man sie nicht. Wenn sie aber vor Gericht gestellt und überführt sind, dann sind sie zu bestrafen. Dabei gilt jedoch folgendes: Wer leugnet, Christ zu sein und dies durch die Tat beweist, also durch ein Opfer vor unseren Göttern, der soll aufgrund seiner Reue Verzeihung erhalten, mag sein Vorleben auch noch so verdächtig sein. Anonyme Anklageschriften aber dürfen bei keiner Straftat Berücksichtigung finden. Denn das gäbe ein äußerst schlechtes Beispiel und entspräche nicht dem Geist unseres Zeitalters.

Plinius, *Briefe*, X, 97

(Unten) Rotunde (Rundbau) des hl. Georg, Thessaloniki, 4. Jh. n. Chr. Die zentralisierte runde Form geht zurück auf die runden Grabmäler von Augustus und Hadrian in Rom. Dieser Bau könnte ursprünglich als Grabmal für den Kaiser Galerius gedacht gewesen sein, obwohl er am Ende woanders beigesetzt wurde.

Griechisch ist auch die gebräuchliche Sprache eines Großteils der frühen Christenheit; das griechische Chi-Rho-Symbol oder -Monogramm steht für Christus, ebenso wie das Symbol für Fisch, ICHTHYS, im Griechischen (*Iesoûs CHristós THeoû Yiós Sotér:* Jesus Christus, Gottes Sohn, Erretter). Die erbitterten Kontroversen über die Interpretation der Göttlichkeit Christi beruhen auf der griechischen Terminologie und dem Einschub eines einzigen Buchstabens. Das Konzil von Nikaia (Nicäa) im Jahr 325 n. Chr. wurde einberufen, um zu entscheiden, ob Christus *anómoios* (von anderer Substanz oder anderem Wesen), *homoioúsios* (wesensähnlich) oder *homooúsios* (wesenseins) sei.

Konstantin und Konstantinopel

Die Geschichte der Antike änderte sich radikal unter der Herrschaft des Kaisers Konstantin, des Großen, der im Jahr 312 n. Chr, unmittelbar vor einem entscheidenden Sieg in den Nachfolgekriegen, eine Vision des sog. Labarums, seiner Standarte mit dem Chi-Rho-Symbol für Christus, hatte; im Jahr 325 n. Chr. wurde das Christentum zur führenden Religion im Reich, Konstantin persönlich berief das erste Konzil nach Nikaia (Nicäa) ein. Beinahe ebenso wichtig war, dass Konstantin im Jahr 330 n. Chr. an der Stätte der alten griechischen *polis* Byzantion (Byzantium) an der Einfahrt zum Schwarzen Meer die Stadt Konstantinopel gründete und sie zur Hauptstadt seines Reiches erkor. Macht und Einfluss verlagerten sich von Rom ostwärts, zurück in jene Gebiete, wo seit Jahrhunderten Griechen lebten und wo die griechische Kultur heimisch war. Das oströmische Reich entwickelte sich zu dem oft als „byzantinisches" Reich bezeichneten Gebilde, ein erfundener, wissenschaftlicher Ausdruck; die Beteiligten bezeichneten sich weiter als „Romaioi" (Römer). Die griechische Kultur bestand durch die Jahrhunderte in diesem Gewand weiter, während die heidnische Anbetung olympischer und anderer Götter nur allmählich dem christlichen Glauben Platz machte.

Gelegen auf einem Vorgebirge, das sich ostwärts in den Bosporus vorschiebt, sollte die Stadt Konstantinopel eine der großen Hauptstädte der Welt werden. Die Hauptstraße wurde über die Kammlinie des Vorgebirge geführt, und auch die Agora wurde auf dem Gipfel angelegt. Am östlichen Ende entstand ein großer Kaiserpalast, der sich an den Hippodrom anschloss, wo der Kaiser von seinem Volk gesehen werden konnte. Mit den Jahren erhielt die Stadt weitere Paläste, ausgedehnte Befestigungsmauern und zahlreiche Kirchen.

Frühe Kirchen

Das ganze 4. bis 6. Jahrhundert n. Chr. hindurch wurden überall in der griechischen Welt Kirchen gebaut. Dabei folgte man in der Hauptsache zwei Grundrissen. Einer war der Zentralgrundriss, der auf dem Martyrion oder Heiligengrabmal beruhte. Der Bau hatte wahrscheinlich eine runde oder polygonale Form mit symmetrischen Seiten und ohne festgelegte Ausrichtung. Oft gab es wohl eine Arkade im Innern, der Mittelpunkt war das Zentrum des Gebäudes. Santa Costanza in Rom ist ein Beispiel für einen solchen Grundriss, der sich auch bei frühen Kirchen in Syrien, Athen und Thessaloniki findet. Weit gebräuchlicher war die Basilika, die sich aus der römischen Verwaltungsarchitektur entwickelte.

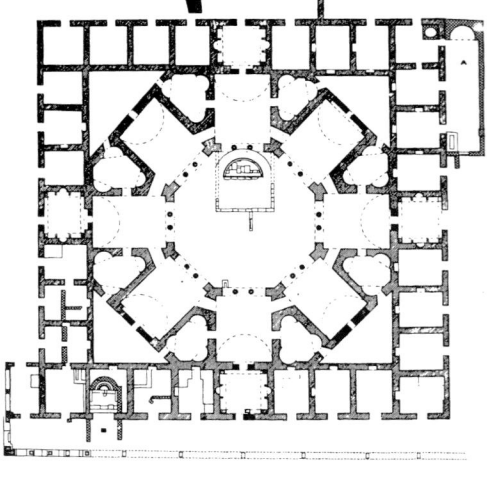

(unten) Martyrion/Kirche des Apostels Philippus in Hierapolis, 5. Jh. n. Chr. Beispiel eines auf dem Grabmal eines Märtyrers basierenden zentralen Kirchengrundrisses.

0   50 m

Eine Basilika war ein großes dreischiffiges Gebäude, wobei die Schiffe durch Säulengänge oder Bögen definiert und voneinander getrennt wurden. Das Dach des Mittelschiffes ist höher als die Seitendächer, damit durch die oberen, über den Säulengängen, welche die Schiffe trennen, angebrachten Fenster Licht in die Mitte des Gebäudes einfallen konnte. Basiliken sind traditionell auf einer Ost-West-Achse ausgerichtet. Am Eingang, am westlichen Ende, findet sich gewöhnlich ein großer äußerer Vorhof (Atrium) mit einem Brunnen für Waschungen, der vom Hauptteil der Kirche durch eine innere Vorhalle (Narthex) abgetrennt ist. Der Altar befindet sich im Innern, am östlichen Ende, das fast immer halbrund oder apsidal ist. Die Dreiteilung des Bauwerks in der Länge bedeutete, dass seine Breite drei Spannweiten betragen konnte, während seiner Länge praktisch keine Grenze gesetzt war. Viele frühe christliche Basiliken sind deshalb riesig. Vom 4. Jahrhundert n. Chr. an tauchen sie in großer Zahl in der gesamten griechischen Welt auf.

Die heidnischen olympischen Götter wurden jedoch nicht widerstandslos aufgegeben; im 4. und 5. Jahrhundert n. Chr. wurden in einem andauernden Versuch, das Heidentum zu zerschlagen, kaiserliche Gesetze verabschiedet, welche die Zerstörung von Tempeln forderten. Zusätzlich zum Bau neuer Kirchen verwandelten die Christen bestehende Tempel in Kirchen, und mehrere berühmte Tempel wurden in Basiliken umgewandelt: der Parthenon, das Erechtheion und das Hephaisteion in Athen, der Tempel der Athena in Syrakus und der Tempel der Aphrodite in Aphrodisias.

Justinian

Zu einem weiteren Höhepunkt spätgriechischer Kultur kam es während der langen Herrschaft Justinians (527–67 n. Chr.). In seiner Regierungszeit erreichte die byzantinische Zivilisation ihre maximale geographische Ausdehnung, zudem war er ein bedeutender Baumeister. Seine krönende Leistung war in Konstantinopel selbst eine Kirche, die der heiligen Weisheit (Hagia Sophia) geweiht war. Es handelte sich um eine riesige Kuppelkirche, die eine Kreuzung aus Zentralgrundriss und der Form einer Basilika darstellte. Die Kuppel passte eher zu dem Zentralgrundriss, wohingegen die klare Ausrichtung und die Verwendung von Seitenschiffen, wie stark verkürzt auch immer, der Basilika entlehnt waren. Im Innern war sie verschwenderisch mit Mosaiken und überaus farbenprächtigen Verkleidungen aus Marmor ausgeschmückt, der aus dem ganzen Reich herangeschafft worden war. Die Kuppel war mit einem Durchmesser von 35 m und 50 m Höhe über dem Boden eine technische Großtat. Die Kirche steht auf dem Gipfel religiöser Architektur und bildet das orthodox-christliche Äquivalent zum Parthenon, zur Kathedrale von Chartres oder der ebenfalls in Istanbul stehenden Süleymaniye-Moschee.

Trotz einer 500-jährigen Geschichte und einer mehr als 200-jährigen kaiserlichen Anerkennung war das Christentum noch immer nicht fest etabliert, und es war an Justinian, mit verbleibenden Inseln des Heidentum fertig zu werden. Eine davon war Athen, wo die philosophischen Schulen nach wie vor in Blüte standen; angesichts ihrer Ursprünge in den Gymnasien der klassischen Stadt verehrten die Anhänger dieser Schulen noch immer Hermes, Herakles, die Musen und die Nymphen. Gerade ihr Erfolg und ihre Beliebtheit in einer christlichen Welt erwies sich als ihr Untergang, und im Jahr 529 n. Chr. untersagte Justinian allen Heiden, in Athen zu unterrichten. Diesem Schritt entsprach im Jahr 532 n. Chr. die Stiftung des Klosters von Monte Cassino in Italien, einem bedeutenden Zentrum christlicher Bildung und Gelehrsamkeit.

Mit Justinian endet die Welt der Antike, und wir stehen an der Schwelle eines radikalen Umbruchs. Gegen Ende des 6. Jahrhunderts n. Chr. begannen die slawischen Einfälle aus dem Norden, und vom 7. Jahrhundert an hatte der Aufstieg des Islam eine tiefgreifende Wirkung auf die östliche Mittelmeerwelt. Das 7. und 8. Jahrhundert sind Zeiten der Unsicherheit und Gefahr, die sich in einem starken Absinken des Niveaus der materiellen und geistigen Kultur in der griechischen Welt widerspiegeln. Sprache und Überlieferungen der Griechen überdauerten, eingebettet in sämtliche Kulturen des Mittelmeerraums, aber die Welt der alten Griechen war ein ein Ende gelangt.

Die Kirche Hagia Sophia in Konstantinopel, erbaut unter Justinian (527–65 n. Chr.).

VERFOLGUNG BEENDET

In der Erkenntnis, dass die Religionsfreiheit nicht verwehrt werden dürfe, dass es vielmehr einem jeden gemäß seiner Gesinnung und seinem Willen verstattet sein solle, nach eigener Wahl sich religiös zu betätigen, haben wir bereits früher Befehl erlassen, auch den Christen das Schutzversprechen für ihre Gemeinschaft und ihren Kult sorgfältig angedeihen zu lassen. (...) Demzufolge geben wir in einem Reskripte als unseren Willen kund ..., dass fernab ein jeglicher aus denen, die eben diese Wahl getroffen, nämlich die Religion der Christen zu bekennen, dies frei und ohne weiteres ohne irgendwelche Belästigung üben solle (...) dass wir eben den Christen ungehinderte und uneingeschränkte Freiheit in Ausübung ihrer Religion verliehen.

Edikt von Mailand, 313 n. Chr., erlassen von Konstantin (und Licinius?) Eusebios, *Kirchengeschichte*, X, 5.2 und 5.6–7

Epilog: Byzantiner, Franken und Osmanen

Trotz der historischen Umbrüche überdauerte das byzantinische Reich mit seiner Hauptstadt Konstantinopel und Thessaloniki als zweitgrößter Stadt des Reiches weitere Jahrhunderte. Beide wurden, ebenso wie die Städte Griechenlands, mit zahlreichen stattlichen Kirchen versehen, die größtenteils aus dem 10. bis 14. Jahrhundert n. Chr. stammen. Die Kirchen sind viel kleiner als die riesigen Basiliken des 4. bis 6. Jahrhunderts. Es handelte sich nun um ein in ein Quadrat gesetztes Kreuz oder einen ähnlich strengen Zentralgrundriss. Verziert wurden sie außen mit kunstvollem Ziegelmauerwerk und innen mit Verkleidungen aus Marmor und wundervollen Mosaiken. Mehrere der schönsten Beispiele sind durch Zufall in Griechenland erhalten geblieben: Hosios Lukás in der Nähe von Delphi, Daphni in der Nähe von Athen und Nea Moní auf der Insel Chios.

Im Jahr 1203 n. Chr. brach der Vierte Kreuzzug von Europa auf. Die Venetier, die für die Verschiffung sorgten, bestanden darauf, dass zuerst ein Halt eingelegt wurde, um die Reichtümer Konstantinopels zu plün-

(Unten) Das Kloster Hosios Lukás an den Hängen des Helikon-Gebirges in der Nähe der Stätte des antiken Steiris, ca. 1000–1020 n. Chr.

(Rechts) Christus als Pantokrator (Herrscher des Alls); Mosaik in der Kuppel der Kirche in Daphni bei Athen.

(Gegenüber) Mistra, Festung und byzantinische Stadt (12.–16. Jh. n. Chr.). Die ganze Peloponnes war jahrhundertelang ein Schlachtfeld zwischen Byzantinern, Franken, Venetiern und osmanischen Türken (siehe auch S. 91).

dern, auch wenn es eine christliche Stadt und kein offenkundiges oder geeignetes Ziel war. Die Stadt wurde von Venetiern und Franken erobert und besetzt. Der kaiserliche Hof begab sich ins Exil nach Nikaia (heute Iznik) im nordwestlichen Kleinasien. Die byzantinischen Besitztümer wurden aufgeteilt, Griechenland wurde verschiedenen fränkischen Rittern übertragen. Als Erinnerungen an die Jahrhunderte fränkischer Besatzung bleiben im ganzen Lande große Burgen und hohe Türme, welche die Hügel krönen. Die Stadt Konstantinopel wurde 1261 n. Chr. zurückerobert, aber Griechenland blieb zwischen Byzantinern und Franken geteilt.

Im Jahr 1453 wurde Konstantinopel von den osmanischen Türken erobert, das byzantinische Reich war damit am Ende. Drei Jahre später, 1456, fiel Griechenland und blieb fast 400 Jahre lang osmanisches Territorium, bis zum Unabhängigkeitskrieg und der Schaffung eines modernen griechischen Staates.

Die Welt der Griechen war das Mittelmeer mit seinen Küsten. Als agonal gesinntes Volk, sei es im Sport oder auf politischer Ebene, trieb ihr Wettkampf-Naturell die Griechen auf einem weiten Feld von Bestrebungen zu außerordentlichen Leistungen. Der Parthenon, die Stücke des Sophokles, der bronzene Wagenlenker in Delphi und Hunderte anderer Beispiele haben schwierige Jahrhunderte überstanden und bewahren die Erinnerung an dieses erstaunliche Volk, das in Literatur, Politik und Kunst jene Maßstäbe setzte, an denen unsere eigene Zeit gemessen werden wird.

Ortsverzeichnis

Das Folgende ist eine kurze Beschreibung der wichtigsten Stätten und Museen, wo der Reisende viele der in diesem Buch behandelten Monumente und Altertümer besichtigen kann. Da die Logistik des Reisens sich ständig ändert, sei der Leser auf die Standardreiseführer verwiesen, die es für Griechenland, Italien/Sizilien und die Türkei gibt. Große, bedeutende Stätten erscheinen **fett** gedruckt, die weniger wichtigen, aber dennoch interessanten *kursiv* oder in normalen Kapitälchen.

Griechenland

ZENTRALGRIECHENLAND
Dieses Gebiet besteht aus mehreren Landschaften: Attika, Boiotien, Phokis, Thessalien und die lange Insel Euboia direkt vor der Ostküste.

ATHEN Die antiken Monumente sind umgeben von Griechenlands Hauptstadt, deren Bevölkerung sich sich inzwischen der Vier-Millionen-Grenze nähert. Die Altertümer sind gut erhalten und zahlreich; für eine angemessene Besichtigung sind zwei bis vier Tage erforderlich. Den Mittelpunkt bildet die **Akropolis** (S. 126–29), ein steiles Felsplateau, das sich etwa 90 m über die Stadt erhebt. Obwohl der Hügel 5000 Jahre lang bewohnt war, stammen die vier erhaltenen Monumente alle aus perikleischer Zeit (ca. 450–420 v. Chr.), als Athen politisch, ökonomisch und künstlerisch die führende Stadt Griechenlands war. Ein monumentaler marmorner Eingangsbereich (die Propyläen) gewährte Zugang zur Burg, der von drei Tempeln gekrönt wurde, die der Göttin Athena, der Schutzpatronin der Stadt, geweiht waren: Parthenon, Erechtheion und Nike-Tempel. Das Akropolis-Museum, das voll ist von den archaischen Skulpturen und der Baukunst, die in den Jahren 480/479 v. Chr. von den Persern zerstört wurden, sowie von bildhauerischen Überresten der klassischen Bauten, soll durch ein größeres im Süden der Akropolis ersetzt werden. Die **Agora** (S. 120–23) liegt unmittelbar nördlich der Akropolis; obwohl nicht gut erhalten, war sie in fast jeder Hinsicht, vor allem was Handel und Politik betraf, das Zentrum der Stadt. Die restaurierte Stoa des Attalos (159–138 v. Chr.) dient als Museum, in dem Hunderte von Gegenständen ausgestellt sind, die für das Funktionieren der athenischen Demokratie gebraucht wurden: Ostraka, Maße und Gewichte, Wasseruhren, Auslosungsapparate, Stimmscheiben und Losmarken von Geschworenen. Ebenfalls einen Besuch wert sind das Hephaisteion (Theseion), der am besten erhaltene dorische Tempel Griechenlands (5. Jahrhundert v. Chr.), und die kleine Kirche der heiligen Apostel (1000 n. Chr.). Fünfhundert Meter nordwestlich zu sehen sind die deutschen Ausgrabungen des **Kerameikos**, der Hauptnekropole Athens von 1000 v. Chr. bis 500 n. Chr. Sie liegt direkt außerhalb des Dipylon-Tores, des Hauptdurchgangs durch die Stadtmauern, die mehrere, ihre lange Geschichte widerspiegelnde Bauphasen aufweisen. Ein kleines Museum zeigt neben Dutzenden von Gräbergruppen in hilfreicher chronologischer Anordnung auch mehrere der reliefierten Grabsteine.

Östlich der Agora befindet sich die von Hadrian erbaute monumentale *Bibliothek* und daneben der von Cäsar und Augustus errichtete *Markt,* zusammen mit der praktisch unversehrten marmornen Sonnenuhr (2. Jahrhundert v. Chr.), die aufgrund ihres gemeißelten Frieses als *Turm der Winde* bekannt ist.

Südlich der Akropolis liegt das *Dionysos-Theater* (S. 134–37), die Geburtsstätte des westlichen Dramas und Schauplatz der ersten Aufführungen der Tragödien von Aischylos, Sophokles und Euripides wie der Komödien des Aristophanes. Weiter südöstlich erheben sich die fünfzehn übrig gebliebenen korinthischen Säulen des gigantischen Tempels des Olympischen Zeus (S. 197), dessen Bau nahezu 300 Jahre dauerte.

Das **Archäologische Nationalmuseum** beherbergt eine der reichsten Sammlungen von Altertümern in Europa; besonders schön sind der mykenische Saal mit Material aus den Schachtgräbern in Mykene und die Fresken aus Santorin/Thera. Ebenfalls zu besichtigen ist ein umfangreiches Angebot an Plastiken und Keramik aus ganz Griechenland.

Attika, das Gebiet des antiken Athens, bietet mehrere sehr lohnenswerte Tagestouren: den Hafen von *Piräus* mit einem ausgezeichneten Museum, den Poseidon-Tempel in spektakulärer Lage am *Kap Sunion* (S. 14–15), das Schlachtfeld von *Marathon* mit Museum (S. 110–12), den Nemesis-Tempel in *Rhamnûs* und das Heiligtum der Demeter in *Eleusis* (S. 132–33).

THEBEN (S. 88–90) Die antike Stadt liegt unter der modernen verborgen und bietet dem Besucher wenig. Das örtliche Museum jedoch zeigt prachtvolles Material aus der bronzezeitlichen Burg, der Kadmeia, das bei Rettungsgrabungen überall auf dem Hügel gefunden wurde: Fresken, Linear-B-Tafeln, zylindrische Siegel aus dem gesamten Nahen Osten, Elfenbeinschnitzereien und Keramik. Andere Funde aus Boiotien sind ebenfalls ausgestellt.

DELPHI (S. 69, 158–59, 162) Die Lage des Orakel-Heiligtums des Apollon an den südlichen Steilhängen des Parnass-Massivs ist so spektakulär wie sonst kaum ein Ort in Griechenland. Die Stätte, mit einer von Weihegaben gesäumten heiligen Straße, die sich den Berg zum Tempel hochwindet, ist gut erhalten. Weiter hangaufwärts liegen ein kleines Theater und ein Stadion, beide gut erhalten. Unterhalb des Hauptheiligtums befinden sich ein Gymnasium und ein Heiligtum der Athena Pronaia mit seinem Rundtempel, einer Tholos. Das Museum besitzt neben dem berühmten bronzenen Wagenlenker einige der schönsten Beispiele archaischer Plastik in Griechenland.

VOLOS Das Museum besitzt eine hervorragende und informative Ausstellung neolithischer Funde aus dem nahe gelegenen *Dimini* (das antike Iolkos?), aus *Sesklo* und anderen thessalischen Stätten (S. 26–29). Außerdem gibt es eine schöne Sammlung bemalter Grabstelen aus dem hellenistischen Demetrias (S. 184).

EUBOIA Die langgestreckte Insel Euboia (Euböa) vor der Küste besitzt mehrere wichtige Stätten. Chalkis liegt vollkommen unter der modernen Stadt verborgen, aber es gibt ein kleines Museum mit Funden aus Manika, einer ausgedehnten kykladischen Stätte. Die bedeutenden Überreste von Lefkandi (S. 60–61) sind für den Besucher enttäuschend, obwohl das Material von der Stätte im Museum von Eretria ausgestellt ist; dieses besitzt eine Vielzahl von Ruinen, die von Schweizer Archäologen erforscht wurden.

Nordgriechenland

Nordgriechenland, nördlich des Olymps gelegen, besteht hauptsächlich aus einem Teil des antiken Makedoniens und Thrakiens. Gründliche Ausgrabungen in den letzten dreißig Jahren haben dieses Gebiet zum archäologisch ergiebigsten Griechenlands gemacht, woraus viele wichtige Neuentdeckungen, vor allem von bemalten hellenistischen Gräbern, resultierten.

DION war das Glaubens- und Festspielzentrum Makdoniens. Gründliche Ausgrabungen durch die Universität von Thessaloniki haben einen Zeusaltar, ein Theater, ein Odeion, ein römisches Bad, die Stadtmauern und ein Isis-Heiligtum freigelegt. Das Museum ist eines der stattlichsten in Griechenland.

VERGINA wird von manchen für die alte makedonische Hauptstadt Aigai gehalten. Ein Palast, das Theater und die Gräber in dem großen Tumulus sind allesamt ebenso für das Publikum geöffnet (S. 192–93) wie die prächtigen Funde aus den Gräbern. Andere bemalte Gräber sind in *Lefkadia* in der Nähe von Naoussa zu sehen, und in *Miéza* befinden sich die Überreste der Schule des Aristoteles für Alexander.

PELLA hat sowohl die Überreste großer Häuser mit prachtvollen Mosaiken (S. 188, 199) als auch eine riesige Agora aufzuweisen, die zu Beginn des 1. Jahrhunderts v. Chr. zerstört wurde. Weniger gut erhalten sind auf dem Hügel oberhalb die Reste der großen Paläste. Das Museum des Ortes besitzt eine ausgezeichnete Ausstellung von Mosaiken und Gegenständen, die aus der Stadt geborgen wurden.

THESSALONIKI, eine hellenistische Gründung, war außerdem die zweitgrößte Stadt des byzantinischen Reiches. Die Rotunde des heiligen Georgs (S. 210) ist gut erhalten und mit schönen Mosaiken geschmückt; in der Nähe stehen die massiven gemeißelten Pfeiler des Galeriusbogens (S. 100, 210).

In der ganzen modernen Stadt stößt man auf Teile des kaiserlichen Palastes, lange Abschnitte der Befestigungsmauern und mehrere bemerkenswerte byzantinische Kirchen. Es gibt ein außergewöhnliches regionales archäologisches Museum und ein gesondertes für byzantinische Altertümer.

Nicht weit vom heutigen Kavala entfernt befinden sich die Reste der Stadt Philippi (S. 208), die von griechischen und französischen Archäologen ausgegraben wurde. Freigelegt wurden das römische Forum, das hellenistisch-römische Theater und mehrere große frühchristliche Basiliken.

Die Peloponnes

Die Peloponnes ist die große südliche Halbinsel des Festlands. Im Altertum war sie in sieben unterschiedliche Gebiete aufgeteilt, von denen mehrere durch Sparta kontrolliert oder stark beeinflusst wurden: Korinth, Argolis, Lakonien, Arkadien, Messenien, Elis und Achaia.

KORINTH (S. 90–93) bewacht den Isthmos, den Zugang zur Peloponnes. Von der American School of Classical Studies ausgegraben wurden der archaische Apollon-Tempel, der Forumbereich der römischen Stadt und die Peirene-Quelle (ein Brunnenhaus aus dem 7. Jh. v. Chr. –4. Jh. n. Chr.). Das kleine Museum besitzt einen Raum für griechische und einen für römische Altertümer. Akrokorinth, der Burgberg, verfügt über schöne mittelalterliche Mauern, aber von dem berühmten Tempel der Aphrodite ist fast nichts übrig geblieben. Eine kurze Fahrt nach Osten führt zum Poseidon-Heiligtum am Isthmus; das Museum beherbergt Funde von der Ausgrabung des Heiligtums und aus Kenchreai, dem östlichen Hafen Korinths. Nemea (S. 159), Heimat von Herakles' berühmtem Löwen-Widersacher, liegt in der Nähe der alten Straße von Korinth nach Mykene. Ausgrabungen im Zeus-Heiligtum haben den Tempel, ein griechisches Bad und ein Stadion, das über einen gewölbten Tunnel mit dem Umkleideraum verbunden war, freigelegt. Ein sorgfältig gestaltetes Museum beleuchtet die Geschichte der Stätte und der Spiele.

MYKENE (S. 40–43), die Stätte des Agamemnon-Palastes, ist das eindrucksvollste der Zentren aus der Bronzezeit. Durch das berühmte Löwentor (S. 36) gelangt man zwischen gewaltigen Befestigungsmauern hindurch zur Burg mit dem Gräberrund A und dem Palast; am anderen Ende der Akropolis führt eine unterirdische Treppe hinab zu einer geheimen Zisterne. Außerhalb der Mauern liegt das „Schatzhaus des Atreus", das größte und besterhaltene aller Tholos-Gräber Griechenlands.

Argos besitzt ein Theater, ein römisches Bad und einen Teil der Agora, die allesamt von den Franzosen ausgegraben wurden, während das Museum Material aus dem prähistorischen Lerna enthält; auf dem Hügel oberhalb der Stadt thront eine stattliche Festung mit beherrschendem Blick über die Argolis. Auf der anderen Seite der Ebene liegen die Überreste des argivischen Hera-Heiligtums und des mykenischen Dendra. An der Straße nach Nauplion stößt man auf die eindrucksvollen Befestigungen und Überreste der Burg von Tiryns. Nauplion (Nafplion), erste Hauptstadt Griechenlands (1829–34) und ein venezianisches Juwel (Festung Palamidi), besitzt ein schönes Heimatmuseum, das im alten Arsenal untergebracht ist. Etwa 30 km weiter östlich liegen die Überreste des Asklepieions von EPIDAUROS, Stätte des am besten erhaltenen griechischen Theaters, nebst den Überresten von Stadion, Tempel, Herberge, Gymnasium, Bad und Liegehallen (S. 160, 172).

ARKADIEN, das bergige, von Land umgebene Zentrum der Peloponnes, brachte zahlreiche Söldner hervor. Tegea besaß einen großen dorischen Tempel aus dem 4. Jahrhundert, und Megalopolis war die Bundeshauptstadt der Arkadier. Der Tempel des Apollon in Bassai (S. 166) in der Nähe des antiken Phigaleia liegt auf wunderschönem Terrain hoch oben in den Bergen, allerdings wird der ursprüngliche Eindruck durch das über dem Tempel errichtete Schutzdach gestört.

SPARTA (S. 84–87) hat in Bezug auf Ruinen wenig zu bieten, was den eiligen Reisenden anlocken könnte: ein römisches Theater und die überwachsenen Ruinen des Heiligtums der Artemis Orthia. Das Museum besitzt interessante bildhauerische und architektonische Fragmente sowie Weihegaben aus mehreren Heiligtümern. Das Tal von Lakonien bietet eine spektakuläre Szenerie unterhalb des Taygetos-Gebirges, und in Mistra, Geraki und Monemvasia gibt es eindrucksvolle mittelalterliche Überreste. Im Westen des Taygetos-Massivs liegt die fruchtbare Ebene des antiken MESSENIENS; seine Hauptstadt, Messene, besitzt, zusammen mit einem großen Stadion,

einem Gymnasium und einem heiligen Bezirk, einige der längsten und am besten erhaltenen Mauern in Griechenland. An der Südküste liegen die Festungen Koróni und Methóni, die zum Schutz der venezianischen Schiffsrouten ins östliche Mittelmeer erbaut wurden. Die Stadt Pylos überblickt die große Bucht von Navarino, Schauplatz der entscheidenden Seeschlacht im griechischen Unabhängigkeitskrieg, und die Insel Sphakteria, wo Sparta während des Peloponnesischen Krieges eine bedeutsame Niederlage erlitt. Ein paar Kilometer landeinwärts liegt das Gelände des Nestor-Palastes (S. 38–39); das nahe gelegene Dorf Chora besitzt ein kleines Museum mit den Fresken und Gegenständen aus dem Palast und mit Grabbeigaben von zahlreichen ergiebigen bronzezeitlichen Nekropolen in der Gegend.

Hauptattraktion des antiken Elis ist OLYMPIA (S. 68, 154–58), mehr als eintausend Jahre lang Schauplatz der Olympischen Spiele. Die deutschen Ausgräber haben Tempel der Hera und des Zeus, Schatzhäuser, das Stadion, ein Gymnasium und zahlreiche andere Monumente freigelegt. Das Museum des Ortes besitzt eine der prachtvollsten Sammlungen von Skulpturen und bronzenen Weihegaben. Zu weiteren Überresten in Elis gehören die wenigen Reste der antiken Stadt und die gut erhaltene fränkische Burg von Chlemoutsi.

Das sowohl bei der Ionischen Wanderung als auch bei der Kolonisation des Westens aktive ACHAIA ist eine Gebirgsregion entlang der Südküste des Korinthischen Golfs. Der heutige Hafen von Patras steht auf dem Gelände einer reichen römischen Stadt und verfügt über ein Odeion direkt unterhalb der oben auf dem Berg thronenden mittelalterlichen Burg. In einem kleinen Museum sind vermischte Funde aus der Stadt und der umliegenden Gegend ausgestellt.

Die ägäischen Inseln

Die Zahl der griechischen Inseln geht in die Hunderte, fast alle besitzen irgendwelche archäologischen Überreste, und auf vielen gibt es kleine Museen. Was Altertümer betrifft, sind die wichtigsten Inseln Kreta, Santorin und Delos.

KRETA (S. 48–51) ist die bei weitem größte Insel im Ägäischen Meer. In der Bronzezeit war sie die Heimat der „minoischen" Zivilisation, in KNOSSOS, Phaistos, Mallia und Kato Zakros wurden große Paläste ausgegraben. Weitere bedeutende Überreste sind Chania (dem antiken Kydonia), in Archanes, Gournia und Palekastro ans Licht gekommen. Das Museum in HERAKLEION beherbergt die eindrucksvollste Sammlung kretischer Altertümer aus allen Epochen.

Die Vulkaninsel SANTORIN (S. 32–33), das antike Thera, ist berühmt für die bronzezeitlichen Überreste von Akrotiri. Ebenfalls von Interesse ist das Gelände der späteren Stadt, in der von der archaischen bis zur hellenistischen Zeit reges Leben herrschte.

DELOS, Geburtsstätte Apollons und der Artemis, war ein bedeutsames Heiligtum. Die Insel besitzt darüber hinaus eine der am gründlichsten ausgegrabenen hellenistischen Städte, und der Besucher kann stundenlang durch gut erhaltene Häuser, Heiligtümer, ein Theater, Agora-Anlagen, ein Gymnasium und ein Stadion spazieren. Das Museum von Delos beherbergt eine ausgezeichnete Ausstellung mit Funden sowohl aus dem Heiligtum als auch aus der Stadt.

Die Altertümer anderer Inseln sind für Reisende mit mehr Zeit von Interesse. Eine kurzgefasste Liste würde einschließen: Aigina (Tempel der Aphaia, Museum der prähistorischen Stadt), Andros (geometrische Siedlung Zagora aus dem Dunklen Zeitalter), Chios (archaisches Dorf Emporio, Museum), Kos (Asklepieion, Stadt, Museum), Lesbos (Stadt, Theater, Museum), Naxos (Stadt, Turm, Heiligtümer, Steinbrüche, Museum), Paros (Stadt, Steinbrüche, Museum), Rhodos (Kreuzfahrerburg, Akropolis, Lindos, Museum), Samos (Heraion, Eupalineion, Museum), Samothrake (Heiligtum, Museum), Thasos (Mauern, Agora, Akropolis, Steinbrüche, Museum) und Tinos (Poseidon-Heiligtum, Museum).

Kleinasien

Die antiken Stätten entlang der Küste Kleinasiens sind bedeutend und oft sehr gut erhalten. Ein Teil des Geländes ist gebirgig, aber die großen Ebenen der Flüsse Kaïkos, Hermos, Kaystros und Mäander (Maiandros) machten das Land fruchtbar und reich, fruchtbarer und reicher als das griechische Festland. All diese Stätten einschließlich Konstantinopels liegen heute in der Türkei.

KONSTANTINOPEL (S. 210–11; das heutige Istanbul), gegründet im 7. Jahrhundert v. Chr. von Siedlern aus dem festländischen Megara als Byzantion (nach Byzas, dem Gründer), sollte eine der großartigen Städte der Welt werden, Hauptstadt sowohl des byzantinischen wie des Osmanischen Reiches. Das griechische Byzantion und das frühchristliche Konstantinopel sind, abgesehen von den ursprünglich aus spätrömischer Zeit stammenden Landmauern, schlecht vertreten; doch ein Großteil der Stadt Justinians ist zu sehen: die Kirchen Hagia Sophia und die Sergios-und-Bakchos-Kirche, die Zisternen, der Hippodrom und die prächtigen Mosaiken aus dem Palast. Das Archäologische oder Antiken-Museum zählt zu den schönsten der Welt mit Altertümern aus der ganzen Türkei und den Gebieten des früheren Osmanischen Reiches.

TROJA (S. 52–53), obwohl klein und wegen der komplexen Stratigrafie schwer zu verstehen, bleibt eine sentimentale Pilgerstätte für jeden an der Antike und der Geschichte der Archäologie Interessierten. Mauer, Häuser und Tore der prähistorischen Stadt sind erhalten geblieben, ebenso wie ein paar marmorne Überreste des hellenistischen/römischen Ilion. Das Museum in *Canakkale* besitzt neben zwei jüngst entdeckten und schönen Reliefsarkophagen Funde aus Troja und anderen Orten in der Landschaft Troas (S. 180–81).

Assos besitzt einen der wenigen archaischen dorischen Tempel in Kleinasien, nebst einigen der eindrucksvollsten hellenistischen Befestigungen. Nicht weit entfernt finden sich in *Chryse* die Überreste des im 3. Jahrhundert v. Chr. in ionischer Ordnung erbauten Tempels des Apollon Smintheus (Mäusegott) mit kunstvoller gemeißelter Ornamentik.

PERGAMON (S. 198), hellenistische Hauptstadt der Attaliden-Dynastie, zählt zu den am besten erhaltenen Stätten in der Türkei. In der Unterstadt befinden sich das Asklepieion und die „Rote Halle", ein gewaltiger Tempel für die ägyptischen Götter. Ein Spaziergang von der Spitze der Akropolis führt den Besucher vorbei am Heiligtum der Athena, dem großen Zeusaltar, den Überresten von Palästen, Magazinen und Arsenalen, einem Tempel für Kaiser Trajan, einem spektakulären Theater, Häusern, Heiligtümern, Gymnasien, Agora-Anlagen und Befestigungsmauern. Viele der Schätze des Ortes, darunter die gemeißelten Friese des großen Zeusaltars (S. 179), sind im Pergamon-Museum in Berlin ausgestellt.

SARDES (S. 73), Hauptstadt des Lyderreiches, besitzt einen riesigen ionischen Artemis-Tempel, einen stark rekonstruierten Komplex aus römischem Bad und Gymnasium und eine der frühesten Synagogen Kleinasiens. Ein paar Kilometer weiter nördlich liegt *Bin Tepe* (tausend Hügel), der königliche Friedhof mit den gewaltigen Tumuli über den Gräbern der lydischen Könige Alyattes und Gyges. Funde aus den amerikanischen Ausgrabungen von Sardes sind im Museum in Manisa (antik Magnesia) ausgestellt.

EPHESOS (S. 100–01, 203), von österreichischen Archäologen ausgegraben, ist in seinem Erhaltungszustand, mit zahlreichen Tempeln, Häusern, Mosaiken, Wandgemälden, Brunnenhäusern und Säulengängen, größtenteils römisch. Die Restaurierungen der Celsus-Bibliothek und des Zugangs zur Agora vermitteln ebenso eine gewisse Vorstellung vom Wohlstand der Stadt wie die Marmorstraßen und ein riesiges Theater. Die Stätte des *Artemision*, eines der Sieben Weltwunder, ist ein enttäuschender Morast voller Frösche. Die *Johannes-Basilika* in Selçuk wurde in ihrer justinianischen Phase (6. Jahrhundert n. Chr.) umfassend restauriert. Das Museum in Selçuk besitzt eine große Sammlung mit Funden aus Ephesos.

PRIËNE (S. 80–81) ist eine der vollständigsten ausgegrabenen antiken griechischen Städte. Obwohl die Dutzende ausgegrabener Häuser heute ein wenig überwuchert sind, wurde der Tempel der Athena teilweise restauriert, und das Theater und das Bouleuterion zählen ebenso wie die Befestigungen auf der Akropolis zu den besterhaltenen aus der Antike.

MILET (S. 97–98), einst die größte Stadt Ioniens, ist heute größtenteils überwuchert und im Schwemmland des Mäanders teils überflutet. Die

interessantesten erhaltenen Monumente sind das hellenistisch-römische Theater, das Bouleuterion und die Bäder der Faustina (2. Jahrhundert n. Chr.). Viele wichtige Funde von dieser Stätte sind in Berlin ausgestellt. Die gewaltigen Ausmaße des Apollon-Tempels im Orakel-Heiligtum von DIDYMA (S. 98–99), etwa 18 km südlich von Milet, machen ihn zu einem der eindrucksvollsten Überreste in Kleinasien.

Weiter südlich gibt es mehrere ansehnliche, weniger besuchte Stätten. *Herakleia* mit seiner spektakulären Lage unterhalb des Berges Latmos am Bafa Gölü (Bafa-See) besitzt neben dem Athena-Tempel und einem zweigeschossigen Marktgebäude eine gewaltige Ringmauer in ausgezeichnetem Zustand (S. 78). Zu anderen Stätten in der Umgebung zählen *Euromos* (korinthischer Tempel, vieles steht noch), *Iasos* (Stätte am Meer, von Italienern ausgegraben, alle Epochen), *Labraynda* (Zeus-Heiligtum, wunderschön in den Bergen gelegen), *Mylasa* (Museum sowie ein unversehrtes Mausoleum mit Säulen und pyramidenförmigem Dach bei Gumuskesen). Das moderne Bodrum liegt oben auf dem antiken *Halikarnassos* (S. 190–92); nach wie vor sichtbar sind die Ringmauern (4. Jahrhundert v. Chr.), ein Theater und die enttäuschenden Überreste des Mausoleums. Die Kreuzfahrerburg dient als Museum für Unterwasserarchäologie und verfügt über mehrere ausgezeichnete Ausstellungen, darunter das Material aus dem Uluburun-Schiffswrack (S. 47).

Süditalien und Sizilien

Entlang der Süd- und Westküste Italiens und rings um die Küste Siziliens finden sich mehrere wichtige griechische Stätten.

Das antike *Taras* (heute Tàranto, Tarent) war eine bedeutende mykenische Stätte und eine der seltenen spartanischen Kolonien (ca. 706 v. Chr.); wenngleich im Gelände heute wenig zu sehen ist, besitzt das Museum eine erstklassige Sammlung von Altertümern aus der Stadt und der Umgegend. Am Spann des italienischen Stiefels liegen die Stätten von *Metapontion* (Tempel, Museum), *Kroton* und *Lokroi*, und am Zeh liegt *Reggio di Calabria* (antik Rhegion / Rhegium), in dessen schönem Museum unter anderem die beiden Bronzekrieger ausgestellt sind, die vor Riace gefunden wurden. PAESTUM (das griechische Poseidonia, S. 106), ist mit drei fast vollständig erhaltenen dorischen Tempeln, den Überresten der Stadt und einem schönen örtlichen Museum die am besten erhaltene griechische Stätte auf dem Festland.

Die vielen griechischen Städte auf Sizilien machen den dritten Teil des Triptychons (mit dem griechischen Festland und Kleinasien) der griechischen Besiedlung des Mittelmeerraums aus. SYRAKUS (S. 104–05) besitzt die Quelle der Arethusa, den Tempel der Athena (Kathedrale) und den frühen Apollon-Tempel auf der Insel Ortygia. Auf dem Festland befinden sich das Theater, der große Altar des Hieron, ein Teil des Wohnbezirks, die antiken Steinbrüche, die Festung von Epipolai und ein ausgezeichnetes Museum. Weiter westlich besitzt *Gela* ein seltenes Stück Stadtmauer mit einem Oberbau aus Lehmziegeln, ein griechisches Bad und ein Museum. AKRAGAS/AGRIGENTUM (heute Agrigent; S. 102) besitzt eine spektakuläre Reihe dorischer Tempel längs eines Hügelkamms, die Überreste des gewaltigen Olympieions, ein Bouleuterion und ein schönes Museum. SELINUS (S. 103, das heutige Selinunt) hat ebenfalls mehrere stehende dorische Tempel sowie Häuser, Stadtmauern und weitere Heiligtümer aufzuweisen. Am äußersten westlichen Ende der Insel liegt auf einer kleinen Insel die phönizische Siedlung *Motye* (heute *Mozia*); der marmorne Wagenlenker befindet sich in dem winzigen Museum der Ausgrabungsstätte. SEGESTA an der Nordküste besitzt einen gut erhaltenen dorischen Tempel (S. 67), der im Altertum unvollendet blieb, und ein großes Theater. Weiter östlich liegen die Stätten von *Himera* und *Tyndaris*. Jenseits der Straße von Messina, an der Ostküste, liegen unterhalb der beunruhigenden Gegenwart des Ätna, eines nach wie vor tätigen Vulkans, die Orte *Taormina* (griech. *Tauroménion*), *Naxos* (die erste griechische Kolonie) und Catania (griech. *Katáne*).

Weiterführende Literatur

KAPITEL I: WER WAREN DIE GRIECHEN?

Biers, W. R., The Archaeology of Greece, Ithaca & London 1996
Canfora, L., Storia della letteratura greca, Roma–Bari 2001
Cartledge, P. (Hg.), The Cambridge Illustrated History of Ancient Greece, Cambridge 1998
Cartledge, P., Die Griechen und wir, Stuttgart 1998
Durando, F., Greece. Splendours of an Ancient Civilization, London & New York 1997
Etienne, R. & F., The Search for Ancient Greece, London & New York 1992
Hall, J. M., Ethnic Identity in Greek Antiquity, Cambridge 1997
Lesky, A., Geschichte der griech. Literatur, Bern/München 1971
Levi, P., Atlas of the Greek World, Oxford 1980
Stoneman, R., A Literary Companion to Travel in Greece, Malibu 1994

KAPITEL II: DIE ERSTEN GRIECHEN

Broodbank, C., An Island Archaeology of the Early Cyclades, Cambridge 2000
Drews, R., The Coming of the Greeks, Princeton 1988
Fitton, J. L., Cycladic Art, London & Cambridge, MA. 1989
Getz-Preziosi, P., Sculptors of the Cyclades, Ann Arbor 1987
Jacobsen, T. W., ,17.000 Years of Greek Prehistory', Scientific American, 1976, S. 76–87
Jacobsen, T. W. & K. D. Vitelli (Hgg.), Excavations at Franchthi Cave, Greece, Bloomington, mehrere Bände
Perlès, C., The Early Neolithic Period in Greece, Cambridge 2001
Renfrew, C., The Emergence of Civilization, London 1972
Runnels, C. & Murray, P., Greece before History, Stanford 2001

KAPITEL III: DAS HEROISCHE ZEITALTER

Bass, G., National Geographic, December 1987, S. 692–733
Cadogan, G., The Palaces of Minoan Crete, London 1976
Chadwick, J., Linear B. Die Entzifferung der mykenischen Schrift, Göttingen 1959
Chadwick, J., Die mykenische Welt, Stuttgart 1979
Demargne, P., Die Geburt der griechischen Kunst, München 1965
Dickinson, O. T. P. K., The Aegean Bronze Age, Cambridge 1994
Drews, R., The End of the Bronze Age, Princeton 1993
Ekschmitt, W., Kunst und Kultur der Kykladen, 2 Bde., München 1986
Hampe, R. & Simon, E., Tausend Jahre frühgriech. Kunst, München 1980
Higgins, R., Minoan and Mycenaean Art, London & New York 1997
Mylonas, G. E., Mycenae Rich in Gold, Athen 1983
Taylour, W., The Mycenaeans (2. Aufl..), London 1993
Vermeule, E., Greece in the Bronze Age, Chicago 1964

KAPITEL IV: DAS ZEITALTER SICH ERWEITERNDER HORIZONTE

Akurgal, E., Alt-Smyrna I, Ankara 1983
Boardman, J., Kolonien und Handel der Griechen, München 1981
Boardman, J., Persia and the West, London & New York 2000
Bosi, R., Magna Graecia, Freiburg 1982
Caratelli, G., The Western Greeks, London & New York 1996
Coldstream, N., Geometric Greece, London & New York 1977
Coulson, W. D. E., The Greek Dark Ages, Athen 1990
Desborough, V. R., The Greek Dark Ages, London 1972
Dunbabin, T., The Western Greeks, Oxford 1948
Fagerstom, K., Greek Iron Age Architecture (SIMA 81), Göteborg 1988
Finley, M. I., Die frühe griechische Welt, München 1982
Hodge, T., Ancient Greek France, London 1998
Huxley, G., The Early Ionians, London 1966
Joffroy, R., Vix et ses Trésors, Paris 1979
Popham, M. R., P. G. Calligas & L. H. Sackett (Hgg.), Lefkandi II, The Protogeometric Building at Toumba, BSA 1993

Powell, B., Homer and the Origin of the Greek Alphabet, Cambridge 1991
Snodgrass, A., The Dark Ages of Greece, Edinburgh 1971

KAPITEL V: POLIS: DIE FRÜHE GRIECHISCHE STADT

Bammer, A., Ephesos, Stadt an Fluss und Meer, Wien 1988
Bammer, A. & U. Muss, Das Artemesion von Ephesos, Mainz 1996
Bonacasa, N. & S. Ensoli, Cirene, Mailand 2000
Cartledge, P., Sparta and Lakonia, London 1979
Cartledge, P. & A. Spawforth, Hellenistic and Roman Sparta, London 1989
Ehrenberg, V., Der Staat der Griechen, Zürich–Stuttgart ²1965
Finley, M. I., Das antike Sizilien, München 1979
Goodchild, R. G., Cyrene and Apollonia, Libyen 1970
Holloway, R., The Archaeology of Ancient Sicily, London & New York 1991
Huxley, G., Early Sparta, London 1962
Kleine, J., Führer durch die Ruinen von Milet–Didyma–Priene, Ludwigsburg 1980
Kleiner, G., Die Ruinen von Milet, Berlin 1968
Kolb, F., Die antike Stadt, München 1984
Kyrieleis, H., Führer durch des Heraion von Samos, DAI Athen 1981
Lazenby, J., The Spartan Army, Warminster 1985
Papachatzis, N., Ancient Corinth, Athen 1978
Pedley, J. G., Paestum, London & New York 1990
Rhodes, P. J., The Greek City-States: a Source Book, London 1986
Rumschied, F., Priene, Istanbul 1998
Salmon, J. B., Wealthy Corinth, Oxford 1984
Samos, Die Ergebnisse der deutschen Ausgrabungen, zahlreiche Bände, publiziert vom DAI
Sanmarti, E. & J. M. Nolla, Empuries: Guia Itineraria, 1988
Stibbe, C. M., Das andere Sparta, Mainz 1996
Westcoat, B., Syracuse, The Fairest Greek City, Rom 1989
Wycherley, R. E., How the Greeks Built Cities (2. Aufl.), London 1962

KAPITEL VI: DAS KLASSISCHE ATHEN

Camp, J., Die Agora von Athen, Mainz 1989
Camp, J., The Archaeology of Athens, New Haven 2001
Deubner, L., Attische Feste, Darmstadt 1966
Flacelière, R., Griechenland. Leben und Kultur in klassischer Zeit, Stuttgart 1977
Goette, H. R., Athens, Attica, and the Megarid, London 2001
Green, R., Bilder des griechischen Theaters, Stuttgart 1999
Hurwit, J., The Athenian Acropolis, Cambridge 1998
Knigge, U., The Athenian Kerameikos, Athens 1991
Meier, Chr., Die politische Kunst der griech. Tragödie, München 1988
Mylonas, G., Eleusis and the Eleusinian Mysteries, Princeton 1961
Neils, J. (Hg.), Goddess and Polis, Princeton 1992
Pickard, A. W., The Theatre of Dionysos in Athens, Oxford 1946
Pickard, A. W., The Dramatic Festivals of Athens, Oxford 1953
Stone, I. F., Der Prozess gegen Sokrates, Wien–Darmstadt 1990
Travlos, J., Bildlexikon des antiken Athen, Tübingen 1971
Travlos, J., Bildlexikon zur Topographie des antiken Attika, Tübingen 1988

KAPITEL VII: GÖTTER UND HEROEN

Bommelaer, J. F. & D. Laroche, Guide de Delphes, Le Site, Paris 1991
Bruneau, P. & J. Ducat, Guide de Delos, Paris 1983
Burkert, W., Griech. Religion der arch. und klass. Epoche, Stuttgart 1977
Farnell, L. R., The Cults of the Greek States, 1895, repr. 1971, Chicago
Giebel, M., Das Orakel von Delphi, Stuttgart 2001
Mallwitz, A., Olympia und seine Bauten, München 1972
Parke, H., The Oracles of Apollo in Asia Minor, London 1985
Rose, H. J., Griechische Mythologie, München ²1961
Trencsényi-Waldapfel, I., Die Töchter der Erinnerung. Götter- und Heldensagen der Griechen, Berlin 1968

Kapitel VIII: Griechische Kunst und Architektur
Barletta, B., The Origins of the Greek Architectural Orders, Cambridge 2001
Berve, H. & G. Gruben, Greek Temples, Theatres and Shrines, London & New York 1962
Boardman, J., Schwarzfigurige Vasen aus Athen, Mainz 1977
Boardman, J., Rotfigurige Vasen aus Athen, Mainz 1991
Boardman, J., Greek Sculpture, The Archaic Period, London & New York 1978
– The Classical Period, London & New York 1985
– The Late Classical Period, London & New York 1995
Boardman, J., The History of Greek Vases, London & New York 2001
Bol, P., Griechenland. Ein Führer zu den antiken Stätten, Stuttgart 1998
Charbonneaux, J., Das archaische Griechenland, München 1969
Charbonneaux, J., Das klassische Griechenland, München 1971
Cook, R. M., Greek Painted Pottery (3. Aufl.), London 1997
Coulton, J. J., Ancient Greek Architects at Work, Ithaca, 1977
Dinsmoor, W. B., The Architecture of Ancient Greece, New York 1975
Dunbabin, K., Mosaics of the Greek and Roman World, Cambridge 1999
Gruben, G., Die Tempel der Griechen, München 1980
Lawrence, A. W., Greek Architecture (5. Aufl., R. A. Tomlinson), New Haven 1996
Osborne, R., Archaic and Classical Greek Art, Oxford 1998
Pollitt, J. J., The Art of Ancient Greece, Sources and Documents, Cambridge 1990
Ridgway, B. S., The Archaic Style in Greek Sculpture, Princeton 1977
Ridgway, B. S., The Severe Style in Greek Sculpture, Princeton 1970
Ridgway, B. S., Fifth Century Styles in Greek Sculpture, Princeton 1981
Ridgway, B. S., Fourth Century Styles in Greek Sculpture, Madison 1997
Ridgway, B. S., Hellenistic Sculpture, Madison 1990
Robertson, M., The Art of Vase-Painting in Classical Athens, Cambridge 1992
Sparkes, B., Greek Pottery, an Introduction, Manchester 1991
Spivey, N., Understanding Greek Sculpture, London & New York 1996
Spivey, N., Greek Art, London 1997
Stierlin, H., Kleinasiatisches Griechenland, Stuttgart 1986
Trendall, A. D., Rotfig. Vasen aus Unteritalien und Sizilien, Mainz 1989

Kapitel IX: Alexander und die hellenistische Welt
Ashley, J. R., The Macedonian Empire, London 1998
Austin, M., The Hellenistic World from Alexander to the Roman Conquest, Cambridge 1981
Bosworth, A., Conquest and Empire, the Reign of Alexander the Great, Cambridge 1988
Charbonneaux, J., Das hellenistische Griechenland, München 1971
Davis, N. & C. Kraay, The Hellenistic Kingdoms; Portrait Coins and History, London 1973
Fox, R. L., Alexander der Große. Eine Biographie, Düsseldorf ²1979
Fraser, P., The Cities of Alexander the Great, Oxford 1996
Green, Peter, Alexander to Actium, Berkeley & London 1990
Gruen, E., The Hellenistic World and the Coming of Rome, Berkeley 1984
Lauter, H., Die Architektur des Hellenismus, Darmstadt 1986
Ling, R. (Hg.), Cambridge Ancient History, Vol. VII, Cambridge 1984
Miller, S., The Tomb of Lyson and Kallikles, Mainz 1993
Onians, J., Art and Thought in the Hellenistic Age, Princeton 1988
Rice, E. E., Alexander the Great, Stroud 1997
Smith, R. R. R., Hellenistic Sculpture, London & New York 1991
Touratsoglou, I., Makedonien, Athen 1997
Walbank, F. The Hellenistic World, Sussex N.J. 1981

Kapitel X: Römer und Christen
Erim, K., Aphrodisias, City of Venus Aphrodite, London 1986
Jones, R. H. M., The Cities of the Eastern Roman Provinces, Oxford ²1971
Jones, R. H. M., The Later Roman Empire 284–602, Oxford 1964
Pharr, C., The Theodosian Code, Princeton 1952
Rice, D. T., Beginn und Entwicklung christlicher Kunst, Köln 1961
Rice, D. T., Byzantinische Kunsrt, München 1964
Stierlin., H., Byzantinischer Orient, Stuttgart 1996
Ward-Perkins, J. B., Architektur der Römer, Stuttgart 1975

Quellen der Zitate

Die Zitate werden in diesem Buch allesamt in der neuen deutschen Rechtschreibung wiedergegeben. Die griechischen Namen wurden an die in diesem Buch allgemein verwendete griechische Form angepasst. Die Übersetzung einzelner Texte aus dem Englischen stammt von Thomas Bertram (S. 11, 55, 69, 88, 93, 159, 161, 163).

Aischylos: *Tragödien und Fragmente*, hg. u. übers. von Oskar Werner, München 1959
Archilochos. Griech. und deutsch, hg. von Max Treu, München 1959
Aristophanes: *Sämtliche Komödien*, hg. u. mit Einl. und Nachw. von Hans-Joachim Newiger. Übers. von Ludwig Seeger, München 1976
Aristoteles: *Politik*, übers. u. hg. von Olof Gigon, München ³1978
Athenaios: *Das Gelehrtenmahl.* Eingel. u. übers. von Claus Friedrich. Komm. von Thomas Nothers, Stuttgart o. J.
Cicero, Marcus Tullius: *Zweite Rede gegen Verres*, in: *Sämtliche Reden in sieben Bänden*, eingel., übers. und erl. von Manfred Fuhrmann, Bd. IV, Zürich/Stuttgart 1971
Diodoros: *Griechische Weltgeschichte*, Stuttgart 1998 (Bibliothek der griech. Literatur, hg. von Peter Wirth und Wilhelm Gessel, Bd. 45)
Eusebios: *Kirchengeschichte,* hg. u. eingel. von H. Kraft, München 1967
Herodot: *Historien*, neu hg. und erl. von H. W. Haussig, Stuttgart 1971
Hesiod: *Theogonie. Werke und Tage*, hg. u. übers. von Albert von Schirnding, München 1991
Homer: Ilias. Aus dem Griechischen übertragen von Johann Heinrich Voß, Leipzig 1979; Odyssee. dto.
Pausanias: *Reisen in Griechenland.* Gesamtausgabe in 3 Bänden, hg. von Felix Eckstein, Zürich/München 1986–89
Pindar: *Dichtungen und Fragmente*, Wiesbaden 1958
Platon: Sämtliche Werke in der Übers. von Friedrich Schleiermacher, hg. von Walter F. Otto, Ernesto Grassi, Gert Plamböck, Hamburg 1958
Plinius Secundus, Gaius: *Naturgeschichte*, überarb. und hg. von Max Ernst Dietrich Lebrecht Strack, 3 Bde., Darmstadt 1968
Plinius Caecilius Secundus, Gaius: *Sämtliche Briefe*, übers. u. hg. von Heribert Philips, Stuttgart 1998
Plutarch: *Moralische Abhandlungen*, 9 Bde., Frankfurt a.M. 1783–1800
Plutarch: *Vergleichende Lebensbeschreibungen*, 12 Bde., o. O. 1887–89
Polybios: *Geschichte.* Gesamtausgabe in zwei Bänden, eingel. u. hg. von Hans Drexler, Zürich 1961
Propyläen Weltgeschichte, hg. von Golo Mann/Alfred Heuss. Bd. 3: *Griechenland. Die hellenistische Welt*, Frankfurt a.M./Berlin 1962
Strabon: *Strabos Erdbeschreibung*, übers. u. durch Anm. erl. von A. Forbiger, 4 Bde., Berlin/Stuttgart (Langenscheidt) 1855–1911
Thukydides: *Geschichte des Peloponnesischen Krieges*, hg. u. übertr. von Georg Peter Landmann, München ³1981
Vitruv: *Zehn Bücher über Architektur*, übers. u. mit Anm. von Curt Fensterbusch, Darmstadt 1964
Xenophon: *Lobrede auf Agesilaus. Staatsverfassung der Lacedaemonier und Staatsverfassung der Athener*, Stuttgart 1830
Xenophon: *Hellenika,* hg. von Gisela Strasburger, München 1970

Quellen der Inschriften
S. 71, nach: A Selection of Greek Historical Inscriptions, no. 7, R. Meiggs & D. Lewis (Oxford UP 1969); S. 82, nach: Attic Stelai, II, 71–80: J. Camp; S. 113, nach: A Selection of Greek Historical Inscriptions, no. 17, R. Meiggs & D. Lewis (Oxford UP 1969); S. 135, nach: Agora I 7151: J. Camp; S. 144, nach: Thorikos-Inschrift: J. Camp; S. 160, nach: IG IV2 1, 121: E. J. & L. Edelstein, Asclepius (John Hopkins UP, 1998); S. 171, nach: Epidauros building account: A. Burford, Greek Temple Builders at Epidauros (Liverpool UP 1969); S. 181 (Grabstein) nach: J. Beazley, American Journal of Archaeology, 1943, S. 456

Bildnachweis

Abkürzungen: ASCS – American School of Classical Studies in Athen; BM – British Museum, London; BSA – British School in Athen; DAI – Deutsches Archäologisches Institut; EFA – École Française d'Athènes; HG – Foto Heidi Grassley, © Thames & Hudson Ltd, London; NMA – Nationalmuseum, Athen; PW – Philip Winton; JC – John Camp; RHPL – Robert Harding Picture Library; TAPA – Archaeological Receipts Fund, Athen; o – oben; l – links; r – rechts; u – unten; m – Mitte

1 BM, Foto Hirmer; 2 HG, NMA; 6–7 Tony Gervis/RHPL; 8l BM, Foto Edwin Smith; 8u Delphi Museum, Foto Hirmer; 9 Martin Hürlimann; 10l AKG, London/Staatliche Antikensammlungen und Glyptothek, München; 10–11 Elizabeth Fisher; 11r BM; 12o Metropolitan Museum of Art, New York, Leihgabe von George F. Baker, 1891; 12u BM; 12–13 PW; 14l Nationales Archäologisches Museum, Athen; 15–16 © Michael Jenner; 16l Othman Pferschy, Istanbul; 16r BM; 17 TAPA; 20 JC; 21o Biblioteca Ambrosiana, Mailand; 21u Staatliche Antikensammlungen und Glyptothek, München; 22l L. Dupré, Voyage à Athènes et Constantinople, Paris 1825; 22r BM; 23 EFA; 24–25 John Bigelow Taylor, N.Y.C.; 26l JC; 26–27 Manolis Korres; 27r PW; 28ol JC; 28ur PW; 28ml, mr, u NMA; 29l NMA; 29o Scala; 29u Volos Museum; 30l Benaki Museum, Foto Edwin Smith; 30u BM; 31ol NMA, Foto Josephine Powell; 31u, um BSA, Fotos Josephine Powell; 31r BM; 32u Christos Doumas; 32–33 Foto Henri Stierlin; 33o JC; 33u Christos Doumas; 34o nach A. J. B. Wace und F. H. Stubbings, A Companion to Homer, Abb. 10; 34ul Archäologisches Museum, Herakleion, Foto Josephine Powell; 34um Archäologisches Museum, Herakleion; 34ur Archäologisches Museum, Herakleion; 35ol Theben Museum; 35or Foto Hirmer; 35ul ASCS, Frantz Collection; 36–37 HG; 38–39 ASCS, Frantz Collection; 39o Prof. C. W. Blegen, University of Cincinnati; 39u nach C. W. Blegen, The Palace of Nestor I, Abb. 64; 40o HG; 40ul NMA; 40m AKG London/Erich Lessing; 40ur NMA; 41o nach W. Taylour, The Mycenaeans, Abb. 86; 41ul ASCS, Frantz Collection; 41ur nach A. Furumark, Mycenaean Pottery; 42–43 HG; 43o Martin Weaver; 43u NMA; 44o, u ASCS, Frantz Collection; 44or nach J. Chadwick, The Decipherment of Linear B, Abb. 10; 45o EFA; 45m ASCS, Frantz Collection; 45u ASCS; 46o Christos Doumas; 46m Elizabeth A. Fisher; 46u JC; 46–47 Metropolitan Museum, New York, K. Wilkinson und M. Hill, 1983, cast; 47o, m Institute of Nautical Archaeology; 48o Archäologisches Museum, Herakleion, Foto Josephine Powell; 48l Archäologisches Museum, Herakleion, Foto Leonard von Matt; 48–49 ASCS, Frantz Collection; 49o Alison Frantz, Athen; 50o Foto Peter Clayton; 50l BM, Foto Peter Clayton; 50m nach T. Sipahi, Ist. Mitt., 2000; 50u M. Bietak, N. Marinatos, C. Palyvou; 51o D. und I. Mathioulakis, Gemälde von Anna Menorinou; 51u Theben Museum; 52o Archäologisches Museum Neapel, Foto Hirmer; 52u JC; 53o Lloyd Townsend; 53u DAI, Athen; 54 TAPA; 55o ASCS, Agora; 55u BM; 56 The Oriental Institute, University of Chicago; 57o PW; 57u S. Gitin/T. Dothan; 58–59 NMA; 60l DAI, Athen; 60m, r, 61o, u Hugh Sackett, BSA; 62o ASCS, Agora; 62ul nach Nicholls, BSA; 62ur JC; 63 BSA; 64 PW; 65o Foto Leonard von Matt; 65u DAI, Athen; 66 Staatliche Museen, Berlin; 66–67 PW; 67o JC; 68l Olympia Museum; 68r NMA; 68–69 Foto Hirmer; 69o TAPA, Numismatic Museum, Athens; 69m nach W. B. Dinsmoor, Bulletin de Correspondence Héllenique, 37, 1913; 70l Kairo Museum, Foto Bildarchiv Foto Marburg; 70r NMA, Foto Hirmer; 70–71 DAI, Athen; 71o Olympia Museum, Foto DAI, Athen; 71u HG; 72o TAPA, Numismatic Museum, Athens; 72u ASCS, Agora; 72o Leu Numismatik; 73u JC; 74 Staatliche Antikensammlungen und Glyptothek, München; 75o Rheinisches Landesmuseum, Trier; 75u BM, Foto Hirmer; 76–77 Foto Elizabeth Pendleton; 78l PW; 78r JC; 79o PW; 79u ASCS, Agora; 80o PW; 80u JC; 81o JC; 81u BM; 82 Metropolitan Museum of Art, New York; 83o ASCS, Agora; 83u Nationalmuseum, Kopenhagen; 84 BSA; 85l The Wadsworth Athenaeum, Hartford, Conn.; 85r DAI, Athen; 86o BM; 86m, u BSA; 87o Bernisches Historisches Museum; 87u Foto Hannibal; 88o JC; 88ul Rom, Vatikan; 88ur Leu Numismatik; 89o, ul DAI, Athen; 89ur ASCS, Agora; 90o DAI, Athen; 90–91 ASCS; 91ol JC; 91or Leu Numismatik; 92u PW; 92–93 Archäologische Gesellschaft von Athen; 93o ASCS, Korinth; 93m PW; 94l DAI, Athen; 94m PW; 94–95 DAI, Athen; 95ol PW; 95or Leu Numismatik; 95r DAI, Athen; 96o DAI, Athen; 96u DAI, Athen; 97ol, r DAI, Athen; 97u JC; 98, 98–99 JC; 99u nach H. Knackfuss, Didyma; 100o JC; 100u Leu Numismatik; 101o JC; 101ul F. Krischen, 1938; 101ur JC; 102 Antonio Attini, Archivio White Star; 103o JC; 103ul Archäologisches Museum Palermo, Foto Scala;

103ur Motya Museum, Foto Roger Wilson; 104 Foto Edwin Smith; 105o Foto Leonard von Matt; 105ul Leu Numismatik; 105ur Syrakus Museum, Foto Hirmer; 106ol Leu Numismatik; 106or Paestum Museum; 106u JC; 107o JC; 107u, 108 Leu Numismatik; 108–09 Elizabeth Pendleton; 109ul NMA; 109ur Foto Hirmer; 111 Luisa Ricciarini; 111o BM, Foto Eileen Tweedy; 111u Trireme Trust, Foto Paul Lipke; 112–13 PW; 112ol John Camp; 112or Guide de Delphes, EFA; 113o BM; 114 DAI, Athen; 114–15 Villa Giulia, Rom; 115 BM; 116–17 JC; 118 Archäologisches Museum Neapel; 118–19 ASCS, Frantz Collection; 120l DAI, Rom; 120r BM, Foto Martin Weaver; 120–21 ASCS, Craig Mauzy; 121o, m, u , 122o, u, 123 ACSS, Agora; 124o Antikenmuseum, Staatliche Museen Preußischer Kulturbesitz; 124u Musée du Louvre, Paris; 125 ASCS, Agora; 127l NMA; 126–27 ASCS, Frantz Collection; 128o BM, Foto Susan Johnson; 128m BM, Foto Edwin Smith; 129u Musée du Louvre, Paris, Foto Hirmer; 129o HG; 129u ASCS, Agora; 130ul ASCS, Agora; 130o BM, Foto Edwin Smith; 130ur Detroit Institute of Art; 131o Mrs M. E. Cox; 131u BM; 132, 132–33 o, u JC; 133o PW; 134ol ASCS, Agora; 134or Museo Archeologico Nazionale Taranto, Foto Leonard von Matt; 134or Musée du Petit Palais, Paris; 134u Wagner Museum, Würzburg, Foto Hirmer; 135l Naples Archäologisches Museum Neapel, Foto Hirmer; 134m BM; 135r Mantua Museum; 136–37 JC; 137 Craig Mauzy; 138l Archäologisches Museum Neapel; 138r Kunsthistorisches Museum, Wien; 138–39 Staatliche Museen, Berlin; 139o Villa Albani, Rom; 139u Museo Nazionale, Rom, Farnese Collection; 140l Kerameikos Museum; 140r BM; 151 Art Archive/Archäologisches Museum Piraeus/dagli Orti; 142–43 Museo Nazionale, Tarquinia, Foto Hirmer; 144o Museum of Fine Arts, Boston, Foto Raymond V. Schoeder, S.J.; 144–45 NMA; 145 Allard Pierson Museum, Amsterdam; 146l DAI, Athen; 146ol BM, Foto Hirmer; 146r Foto Hirmer; 147or München Glyptothek, Foto Hirmer; 147u TAPA, Lamia Museum; 148 BM; 149l Art Archive/dagli Orti; 149r Luisa Ricciarini; 150l Berlin/Beazley; 150–51o Antikenmuseum Basel; 150–51u Museo Nazionale, Taranto, Foto Leonard von Matt; 151r NMA; 152 N. Yialouris; 153a Chalkis Museum, Foto Hirmer; 153u Musée du Louvre, Paris; 154o, m DAI, Athen; 154–55 V. Laloux und P. Monceaux, Restauration d'Olympie, 1889; 155ol Museo Nazionale, Tarquinia, Foto Hirmer; 155or nach C. Mee und A. Spawforth, Greece, Oxford, 2001; 156o Art Archive/ dagli Orti; 156u Terme Museum, Rome, Foto Scala; 157 HG; 158l Delphi Museum, Foto Hirmer; 158o HG; 158u ASCS, Frantz Collection; 159l JC; 159r DAI, Athen; 160 NMA; 161l Vatikanische Museen, Foto DAI, Rom; 160r ASCS, Korinth; 162o Staatliche Museen, Berlin; 162u HG; 163o JC; 163m Archäologische Gesellschaft von Athen; 163u Bibliothèque National, Paris; 164–65 Foto Edwin Smith; 166–67 ASCS, Frantz Collection; 167 C. R. Cockerell, 1860; 168l JC; 168r nach F. Krauss 1943; 169r PW; 170l JC; 170r Epidauros Museum, Bildarchiv Foto Marburg; 171 Ch. Intsesisoglou; 172o ASCS, Agora; 173 nach CRAI, Bernard; 174l Ch. Intsesisoglou; 174r EFA; 175o DAI, Athen; 175u Olympia Museum, Foto Hirmer; 176ol Archäologisches Museum Neapel; 176or nach Olympia II, 1892; 176ul Foto Hirmer; 176ur Vatikanische Museen, Rom; 177ul HG; 177o DAI, Athen; 177ur BM; 178l HG; 178r Museo Nazionale Reggio Calabria, Foto Scala; 179o Staatliche Museen, Berlin; 179r HG; 180a Kerameikos Museum, Athen, Foto DAI, Athen; 180ul Metropolitan Museum, New York; 180ur, 181o N. Sevinc, Canakkale Museum; 181u Archäologisches Museum, Istanbul; 182ol Musée du Louvre, Paris; 182or Archäologisches Museum, Florenz; 182u Staatliche Antikensammlungen und Glyptothek, München; 183ol BM; 183or Kunsthistorisches Museum, Wien, Foto Erwin Meyer; 183u NMA; 184oASCS, Frantz Collection; 184u TAPA, Thessaloniki Museum; 185ol Archäologisches Museum, Florenz 185or NMA; 185u Archäologisches Museum Neapel; 186 Archäologisches Museum, Thessaloniki; 187oEFA; 186bu Musée de Chatillonais-Châtillon-Sur-Seine; 187ur ASCS, Craig Mauzy; 188–89 Foto mit freundl. Genehmigung Ch. J. Makaronas; 190 JC; 191o BM; 191u PW; 192l BM; 192r Manolis Andronikos; 192m Ekdotike Athens; 193 TAPA, Thessaloniki Museum; 194o Akropolis Museum, Athen; 194–95 PW; 195 Archäologisches Museum Neapel; 196o Peter Clayton; 196u Foto Christoph Gerigk, © Hilti Foundation/ Discovery Channel /Franck Goddio; 197o Leu Numismatik; 197u ASCS, Frantz Collection; 198 JC; 199o Foto mit freundl. Genehmigung Ch. J. Makaronas; 199u Photini Zaphiropolou; 200–01 Foto Hirmer; 202 JC; 203o JC; 203u Leu Numismatik; 204l Archäologisches Museum, Istanbul, Foto Hirmer; 204–05 JC; 205o JC; 205b Archäologisches Museum Istanbul, Foto Hirmer; 206 JC; 207ol JC; 207or DAI, Athen; 208o Arian Baptistery, Ravenna; 208u Alison Frantz; 208m PW; 209o Elizabeth Fisher; 209u nach R. Krautheimer, Early Christian and Byzantine Architecture (London 1965); 210l Foto Hirmer; 210r nach D. Parrish (Hg.), Urbanism in Western Asia Minor (Portsmouth, 2001); 211 JC; 212l JC; 212r Foto Josephine Powell; 213 Foto A. F. Kersting.

Register